Beispiel: Untersuche, für welche Aufgaben der Staat seine Steuereinnahmen verwendet.
Satzanfänge: Der Staat hat folgende Einnahmen ...

vergleichen: Du sollst verschiedene Sachverhalte gegenüberstellen, um Gemeinsamkeiten, Ähnlichkeiten und Unterschiede festzustellen.
Beispiel: Vergleiche die Herstellung von Brötchen mit der Fließfertigung auf den Fotos.

Satzanfänge: Auf den Fotos sieht man ... Im Unterschied zu ... Beide Fertigungsarten ...

Aufgabenbereich Beurteilung/Bewertung ●

begründen: Du sollst Aussagen, Behauptungen oder Sachverhalte durch Argumente schlüssig belegen.
Beispiel: Begründet, warum Jugendliche für die Wirtschaft eine interessante Zielgruppe sind.
Satzanfänge: Dafür spricht ... Dagegen spricht ... Daraus ergibt sich ...

beurteilen: Du sollst Aussagen mit Begründung einschätzen, ohne deine eigene Meinung zu nennen.
Beispiel: Beurteile den Zusammenhang zwischen sinkenden Exporten und der Sicherheit von Arbeitsplätzen in Deutschland.
Satzanfänge: Die sinkenden Exporte bewirken ... Dadurch ergibt sich ...

bewerten: Du sollst Aussagen mit Begründung einschätzen und dabei deine eigene Meinung nennen.
Beispiel: Bewerte die Forderung nach einem neuen Einkaufszentrum.
Satzanfänge: Meiner Meinung nach ... Meiner Ansicht nach ... Gut finde ich ...

diskutieren, erörtern, auseinander setzen: Du sollst das Für und Wider eines Problems abwägen und zu einer begründeten Bewertung kommen.

Beispiel: Diskutiert, welchen Einfluss es hat, wenn man in einer strukturstarken Region lebt.
Satzanfänge: Dafür spricht ... Dagegen spricht ... Meiner Meinung nach ...

entwerfen: Du sollst ein Konzept in seinen wesentlichen Zügen erstellen.
Beispiel: Entwerft einen Vorschlag zum Verbot des Alkoholverkaufs an Jugendliche an Tankstellen.
Satzanfänge: Um dieses zu erreichen ... Das setzt voraus ...

entwickeln: Du sollst eine Lösung, eine Gegenposition oder eine Regelungsmöglichkeit zu einem Sachverhalt oder einer Problemstellung aufzeigen und begründen.
Beispiel: Entwickelt eine Lösung für den Konflikt zwischen Herrn Reinders und Herrn Stolz.
Satzanfänge: Herr Reinders ist der Meinung ... Im Gegensatz dazu ... Hilfreich könnte sein ...

problematisieren: Du sollst Meinungen oder Theorien begründet hinterfragen und Widersprüche darstellen.

Beispiel: Problematisiert die Sinnhaftigkeit von Selbstverpflichtungen von Tankstellen, keinen Alkohol an Jugendliche zu verkaufen.
Satzanfänge: Fraglich ist ... Im Gegensatz dazu ... Widersprüchlich ist ...

Stellung nehmen: Du sollst zu einem Sachverhalt oder einer Behauptung mithilfe vieler verschiedener Argumente eine eigene Meinung äußern.
Beispiel: Nimm Stellung zu der Aussage, internationale Beziehungen seien wichtig für ein friedliches Zusammenleben.
Satzanfänge: Wichtig finde ich ... meiner Meinung nach ... Ein gutes Argument ist ...

überprüfen: Du sollst Sachverhalte, Vermutungen, Behauptungen und gegebene Inhalte mithilfe deines Wissens und evtl. zusätzlicher Materialien auf ihre sachliche Richtigkeit und innere Logik hin untersuchen.
Beispiel: Untersuche die Folgen für die privaten Haushalte und überprüfe, inwieweit alle profitieren.
Satzanfänge: Aus dem Text ergibt sich ... Hinterfragt man ...

praxis

Wirtschaft 2

Differenzierende Ausgabe › Niedersachsen

Herausgeber
Hans Kaminski

Autoren
Katrin Eggert
Stephan Friebel
Ursel Imhof
Hans Kaminski
Michael Koch
Martina Raker
Ortrud Reuter-Kaminski
Rudolf Schröder

westermann

westermann GRUPPE

© 2014 Bildungshaus Schulbuchverlage
Westermann Schroedel Diesterweg Schöningh Winklers GmbH, Braunschweig
www.westermann.de

Druck A^4 / Jahr 2018
Alle Drucke der Serie A sind im Unterricht parallel verwendbar.

Redaktion: Sylvia Bock
Herstellung: Andreas Losse
Umschlaggestaltung/Layout: Janssen Kahlert Design & Kommunikation, Hannover
Satz: AndersARTig Werbung & Verlag GmbH, Braunschweig
Druck und Bindung: westermann druck GmbH, Braunschweig

ISBN 978-3-14-116215-8

■ **Themenfeld A:**
Verbraucherinnen und Verbraucher sowie Erwerbstätige im
Wirtschaftsgeschehen

Märkte und Preise 10

■ **Themenfeld B:**
Ökonomisches und soziales Handeln im Unternehmen

Organisation und Arbeitsbeziehungen 30

■ Themenfeld A:
Verbraucherinnen und Verbraucher sowie Erwerbstätige im Wirtschaftsgeschehen

Verträge und Versicherungen 120

■ Themenfeld B:
Ökonomisches und soziales Handeln im Unternehmen

Lohn, Tarif und lebenslanges Lernen 144

Wirtschaft überall

Immer und überall gilt: Menschen haben vielfältige Bedürfnisse. Sie müssen essen, trinken, sie benötigen eine Wohnung, ein geregeltes Einkommen, einen Arbeitsplatz und vieles mehr. Als arbeitende und wirtschaftlich tätige Menschen werdet ihr euch im Laufe des Lebens in verschiedenen für euch wichtigen Situationen wiederfinden:

- als Verbraucher/-in,
- als Arbeitnehmer/-in oder als Selbstständige/-r,
- als Wirtschaftsbürger/-in.

In diesem Arbeitsbuch werden die verschiedenen Situationen näher untersucht. Ihr werdet erfahren, wie häufig ihr euch in diesen unterschiedlichen Situationen immer wieder auseinandersetzen und Entscheidungen treffen müsst.

Das Buch soll euch in den folgenden Schuljahren helfen, die wirtschaftlichen Zusammenhänge zu verstehen, mit denen ihr täglich zu tun habt.

Es lassen sich vier große Themenfelder unterscheiden:

A. Verbraucher und Erwerbstätige im Wirtschaftsgeschehen

Hier geht es um Fragen zu eurer Rolle als Verbraucher. Es geht um Bedürfnisse, um euer Verhalten als Verbraucher und wer darauf Einfluss hat.

Es geht aber auch darum, dass Arbeit als eine Einkommensquelle und für eure persönliche Entwicklung wichtig ist. Ihr lernt die Arbeitsteilung kennen sowie die Funktionen, die das Geld in unserer Volkswirtschaft übernimmt. Außerdem erfahrt ihr, was ein Markt ist und was dort passiert.

B. Ökonomisches und soziales Handeln im Unternehmen

Unternehmen sind für die Wirtschaft eines Landes von überragender Bedeutung. Sie sind nicht nur ein Ort, an dem sich Einkommen erzielen lässt, um z. B. sein Leben gestalten zu können. Unternehmen sind auch Orte, die Produkte und Dienstleistungen herstellen, die sie verkaufen wollen, um damit Gewinne zu erzielen.

Ihr erfahrt, wie Unternehmen bei der Produktion von Sachgütern und der Bereitstellung von Dienstleistungen vorgehen und welche Aufgaben immer wieder zu erfüllen sind.

C. Aufgaben des Staates im Wirtschaftsprozess

Das Handeln der Verbraucher, der Erwerbstätigen und der Unternehmen wird von Regeln beeinflusst. Der Staat schafft dafür in Deutschland mit einer marktwirtschaftlichen Ordnung den rechtlichen Rahmen, ohne den wirtschaftliches Handeln nicht funktionieren würde und sich nicht weiterentwickeln könnte.

D. Ökonomisches Handeln regional, national und international

Alles wirtschaftliche Handeln erleben wir schon in unserem Haushalt, in unserer Stadt, unserer Gemeinde, unserer Region. Damit sind wir aber auch Teil des Bundeslandes, des Staates und der Welt. Wir leben deshalb nicht auf einer „kleinen abgeschirmten Insel", sondern das, was in der Welt geschieht, hat auch direkte Auswirkungen auf uns selbst.

1. Verbraucher und Erwerbstätige im Wirtschaftsgeschehen
- Konsumentenverhalten
- Bedeutung und Organisation von Arbeit
- Aufgaben von Geld

2. Ökonomisches und soziales Handeln im Unternehmen
- Erzielung von Einkommen und Gewinn
- Aufgaben von Unternehmen
- Produkte und Dienstleistungen

3. Aufgaben des Staates im Wirtschaftsprozess
- unsere marktwirtschaftliche Ordnung und ihre Weiterentwicklung

4. Ökonomisches Handeln regional, national und international
- vom lokalen, regionalen zum internationalen Rahmen des Wirtschaftens

Der Aufbau der Kapitel

Ihr lernt ab Klasse 7 grundlegende wirtschaftliche Sachverhalte kennen und baut euer Wissen Schritt für Schritt auf. Genauso, wie ihr euch anfangs in Mathematik mit den Grundrechenaufgaben befasst habt und dann von Schuljahr zu Schuljahr weitere mathematische Kenntnisse und Arbeitstechniken erwerben konntet, wird es auch im Fach Wirtschaft geschehen:
Auf der ersten Doppelseite eines jeden Kapitels findet ihr daher eine **Grafik**, die euch durch das jeweilige Thema leitet. Sie wird in jedem Schuljahr, d. h. von Klasse 7 bis 10, erweitert, weil ihr immer mehr über das Thema erfahrt. Dabei erscheint alles, was ihr bereits wisst, in etwas abgeschwächter Farbe hinterlegt und neue Sachverhalte sind kräftig hervorgehoben.

Arbeitsaufträge
Die Arbeitsaufträge stehen immer unten auf der Seite und sind durchnummeriert. Wir haben sie mit drei runden Symbolen gekennzeichnet:

1. **Fachwissen:** Man muss etwas wissen, d. h., das kleine Einmaleins der Wirtschaft ist zu erlernen.

2. **Erkennen:** Dieses Wissen soll euch helfen, Schritt für Schritt wirtschaftliche Vorgänge besser zu verstehen und zu erkennen. Dafür müsst ihr auch einige Methoden beherrschen, die euch helfen können.

3. **Beurteilen und bewerten:** Zu einer wirtschaftlichen Frage kann es unterschiedliche Ansichten geben. Deshalb müsst ihr lernen, mit eurem Wissen bestimmte wirtschaftliche Situationen zu beurteilen, unabhängig davon, ob es sich dabei um eine Situation aus dem Haushalt, dem Unternehmen, der Gemeinde oder der Stadt handelt, in der ihr lebt. Ihr müsst lernen, euch selbst zunehmend ein eigenes Urteil zu bilden. Und dazu benötigt ihr Wissen, und ihr müsst Zusammenhänge verstehen, bevor ihr ein Urteil abgeben könnt.

Methoden und Arbeitstechniken

Auf extra gekennzeichneten Seiten findet ihr Methoden und Arbeitstechniken, die euch helfen sollen, die Aufgaben zu lösen. Ebenso wie ein Handwerker, der sein Arbeitswerkzeug für seine Arbeit kennen muss, um es gut einsetzen zu können, benötigt man auch im Wirtschaftsunterricht Werkzeuge, z. B.: Wie wird eine Arbeitsplatzerkundung vorbereitet, durchgeführt und ausgewertet? Oder: Wie bereitet man sich auf ein Gespräch mit einem Experten aus einem Unternehmen, einer Behörde usw. vor? Oder: Wie wird ein Konfliktfall untersucht? Wie muss ein Rollenspiel eingesetzt werden? Und schließlich: Wie kann das Internet als eine gute Informationsquelle genutzt werden?
Im Anhang ab Seite 216 werden außerdem einige wichtige Arbeitstechniken erklärt.

Binnendifferenzierung

In jedem Kapitel gibt es eine Seite, die mit einem Pfeil nach innen gekennzeichnet ist. Sie soll euch zum Thema **hinführen**, um die Inhalte besser zu verstehen.

Außerdem gibt es pro Kapitel eine **weiterführende** Seite, auf der der Pfeil nach draußen weist. Sie ist etwas kniffliger, und ihr könnt sie bearbeiten, wenn ihr ein Thema vertiefen möchtet.

Zu einigen Aufgaben findet ihr eine Starthilfe mit Hinweisen zur Lösung. Versucht aber erst, sie ohne die Hilfe zu beantworten.

Einige Aufgaben sind rot nummeriert. Ihr könnt sie lösen, wenn ihr die anderen Aufgaben bereits gelöst habt.

Praxis

In jedem Kapitel gibt es zwei Praxis-Seiten. Sie dienen dazu, das Kapitel noch einmal besser zu verstehen oder auch zu vertiefen. Wie bei allen wirtschaftlichen Fragen gibt es nämlich nicht immer nur eine Lösung. Vielmehr hängt die Lösung in vielen Fällen von der eingenommen Perspektive ab, ob ich z. B. etwas aus der Sicht der Verbraucher, eines Erwerbstätigen, eines Unternehmers untersuche.

Nach dem Durcharbeiten der vier großen Themenfelder gibt es jeweils vier Praxis-Seiten. Sie sind am Rand durch die vier farbigen Kästen gekennzeichnet. Auf diesen Seiten sind Aufgaben zu lösen, bei denen ihr alle vier Themenfelder zusammen betrachten müsst. Ihr sollt lernen, Zusammenhänge zu erfassen und zu erkennen, dass immer dann, wenn sich die Ereignisse, die Faktoren verändern, sich auch die Ergebnisse verändern. So bleibt ihr beweglich „im Kopf" und lernt differenzierter zu denken.

Lernbilanzseiten

Am Ende eines jeden Kapitels findet ihr zwei Lernbilanzseiten, mit denen ihr den Inhalt des Kapitels noch einmal nachvollziehen könnt. Ohne üben, üben, üben gibt es keinen sicheren Bestand an Erkenntnissen.

Beispiel- und Quellentexte

Auf den Kapitelseiten findet ihr manchmal ein **B**. Dieses markiert Texte, in denen alltägliche Situationen beispielhaft dargestellt werden.

Ein **Q** steht für Quellentexte, die bereits woanders veröffentlicht wurden. Die zugehörige Quellenangabe befindet sich immer in der Randspalte.

Lehrermaterialien und Rund um ... CD

Diese beiden Zeichen weisen eure Lehrkraft daraufhin, dass es dazu im Lehrerband bzw. auf der Rund um ... CD zusätzliche Arbeitsmaterialien gibt.

Berufswegeplanung

In diesem Kapitel erfahrt ihr, wie ihr einen Ausbildungsplatz sucht, was ihr alles bei der Bewerbung bedenken müsst und wie ihr euch auf das Vorstellungsgespräch vorbereiten könnt.

Und wir hoffen natürlich, dass ihr einen Ausbildungsplatz findet, der euren Wünschen und Fähigkeiten entspricht.

Viel Spaß und Erfolg mit dem Buch.

In diesem Kapitel lernt ihr, ...

> welche Aufgaben Märkte haben.
> wie Preise gebildet werden.
> wie sich Märkte verändern.

MÄRKTE UND PREISE

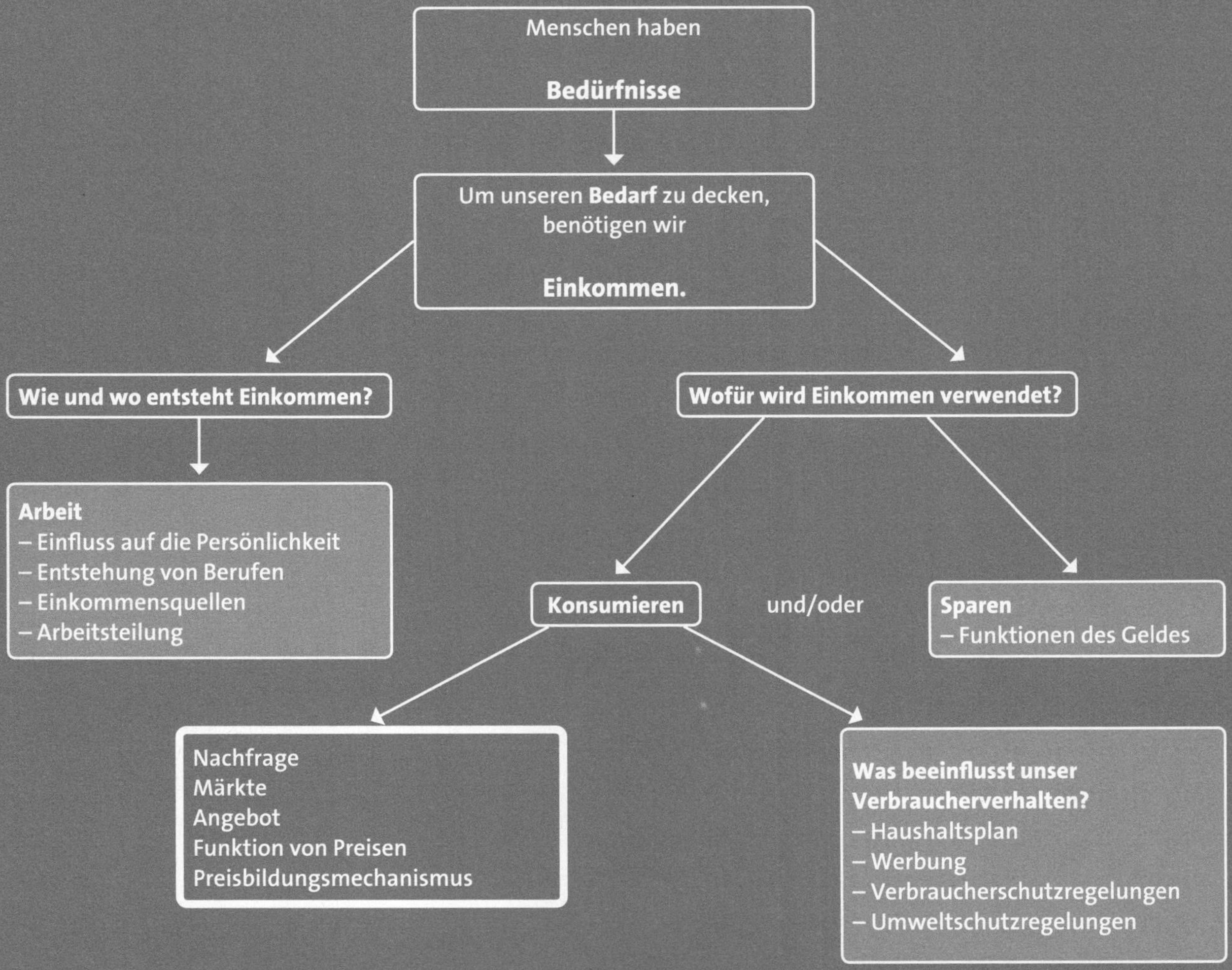

Menschen haben

Bedürfnisse

↓

Um unseren **Bedarf** zu decken, benötigen wir

Einkommen.

Wie und wo entsteht Einkommen?

Wofür wird Einkommen verwendet?

Arbeit
– Einfluss auf die Persönlichkeit
– Entstehung von Berufen
– Einkommensquellen
– Arbeitsteilung

Konsumieren und/oder **Sparen**
– Funktionen des Geldes

Nachfrage
Märkte
Angebot
Funktion von Preisen
Preisbildungsmechanismus

Was beeinflusst unser Verbraucherverhalten?
– Haushaltsplan
– Werbung
– Verbraucherschutzregelungen
– Umweltschutzregelungen

▸ Auf dem Wochenmarkt

Aufgaben von Märkten

Was sind Märkte?

B **SCHÖBERS AUF DEM WOCHENMARKT**
Eine Gemüsesuppe soll es heute bei Familie Schöber geben. Max geht mit seinem Vater auf den Wochenmarkt. Beim ersten Gemüsestand holt Herr Schöber den Einkaufszettel hervor. Für die Gemüsesuppe benötigen sie Möhren, Erbsen, Blumenkohl, Rosenkohl, Porree, Schnittlauch, Petersilie und Kohlrabi. Ein Bund Möhren kostet 1,49 Euro. Das wird genommen und auch zwei Stangen Porree.

„Herrlicher Blumenkohl, heute im Angebot", hören sie. „Lass uns dort mal hingehen", meint Max zu seinem Vater.

An „Meiers Gemüsestand" entdeckt Herr Schöber, dass die Möhren nur 99 Cent kosten. „Das ist aber ärgerlich", denkt Herr Schöber. „Eigentlich kaufen wir dort immer, auch wenn Mutter mit über den Wochenmarkt geht."

Sie kommen zum Blumenkohlstand. „Sieh mal, Max, 1,90 Euro der Kopf. An dem anderen Stand kostete der Kopf, genauso groß und schön wie hier, nur 1,80 Euro. Und wie der die Leute durch sein Schreien anzieht! Aber der Kohl sieht wirklich nicht schlecht aus. Ich laufe nicht noch mal zurück wegen 10 Cent. Und den Rosenkohl und Schnittlauch nehmen wir auch gleich mit. Die frischen Erbsen sind zu teuer, da kaufen wir lieber ein paar Bohnen. Die Eier holen wir am Nachbarstand."

Kurz vor ein Uhr kommen sie auf dem Heimweg noch mal am Wochenmarkt vorbei. Nur noch wenige Käufer sind auf dem Markt. „Schau mal dort, der Stand, Max, die Marktfrau ändert gerade das Preisschild für den Blumenkohl." „Der Kopf jetzt für einen Euro fünfzig!", ruft sie. ■

▸ Der Markt als Treffpunkt von Angebot und Nachfrage

▸ Austauschbare Güter

▸ Sich ergänzende Güter

Was Märkte gemeinsam haben

Wenn ihr die Geschichte aufmerksam gelesen habt, werdet ihr feststellen, dass ihr hier eine Fülle von Vorgängen beobachten könnt, die für viele andere Märkte gelten, die ihr auch kennt:
– Verkaufte Mengen und Preise hängen offenbar zusammen: So muss die Marktfrau, die ihren Blumenkohl nicht wieder mit nach Hause nehmen will, den Preis herabsetzen.
– Offenkundig gibt es auf dem Wochenmarkt unterschiedliche Märkte: einen für Blumenkohl, einen für Kartoffeln, einen für Erbsen usw.
– Die Nachfrager haben Preisvorstellungen. Entspricht das Angebot diesen nicht, werden sie vermutlich ein Gut durch ein andersartiges ersetzen – etwa Erbsen durch Bohnen.

– Die einzelnen Märkte hängen zusammen. Wenn andere Marktbesucher sich ähnlich wie Schöbers für Bohnen statt für Erbsen entscheiden, hat das Auswirkungen auf den Erbsenpreis. Der Preis für Erbsen wird fallen, da die Anbieter sonst auf ihrer Ware „sitzen bleiben". Bei einer Gemüsesuppe kann man den einen oder anderen Bestandteil weglassen und trotzdem gelingt die Suppe. Das sind dann **austauschbare Güter**. Bei anderen Gütern sind zwei oder mehr notwendig miteinander verbunden, z. B. Hardware und Software bei Computern (**sich ergänzende Güter**).

Wir halten fest: **Märkte sind Orte, an dem sich Angebot und Nachfrage treffen. Sie sind Orte der Preisbildung.**

---

1. ⊖ Erkläre an Beispielen, was man unter austauschbaren und sich ergänzenden Gütern versteht.

2. ⊖ „Gebrauchte Cabrios kosten in den Sommermonaten mehr als im Winter." Erläutere, warum das so sein könnte.

▸ Geldmarkt (Börse)   ▸ Gebrauchtwagenmarkt   ▸ Flohmarkt

Wo es überall Märkte gibt

Märkte sind überall dort zu finden, wo etwas angeboten und nachgefragt wird. Bereits im Mittelalter wurden die Städte durch einen Marktplatz geprägt. Meistens lag dieser in der Mitte der Stadt. Auch heute noch zieren wunderschöne Marktplätze viele Altstädte.

So wie auf den heutigen Wochenmärkten fand schon im Mittelalter ein reges Handelstreiben statt. Geschäftstüchtige Händlerinnen und Händler boten Rüben, Hühner, Ziegen, Eier und viele andere Dinge des Alltags zum Kauf an. Sie warben um Käufer und feilschten um Preise. Allerdings unterschied sich der Handel von damals zu heute wesentlich. Zuerst bestimmte der Warentausch die Geschäfte: Ware gegen Ware – z. B. Eier gegen Mehl – dann später Ware gegen Geld.

> **INFO**
>
> Auf den Märkten im Mittelalter wurden auch Dienstleistungen von Schustern, Barbieren, Kesselflickern, Scherenschleifern, Schneidern usw. angeboten.

Handel und Märkte veränderten sich ganz stark mit der Zunahme der Industrialisierung und der Entstehung von Fabriken. Eine Arbeitsteilung wurde notwendig. Die Herstellung von Gütern erfolgte kaum noch im eigenen Haushalt. Großproduzenten gaben die erzeugten Waren an Händler weiter. Der Verkauf erfolgte zum überwiegenden Teil schon in Läden oder Warenhäusern mit mehreren Beschäftigten. Der Marktplatz verlor als Handelszentrum mehr und mehr an Bedeutung.

⭢ **Starthilfe zu 1:**

Schreibe das Angebot für ausgewählte Produkte auf, z. B. für Äpfel, Kartoffeln, Eier, Möhren
a) auf dem Wochenmarkt,
b) im Supermarkt.
Vergleiche die Preise, die Qualität und die Angebotsbreite.

1. ◔ Erkundet einen Wochenmarkt in eurer Nähe. Wo findet er statt? Welche Produkte werden angeboten? Welche Vor- und Nachteile hat das Angebot auf dem Wochenmarkt z. B. gegenüber dem Angebot in einem Supermarkt?

2. ◔ Erkundigt euch, ob es in eurem Ort/eurer Stadt Namen von Straßen oder Plätzen gibt, die an Märkte und Handel erinnern.

▶ Markt im Mittelalter

▶ Auch ein Restaurant ist ein Markt.

Marktgeschehen

Der Austausch von Gütern und Dienstleistungen gegen Geld ist heute nicht mehr allein an einen bestimmten Platz gebunden. Telefon- und Internetverbindungen in alle Welt machen Absprachen, die sich auf Käufe und Verkäufe beziehen, in Minuten möglich. Dafür wurden früher häufig Wochen benötigt.

Hier handelt es sich oft um internationale Märkte. Durch neue Techniken entstanden ganz neue Märkte und Marktzugänge: So können z. B. über das Internet Angebote eingeholt und Bestellungen aufgegeben werden.

Auf dem heutigen Wochenmarkt werden hauptsächlich Obst, Gemüse und Blumen gehandelt. Auf Flohmärkten können altes Spielzeug, alte Möbel, Schallplatten oder Haushaltsgeräte erstanden werden; in vielen Städten gibt es in der Adventszeit Weihnachtsmärkte. Ebenso sind Kaufhäuser, Fachgeschäfte, Friseursalons oder Restaurants Märkte.

Alle Märkte, die bisher genannt wurden, könnt ihr besuchen. Es gibt sie als tatsächlichen Ort. Es gibt aber auch andere Märkte: Zum Beispiel sind im Anzeigenteil von Tageszeitungen Angebote und Nachfragen zu finden. In Kleinanzeigen werden Wohnungen genauso angeboten wie gebrauchte Skiausrüstungen. Ein Autohändler bietet einen Gebrauchtwagen an oder ein Partyservice seine Dienstleistungen. Es gibt also auch Wohnungsmärkte, Stellenmärkte, Gebrauchtwagenmärkte usw. Selbstverständlich gibt es auch Geld- und Kapitalmärkte, auf denen Geld angeboten und nachgefragt wird.

Meist werden nur die Märkte genannt, auf denen Konsumenten Güter nachfragen. Es gibt aber auch Märkte, die fast ausschließlich für Unternehmen interessant sind. Sie finden dort Vorprodukte, z. B. Papier und Druckfarbe für Druckereien, Grundstücke für Unternehmen, Arbeitskräfte und Kapital.

INFO

2012 wurden folgende Waren in Deutschland **online** gekauft:
1. Bekleidung 6,0 Mrd. €
2. Unterhaltungselektronik/Elektronikartikel: 3,5 Mrd. €
3. Computer und Zubehör: 2,3 Mrd. €
4. Bücher: 2,2 Mrd. €
5. Hobby- und Freizeitartikel: 2,0 Mrd. €
6. Schuhe: 1,3 Mrd. €
7. Möbel und Wohnartikel: 1,2 Mrd. €
8. Haushaltsgeräte: 1,0 Mrd. €
9. Handy und Zubehör: 1,0 Mrd. €
10. Garten- und Heimwerkerzubehör: 1,0 Mrd. €

(1) VW Golf 1.4 comfortline
EZ 06/09, 6.250 km, 59 kW, TÜV/AU 06/14, Metallicsilber, 1. Hand, Garage, Scheckheft, s. gepfl.; 59 kw (80 PS); Benziner; TÜV 06/2014 Scheckheft gepflegt; neuwertiger TOP Zustand; 1. Hand; hatte einen Blechschaden hinten rechts, professionell und umfassend von Fachwerkstatt repariert, zu besichtigen in 31...; VB 11.600,– EUR

(2) Arztehepaar mit 2 kleinen Kindern sucht 5–6 ZKB/EFH, ab ca. 130m², mit Garten, zentrumsnah, gerne Dobbenv., Gericht, Bürgerfelde, Ziegelhof. Telefon: ...

(3) 27-jähr. Fachinformatiker und Bürokaufmann mit MCSE/MCSA 2003 sucht ab sofort neuen Wirkungskreis, gerne auch branchenfremd. Tel.: ...

(4) P-Innenstadt (Fußgängerzone), großzügige 4-Zi.-Penthouse Whg., Dachterrasse, Bad/Wanne/Dusche/WC, Gäste-Bad, 2 Abstellräume, ca. 185 m², vollrenov., 1.070 € KM + NK, Kaut. erf., CURAVIT Immo GmbH Tel.: ...

(5) Sandkrug, großes EFH mit ELW, zentr. ruhig gelegen, Südlage, 9 Zi. ca. 220/1000 qm Wfl./Grdst. 210.000 €. Chiffre Nr. D 1342

(6) Zuverl. Briefzusteller/-in für den Bereich Westerstede in Vollzeit mit Erfahrung im Post-/Kurierdienst gesucht, Ortskenntnis und pol. Führungszeugnis erforderlich, PKW wird gestellt. ProJob GmbH Tel.: ...

(7) Vorgezogene Bescherung gewünscht! **Junge Familie sucht zauberhaftes Eigenheim** in und um Peine mit mind. 100 m² Wohnfl. bis 350.000 €. Finanzierung gesichert. Albert Kecker Immobilien Tel.: ...

Einteilung von Märkten

Grundsätzlich lassen sich Märkte nach den Gütern und Dienstleistungen unterscheiden, die auf ihnen gehandelt werden.

Das bedeutet, es gibt also nicht den einen Markt, sondern viele verschiedene Märkte, z.B.:

– Konsumgüter- und Produktionsgütermärkte, z.B. Nahrungsmittelmärkte, Rohstoffmärkte,

– Dienstleistungsmärkte, z.B. für Gesundheitsdienstleistungen, Steuerberatung, Kosmetik, Tourismus,

– Arbeitsmarkt, z.B. Markt für Ingenieure, Lehrer, Heizungsmonteure,

– Immobilienmärkte, z.B. Wohnungsmarkt, Grundstücksmarkt,

– Geld- und Kapitalmärkte, z.B. Wertpapiermärkte, Kreditmärkte.

1. ○ Schaue dir die Kleinanzeigen oben an. Notiere in einer Tabelle, ob es sich um ein Angebot oder eine Nachfrage handelt.

2. ○ Stelle Vermutungen an, ob in den einzelnen Fällen das Angebot und die Nachfrage auf dem jeweiligen Markt insgesamt eher groß oder eher knapp ist.

3. ○ Finde zu jeder Marktart Beispiele für Betriebe in deinem Ort/in deiner Region.

4. ◒ Schneide Kleinanzeigen aus Lokal- oder Regionalzeitungen aus und klebe diese geordnet nach Angebot und Nachfrage in dein Heft. Unterscheide auch zwischen Märkten für Produkte und Dienstleistungen.

▸ Tante-Emma-Laden

▸ Supermarkt

Funktion des Marktes

Trotz aller Unterschiede in der Art und der Größe haben alle Märkte Gemeinsamkeiten:
– Es gibt Anbieter, die Sachgüter und Dienstleistungen zum Kauf anbieten.
– Es gibt Nachfragende, die Sachgüter und Dienstleistungen kaufen wollen.
– Für diese Sachgüter und Dienstleistungen muss in der Regel Geld bezahlt oder anderes zum Tausch angeboten werden. Kommt der Tausch zustande, wechselt der Eigentümer.

Um erkennen zu können, was auf allen Märkten geschieht, wollen wir uns einen Einzel-markt anschauen, einen Eiermarkt. An vielen Ständen auf einem Wochenmarkt bieten Markthändler Eier gleicher Güte an (z. B. Güteklasse A, Gewichtsklasse L). Die Marktbesucher haben schnell einen Überblick über das Angebot, die Anbieter können sich orientieren, zu welchen Preisen die Konkurrenten anbieten. Über die Menge, die eingekauft wird, entscheidet also einzig der Preis.

Die Interessenlage ist klar: Die Anbieter wollen einen Preis erzielen, der mindestens ihre Kosten deckt, möglichst aber Gewinn abwirft, die Käufer dagegen wollen so kostengünstig wie möglich einkaufen.

▸ Eierstand auf dem Wochenmarkt

▸ Angebot im Internet

▶ Modellauto

▶ Stadtplanungsmodell   ▶ Stadtplan

Preisbildung am Markt

Modelle als Erkenntnishilfen

Die drei Bilder stellen jeweils ein Modell dar. Vergleicht ihr das Modellauto mit einem tatsächlichen Auto, dem Original, dann stellt ihr fest, dass das Modell zwar eine Anschauung und Vorstellung von einem wirklichen Auto vermittelt, nicht aber das Original selbst ist. Das Modellauto ist beispielsweise sehr viel kleiner. Es hat nicht alle Apparaturen wie das Original usw. Dennoch erhaltet ihr durch das Modell eine Vorstellung von der Gestalt des Originalautos. Ähnliches gilt auch für die beiden anderen Bilder: Mithilfe des Stadtplanungsmodells können sich die Architekten ein Bild davon machen, wie ein neuer Stadtteil aussehen könnte. Ein Stadtplan ist nützlich, um sich in einer fremden Stadt orientieren zu können. Er ist ein Abbild der Straßen und Plätze, die Stadt sieht jedoch tatsächlich anders aus.

 Menschen schaffen sich oft Modelle, damit sie die Wirklichkeit besser erkennen und verstehen können. Diese Modelle beziehen sich nicht nur auf konkrete Gegenstände, sondern auch auf Gedanken und Vorstellungen. Mit solchen **Denkmodellen** versucht man, das komplizierte Wirtschaftsgeschehen in seinen wesentlichen Zusammenhängen besser zu begreifen.

Aber Vorsicht! Modelle haben auch ihre Tücken, da sie nämlich die Eigenschaft haben, nie die ganze Wirklichkeit zu erfassen. Sie werden nur für einen ganz bestimmten Zweck und unter einer ganz bestimmten Sichtweise konstruiert. Um ein Modell zu verstehen, ist es wichtig zu wissen, was durch das Modell deutlich gemacht werden soll und welche Annahmen gemacht werden, damit es funktioniert.

In den nachfolgenden Abschnitten lernt ihr solch ein wichtiges Denkmodell kennen, das immer wieder für das Untersuchen von wirtschaftlichen Vorgängen verwendet wird.

1. ○ In den drei Abbildungen auf dieser Seite werden Modelle vorgestellt. Beschreibe, wofür sie benutzt werden könnten.

2. ◑ Notiere Aspekte, die sich mit diesen Modellen nicht erklären lassen.

3. ◑ Stelle dar, warum ein Stadtplaner auf die Verwendung von Modellen nicht verzichten kann.

▸ **Viele Anbieter** ▸ **Günstige Preise wecken Nachfrage** ▸ **Prospekte schaffen Übersicht**

▸ Bedingungen für einen vollkommenen Markt

Das Modell vom Markt

Wir überlegen uns ein Marktmodell. Es soll deutlich machen, wie im Idealfall die Preisbildung am Markt erfolgt. Dazu nehmen wir Folgendes an:

1. In unserem Marktmodell gibt es viele Anbieter, die sich Konkurrenz machen, aber auch viele Nachfrager. **Keiner** kann deshalb den Markt **allein beherrschen**, also großen Einfluss auf die anderen und deren Verhalten ausüben.

2. Die Nachfrager wollen zum günstigsten Preis kaufen, die Anbieter einen möglichst hohen Gewinn erzielen. Beide streben einen möglichst **hohen Nutzen** bzw. **Gewinn** an.

3. Sowohl die Anbieter als auch die Nachfrager wissen genau, zu welchen Preisen auf dem Markt Produkte angeboten werden. Für alle Marktteilnehmer herrscht also **vollkommene Marktübersicht**.

4. Die auf dem Markt angebotenen Produkte haben alle die **gleiche Qualität**. Deshalb wählen die Nachfrager die Produkte allein nach der Höhe des Preises aus.

▸ **Preisvergleich**

▸ **Verschiedene Anbieter – gleiches Angebot**

5. Weder Anbieter noch Nachfrager bevorzugen aus persönlichen, räumlichen oder zeitlichen Gründen einen Marktpartner. Die Bevorzugung bestimmter Marken, Freundschaften, Ortsnähe und Zeitdruck spielen also für die Wahl des Anbieters oder des Nachfragers keine Rolle **(keine Bevorzugung)**.

Wenn diese Annahmen gelten, dann bestimmen **Angebot und Nachfrage den Preis**.

---

4. ⊜ Ein Markt, auf dem Preisbildung ausschließlich nach Angebot und Nachfrage erfolgt, muss fünf Bedingungen erfüllen. Stelle Beispiele zusammen, die zeigen, dass eine Bedingung nicht erfüllt ist.

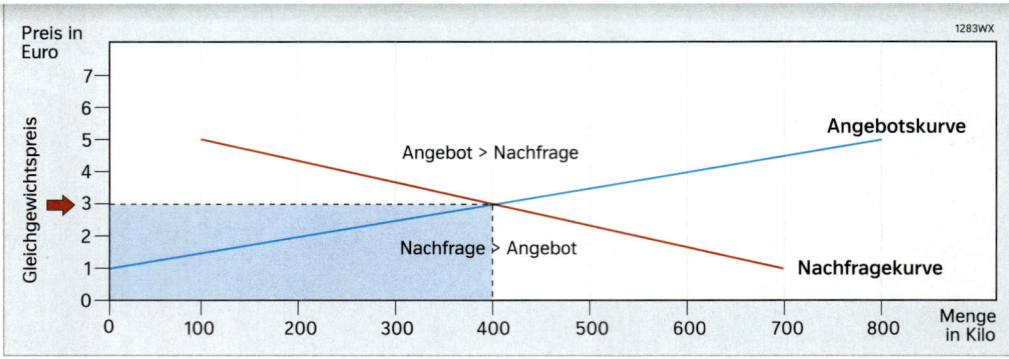

Preisbildung im Modell – Angebot und Nachfrage

Betrachten wir zunächst die Nachfrage. Allgemein kann man sagen: Hat ein Produkt einen hohen Preis, so werden wenige davon gekauft, bei einem niedrigen Preis dagegen viele.
Trägt man in einer Grafik (siehe oben) auf der x-Achse die Menge der Produkte ein und auf der y-Achse den Preis, dann ergibt sich die Nachfragekurve. Die Nachfragekurve zeigt ein wichtiges „Wirtschaftsgesetz", **das Gesetz der abnehmenden Nachfrage:** Je höher der Preis, desto geringer die Nachfrage.

einen niedrigen. Zeichnen wir hier die Kurve, dann ergibt sich die Angebotskurve.

Die Angebots- und die Nachfragekurve schneiden sich in einem Punkt. Dieser Punkt kennzeichnet den Gleichgewichtspreis: Angebot und Nachfrage halten sich die Waage.
Liegt der Preis oberhalb des Gleichgewichtspreises, würde mehr angeboten, aber weniger nachgefragt werden (Angebotsüberschuss). Der Preis würde also auf den Gleichgewichtspreis sinken. Ist dagegen der Preis niedriger als der Gleichgewichtspreis, würde mehr nachgefragt, aber weniger angeboten. Der Nachfrageüberhang würde den Preis nach oben drücken.

Preis	Anzahl der angebotenen CDs	Anzahl der nachgefragten CDs
€ 4,10	2	12
€ 6,12	3	10
€ 7,65	4	7
€ 9,18	5	5
€ 11,22	6	4
€ 14,80	9	2
€ 17,86	12	1

Bei dem Angebot gilt, dass es mit dem Preis steigt. Jeder Anbieter ist bereit, für einen hohen Preis mehr Produkte anzubieten als für

INFO

Gleichgewichtspreis

Alle Konsumenten, die zum Gleichgewichtspreis p Eier kaufen wollen, können diese auch kaufen, weil zu diesem Preis genauso viele Eier angeboten werden: Angebot und Nachfrage gleichen sich bei diesem Preis aus. Man sagt: Zu diesem Preis wird der Markt geräumt.

1. ○ Lies in der Tabelle ab, wie groß jeweils Angebot und Nachfrage bei einem bestimmten Preis sind. Welches ist der Gleichgewichtspreis?

2. ◔ Beantworte mithilfe des Diagramms folgende Fragen:
   a) Wie kommt der Gleichgewichtspreis zustande?
   b) Welche Folgen hat der Angebotsüberschuss für den Konsumenten?
   c) Welche Auswirkungen hat der Nachfrageüberhang für den Konsumenten?

▸ Kleines Angebot und viele Käufer:
eine günstige Situation für den Verkäufer

▸ Großes Angebot und wenige Käufer:
eine günstige Situation für die Käufer

Wie der Marktmechanismus im Idealfall funktioniert

Dass es diesen Preismechanismus gibt, kann man gelegentlich sogar an einem Tag beobachten:

B Als die ersten Erdbeeren im Frühsommer auf den Markt kamen, drängten sich die Käufer vor den Ständen. Alle versuchten, ein Körbchen zu bekommen. Die Marktverkäufer merkten, dass die Nachfrage trotz des hohen Preises, den sie angesetzt hatten, größer war als ihr Angebot. Da sie noch mehr verkaufen wollten, bestellten sie telefonisch frische Ware und erhöhten den Preis, nicht eben stark, aber doch spürbar. Doch jetzt kippte die Situation: Die Käufer, die den stärksten Wunsch nach frischen Erdbeeren hatten, hatten schon gekauft, den anderen war der Preis überwiegend zu hoch – das Angebot war plötzlich größer als die Nachfrage. Da die Händler die Erdbeeren nicht bis zum nächsten Markttag aufbewahren konnten, blieb ihnen nichts anderes übrig, als die Erdbeeren preiswerter anzubieten. ■

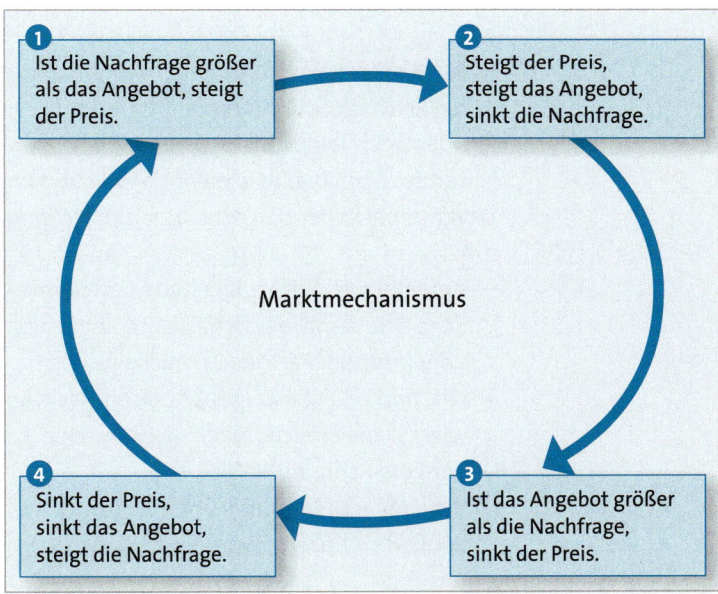

Marktmechanismus

1 Ist die Nachfrage größer als das Angebot, steigt der Preis.

2 Steigt der Preis, steigt das Angebot, sinkt die Nachfrage.

3 Ist das Angebot größer als die Nachfrage, sinkt der Preis.

4 Sinkt der Preis, sinkt das Angebot, steigt die Nachfrage.

▸ Diesen Mechanismus kann man in vier Regeln fassen.

---

3. ● Erläutere, welche Auswirkungen es auf den Preis hat, wenn
  a) nach einem schneearmen, milden Winter die Geschäfte auf ihren Skisachen und Schlitten sitzen geblieben sind.
  b) zur Hauptreisezeit sehr viele Urlauber Benzin nachfragen.
  c) im Frühjahr zunächst wenige Erdbeeren, in der Haupterntezeit sehr viele und zu Saisonende nur noch einige besondere Sorten angeboten werden.

4. ● Stell dir vor, dass DVD-Spieler den Markt überschwemmen.
  a) Wie müssten sich der Regel nach die Preise entwickeln?
  b) Welche Auswirkungen könnte das auf einzelne Hersteller haben?
  c) Was geschähe dann wiederum mit dem Preis?

▸ Dorfladen   ▸ Geschäfte unter Kegelbrüdern   ▸ Riesige Auswahl

Preisbildung in der Marktwirklichkeit

Bisher habt ihr am Modell kennengelernt, welche Bedingungen auf dem Markt herrschen müssen, damit ausschließlich Angebot und Nachfrage den Preis bestimmen.

Es wäre schön, wenn die Regel von Angebot und Nachfrage wie im Modell funktionieren würde. Doch leider ist es in der Wirklichkeit selten so, denn hier spielen noch viele andere Dinge eine Rolle, die man berücksichtigen muss:

- Anbieter und Nachfrager haben oft persönliche Gründe, ihre Geschäfte mit dem einen oder anderen Partner zu machen.
- Oft sind örtliche Gegebenheiten wichtig, wie z. B. die Erreichbarkeit eines Geschäftes oder die Fahrtzeit dahin.
- Viele Menschen kaufen unter Zeitdruck und können so keine aufwendige Auswahl treffen.
- Es gibt nur einen oder wenige Anbieter auf dem Markt.
- Die Nachfrager haben eine mangelnde Übersicht über das Angebot.

Die Regel, dass Angebot und Nachfrage den Preis bestimmen, ist deshalb nicht die Regel, sondern häufig die Ausnahme. Sie zeigt den noch wichtige wirtschaftliche Zusammenhänge auf.

B   Frau Berger will einen Kuchen backen, weil sich unerwartet Besuch angemeldet hat. Sie stellt fest, dass sie kein Mehl hat. Bergers wohnen auf dem Dorf. Im einzigen Geschäft am Ort ist das Mehl aber viel teurer als im Supermarkt in der zwölf Kilometer entfernten Kreisstadt. Frau Berger kauft trotzdem im Ort. ■

B   Familie Hörster will sich zu Weihnachten einen neuen DVD-Spieler leisten. Kegelbruder Franz, ein Freund von Herrn Hörster, besitzt ein Elektrogeschäft. Bei ihm ist das Gerät, das sich Herr Hörster ausgesucht hat, aber 50 Euro teurer als bei der Konkurrenz. Frau Hörster möchte dieses Geld sparen. Dazu Herr Hörster: „Das kann ich doch nicht machen. Was meinst du wohl, wie Franz guckt, wenn er zu uns kommt?" ■

B   Herr Steinmann möchte ein neues Fahrrad kaufen. Er steht ratlos beim Fahrradhändler. Die verschiedenen Marken, die technischen Besonderheiten, die unterschiedlichen Materialien, Ausstattung, Zubehör und die Preisspannen machen es ihm schwer, eine Wahl zu treffen. „Wer findet da noch durch?", stöhnt er und überlegt, was er tun kann. ■

---

1. ● Erläutere, welche Gründe Frau Berger, Herr Hörster und Herr Steinmann für ihr Verhalten haben.

2. ● Notiere Möglichkeiten, wie sich die drei noch verhalten könnten.

Funktion der Preise

B Saskia und Anja bummeln durch die Stadt. Anja will sich neue Jeans kaufen. Zunächst gehen sie in die Boutique „Marie Claire" in der Einkaufspassage. Die Hose „Olympia", die Anja gut gefällt und ihr perfekt passt, ist sehr teuer. „In unserem Briefkasten lag heute Morgen ein Werbezettel einer anderen Boutique", sagt Saskia, „lass uns doch da mal hingehen." Sie gehen also in die Reichenstraße. Der Laden sieht nicht gerade toll aus, aber die Auswahl ist riesig. Anja findet sogar die „Olympia" und hier kostet die Jeans 15 Euro weniger. Als Anja ihrem Vater vom Einkauf und den Preisen in der „Marie Claire"-Boutique erzählte, sagt er nur: „Hast du dir mal überlegt, welche Mieten gezahlt werden müssen? Stell dir doch mal vor, welche Kosten die Geschäfte da haben." „Schön", sagt Anja, „aber trotzdem kaufe ich ab jetzt lieber in der Reichenstraße." ■

Das zeigt, dass der Konsument nicht deshalb einen Preis zahlt, weil die Herstellung Kosten verursacht. Konsumenten interessieren sich für den Preis von Produkten, nicht für die Kosten, die ein Unternehmer hat. Ausschlaggebend ist, wie ihr wisst, die Nachfrage auf dem Markt.

Die Kosten sind aber für die Anbieter wichtig, denn der Preis, den sie am Markt erzielen, ist wesentlich für den Bestand ihres Unternehmens. Ist der mögliche Preis für ein Produkt zu niedrig, werden Verluste gemacht, die auf Dauer das Unternehmen gefährden. Durch die Preise müssen also mindestens die Kosten gedeckt werden. Der Inhaber der Boutique „Marie Claire" hat wegen der hohen Kosten einen hohen Preis für die Jeans festgesetzt. Erfolgreich war dieses Verhalten nicht, denn der Inhaber konnte nicht so viele Jeans verkaufen,

wie dies bei einem geringeren Preis möglich gewesen wäre. Das zeigt Anjas Kaufverhalten. Die Boutique hätte versuchen müssen, ihre Kosten zu senken, z. B. dadurch, dass sie die Waren preiswerter einkauft und einen günstigeren Mietpreis aushandelt.

Eine wichtige Funktion für den Konsumenten ist die **Vergleichsfunktion**. Vor dem Kauf eines Gutes oder der Inanspruchnahme einer Dienstleistung wird in den meisten Fällen die Höhe der Preise verglichen. Besonders vor größeren Anschaffungen ist solch ein Vergleich empfehlenswert. Heute kann man das ganz bequem über das Internet erledigen. Es gibt zahlreiche Onlinedienste, die Preisvergleiche anbieten. Bei den meisten gibt man einfach die gesuchte Warenbezeichnung und die geplante Ausgabenhöhe ein. Es werden dann verschiedene Anbieter und Preise aufgelistet. Für bestimmte Warengruppen wie z. B. Computerartikel, CDs oder Bücher gibt es spezielle Suchmaschinen für Preisvergleiche.

> **INFO**
>
> **Drei Funktionen der Preise**
>
> *Ausgleichsfunktion:*
> Die Preise auf den Märkten sorgen dafür, dass sich die angebotenen und nachgefragten Gütermengen ausgleichen.
>
> *Signal- oder Informationsfunktion:*
> Die Preise auf den Märkten zeigen an, welche Güter dringender nachgefragt werden und welche Güter keine Rolle mehr spielen.
>
> *Lenkungsfunktion:*
> Die Preise auf den Märkten lenken die Produktionsfaktoren (Arbeitskräfte, Rohstoffe, Kapital/Maschinen, Geld) dorthin, wo sie benötigt werden.

3. ○ Recherchiere im Internet nach günstigen Angeboten für Inlineskater in der Preiskategorie 35 – 45 Euro.

Lebensmittel und Drogerieartikel:
Der Kunde hat die Wahl

■ Anzahl der Geschäfte Anfang 2011
■ Umsatz im Jahr 2011 in Milliarden Euro

Discounter	16 193	
	60,5 Mrd. €	
Drogeriemärkte	11 710	
	11,9	
kleine Supermärkte 100–399 m²	6 982	
	5,0	
große Supermärkte 400–999 m²	4 888	
	15,9	
kleine Verbrauchermärkte 1 000–2 499 m²	4 696	
	23,5	
große Verbrauchermärkte ab 2 500 m²	1 956	
	41,2	

Quelle: Nielsen   © Globus 5261

▸ **Verschiedene Märkte unter einem Dach**

Veränderungen im Marktgeschehen: Konzentration im Einzelhandel

Wer kennt nicht die Namen REWE, METRO, EDEKA, ALDI, NETTO, REAL, LIDL? Sie zählen zu den Großen des Lebensmittelhandels, die inzwischen in fast jedem mittleren oder größeren Ort zu finden sind, wenn auch gelegentlich unter verschiedenen Namen. Wer weiß schon, dass z. B. zu dem Einzelhandelsunternehmen REWE Super- und Verbrauchermärkte mit den Namen PENNY, PROMARKT, TOOM und NAHKAUF gehören oder dass zur METRO-Gruppe REAL und Media-Markt zählen? Selbst wenn sich mehrere dieser Märkte am Ort niedergelassen haben, machen sie sich nur scheinbar Konkurrenz.

Das bleibt natürlich nicht ohne Folgen:
– Viele Einzelhandelsgeschäfte können mit diesen Großmärkten nicht mehr konkurrieren und müssen schließen. Die bisher selbstständigen Inhaber werden vielleicht Verkäufer oder Filialleiter bei den großen Handelsunternehmen.
– Die Vielfalt der Einkaufsmöglichkeiten sinkt in manchen Regionen. Die Käufer müssen jetzt häufig längere Wege zurücklegen, um sich mit den Lebensmitteln des täglichen Bedarfs zu versorgen. Vor allem für ältere Menschen ist das sehr beschwerlich, ja teilweise unmöglich.
– Aber es gibt auch Vorteile: Wer heute Lebensmittel einkauft, kann ungleich mehr kaufen als früher.

Auch in Supermärkten gibt es inzwischen ein breit gefächertes Angebot an frischen Waren und Spezialitäten, und das zu günstigen Preisen.

Daneben gibt es viele neue Formen, beispielsweise Märkte in Tankstellen und in ländlichen Gegenden rollende Verkaufswagen mit Lebensmitteln.

1. ⬤ Bauernhofmärkte werden heute wieder attraktiv. Welche Gründe könnte das haben?

2. ⬤ Ermittle, welche Einkaufsmöglichkeiten für Lebensmittel es früher in deinem Wohnort oder Stadtteil gab. Markiere die Ergebnisse in einem Stadtplan und vergleiche sie mit der heutigen Situation.

▸ Scannerkasse

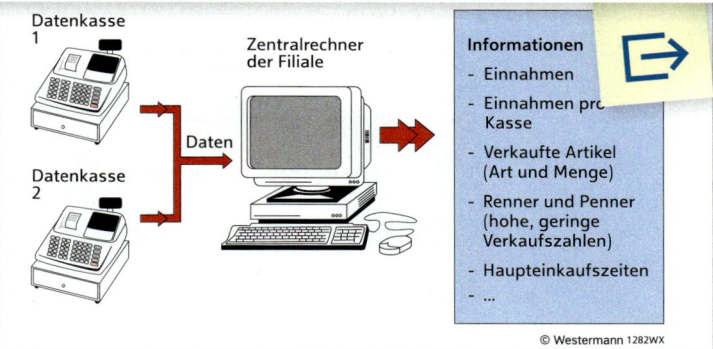

Datenkasse 1

Zentralrechner der Filiale

Daten

Datenkasse 2

Informationen
- Einnahmen
- Einnahmen pro Kasse
- Verkaufte Artikel (Art und Menge)
- Renner und Penner (hohe, geringe Verkaufszahlen)
- Haupteinkaufszeiten
- ...

© Westermann 1282WX

▸ Schemazeichnung eines Warenwirtschaftssystems (WWS)

Computer im Warenwirtschaftssystem: Datenkassen und Strichcode

Vielen von euch wird schon einmal aufgefallen sein, dass die Kassiererin oder der Kassierer im Supermarkt den Preis einer Ware nicht per Hand eingibt. Wie von Geisterhand erscheint der Preis einer Ware auf dem Anzeigenfeld der Kasse, wenn die Ware über ein Glasfenster geschoben wird, unter dem oft rote, dünne Lichtstrahlen zu sehen sind.

In anderen Fällen berührt das Personal an einer Kasse die Ware mit einem Gerät, das aussieht wie ein Miniaturstaubsauger oder ein großer Kugelschreiber. Man nennt diese Art von Kassen Computerkassen, Datenkassen oder Scannerkassen. Das, was dort über ein Glasfenster geschoben oder mit einem Lesestift berührt wird, ist der sogenannte Strichcode, der von einem Scanner gelesen wird.

Schon lange besteht die Auszeichnung von Waren im Handel nicht mehr nur aus einem simplen Preisschild. Seit 1977 gab es den EAN-Code (**E**uropäische **A**rtikel **N**ummerierung), der seit 2009 GTIN heißt. Auf nahezu allen Waren finden wir heute die Strichcodes. Sie stellen eine maschinenlesbare Ziffernkombination dar. Scannerkassen können diese Strichcodes identifizieren und registrieren und erstellen daraus automatisch die Abrechnung (den Kassenbon) für den Kunden. Sie errechnen sogar das Wechselgeld.

GTIN
Global Trade Item Number (= globale Artikelnummer)

RU

INFO

4 013756 110738

Der Strichcode besteht aus 13 Ziffern. Die beiden ersten sind Länderkennziffern, so 40 bis 43 für Deutschland. Die Ziffern 3 bis 7 sind Herstellernummern, die an einen bestimmten Betrieb vergeben werden. Die Ziffern 8 bis 12 sind Artikelnummern, die vom Hersteller einem bestimmten Artikel gegeben werden. Die 13. Ziffer ist eine Prüfziffer, die vom Hersteller nach einem vorgegebenen Muster errechnet werden muss. Diesem Code ordnet das verkaufende Unternehmen einen Verkaufspreis zu.

1. ○ Schildere in eigenen Worten, warum solche Kassen für einen Betrieb vorteilhaft sein können.

2. ○ Sieh dir die Abbildung des Warenwirtschaftssystems an und beschreibe die Zusammenhänge.

3. ◒ Befrage in einem Verbrauchermarkt den Geschäftsführer, wie das Warenwirtschaftssystem dort funktioniert und erläutere es anhand des Schaubildes.

▸ Ein Onlinemarkt

Viele Märkte

Märkte findet ihr überall, ob es der Wochen-markt ist, wo Obst, Gemüse, Wurst, Fleisch gehandelt werden, oder ob es ein Flohmarkt mit Büchern, alter Kleidung, DVDs, Spielzeug ist. Aber auch im folgenden Beispiel haben wir einen Markt:

B Ilka und Thomas unterhalten sich auf dem Weg nach Hause:

Thomas: „Gestern habe ich im Internet ein geiles Tool gefunden. Dank der App weiß ich nun zu jeder Zeit, welcher Song gerade irgendwo gespielt wird. Du brauchst das Handy nun in die Richtung der Musik zu hal-ten und die kleine Wundermaschine erkennt das Lied!"

Ilka: „Wow! Das will ich auch haben. Wie bist du daran gekommen?"

Thomas: „Findest Du bei Xention. Mein Bru-der hat mir die Plattform gezeigt. Die haben eine Menge nützlicher Apps. Andere Sachen wie Musik kannst du natürlich auch runter-laden."

Ilka: „Umsonst?"

Thomas: „Quatsch! Gegen Bezahlung, ver-steht sich."

Ilka: „Das musst du mir unbedingt zeigen. Ich will dringend etwas haben, mit dem ich auch ohne nervige SMS twittern kann." ■

Was wir hier erkennen können

— Märkte sind nicht nur ein Platz, eine Messe-halle, eine Gaststätte, ein Laden, den bzw. die man körperlich betreten kann.

— Anbieter und Nachfrager finden sich näm-lich z. B. auch im Anzeigenteil von Zeitun-gen und Zeitschriften, auf Anschlagbrettern (z. B. Aushänge am sog. Schwarzen Brett), im Internet (z. B. eBay oder Amazon) oder in Form von Telefonverbindungen (z. B. bei Klingeltönen).

— Kurz: Märkte sind nicht an einen Ort gebun-den, sondern sind dort, wo Anbieter und Nachfrager zusammentreffen.

Preisbildung im Modell und in der Realität

Auf Märkten, habt ihr kennengelernt, bilden sich für die Produkte und Dienstleistungen Preise. Das sieht im Modell aber einfacher aus, als es in der Wirklichkeit zu beobachten ist. Bestimmt kommen euch die folgenden bei-spielhaften Situationen bekannt vor.

▸ Zwei Komondore

▸ Supermarkt im Wohngebiet

B „Neulich war ich in der Stadt shoppen. Es fing fürchterlich an zu regnen und ich hatte natürlich keinen Regenschirm dabei. Also bin ich ins nächstbeste Geschäft und habe einen gekauft. Ärgerlich, denn im Nachhinein erschien er mir doch recht teuer zu sein!"

„Ich weiß, dass ich das Brot im Supermarkt günstiger kaufen kann. Aber die Uta und den Klaus – den beiden gehört die kleine Bäckerei im Ort – kenne ich schon ewig. Die würden mich schräg angucken, wenn ich unser Brot woanders kaufen würde."

„Mein Sohn will sich einen neuen PC kaufen. Wir haben schon versucht, uns zusammen schlauzumachen. Aber durch die verschiedenen Marken und ihre technischen Besonderheiten, die unterschiedlichen Ausstattungen und Preise blickt man irgendwann nicht mehr durch."

„Im Supermarkt an der Hauptstraße ist es zwar etwas teurer, aber dort arbeitet total nettes Personal und der Service ist klasse. Dafür bezahle ich gerne etwas mehr."

„Meine Mutter wollte schon immer einen bestimmten Hirtenhund haben, einen Komondor. Wir mussten bis ganz nach Österreich fahren, um überhaupt einen Züchter zu finden."

„Klar ist es in den Supermärkten in Stadtnähe günstiger als beim Kiosk. Wenn ich aber nur Milch oder Brot brauche, kann ich besser zum Kiosk nebenan gehen." ▪

Was wir hier erkennen können
Neben dem Preis gibt es unzählige Gründe, warum wir in bestimmten Situationen bewusst bereit sind, einen höheren Preis zu zahlen, auch wenn wir genau wissen, wo es günstiger ist.

1. ○ Beschreibe, wie sich das Verhalten der Konsumenten durch neue technologische Entwicklungen verändert hat (vgl. das Beispiel auf Seite 26).

2. ● Betrachte die Aussagen der unterschiedlichen Personen oben. Benenne und beurteile die Gründe, warum man einen höheren Preis bezahlen würde. Wie würdest du dich verhalten?

3. ◒ Überprüfe, welche Bedingungen der idealen Preisbildung in den Beispielen nicht gegeben sind. Sieh dir dazu noch mal die Seite 20 an.

In diesem Kapitel habt ihr gelernt, …

– *dass es verschiedene Märkte gibt, auf denen Güter und Dienstleistungen gehandelt werden.*
– *dass alle Märkte Gemeinsamkeiten haben. Denkmodelle versuchen, das komplizierte Wirtschaftsgeschehen vereinfacht darzustellen. Das Modell vom Markt verdeutlicht die ideale Preisbildung.*
– *dass man die Ergebnisse eines Denkmodells nicht für die Realität halten darf. Das Marktmodell zeigt lediglich, wie sich die Preise im Idealfall bilden. In der Realität beeinflussen allerdings verschiedene Faktoren die Preisbildung. Die Preise haben für die Verbraucher verschiedene Funktionen.*

Hier könnt ihr euer bisher erworbenes Wissen testen und vertiefen.

1. ○ Beschreibe die wesentlichen Aufgaben von Märkten.

2. ○ Benenne zehn verschiedene Konsumgütermärkte.

3. ○ Nenne fünf Dienstleistungsmärkte, die du bereits nutzt.

4. ○ Nenne die Gemeinsamkeiten, die alle Märkte haben.

5. ○ Beschreibe, was einen Markt im Mittelalter von den heutigen Konsumgüter- und Dienstleistungsmärkten unterscheidet.

6. ◒ Erläutere den Sinn und Zweck von Denkmodellen im Wirtschaftsunterricht.

7. ○ Nenne die fünf Annahmen, die bei dem Modell vom Markt gemacht werden müssen, damit die Regel gilt: Angebot und Nachfrage bestimmen den Preis.

8. ◒ Beschreibe an einem Beispiel, was ein Gleichgewichtspreis ist.

9. ● Stelle die vier Regeln des Marktmechanismus in einem Schaubild anschaulich dar.

10. ● Frauke hat am Wochenende in einem Onlineshop eine DVD bestellt. Am Dienstag entdeckt sie die DVD im gleichen Onlineshop für drei Euro weniger. Beurteile den Preisunterschied.

11. ◒ Viele Faktoren haben Einfluss auf die Bildung von Preisen:
    – persönliche Gründe,
    – örtliche Gegebenheiten,
    – zeitliche Gründe.
    Stelle für jeden angeführten Faktor ein eigenes Beispiel zusammen.

▸ Ein Schirm schützt vor Regen ...

▸ ... wenn er nicht kaputt ist.

12. ◔ Erläutere, welches grundlegende Problem eines Verbrauchers sich mit dem Beispiel "Der Regenschirm" verdeutlichen lässt.

Q DER REGENSCHIRM

„Ich brauchte seinerzeit einen neuen Regenschirm. Es war zu überlegen, wie ich in meiner Rolle als Arbeitnehmer die in der freien Marktwirtschaft mir obliegende Pflicht bei der Auswahl am besten treffen könne.

In Köln gibt es, so nahm ich an, etwa 50 Läden, in denen man einen Regenschirm kaufen kann. Diese müsste ich pflichtgemäß alle aufsuchen.

Dann gibt es schätzungsweise 200 Regenschirme für Herren. Da es ein schwarzer Regenschirm mit gebogener Krücke sein sollte, mag sich die Anzahl der Sorten auf 100 ermäßigen.

Nun aber geht es mir um einen möglichst dauerhaften Regenschirm, dessen Stoff, Stock und Mechanik lange halten und auch bei starkem Wind lange brauchbar bleiben sollten.

Ich fand bald heraus, dass allein um die Güte der Regenschirme auf Haltbarkeit und Wasserdurchlässigkeit zu prüfen ein Kurs nötig sei, den ein Freund auf Wochendauer schätzte. Also verzichtete ich nach kurzer Überlegung auf jede Konkurrenzprüfung, ging in den nächsten Laden, kaufte unter den zehn vorgelegten Schirmen ohne lange Prüfung und zahlte dafür, was gefordert wurde." ■

Quelle: E. Schmalenbach, Der freien Wirtschaft zum Gedächtnis, Opladen 1949

13 ○ Beschreibe drei Funktionen von Preisen.

14. ◔ Stelle die Vor- und Nachteile der Ansiedlung eines großen Verbrauchermarktes am Ort dar.

In diesem Kapitel lernt ihr, ...

> dass in einem Unternehmen Menschen mit unterschiedlichen Interessen zusammenarbeiten.

> dass ihre Zusammenarbeit organisiert werden muss, damit die Abläufe im Betrieb reibungslos funktionieren.

> was mit formaler und informaler Organisation in einem Unternehmen gemeint ist.

ORGANISATION UND ARBEITSBEZIEHUNGEN

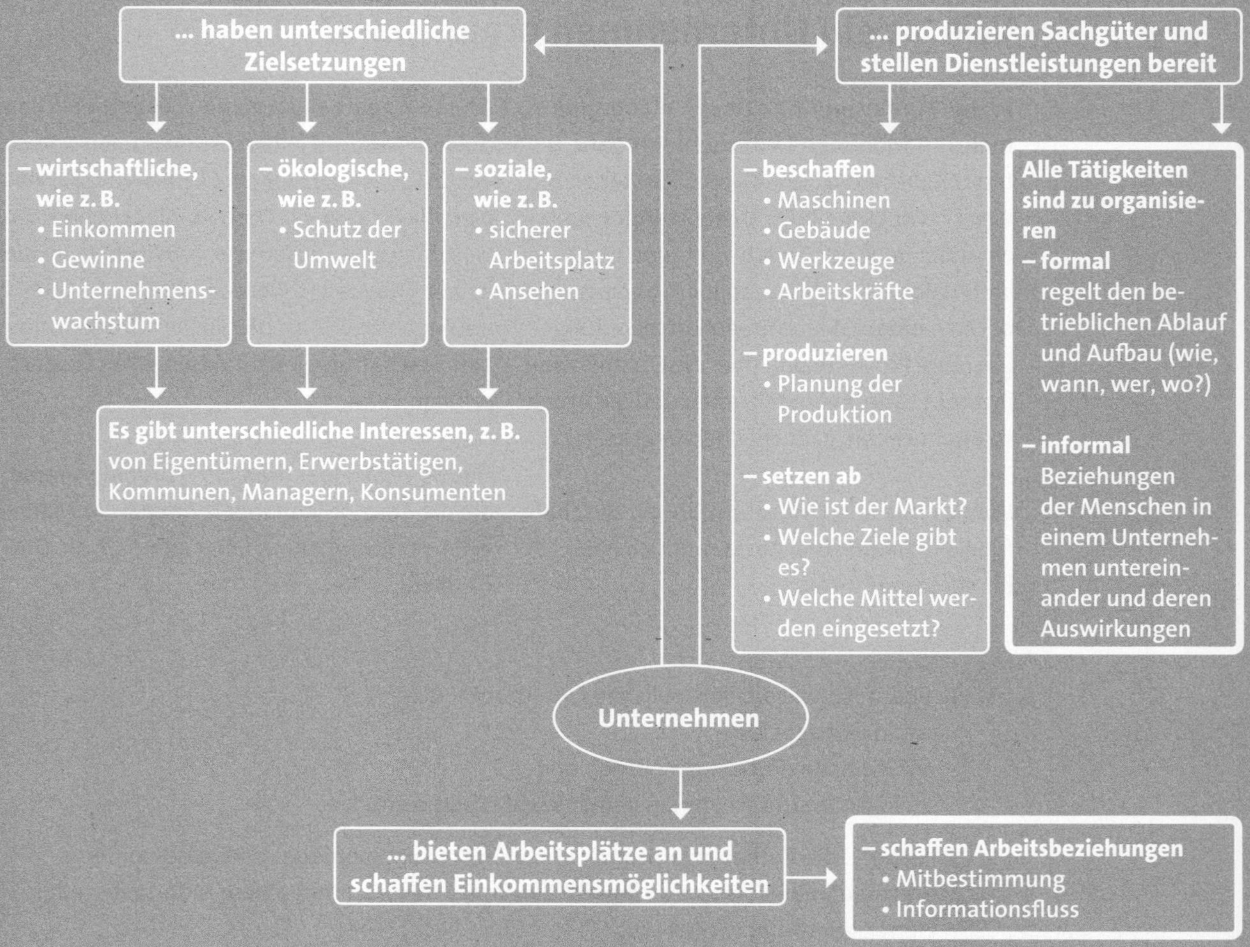

... haben unterschiedliche Zielsetzungen	... produzieren Sachgüter und stellen Dienstleistungen bereit

– wirtschaftliche, wie z. B.
- Einkommen
- Gewinne
- Unternehmenswachstum

– ökologische, wie z. B.
- Schutz der Umwelt

– soziale, wie z. B.
- sicherer Arbeitsplatz
- Ansehen

Es gibt unterschiedliche Interessen, z. B. von Eigentümern, Erwerbstätigen, Kommunen, Managern, Konsumenten

– beschaffen
- Maschinen
- Gebäude
- Werkzeuge
- Arbeitskräfte

– produzieren
- Planung der Produktion

– setzen ab
- Wie ist der Markt?
- Welche Ziele gibt es?
- Welche Mittel werden eingesetzt?

Alle Tätigkeiten sind zu organisieren
– formal regelt den betrieblichen Ablauf und Aufbau (wie, wann, wer, wo?)

– informal Beziehungen der Menschen in einem Unternehmen untereinander und deren Auswirkungen

Unternehmen

... bieten Arbeitsplätze an und schaffen Einkommensmöglichkeiten

– schaffen Arbeitsbeziehungen
- Mitbestimmung
- Informationsfluss

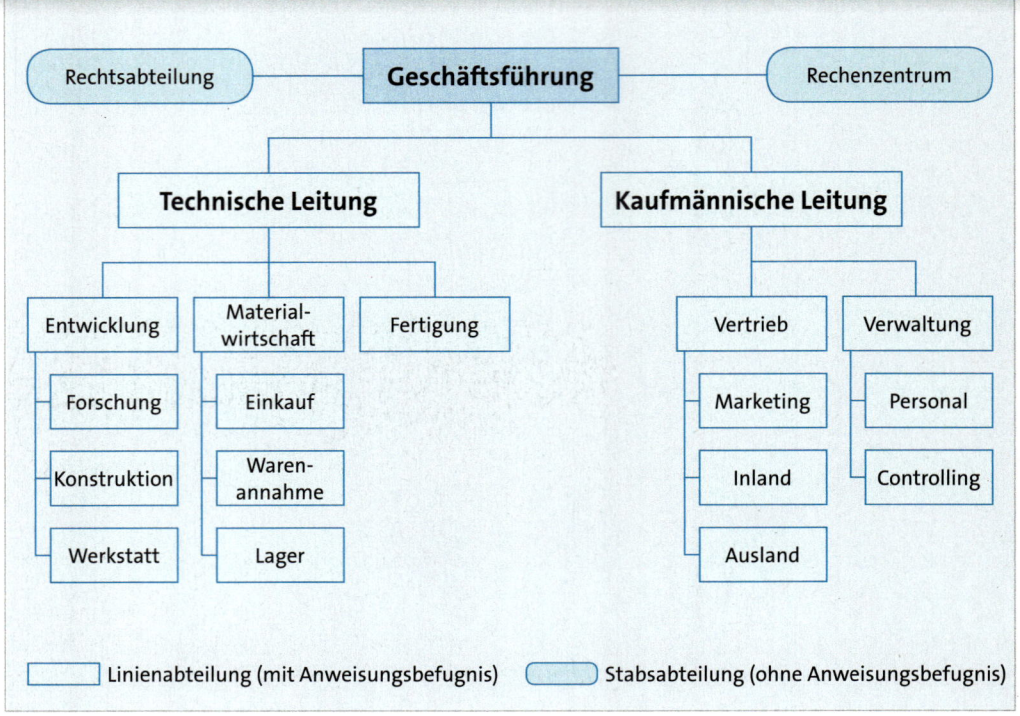

▸ Aufbauorganisation eines Unternehmens

Wie ist ein Unternehmen organisiert?

In der Bundesrepublik Deutschland gibt es mehrere Millionen Unternehmen ganz unterschiedlicher Art und Größe. Sie stehen mit ihren Produkten und Dienstleistungen untereinander im Wettbewerb, und zwar nicht nur innerhalb Deutschlands, sondern auch mit anderen Ländern. Sie müssen Entscheidungen über ihre Produkte und über die Organisation in ihrem Unternehmen treffen und die Arbeit so organisieren, dass alles reibungslos läuft.

Was es mit den Grundfunktionen Beschaffung, Produktion und Absatz auf sich hat, habt ihr bereits erfahren.

Ohne eine gute Organisation der betrieblichen Abläufe würde in jedem Unternehmen schnell ein Chaos ausbrechen und keiner wüsste, was eigentlich zu tun ist. Deshalb: Überall dort, wo viele Menschen zusammenarbeiten, muss die Arbeit organisiert werden, damit ein Unternehmen die drei betrieblichen Grundaufgaben Beschaffung – Produktion – Absatz auch erfüllen kann.

Häufig verwendet man dazu **Organigramme**, die die Zusammenhänge zwischen Abteilungen oder Mitarbeitern aufzeigen (vgl. die Grafik oben).

1. ⊖ Erläutere, wie die betrieblichen Grundfunktionen
   a) an deiner Schule,
   b) in deinem Praktikumsbetrieb und
   c) in einem Unternehmen deiner Wahl erfüllt werden.

2. ⊖ Ermittle die Aufbauorganisation deines Praktikumsbetriebes oder eines anderen Unternehmens. Bereite zu diesem Zweck ein Gespräch mit einem Mitarbeiter oder dem Eigentümer vor Ort vor.

Ein Telefongespräch führen wir meist, ohne uns die einzelnen Schritte zu überlegen. Tatsächlich besteht diese Aufgabe aus einer ganzen Reihe von Tätigkeiten und Entscheidungen. In unserem einfachen Beispiel gibt es die folgenden Tätigkeiten und Abfragen:

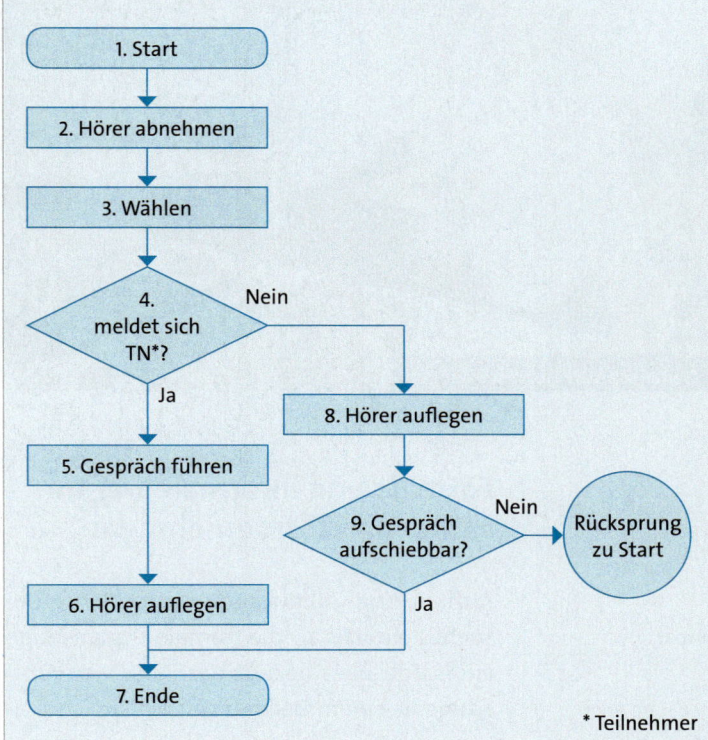

* Teilnehmer

INFO

Mit Organigrammen bilden Unternehmen die Organisation ihres Aufbaus oder Ablaufs ab. Mit Kästchen, Pfeilen und Linien werden Zusammenhänge aufgezeigt. Die Verbindungen stehen dabei meist für:

- Wer ist für welche Aufgaben und welche Mitarbeiter verantwortlich?
- Wer ist wessen Vorgesetzter oder Untergebener?
- Wer kann Weisungen geben?

Aufbau- und Ablauforganisation

Es wird zwischen der **Aufbau- und Ablauforganisation** eines Unternehmens unterschieden.

Mit der **Aufbauorganisation** wird geregelt, wer wo, mit welchen Mitteln etwas tun soll. Sie regelt die Zuordnung von Aufgaben an Mitarbeiter. Aufgabenbereiche werden beschrieben und voneinander abgegrenzt, sodass jeder Mitarbeiter weiß, was er tun soll und was nicht. Es wird außerdem festgelegt, wer für bestimmte Aufgaben die Verantwortung trägt und Anweisungen erteilen darf.

Bei der **Ablauforganisation** wird der Ablauf der betrieblichen Arbeitsabläufe geregelt, nämlich wie, wann und warum bestimmte Aufgaben erledigt werden müssen.
Zum besseren Verständnis: Die Aufbauorganisation kann man mit der Anlage eines Straßennetzes vergleichen. Die Ablauforganisation entspricht der Regelung des Verkehrs in diesem Straßennetz. So wie diese beiden einen reibungslosen Ablauf des Straßenverkehrs sicherstellen, so müssen die betrieblichen Aufgaben ebenfalls geregelt und aufeinander abgestimmt werden.

INFO

Das **Flussdiagramm** ist ein geeignetes Instrument, um Arbeits- und Geschäftsabläufe darzustellen und zu analysieren.

Start, Ende — Anschlusspunkt, Sprungstelle

Bearbeitung, Tätigkeit — Ablauflinie, Flussrichtung meist senkrecht

Entscheidung mit Ja-/Nein-Verzweigung

---

3. ⊖ Ermittle, wer an der Aufbauorganisation deiner Schule beteiligt ist, und zeichne eine Grafik.

▶ Gemeinsame Feier mit Kollegen

▶ Ärger mit dem Chef

Formale und informale Organisation eines Unternehmens

formal
die äußere Form betreffend

informell, informal
nicht offiziell; ohne formalen Auftrag

Aufbau- und Ablauforganisation eines Betriebes werden als die formale Organisation eines Betriebes bezeichnet. Aber viele Vorgänge in einem Betrieb spielen sich auf einer ganz anderen, auf der informellen, nicht offiziellen Ebene ab, wie diese Beispiele zeigen:

B   **Martin, 33 Jahre, Versicherungsfachangestellter:** „Zurzeit fällt es mir wirklich schwer, mich auf die Arbeit zu konzentrieren. Wir haben gerade unser erstes Baby bekommen und meine Nächte sind im Augenblick wirklich kurz!"

Sonja, 24 Jahre, Groß- und Außenhandelskauffrau: „Seitdem ich in dieser Abteilung arbeite, habe ich das Gefühl, ich schaffe viel mehr als vorher. Meine Kollegen hier sind aber auch viel hilfsbereiter und freundlicher. Da fühle ich mich viel wohler, wenn ich morgens zur Arbeit komme." ■

Die Qualität der Beziehungen der Arbeitnehmer im Betrieb untereinander nennt man **Betriebsklima**. Es beeinflusst die Arbeitszufriedenheit, die Leistungsbereitschaft, das Wohlbefinden und das Verhalten zu Hause und in der Familie. Andererseits wirken sich familiäre Verhältnisse und besondere Umstände auf das Arbeitsverhalten im Betrieb aus. Ihr kennt das auch aus eurer Klassengemeinschaft.

Den einen Mitarbeiter mag man, den anderen nicht. Das ist von Stimmungen abhängig. Krankheit und Ärger in der Familie haben meistens einen großen Einfluss auf die Arbeit. Oder: Eine alleinstehende Mutter mit der Doppelbelastung von Haushalt und Beruf

1. ◒ Erläutere, wie Situationen, wie auf dem Foto dargestellt, das Betriebsklima beeinflussen können, und übertrage dies auf das Klima in deiner Klasse.

2. ◯ Stelle weitere Beispiele dar, die zeigen, wie die Organisation eines Unternehmens durch die informellen Beziehungen beeinflusst werden kann.

3. ● Nimm Stellung zu folgender Aussage: Die Unternehmensführung muss sich bemühen, die positiven Effekte der informellen Beziehungen in einem Unternehmen zu fördern. Entwickle dazu Beispiele.

▸ Die Kolleginnen tuscheln hinter dem Rücken.

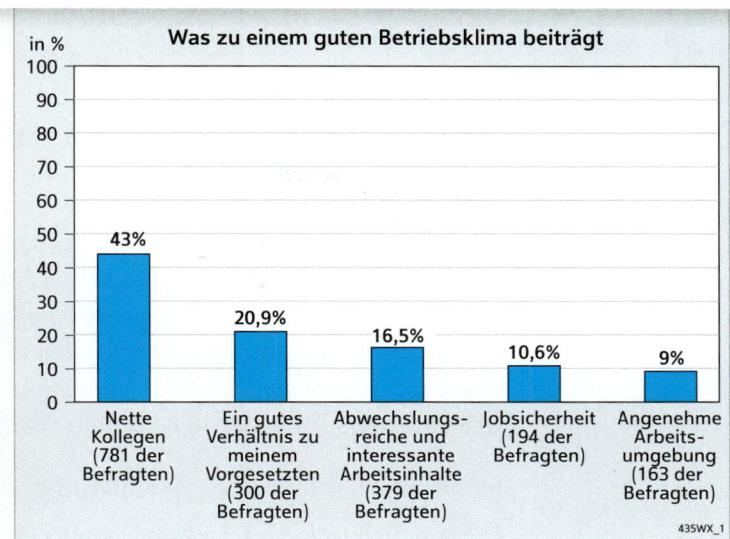

Was zu einem guten Betriebsklima beiträgt

435WX_1

Quelle: www.rp-online.
de/public/bilder
showinline/aktuelles/
beruf/arbeitswelt/
24947, nach einer
Studie des Karriere
portals Monster

hat mehr Stress als ein Mann, der sich voll auf seinen Beruf konzentrieren kann.

Weitere Probleme können sein: die Angst um den Arbeitsplatz, der Aufschub einer längst fälligen Beförderung, dauernder Streit mit dem Vorgesetzten, die Eintönigkeit der Arbeit. Auch der Führungsstil von Vorgesetzten wirkt sich stark auf das Betriebsklima aus.

Weitere Faktoren können Einfluss auf das Betriebsklima haben. In einer Abteilung arbeiten z. B. zwei Personen, die auch private Beziehungen haben, etwa als Nachbarn, als Mitglied in einem Sportverein, in einer Partei, im Kegelclub.

Informelle Gruppen bilden sich aber auch aufgrund von sozialen Gemeinsamkeiten, wie Herkunft, Alter oder gemeinsamen Interessen, die nicht mit offiziellen betrieblichen Vorgängen in Zusammenhang stehen.

Dies können z. B.
– Tischgruppen in der Kantine,
– Plaudergruppen,
– Anhänger von Fußballmannschaften,
– verschiedene Nationalitäten
  sein.

Dies kann sich einerseits positiv auswirken, aber es gibt auch viele Beispiele, die zeigen, dass dies Probleme mit sich bringen kann.

B Reiner Enders und Wolfgang Stolz sind Mitglieder in dem ortsansässigen Fußballverein und Kollegen in der gleichen Abteilung in einem Unternehmen. Am Samstagabend bei einer Vereinssitzung kam es zwischen den beiden zu einer heftigen Meinungsverschiedenheit über die Jugendarbeit in dem Verein. Schon länger gibt es Streitigkeiten zwischen den beiden, die sich leider auch auf die Arbeit auswirken. Kollegen beschweren sich schon beim Chef über das Verhalten der beiden ... ∎

4. ◒ Untersuche das Arbeitsklima innerhalb deiner Klasse und benenne, was deine Arbeit beeinflusst.

5. ● Diskutiert die Cliquenbildung in einer Klasse und deren Einfluss auf das Arbeitsklima in der Klasse.

6. ● Entwickle eine Lösung für den Konflikt von Reiner Enders und Wolfgang Stolz und seine Auswirkungen.

Fallstudie:
Hier stimmt etwas nicht mit der Organisation

Erklärung

Die Fallstudie ist eine Methode, die helfen soll, sich mit einem Fall aus dem Wirtschaftsalltag oder der Lebensumwelt auseinanderzusetzen. Dabei gilt es, einen Fall genau zu betrachten, sich erforderliche Informationen zu beschaffen, sie zu bewerten und Lösungsmöglichkeiten zu suchen. Aus den Lösungsmöglichkeiten muss man sich für eine entscheiden und diese in einer Pro- und Kontra-Diskussion verteidigen.
Und man muss schließlich seine Lösung mit der tatsächlich getroffenen Lösung vergleichen.

Idealtypischer Ablauf einer Fallstudie

Es lassen sich sechs verschiedene Phasen einer Fallstudie unterscheiden.

Schritt ❶
Fallanalyse

Der Fall: Was ist passiert?
Welcher Sachverhalt ist gegeben?

Schritt ❷
Informations-
beschaffung

Welche Informationen benötigen wir?
Die zur Verfügung stehenden Informationen müssen untersucht und bewertet werden; weitere Informationen sind evtl. durch Erkundungen vor Ort, Befragung von Personen, durch das Erarbeiten von schriftlichen Quellen, durch Internetrecherchen zu beschaffen und zu bewerten.

Schritt ❸
Lösungs-
möglichkeiten

Welche Lösungen sind denkbar?
Überlegt, welche Möglichkeiten es geben könnte, damit die Probleme in Zukunft nicht wieder auftreten. Es muss nach unterschiedlichen Lösungsmöglichkeiten gesucht werden.

Schritt ❹
Entscheidung

Wir treffen eine Entscheidung
Jetzt müssen die Vor- und Nachteile, aber auch die Konsequenzen einer Lösung gegeneinander abgewogen und bewertet werden. Zielsetzung dabei ist es, eine Entscheidung zu treffen.

Schritt ❺
Diskussion

Wir diskutieren und verteidigen unsere Entscheidung
Die Entscheidung, die in einer Gruppe getroffen worden ist, wird zur Diskussion gestellt. Die Gruppen versuchen, ihre Entscheidung gegen die Argumente anderer Gruppen zu verteidigen.

Schritt 6
Vergleich

Wir vergleichen unsere Entscheidung mit der tatsächlich getroffenen Entscheidung
Wenn wir einen Fall bearbeitet haben, der in der Realität vorgekommen ist, vergleichen wir unsere Entscheidung mit der tatsächlich getroffenen Entscheidung. Wo liegen Unterschiede, wo Gemeinsamkeiten?

Der Fall: Frau Gerlach eröffnet ein Fotofachgeschäft mit Studio

B Frau Gerlach, Fotografin, hat durch ein Erbe 60 000 Euro zur Verfügung. Ihr Traum war es schon immer, ein Fotogeschäft mit Studio zu betreiben. Wegen ihrer zwei Kinder, die nun aus dem Haus sind, hat sie ihren Beruf bisher nur als Hobby ausgeführt und ist dadurch aber immer auf dem neuesten technischen Stand geblieben. Sie hat in einer günstigen Geschäftslage einen kleinen Laden mit Studio gemietet. Sie hat auch zwei Angestellte übernommen, eine Verkäuferin und eine Auszubildende. Die beiden waren froh, ihre Arbeitsplätze behalten zu können, haben aber noch Schwierigkeiten, sich an den Leitungsstil ihrer neuen Chefin zu gewöhnen. Folgende Situation ereignete sich in den ersten Wochen nach der Geschäftseröffnung:

1. Die Verkäuferin Frau Arnold schickt mehrmals kaufwillige Kunden weg, da von einer nachgefragten digitalen Spiegelreflexkamera der neuen Generation noch keine im Lager vorhanden sind.

2. Da Frau Arnold diesen Mangel schnell beheben will und sie es gewohnt war, immer selbstständig zu entscheiden, ruft sie bei dem ihr bekannten Lieferanten an und bestellt fünf der Kameras.

3. Über diese, mit ihr nicht abgestimmte, Aktion ist Frau Gerlach ziemlich verärgert, zumal ihrer Meinung nach die Kameras da sein müssten. Sie findet den Liefereingang im Computer bestätigt und sucht deshalb im Lagerraum, wo sie vier der Kameras im Regal findet. Sie muss dazu allerdings lange suchen, da die Auszubildende das Lager auf Anweisung von Frau Arnold umsortiert hat.

4. Eine Kundin spricht mit der Auszubildenden Frau Schubert einen Termin für ein Familienfoto ab. Die Kundin möchte von der Chefin selbst fotografiert werden. Frau Schubert nimmt den Termin für Montagnachmittag um 15.00 Uhr an. Am Montag erscheint die Familie pünktlich. Frau Gerlach ist aber bei einem Außentermin. Die Kundin lässt sich nach einer lautstarken Diskussion mit der Auszubildenden auf ein von ihr gemachtes Foto ein, droht aber damit, es evtl. nicht abzunehmen. Umstehende Kunden sind peinlich berührt. ■

1. ○ Benenne die in diesem Beispiel aufgetretenen Probleme in der bisherigen Aufbauorganisation.

2. ◖ Erläutere, wie die in dem Fallbeispiel aufgetretenen Probleme durch eine veränderte Organisation verhindert werden können.

3. ● Entwickle ein Modell zur Aufbauorganisation des Geschäftes. Beschreibe dazu die Aufgaben der einzelnen Mitarbeiterinnen.

Arbeitsvertrag für Arbeitnehmer
(unbefristet)

Zwischen der Firma
als Arbeitgeber

und Herrn/Frau
geb. am
wohnhaft in
als Arbeitnehmer/-in

wird folgender Vertrag geschlossen:

§ 1	Anstellung und Probezeit	§ 10	Kündigung und Vertragsbeendigung
§ 2	Allgemeine Pflichten	§ 11	Vertragsstrafe
§ 3	Arbeitszeit und Entgeltzahlung	§ 12	Rückgabe von Arbeitsmaterial
§ 4	Mehrwert/Überstunden	§ 13	Personalfragebogen
§ 5	Sonderzahlungen	§ 14	Betriebsordnung
§ 6	Urlaub	§ 15	Minderjährige
§ 7	Arbeitsverhinderung, Krankheit und Kur	§ 16	Datenschutz
§ 8	Abtretung von Schadensersatzansprüchen	§ 17	Vertragsänderungen/Nebenabreden/Teilungültigkeit
§ 9	Abstellen von Fahrzeugen	§ 18	Ausschlussfrist
		§ 19	Sonstige Vereinbarung

Ort, Datum

_____   _____
Unterschrift des Arbeitgebers   Unterschrift des Arbeitnehmers/der Arbeitnehmerin

▶ Die Inhalte eines Arbeitsvertrages

Die Arbeitsbeziehungen in einem Unternehmen

Unternehmen – mit vielen Verträgen

Mit dem Begriff „Arbeitsbeziehungen" sind die Beziehungen zwischen Arbeitgebern und Arbeitnehmern gemeint. In Unternehmen, in denen Menschen miteinander arbeiten, sind Regelungen erforderlich, um mögliche Kon-

▶ Auszubildende in einem Betrieb

flikte lösen zu können. Viele dieser Regelungen sind im Arbeitsrecht enthalten (Arbeitsschutz, Tarifrecht, Mitbestimmungs- und Betriebsverfassungsrecht).

Man braucht einen Arbeitsvertrag, den Arbeitgeber und Arbeitnehmer miteinander schließen. Wie der Vertrag gestaltet ist, und damit die Beziehung zwischen dem Arbeitnehmer und dem Arbeitgeber geregelt ist, wird durch Gesetze und Regelungen festgelegt:

1. **Jugendarbeitsschutzgesetz** (z. B. Verbot der Nachtarbeit für Jugendliche)
2. **Tarifverträge** (z. B. hinsichtlich der Arbeitszeitregelungen),
3. **Regelungen, die direkt zwischen Arbeitnehmern und Arbeitgebern getroffen werden** (z. B. Urlaubsregelungen).

→ **Starthilfe zu 1:**

www.gesetze-im-internet.de/bundesrecht/jarbschg/gesamt.pdf Hier findest du alle Bestimmungen des Jugendarbeitsschutzgesetzes.

1. ◯ Schaue im Internet nach der Bedeutung der folgenden Begriffe des Arbeitsrechts und erläutere, was mit ihnen geregelt wird: Arbeitsschutz, Tarifrecht, Mitbestimmungs- und Betriebsverfassungsrecht.

2. ◯ Untersuche drei der Paragrafen aus dem Arbeitsvertrag und ermittle durch Befragung von Arbeitnehmern, was sich dahinter verbirgt.

3. ● Begründe, warum der §16 zum Datenschutz gerade in der heutigen Zeit wichtiger Bestandteil eines Arbeitsvertrages sein muss.

Mitbestimmung – die gesetzlichen Regelungen

Es wird zwischen betrieblicher Mitbestimmung und der Mitbestimmung auf der Ebene der Unternehmensleitung unterschieden. In den Gesetzen zur Mitbestimmung sind zwei Möglichkeiten für die Arbeitnehmer geschaffen, bei Entscheidungen des Arbeitgebers mitzuwirken.

– Die Unternehmensverfassung regelt die Mitbestimmung der Arbeitnehmer in den Aufsichtsräten.
– Die Betriebsverfassung regelt die Mitbestimmung bzw. Mitwirkung der Arbeitnehmer durch die Betriebsräte.

Die Mitbestimmung im Unternehmen

In großen Unternehmen, deren Unternehmensleitung aus Hauptversammlung, Vorstand und Aufsichtsrat besteht, haben die Arbeitnehmer Sitz und Stimme im Aufsichtsrat. Das heißt, dass sie bei unternehmerischen Entscheidungen, z. B. über Produktions- und Investitionsprogramme, Preise, Vergrößerung des Unternehmens usw. mitbestimmen dürfen. Diese Mitbestimmung im Aufsichtsrat bildet den Kern der Mitbestimmung auf der Ebene der Unternehmensleitung.

Zu den Aufgaben des Aufsichtsrats zählen weiter die Wahl und die Kontrolle des Vorstandes, der für die Geschäftsführung des Unternehmens verantwortlich ist. Wesentliche Gesetze zur Mitbestimmung auf Unternehmensebene sind:

– Das **Montanmitbestimmungsgesetz** von 1951 (zuletzt geändert 2006) und 1956 für Unternehmen mit mehr als 1.000 Beschäftigten.
– Das **Mitbestimmungsgesetz** von 1976 für Kapitalgesellschaften der gewerblichen Wirtschaft, des Handels und des Dienstleistungssektors mit mehr als 2.000 Beschäftigten.
– Das **Betriebsverfassungsgesetz** von 1952 für Gesellschaften mit beschränkter Haftung (GmbH) mit mehr als 500 Beschäftigten und Aktien- und Kommanditgesellschaften auf Aktien mit bis zu 2.000 Beschäftigten.

Diese Gesetze wurden in den letzten Jahrzehnten immer weiter entwickelt, um sie den aktuellen gesellschaftlichen Situationen anzupassen.

Aufsichtsrat
Der Aufsichtsrat kontrolliert in Aktiengesellschaften die Unternehmensleitung.

MITBESTIMMUNG - PRIMA

> **INFO**
>
> **Montanunternehmen**
>
> Unter diesem Begriff werden Unternehmen zusammengefasst, die dem Bergbau oder der Eisen und Stahl erzeugenden Industrie angehören.

4. ○ Ermittle mithilfe des Internets, was eine GmbH, eine Aktien- und eine Kommanditgesellschaft ist.

5. ◐ Untersucht bei Betrieben in eurer Region, welche Form der Mitbestimmung bei ihnen existiert.

6. ● Diskutiert mit eurem Sitznachbarn die Karikatur.

 Starthilfe zu 4:

Du kannst auch die Seiten 162 ff. zu Hilfe nehmen

▶ Gemeinsame Kontrolle an einer Maschine

▶ Besprechung unter Kolleginnen

Pflichten des Arbeitgebers – Rechte des Arbeitnehmers

B Bernd Krämer ist eigentlich ein netter Kollege, aber er sieht immer alles schwarz und seine Fantasie geht mit ihm durch: „Also, was ich da gehört habe, schlimm, schlimm ...

– Kemper und Voss können in zwei Monaten gleich zu Hause bleiben. Dann kommen die neuen Maschinen und daran sind beide nicht ausgebildet.
– Kuhlmann will in seine Personalakte schauen. Lässt sich der Chef doch nicht gefallen!
– Hagen hat gemotzt, weil ihm keiner seine Lohnabrechnung erklärt.
– Außerdem hatte Hagen schon an seinem ersten Arbeitstag Krach geschlagen, weil ihn niemand gewarnt hatte, dass das Sicherheitssystem an der Formpresse kaputt war. War auch gefährlich, hätte er aber selbst überprüfen müssen."

„Bernd", mischt sich Betriebsratsmitglied Hans Löb ein, „halt lieber die Klappe, du redest dummes Zeug!"
Hans Löb kennt sich aus und weist die Behauptungen seines Kollegen aus gutem Grund zurück: Nach dem Betriebsverfassungsgesetz (§ 81 bis 86a BetrVG) hat jeder

Arbeitgeber gewisse Pflichten. Danach
– müsste der Vorgesetzte mit Kemper und Voss z. B. eine innerbetriebliche Weiterbildung erörtern,
– kann Hagen darauf bestehen, dass ihm seine Gehaltsabrechnung erklärt wird,
– hätte Hagen zuerst über Unfallgefahren belehrt werden müssen.

Diese Rechte stehen den Arbeitnehmern nach dem BetrVG zu. ■

Die Beispiele, die in dem Gespräch genannt werden, zeigen, dass für einen Arbeitnehmer in einem Unternehmen rechtliche Regelungen zu seinem Schutz geschaffen worden sind. Die Rechte und Pflichten von Arbeitgebern und Arbeitnehmern sind im Betriebsverfassungsgesetz (BetrVG) geregelt. Jeder, der in einem Betrieb tätig ist, sollte daher die wichtigsten Bestimmungen dieses Gesetzes kennen, um bei auftretenden Problemen richtig handeln zu können.

1. ○ Ermittle mithilfe des Internets, ob Herr Kuhlmann Einblick in seine Personalakte nehmen darf.

Das Betriebsverfassungsgesetz

Das Betriebsverfassungsgesetz ist sozusagen das Grundgesetz für Betriebe. Es regelt die Rechte und Pflichten der Arbeitgeber und Arbeitnehmer, wobei die Arbeitnehmer durch die von ihnen gewählten Mitglieder im Betriebsrat an betrieblichen Entscheidungen beteiligt sind.

INFO

Das **Betriebsverfassungsgesetz** gilt für private Unternehmen.

Für öffentliche Unternehmen ist die betriebliche Mitbestimmung durch das Personalvertretungsgesetz geregelt. Dort wird kein Betriebsrat, sondern ein Personalrat gewählt.

Mit dem Gesetz soll die Idee der Partnerschaft von Belegschaft und Betriebsleitung verwirklicht werden. D.h., die Zusammenarbeit soll vertrauensvoll zum Wohle der Arbeitnehmer und des Betriebes (§ 2 BetrVG) partnerschaftlich sein, Streitfragen innerhalb des Betriebes sind grundsätzlich friedlich zu lösen, betriebliche Arbeitskämpfe sind verboten.

Informationsrecht

Beratungsrecht

Widerspruchsrecht

Mitentscheidungsrecht

▸ Ebenen der Mitbestimmungsrechte des Betriebsrates

Bei der betrieblichen Mitbestimmung, die durch das Betriebsverfassungsgesetz geregelt ist, werden vier Bereiche/Ebenen unterschieden:

1. Informationsrechte und Beschwerderechte der Arbeitnehmer: Mitbestimmung am Arbeitsplatz (§§ 81 ff. BetrVG),
2. Mitbestimmung als gleichberechtigte Mitentscheidung (§ 87 BetrVG),
3. Mitbestimmung als Zustimmungsverweigerungs- oder Widerspruchsrecht (§§ 99 ff. BetrVG),
4. Mitbestimmung als Informations-, Unterrichtungs- und Beratungsrecht (§§ 106 ff. BetrVG).

Die Rechte von Betriebsrat/Personalrat sind von größerem Gewicht als die des Einzelnen.

→ Starthilfe zu 2:

http://bundesrecht.juris.de/betrvg/index.html
Hier findest du alle Bestimmungen des Betriebsverfassungsgesetzes.

2. ○ Ermittle jeweils ein Beispiel für das Mitentscheidungsrecht und für das Widerspruchsrecht.

3. ◔ Erläutere das oben stehende Plakat.

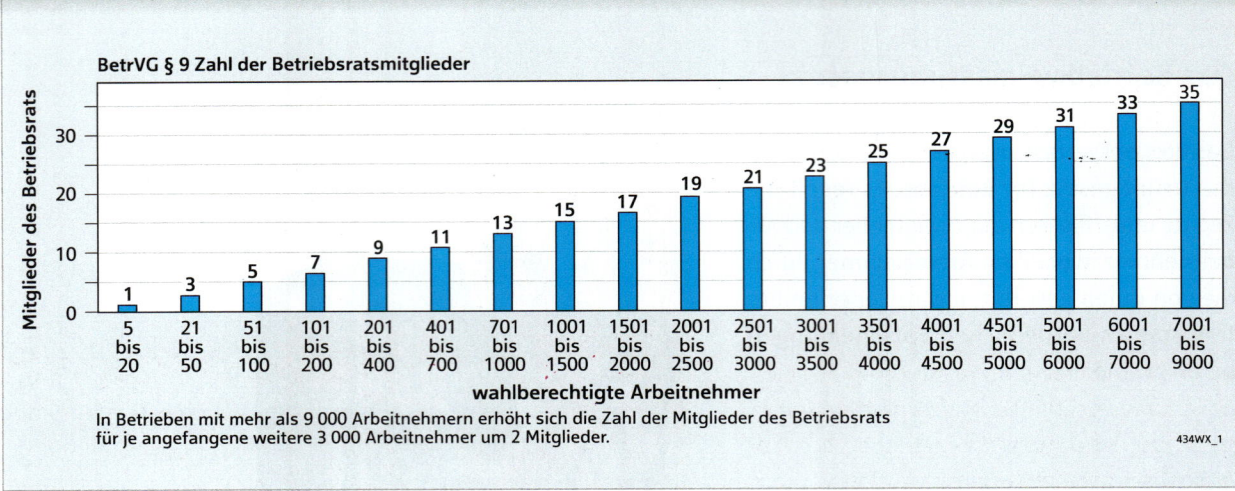

BetrVG § 9 Zahl der Betriebsratsmitglieder

Mitglieder des Betriebsrats / wahlberechtigte Arbeitnehmer

wahlberechtigte Arbeitnehmer	Mitglieder
5 bis 20	1
21 bis 50	3
51 bis 100	5
101 bis 200	7
201 bis 400	9
401 bis 700	11
701 bis 1000	13
1001 bis 1500	15
1501 bis 2000	17
2001 bis 2500	19
2501 bis 3000	21
3001 bis 3500	23
3501 bis 4000	25
4001 bis 4500	27
4501 bis 5000	29
5001 bis 6000	31
6001 bis 7000	33
7001 bis 9000	35

In Betrieben mit mehr als 9 000 Arbeitnehmern erhöht sich die Zahl der Mitglieder des Betriebsrats für je angefangene weitere 3 000 Arbeitnehmer um 2 Mitglieder.

434WX_1

Der Betriebsrat

Der Betriebsrat wird nur von den wahlberechtigten Betriebsangehörigen gewählt. Die Mitglieder des Betriebsrats sind Vertreter der Belegschaft. Dabei gelten folgende Bestimmungen:

– Im Betrieb müssen mindestens fünf wahlberechtigte Arbeitnehmer beschäftigt sein. Die Größe des Betriebsrats richtet sich nach der Anzahl der wahlberechtigten Arbeitnehmer, die in einem Betrieb beschäftigt sind. Je größer ein Betrieb ist, desto mehr Mitglieder hat der Betriebsrat.

INFO

Einige weitere Informationsrechte des Betriebsrats:

- zu Angelegenheiten der Personalplanung, § 92 Abs. 1,

- zur wirtschaftlichen Lage des Unternehmens (Wirtschaftsausschuss), § 106,

- zum Arbeits- und Umweltschutz, § 89.

– Wahlberechtigt sind alle Arbeitnehmer über 18 Jahre. Wählbar sind alle Wahlberechtigten, die mindestens sechs Monate im Betrieb beschäftigt sind.
– Damit die Betriebsangehörigen über die Arbeit des Betriebsrats informiert werden können, muss der Betriebsrat in regelmäßigen Abständen Betriebsversammlungen durchführen.

Allgemeine Aufgaben des Betriebsrats:
– die zugunsten der Arbeitnehmer geltenden Gesetze und Verträge überwachen,
– Anregungen von Arbeitnehmern und Jugendvertretern entgegennehmen und über sie mit dem Arbeitgeber verhandeln,
– die Eingliederung Schwerbehinderter fördern,
– die Wahl einer Jugendvertretung durchführen,
– die Beschäftigung älterer Arbeitnehmer im Betrieb fördern,
– die Eingliederung ausländischer Arbeitnehmer fördern,
– Unfall- und Gesundheitsgefahren bekämpfen,
– Maßnahmen des Arbeits- und Gesundheitsschutzes durchführen.

1. ○ Benenne mithilfe der Grafik, wie viele Betriebsratsmitglieder ein Betrieb mit 75, 750 und 7.500 wahlberechtigten Arbeitnehmern hat.

Eine Hauptaufgabe des Betriebsrats ist es, die im Betriebsverfassungsgesetz festgelegten Rechte der Arbeitnehmer gegenüber der Unternehmensleitung wahrzunehmen. Diese Rechte beziehen sich auf soziale, personelle und wirtschaftliche Angelegenheiten.

Dabei unterscheidet man zwischen **Mitwirkungs-** und **Mitbestimmungsrechten**. Bei den Mitwirkungsrechten bleibt die Entscheidungsgewalt bei der Unternehmensleitung, bei den Mitbestimmungsrechten hat der Betriebsrat ein Recht auf Mitentscheidung.
Die Mitwirkungsrechte des Betriebsrats sind je nachdem, worum es geht, abgestuft:

▸ **Wahlzettel zur Betriebsratswahl**

– **Informationsrecht:** Auf der untersten Stufe der Mitwirkung hat der Arbeitgeber seine Pflicht erfüllt, wenn er dem Betriebsrat anhand von Unterlagen seine Pläne mitteilt. *Beispiel:* Neubesetzung einer leitenden Stelle. Bei der Firma Klein sind der Personalchef und der Prokurist in den Ruhestand gegangen. Neuer Personalchef soll sein bisheriger Stellvertreter Dr. Neumann werden. **(BetrVG § 105 Leitende Angestellte)**

– **Anhörungsrecht:** Der Arbeitgeber teilt dem Betriebsrat seine Pläne mit und fordert ihn zu einer Stellungnahme binnen einer bestimmten Frist auf. *Beispiel:* Kündigung eines Mitarbeiters. Bei der Speditionsfirma Gust wird dem Fernfahrer Henze gekündigt, weil ihm wegen Trunkenheit am Steuer die Fahrerlaubnis entzogen wurde (außerordentliche Kündigung). **(BetrVG § 102 Mitbestimmung bei Kündigung)**

– **Beratung:** Hierbei erörtern/beraten Arbeitgeber und Betriebsrat eine Angelegenheit in einem gemeinsamen Gespräch.

Beispiel: Werksschließung. Die Kleiderfabrik Schulten, 230 Mitarbeiter, plant die Näherei zu schließen und die Näharbeiten an eine Firma im Ausland zu vergeben. **(BetrVG § 111 Betriebsänderungen)**

Arbeitnehmer und Arbeitgeber können Entscheidungen nur gemeinsam treffen. Die Mitbestimmung des Betriebsrats ist die stärkste Form der betrieblichen Mitgestaltung. Kommt es zu keiner Einigung, kann die geplante Angelegenheit eben nicht durchgeführt werden. Nun besteht noch die Möglichkeit, die Einigungsstelle einzuschalten. Der Spruch der Einigungsstelle ist dann verbindlich.

Prokurist
Der Prokurist ist ein Mitarbeiter, der über eine umfangreiche geschäftliche Vertretungsmacht verfügt.

INFO

Einigungsstelle

Sie wird meist im Bedarfsfall eingerichtet und besteht aus Beisitzern, die zu gleichen Teilen von Arbeitgebern und Betriebsrat bestimmt werden.

2. ○ Ermittle Gründe, warum die Mitwirkungsrechte des Betriebsrats abgestuft sind.

3. ● Diskutiert Vor- und Nachteile der Mitwirkungsrechte des Betriebsrats.

▸ Eine Betriebsratssitzung

Fälle, in denen der Betriebsrat zustimmen muss

Hierbei darf der Arbeitgeber eine Maßnahme zwar nur mit Zustimmung des Betriebsrates durchführen, der Betriebsrat hat aber kein Recht, einen eigenen Vorschlag durchzusetzen.

Beispiel: Neueinstellung. Bei der Firma Krull, 140 Mitarbeiter, soll ein Betriebselektriker eingestellt werden. **(BetrVG § 99 Mitbestimmung bei personellen Einzelmaßnahmen)**

Der Betriebsrat kann bei personellen Einzelmaßnahmen die Zustimmung verweigern, wenn dabei z. B.
- gegen ein Gesetz, gegen eine Bestimmung in einem Tarifvertrag usw. verstoßen würde,
- im Unternehmen Beschäftigte oder der betroffene Arbeitnehmer durch die personelle Maßnahme benachteiligt werden,
- die durch Tatsachen begründete Besorgnis besteht, dass der für die personelle Maßnahme in Aussicht genommene Bewerber den Betriebsfrieden durch gesetzwidriges Verhalten stören würde.

Zu den „personellen Einzelmaßnahmen" des § 99 gehört nicht die Kündigung. Sie ist in § 102 gesondert geregelt, wobei zwischen ordentlicher (z. B. Kündigung wegen fehlender Aufträge) und außerordentlicher Kündigung (unser Beispiel des Fahrers Henze auf Seite 43) unterschieden wird.

Einige Arbeitnehmergruppen sind vor Kündigungen in besonderer Weise geschützt:
- Auszubildende,
- werdende Mütter,
- Schwerbehinderte,
- Betriebsratsmitglieder und
- Jugend- und Auszubildendenvertreter.

Es soll auf diese Weise verhindert werden, dass z. B. besonders engagierte und kritische Mitarbeiter entfernt werden können.

Fälle, in denen der Betriebsrat mitbestimmt

Hierbei sind die Rechte von Arbeitgebern und Betriebsrat gleichberechtigt. Konnte beim Zustimmungsrecht der Betriebsrat nur „Ja" oder „Nein" sagen, so kann er nunmehr eigene Vorschläge, Anträge usw. einbringen, d. h., er kann selbst die Initiative ergreifen (Initiativrecht).

Beispiel: Firma Franke will die gleitende Arbeitszeit einführen. **(BetrVG § 87 Mitbestimmungsrechte)**

---

1. ○ Führt eine Expertenbefragung durch und ermittelt, wie sich die Arbeit eines Betriebsrates in einem Betrieb aus eurer Region gestaltet.

2. ◓ Erarbeitet durch die Befragung Beispiele für die einzelnen Ebenen der Mitbestimmung.

Betriebliche Jugend- und Auszubildendenvertretung

Jugendliche werden durch besondere Regelungen geschützt. Um den Betriebsrat zu wählen, muss man nach dem Betriebsverfassungsgesetz über 18 Jahre alt sein. Jugendliche unter 18 sind aber nicht von der Mitbestimmung ausgeschlossen, denn in allen Betrieben mit mindestens fünf Jugendlichen unter 18 Jahren bzw. Auszubildenden unter 25 Jahren können Jugendvertretungen gewählt werden. Wählbar sind alle Arbeitnehmer des Unternehmens, die ebenfalls noch nicht 25 Jahre alt sind. Mitglieder des Betriebsrats können dabei nicht gewählt werden.

Eine Jugendvertreterin berichtet über die Arbeit:

B „Ich heiße Svenja Brand, bin 18 und wurde vor einem Jahr zur Jugendvertreterin gewählt. Als ich anfing, gab es einmal Ärger mit einem Ausbilder: Er hat seine Azubis ständig mit irgendwelchen ausbildungsfremden Arbeiten beschäftigt und nahm es auch mit der Arbeitszeit nicht genau. Beschwerte sich einer, dann sagte er immer nur: ‚Bei uns war das auch so.' Die Leute kamen zu uns und verlangten, wir sollten zur Betriebsleitung gehen. Das geht natürlich nicht. Da wir an den Betriebsratssitzungen teilnehmen, haben wir das da vorgebracht. Der Betriebsrat hat dann mit der Firmenleitung gesprochen. Die muss wohl mit dem Ausbilder gesprochen haben, denn seit der Zeit ist alles o.k." ∎

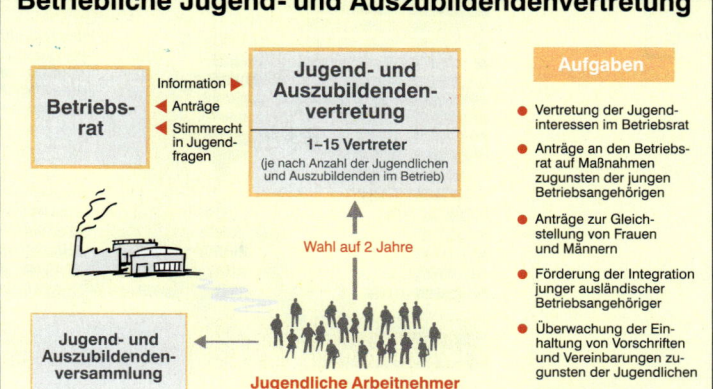

Betriebliche Jugend- und Auszubildendenvertretung

Betriebsrat
Information ►
◄ Anträge
◄ Stimmrecht in Jugendfragen

Jugend- und Auszubildendenvertretung
1–15 Vertreter
(je nach Anzahl der Jugendlichen und Auszubildenden im Betrieb)

Wahl auf 2 Jahre

Jugend- und Auszubildendenversammlung

Jugendliche Arbeitnehmer
(unter 18 Jahren)
und Auszubildende
(unter 25 Jahren)

Aufgaben
- Vertretung der Jugendinteressen im Betriebsrat
- Anträge an den Betriebsrat auf Maßnahmen zugunsten der jungen Betriebsangehörigen
- Anträge zur Gleichstellung von Frauen und Männern
- Förderung der Integration junger ausländischer Betriebsangehöriger
- Überwachung der Einhaltung von Vorschriften und Vereinbarungen zugunsten der Jugendlichen
- Weitergabe von Anregungen und Beschwerden an den Betriebsrat

ZAHLENBILDER
243 513

© Bergmoser + Höller Verlag AG

INFO

Aufgaben der Jugendvertretung:

- bei Angelegenheiten, die Jugendliche betreffen, Stimmrecht im Betriebs-/Personalrat,
- überwacht Einhaltung von Gesetzen und Verträgen,
- Einsatz für Verbesserung der Ausbildung,
- fördert Integration der ausländischen Jugendlichen,
- kann Jugendversammlungen einberufen.

Wir gründen eine JAV

Voraussetzung:
- Mindestens fünf wahlberechtigte Jugendliche oder Azubis im Betrieb
- Wahlberechtigt: Alle Jugendlichen bis zum 18. und alle Azubis bis zum 25. Lebensjahr
- Wählbar: Alle im Betrieb Beschäftigten bis 25 Jahre
- Betriebs-/Personalrat bestellt JAV-Wahlvorstand
- Wahlvorstand hat Kündigungsschutz
- Männer und Frauen müssen anteilig vertreten sein
- Arbeitgeber darf Wahl nicht behindern

Quelle: betriebsrat. com/jav-jugendvertretung-wahl

3. ◓ Erarbeitet Fragen zu den Aufgaben der Jugendvertretung.

4. ◯ Ladet ein Mitglied einer Jugendvertretung ein und führt eine Expertenbefragung zu typischen Problemen der Jugendvertretung durch.

5. ● Begründe, warum es sinnvoll ist, dass Jugendliche in einem Betrieb eine eigene Vertretung haben.

▸ Herr Wiemann

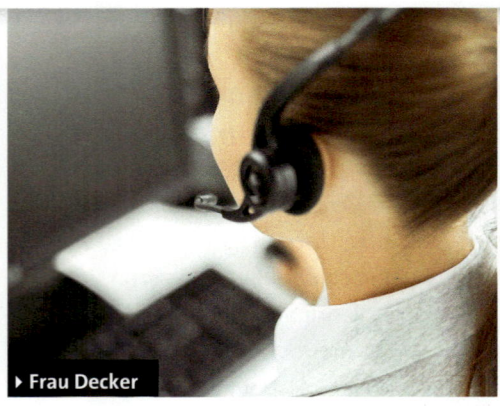

▸ Frau Decker

Drei Fälle zum Kündigungsschutz

Es ist immer wieder eine schwierige Entscheidung, wenn einem Mitarbeiter gekündigt werden muss. Es werden euch hier drei Beispiele vorgestellt, in denen Kündigungen von einem Unternehmen ausgesprochen worden sind. Lest die Beispiele sorgfältig durch und bildet euch eine eigene Meinung.

B   FALL 1: FRAU DECKER

Am 21. Dezember des Jahres wird Frau Decker, einzige Buchhalterin seit vier Jahren und Betriebsratsmitglied der Tischlerei Mohrmann KG (zwölf Mitarbeiter) gekündigt mit der Begründung, ihre seit zwei Jahren andauernde Krankheit mit den damit verbundenen Fehlzeiten sei für den Kleinbetrieb nicht mehr zumutbar. Der Betriebsrat wurde vor der Kündigung gehört und legte noch am selben Tag Widerspruch ein. Frau Decker erhebt am 2. Januar Klage beim Arbeitsgericht. ■

B   FALL 2: HERR WIEMANN

Herr Wiemann, seit einem Jahr Mitarbeiter der Schröder KG, ist aufgrund seiner Alkoholabhängigkeit immer öfter nicht im Dienst erschienen. Da die Unternehmensleitung diesen Zustand als nachweislich nicht mehr zumutbar einstuft, wird der Betriebsrat am 1. Januar darüber informiert, dass Wiemann die Kündigung ausgesprochen werden soll. Der Betriebsrat wendet dagegen ein, dass Wiemann seinen Zustand nicht selbst verschuldet habe, sondern krank sei, und verweist auf ein entsprechendes Attest. Wiemann wird dennoch am darauffolgenden Tag gekündigt. Er legt am 10. Januar Klage beim Arbeitsgericht ein. ■

B   FALL 3: FRAU MARTINSEN

Frau Martinsen ist seit drei Jahren im Vertrieb des Pharmagroßhandels Fahrfix (20 Mitarbeiter) damit beschäftigt, Apotheken zu beliefern. Nachdem sie mehrfach Medikamente für den Eigenverbrauch entwendet, erhält sie am 20. Mai eine ordentliche Kündigung von ihrer Personalabteilung mit der Begründung, eine Weiterbeschäftigung sei für das Unternehmen nicht zumutbar. Der Betriebsrat, der am 18. Mai gehört wurde, teilt dem Arbeitgeber am 25. Mai seine Bedenken mit. Frau Martinsen legt am 25. Mai Klage beim Arbeitsgericht ein. ■

→ Starthilfe zu 1:

Recherchiere im Internet zu den genannten Stichworten, z. B. unter www.gesetze-im-inter-net.de/kschg/BJNR004990951.html

1. ◯ Verwende für die Auseinandersetzung mit den drei Fällen das Kündigungsschutzgesetz und prüfe
   a) inwieweit es für Betriebsratsmitglieder besondere Kündigungsschutzregelungen gibt.
   b) was als eine „sozial gerechtfertigte" Kündigung gilt.
   c) was als eine „schwere Vertragsverletzung" gilt.

Personalwirtschaft

Das Personal eines Unternehmens hat eine zentrale Bedeutung für jedes Unternehmen. Einerseits haben Unternehmen leider, wie wir kennengelernt haben, immer auch mit dem Problem von Kündigungen zu tun und zwar aus sehr unterschiedlichen Gründen (vgl. Seite 46). Andererseits haben Unternehmen für die Erfüllung der vielfältigen Aufgaben immer wieder zu überlegen, welches Personal vorhanden sein muss. Dafür gibt es in Unternehmen ab einer bestimmten Größe die Personalwirtschaft. Diese hat vor allem die folgenden vier Aufgaben:

▸ Aufgaben werden im Team besprochen und verteilt.

Die **Personalplanung** ist dafür zuständig, den künftigen Bedarf an Arbeitskräften herauszufinden, welche Qualifikationen diese haben sollen und wie dieser Personalbedarf gedeckt werden kann. Wenn man die künftige Entwicklung in einem Unternehmen nicht genau vorhersagen kann, muss der Bedarf geschätzt werden. Ein einfaches Beispiel:
Wenn z. B. in einem Gartenrestaurant am Wochenende drei zusätzliche Kellner und Kellnerinnen benötigt werden, müssen dafür rechtzeitig Vorkehrungen getroffen werden. Es kann auch passieren, dass es regnet, die Besucher ausbleiben und deshalb die zusätzlichen Kellner und Kellnerinnen nicht benötigt werden.

Die **Personalbeschaffung** muss sicherstellen, dass der Bedarf gedeckt wird und dass die Stellen dann auch ordnungsgemäß besetzt werden. Dabei ist zu klären, welche Löhne und Gehälter vom Unternehmen gezahlt werden, wie sich Anreize schaffen lassen und auf welche Weise die entsprechenden Personen gewonnen werden können (z. B. durch Stellenangebote in Zeitungen, Zeitschriften oder über die Arbeitsagenturen). Vielleicht findet man sogar in anderen Abteilungen des Unternehmens Personen, die für die neue Aufgabe qualifiziert sind.

Die **Personalverwaltung** übernimmt die Einstellungen, die Entlassungen und die Führung der Personalakte der Beschäftigten. Sie prüft die rechtlichen Voraussetzungen, führt neben der Personalakte das Lohn-, bzw. Gehaltskonto für die Beschäftigten, erstellt Zeugnisse, führt Urlaubslisten usw.

Zur **Personalentwicklung** und **Personalbetreuung** gehören alle Maßnahmen, die der Förderung von geeigneten Mitarbeiterinnen und Mitarbeitern dienen, z. B. die Möglichkeit, dass sie sich fort- und weiterbilden, damit auf diese Weise qualifizierte Fach- und Führungskräfte aus dem eigenen Betrieb hervorgehen.

1. ○ Unterscheide die vier Bereiche und suche nach Beispielen, wie diese erklärt werden können. Dabei kann dir auch der Anzeigenteil einer Zeitung helfen.

2. ◖ Zunehmend wird von Unternehmen beklagt, dass der Bedarf an Fachkräften größer wird. Bildet Arbeitsgruppen in eurer Klasse und sucht nach Lösungen für dieses Problem aus eurer Sicht.

3. ● Stellt die Ergebnisse der Gruppenarbeit vor und diskutiert die Ergebnisse.

▸ Praktikum beim Friseur ...

▸ ... im Bereich der Metalltechnik

Das Betriebspraktikum

Im Betriebspraktikum kann man nicht nur Informationen zur Berufs- und Studienwahl und zu den Aufgaben und der Organisation von Betrieben bekommen, sondern, was noch viel wichtiger ist, es können auch erste eigene betriebliche Erfahrungen gesammelt werden.

Dabei darf man nicht außer Acht lassen, dass die Zufriedenheit von den Tätigkeiten abhängt, die man in einem Betrieb als Praktikant erledigen kann, aber auch von den Kolleginnen und Kollegen, denen man begegnet. In einer Rechtsanwaltskanzlei, in der Geheimhaltung, juristisches Fachwissen und selten praktische Arbeit gefordert ist, kann der Tag für einen Praktikanten sehr langweilig werden, während es in einem Kfz-Betrieb viele Aufgaben für Praktikanten geben kann.

Wie ihr mit den Mitarbeiterinnen und Mitarbeitern in einem Unternehmen auskommt, hängt auch von eurer eigenen Persönlichkeit und Bereitschaft ab, die Zeit des Praktikums intensiv für neue Erfahrungen zu nutzen sowie davon, wie interessiert und hilfsbereit oder kommunikativ ihr seid.

Häufig hat man aber auch nicht den Wunsch-Praktikumsplatz gefunden, weil man sich zu spät gekümmert hat oder weil es in der Region keine oder wenig Angebote für den gewünschten Betrieb gibt.

Erfahrungen, die man im Praktikum für die künftige berufliche Orientierung sammeln kann, sind z. B. folgende:
− Wie geht man bei der Arbeitsplatzsuche vor, woran sollte man denken (Qualifikationen, Neigung, Interesse, Ausbildungsweg ...)?
− Welche Betriebe gibt es in der Region, welche Berufe gibt es dort?
− Wie haben sich die Anforderungen an bestimmte Arbeitsplätze entwickelt, wie können sich Arbeitnehmer darauf einstellen?
− Welche Aufgaben hat ein Betrieb?
− Wie ist ein Betrieb aufgebaut, welche Berufe gibt es in den verschiedenen Abteilungen?
− Welche schulischen Voraussetzungen braucht man für die Berufe?
− Die Tätigkeiten, die man als Praktikant ausführen kann, sind nicht unbedingt dieselben wie die, die man in diesem Beruf tatsächlich ausüben muss.
− Achtung: Ausbildung in einem Betrieb heißt noch nicht Weiterbeschäftigung!
− Über die Praktikumspräsentationen der Mitschüler lassen sich weitere Berufe kennenlernen.
− Schließlich: Auch das Anstreben der Selbstständigkeit, d. h. das Gründen eines eigenen Betriebes, sollte man nicht aus den Augen verlieren. Diese Entscheidung muss aber gründlich überlegt und geplant werden.

Welche Fähigkeiten habe ich?

Was kann ich?

„Beruf Aktuell" durchsehen

Meine Erwartungen

Kontakte nutzen

Mit Leuten sprechen, die im Beruf stehen

Adressen besorgen

Gespräche mit Eltern/Lehrern

Bewerbungen schreiben

Gespräche mit der Berufsberatung

Telefonieren (am Ball bleiben)

▸ Hilfen für die Vorbereitung des Praktikums

Die Vorbereitung

Bei der Kontaktaufnahme zu einem Betrieb gibt es einiges zu beachten, wenn man bei der Suche nach einem Praktikumsplatz erfolgreich sein möchte. Ihr habt die Möglichkeit, persönlich, schriftlich oder telefonisch Kontakt zu einem Betrieb aufzunehmen. Welches die richtige Vorgehensweise ist, hängt auch von der Art und der Größe des Betriebes ab. Bei kleineren und mittleren Betrieben ist die persönliche Vorstellung eher möglich als bei großen Betrieben. Hier solltet ihr lieber telefonisch oder schriftlich Kontakt aufnehmen.

Diese Punkte können euch dabei helfen:
– Immer zuerst euren Namen nennen und sagen auf welche Schule ihr geht.
– Den Grund des Anrufs nennen.
– Den Termin des Praktikums bereithalten.
– Vorher Informationen über den Betrieb einholen (IHK, Internet, Bekannte usw.).
– Bei der persönlichen Vorstellung auf angemessene Kleidung achten.
– Gründe überlegen, warum ihr dort Praktikum machen wollt.

1. Organisatorische Vorbereitungen
Bevor ihr euer Praktikum beginnt, gibt es einige Dinge, an die ihr denken und die ihr vorbereiten müsst:
– Welche Praktikumsbetriebe stehen zur Verfügung?

– In welchen Praktikumsbetrieb wollen die einzelnen Schüler?
– Welche rechtlichen Gesichtspunkte sind vorher zu klären, z. B. Unfallverhütungsvorschriften?
– Wie verhält man sich in bestimmten Situationen, wenn z. B. Probleme mit dem betrieblichen Betreuer oder Konflikte mit den Betriebsangehörigen auftreten?

2. Technische Vorbereitungen
Über welche Arbeitstechniken müssen wir verfügen? Dazu kann Folgendes gehören: Skizzen anfertigen, einen Arbeitsplatz beschreiben, ein Protokoll erstellen, einen Tagesbericht abfassen, ein Diagramm zeichnen, einen Produktionsablauf darstellen, eine Präsentation mit PowerPoint erstellen.

3. Inhaltliche Vorbereitungen
Ohne Hintergrundwissen ist ein Betriebspraktikum nicht besonders ergiebig: Wer z. B. nichts mit den Begriffen „Absatz" oder „Aufbauorganisation" verbindet, wird im Betrieb all die Dinge übersehen, die sich dahinter verbergen und ohne die Betriebsabläufe nicht verstanden werden können.

Zeigt durch euer Wissen über betriebliche Abläufe Interesse im Praktikum. So könnt ihr am meisten lernen und auch viele Fragen stellen.

Während des Praktikums, aber auch danach, müsst ihr damit rechnen, dass euch Lehrer, Mitschüler und Eltern Fragen zu eurem Praktikumsbetrieb stellen, z. B.:

- Wie lange besteht der Betrieb schon und welche Zukunft hat er?
- Wie haben sich in den letzten Jahren die Arbeitsplätze entwickelt?
- Was wird dort hergestellt und wie wird es verkauft?
- Wie ist der Aufbau des Betriebes?
- Wie sieht der Herstellungsablauf aus?
- Welche Abteilungen gibt es?
- Was ist das Betriebsziel?
- Bietet der Betrieb Ausbildungsmöglichkeiten? Wenn ja, welche?
- Gibt es für die Mitarbeiter besondere Angebote?

Das bedeutet für euch: Augen auf und nachfragen! Sonst könnt ihr nicht beurteilen, ob der Betrieb für eine spätere Bewerbung infrage kommt. Ihr müsst auch darauf vorbereitet sein, Fragen zu eurer Schule zu beantworten.

Auswertung des Praktikums

Die Praktikumspräsentation

Der Erfolg eines Praktikums wird sich erst dann zeigen, wenn ihr es systematisch auswertet. Nachfolgend einige Überlegungen, die euch dies erleichtern werden.

Bei der Vorbereitung im Unterricht spielt die Praktikumspräsentation bereits eine wichtige Rolle. Aus dem Unterricht ergeben sich Erkundungsaufgaben für das Betriebspraktikum, die ihr für die Mappe bearbeiten werdet. Deshalb ist es wichtig, folgende Punkte zu beachten:

- Gestaltung der 1. Seite
  Schon bei der 1. Seite der Praktikumspräsentation solltet ihr euch Gedanken über eine ansprechende Gestaltung (z. B. Foto/ Logo des Betriebes) passend zu eurem Praktikumsplatz machen. Die Titelseite ist die Visitenkarte eurer Präsentation. Sie sollte euren Namen, den Namen des Praktikumsbetriebes, den Namen eurer Schule und den Zeitraum des Praktikums enthalten.

- Strukturierung des Inhalts
  Durch die im Unterricht bearbeiteten Inhalte ergeben sich für euch Beobachtungs- und Erkundungsaufgaben, die ihr in eurer Mappe aufbereiten sollt, z. B.:
  • das Inhaltsverzeichnis,
  • Texte, Fotos, Abläufe, Interviews usw. zu den gestellten Aufgaben und
  • eine zusätzliche Zeichnung eures Arbeitsplatzes, Fotos, Prospekte, Verordnungen und Richtlinien, Muster, Proben, selbst erstellte Produkte, Videos usw.

Während der Durchführung solltet ihr eure Praktikumspräsentation immer im Blick haben und möglichst viele Informationen in einer Materialmappe sammeln. Achtet darauf, immer vorher zu fragen, wenn ihr etwas aus dem Betrieb mitnehmen möchtet oder Fotos oder Videos erstellt.

- Gestaltung
  Beachtet bei der Gestaltung der Texte und Aufgaben, dass ihr sie einheitlich gestaltet:
  • eine Schriftart,
  • Schriftgröße für Überschriften und Texte,
  • Zeilenabstand und Spaltenbreite,
  • Bildunterschriften,
  • Layout usw.

- Sammeln von Informationen
  Da ihr euch für einen längeren Zeitraum in dem Betrieb befindet, ist es wichtig, dass ihr euch täglich Notizen über die Tagesabläufe macht, damit ihr bei der Auswertung nichts vergesst. Dazu eignet sich das Führen eines Praktikumstagebuchs, auf das ihr bei der Auswertung und der Gestaltung der Präsentation zurückgreifen könnt.

▸ Auswahl der Zahnfarbe   ▸ Herstellung einer Knirschschiene   ▸ Abschleifen eines Gebißabdrucks

Abschlussbericht Zahntechniker/-in Dentallabor

B BERICHT VON JENNIFER

Ich habe mir das Betriebspraktikum ganz anders vorgestellt. Ich dachte, die Betriebe stellen auch Zahnspangen her. Doch es war etwas anderes, der Betrieb hat sich auf Prothesen und Brücken spezialisiert. Ich hätte nicht gedacht, dass die Herstellung von Prothesen und Brücken so kompliziert und umfangreich ist. Die Anforderung an diese feine und präzise Arbeit ist sehr hoch gesetzt. Erst jetzt habe ich verstanden, wie genau und sorgfältig man arbeiten muss, damit Prothesen und Brücken später genau passen.

Die Vorbereitung vonseiten der Schule fand ich gut, weil:
– wir Unterweisung in der Unfallverhütungsvorschrift erhalten haben,
– ich das Gefühl hatte, ich könnte mich jederzeit, wenn es Probleme gibt, an die Schule oder den/die zuständige/n Lehrer/-in wenden,
– die Lehrer mich dreimal im Ganzen besucht und betreut haben, kleine Probleme wurden schnell gelöst,
– ich ein Gespräch mit dem Berufsberater vorab hatte und er mich auf viele Dinge vorbereitet hat.

Ich könnte mir vorstellen, später in diesem Beruf zu arbeiten, doch wäre es interessant, auch einmal ein kaufmännisches Praktikum durchzuführen, um zu sehen, ob mir ein technischer oder kaufmännischer Beruf mehr liegt.
Große Anregungen für die schulische Arbeit habe ich nicht gewonnen, außer das konzentrierte Arbeiten, welches für die Schule und den Beruf, den man später erlernt, sehr wertvoll sein kann.

Kritik! 1. Zu wenig Tagebuchblätter, vier Blätter sind zu wenig.
2. Die Kopfdaten auf jedem Tagebuchblatt wiederholen sich.
3. Zu wenig Platz beim Vordruck „Ausbildung im Praktikumsbetrieb" der Tätigkeitsbeschreibungen 1.–4. Ausbildungsjahr. ■

---

1. ◉ Untersuche, inwieweit Jennifers Bericht ein gutes Bild von ihrem Praktikumsbetrieb liefert. Welche Aussagen würdest du noch ergänzen?

2. ○ Notiere, warum Jennifer die Vorbereitung des Praktikums in der Schule für sinnvoll hält.

3. ○ Stelle für dein Praktikum zusammen, welche Vorbereitungen für dich noch notwendig wären.

4. ● Zeige auf und begründe, inwieweit die Art und Weise der Vorbereitung in der Schule auch von der Art des Betriebes abhängig sein kann.

PRAXIS

Betriebsorganisation und Arbeitsabläufe

B Frau Meier bringt ihr Auto zu „Auto Güttler" in die Werkstatt, eine Inspektion ist fällig. Herr Maurer, der Kundendienstmeister, spricht mit ihr und nimmt den Auftrag für die Inspektion entgegen. Während Frau Meier noch ihre Tasche aus dem Auto holt, schreibt Herr Maurer den Auftrag, den Frau Meier unterschreibt. Sie übergibt Herrn Maurer die Schlüssel und die Wagenpapiere und sie vereinbaren, dass das Auto am nächsten Tag zum Feierabend fertig sein soll.

Herr Maurer bringt den Auftrag in die Arbeitsvorbereitung. Hier koordiniert Frau Marcks die einzelnen Aufträge. Es wird entschieden, wer welchen Auftrag wann bearbeiten soll. Am Nachmittag bekommt der Mechaniker Herr Schlosser von der Arbeitsvorbereitung den Auftrag für Frau Meiers Auto. Herr Schlosser trägt seinem Azubi Fred auf, die Schlüssel zu holen und den Wagen in die Werkstatthalle zu fahren. Nachdem Fred das Kundenfahrzeug dort abgestellt hat, beginnt er mit der Durchführung der Arbeiten laut Inspektionsplan. Als Azubi darf er schon den Reifenluftdruck prüfen, die Türscharniere schmieren, die Flüssigkeitsstände prüfen und auffüllen. Auch für die Überprüfung der

Beleuchtungsanlage ist er zuständig. Herr Schlosser ist in der Zwischenzeit im Lager beim Lagermeister Herr Brauer gewesen. Hier hat er sich Ersatzteile und Verbrauchsmittel wie Motoröl, Zündkerzen, Keilriemen und Luftfilter geben lassen, die für den Auftrag benötigt werden. Herr Brauer vermerkt die entnommenen Ersatzteile auf dem Auftrag.

Kurz vor Feierabend ist das Auto von Frau Meier fertig und Herr Schlosser trägt die von ihm und Fred benötigte Zeit auf dem Auftrag ein. Fred bringt den Auftrag zu Frau Marcks in die Arbeitsvorbereitung. Diese überprüft die Eintragungen von Lager und Werkstatt und legt den Auftrag dann in das Fach von Herrn Maurer. Herr Maurer stellt auf der Abschlussprobefahrt keine Mängel fest und legt den Auftrag mit seinem „OK" versehen in das Fach von Frau Grund aus der Kundenbuchhaltung, die eine Rechnung für Frau Meier erstellen muss.

Am nächsten Tag holt Frau Meier ihr Auto ab und verspricht, die Rechnung in den nächsten Tagen zu bezahlen. Nach einigen Tagen holt Frau Grund die Kontoauszüge von der Bank und überprüft die Kundenzahlungen. Herr Güttler, der Inhaber der Firma, fragt nach, ob alle Kunden ihre Rechnungen bezahlt haben, da er den Jahresabschluss beim Finanzamt einreichen will. ■

PRAXIS

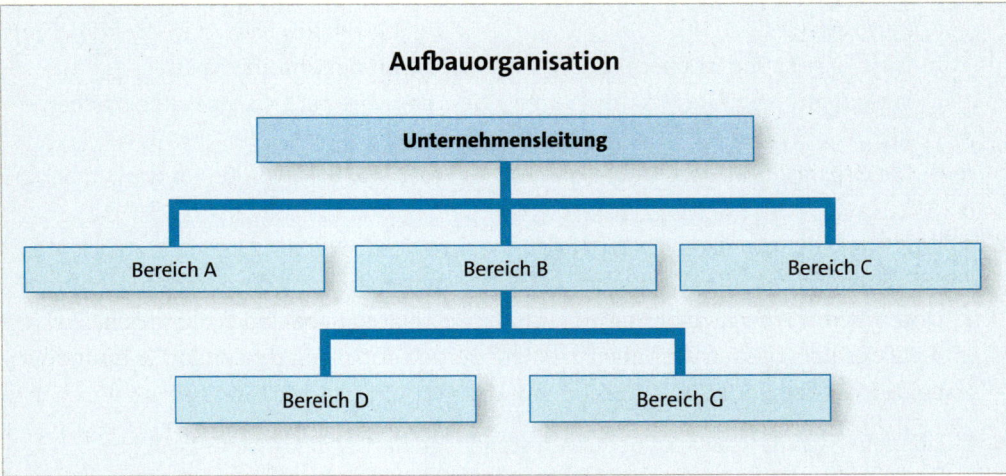

▸ In welchem Verhältnis stehen die Bereiche eines Unternehmens zueinander?

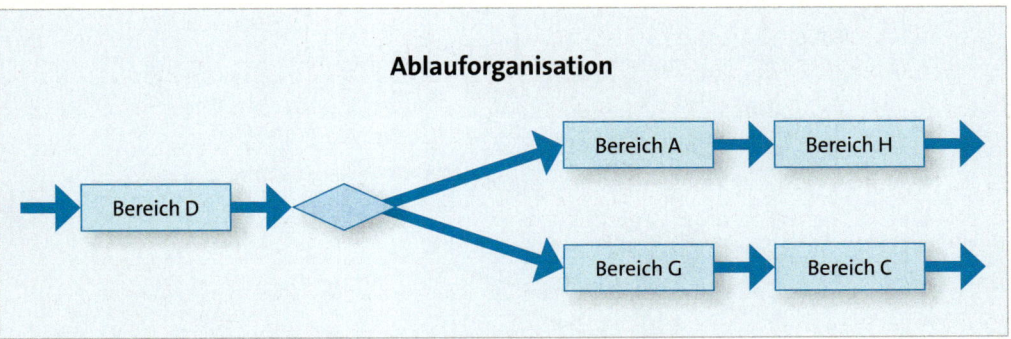

▸ In welcher Reihenfolge durchläuft ein Auftrag die verschiedenen Bereiche?

1. ○ Stelle zusammen, in welcher Reihenfolge der Auftrag bearbeitet wird und welche Menschen und Abteilungen damit in Berührung kommen.

2. ◒ Stelle grafisch dar, in welcher Hierarchie (Rangfolge) die einzelnen Abteilungen zueinander stehen.

In diesem Kapitel habt ihr gelernt, …

– *dass man die Unternehmensorganisation mehrfach untergliedern kann, insbesondere in formelle und informelle Organisation, sowie Aufbau- und Ablauforganisation.*
– *dass die betriebliche Mitbestimmung in Deutschland insbesondere durch das Betriebsverfassungsgesetz vorgeschrieben ist.*
– *dass der Betriebsrat die Belange der Belegschaft im Unternehmen vertritt. Hinzu kommt die betriebliche Jugend- und Auszubildendenvertretung.*
– *dass man im Betriebspraktikum viel über die Arbeitswelt lernen kann – wenn man es zielgerichtet angeht.*

Mit den folgenden Fragen könnt ihr euer bisher erworbenes Wissen testen und vertiefen.

1. ◔ Untersuche, welche Aussage richtig ist:
    a) Die Organisation eines Unternehmens ist nur etwas für besonders ordentliche Personen.
    b) Die Organisation ist überhaupt das Wichtigste für ein Unternehmen.
    c) Wer kreativ ist, braucht keine Organisation, der weiß auch so, was er zu machen hat.
    d) Die Organisation eines Unternehmens legt fest, wer was womit und wann macht.

2. ● Was hältst du von folgender Aussage?
    „Besondere rechtliche Regelungen sind für Unternehmer und die Beschäftigten eines Unternehmens doch völlig überflüssig. Alle Beteiligten haben doch das gleiche Ziel. Viele Gesetze machen das Leben in einem Betrieb doch nur schwieriger." Begründe deine Meinung.

3. ◔ Überlege, was der Zeichner der unten stehenden Karikatur kritisieren will.

▸ „Ach wie nett, Mittagspause!"

4. ○ Benenne die wesentlichen Ziele der Mitbestimmung.

5. ○ Benenne, welche Voraussetzungen erfüllt sein müssen, um eine Jugend-
arbeitsvertretung zu gründen.

6. ◐ Lies die beiden nachfolgenden Texte. Erkläre die Gründe, warum manche Unternehmen die Einrichtung von Betriebsräten zu verhindern versuchen oder deren Einrichtung aktiv unterstützen.

Streit um Betriebsrat: Gewerkschaft klagt gegen Vapiano

Die Restaurantkette Vapiano hat zwei Mit-arbeiter gefeuert, weil sie einen Betriebs-rat gründen wollten. Die beiden waren Teil eines fünfköpfigen Teams, das Betriebs-ratswahlen in der Bochumer Niederlassung vorbereitet hatte. Die Mitarbeiter haben Strafanzeige gestellt, ebenso die Gastroge-werkschaft NGG. Vapiano verteidigt sich: Die Mitarbeiter hätten den Kollegen Angst gemacht, heißt es in einer Presseerklärung. Vapiano wollte zuvor die Betriebsratswahl durch eine gerichtliche Verfügung stoppen. Erfolglos.

Quelle: Handelsblatt, 26.02.2013

VW-Vorstand Neumann zettelt im US-Werk in Chattanooga eine Kulturrevolution an.

Es ist ein kühner Plan: Ausgerechnet in Amerika, dem Land der Kapitalisten und Gewerkschaftshasser will VW-Personal-vorstand Horst Neumann eine kleine Kul-turrevolution anzetteln. In Chattanooga im US-Bundesstaat Tennessee steht das zwei Jahre junge Werk von VW, 3.300 Beschäf-tigte bauen dort den Passat. Sie sollen, so plant es Neumann, einen Betriebsrat be-kommen – nach deutschem Vorbild. Chattanooga ist ein Ort in den Südstaaten, Gewerkschaften haben es hier schwer. Mit-bestimmung ist ein Fremdwort, selbst im VW-Werk. Dabei gibt es wohl kein anderes modernes Weltunternehmen, in dem Ge-werkschaft und Betriebsrat eine so wichtige Rolle spielen. Nahezu jeder der 100 Stand-orte weltweit hat eine Arbeitnehmerver-tretung, in Wolfsburg koordiniert ein Welt-konzernbetriebsrat deren Arbeit. Nur in Chattanooga – Fehlanzeige.

VW würde mit Neumanns Plan Neuland be-treten: Betriebsräte, wie sie in deutschen Firmen existieren, sind in den USA unbe-kannt. Zwar gibt es auch dort betriebliche Gremien, die ähnliche Aufgaben überneh-men. Sie sind aber jeweils an eine gewerk-schaftliche Vertretung in dem Betrieb ge-bunden. Das deutsche System, in dem Ge-werkschaften Tarifverträge schließen und Betriebsräte sich um Arbeitsbedingungen im Betrieb kümmern, gibt es in Amerika nicht.

Quelle: Kupilas, B., Handelsblatt Nr. 56, 20.03.2013

In diesem Kapitel lernt ihr, ...

› dass die soziale Marktwirtschaft in der Bundesrepublik Deutschland als Wirtschaftsordnung nach dem Zweiten Weltkrieg eingerichtet wurde.

› dass diese Wirtschaftsordnung durch die deutsche Einigung für ganz Deutschland Gültigkeit bekam.

› dass die „soziale Sicherung" ein wesentliches Element unserer Wirtschaftsordnung ist.

SOZIALE MARKTWIRTSCHAFT

... schafft Regeln für wirtschaftliches Handeln
– der Produzenten,
– der Konsumenten,
– der Erwerbstätigen,
durch Gesetze und Verordnungen

... übt Tätigkeiten aus
– stellt öffentliche Güter bereit
– konsumiert
– erhebt Steuern
– **schafft soziale Sicherungssysteme**

Kommune (z. B. Oldenburg)

Bundesland (z. B. Niedersachsen)

Bundesrepublik Deutschland

Staat

Unternehmen

private Haushalte

Was regelt eine Wirtschaftsordnung?
– Welche Eigentumsverfassung soll gelten?
– Wer lenkt das Wirtschaftsgeschehen?
– Wie bilden sich Preise?
– Welche Ziele verfolgen Akteure?

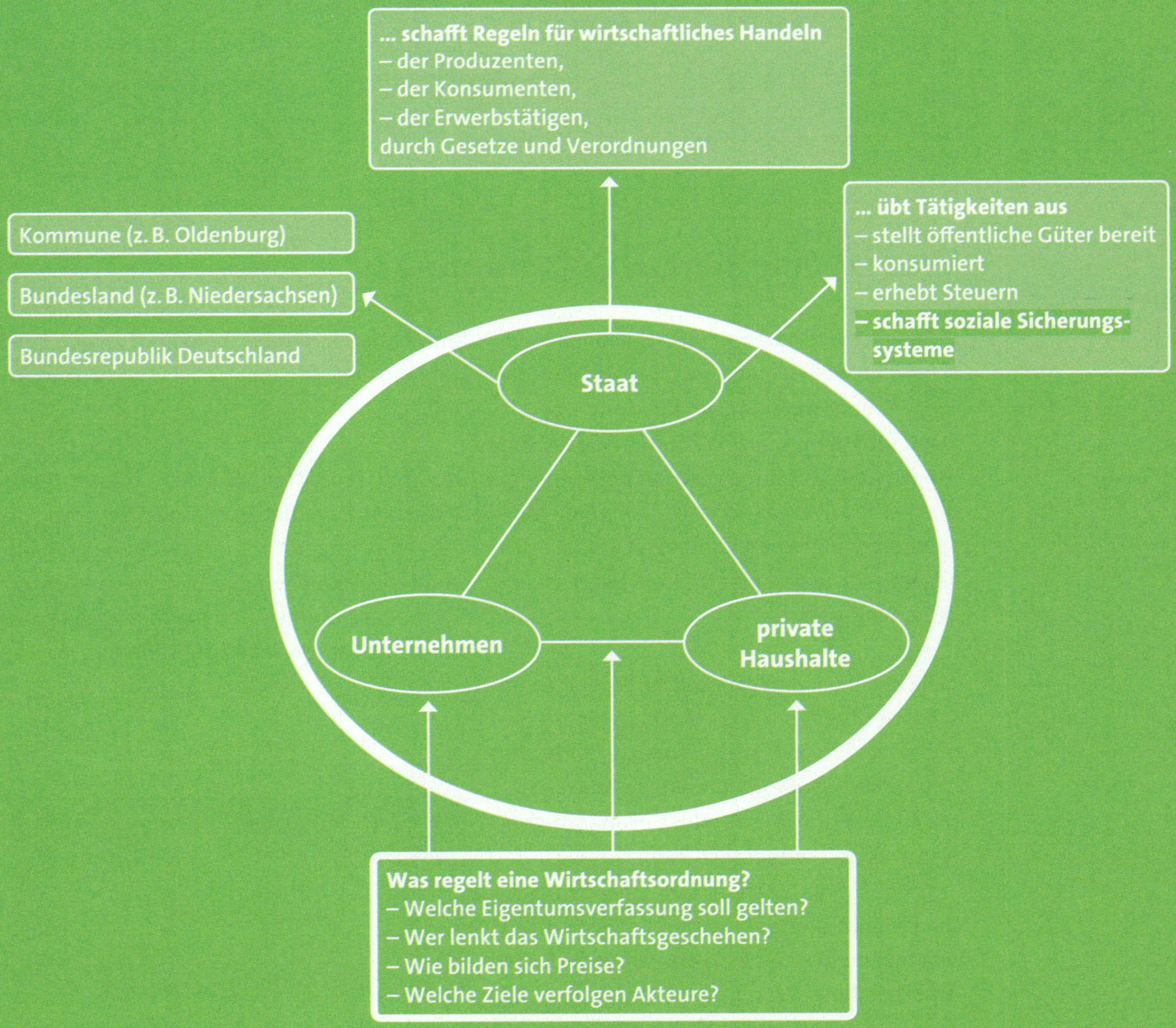

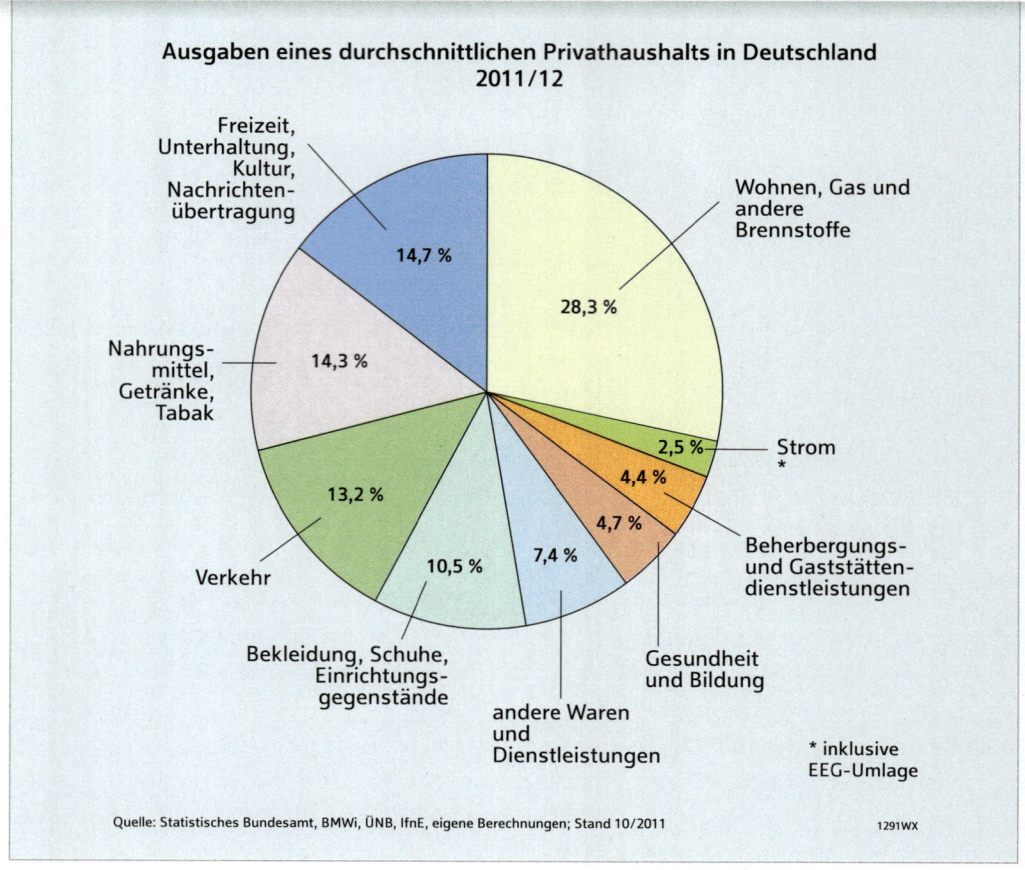

Ausgaben eines durchschnittlichen Privathaushalts in Deutschland 2011/12

Freizeit, Unterhaltung, Kultur, Nachrichtenübertragung — 14,7 %

Wohnen, Gas und andere Brennstoffe — 28,3 %

Nahrungsmittel, Getränke, Tabak — 14,3 %

Strom * — 2,5 %

4,4 %

4,7 %

Beherbergungs- und Gaststättendienstleistungen

Verkehr — 13,2 %

7,4 %

Gesundheit und Bildung

Bekleidung, Schuhe, Einrichtungsgegenstände — 10,5 %

andere Waren und Dienstleistungen

* inklusive EEG-Umlage

Quelle: Statistisches Bundesamt, BMWi, ÜNB, IfnE, eigene Berechnungen; Stand 10/2011

1291WX

Was ist eine Wirtschaftsordnung?

In Deutschland leben rund 82 Millionen Menschen. Sie wollen essen, wohnen, sich fortbewegen, benötigen Strom, Kleidung und ein Dach über dem Kopf. Während jedoch Herr Meyer viel Wert auf ein schnelles Auto legt und gerne mit Freunden grillt, fährt Frau Müller einen praktischen Kombi und ernährt sich vegetarisch. Es gibt eine Vielzahl unterschiedlicher Bedürfnisse.

Viele Millionen unterschiedliche Produkte und Dienstleistungen werden deshalb täglich benötigt. Und wenn man die Produkte (Rohstoffe und Betriebsstoffe) zählen würde, die die Unternehmen für ihre Produktion benötigen, wären es noch wesentlich mehr.

Die Produkte werden von sehr vielen Unternehmen hergestellt und verkauft: Es herrscht **Arbeitsteilung**. Wer etwas haben will, muss tauschen, z. B. seine Arbeitskraft gegen Einkommen und Maschinen oder Brötchen gegen Geld.

Dazu müssen Güter produziert, transportiert und verkauft werden und immer zur richtigen Zeit am richtigen Ort zur Verfügung stehen, damit die Menschen ihre Bedürfnisse befriedigen oder Unternehmen die benötigten Rohstoffe und Maschinen kaufen können.

▶ Volle Regale im Supermarkt

Es gibt ein fast undurchschaubares Gewirr von Aktivitäten und damit die Aufgabe, die Wirtschaft eines Landes zu organisieren.

Es ist zu klären, nach welchen Regeln die unzähligen wirtschaftlichen Handlungen aufeinander abgestimmt werden, damit u. a.
- die Versorgung der Menschen sichergestellt ist,
- genügend Arbeitskräfte zur Verfügung stehen und
- sie ausreichend Einkommen erzielen können.

Die Antworten soll die Wirtschaftsordnung eines Landes liefern.

Ordnungsformen und Ordnungselemente

Es gibt vier Hauptfragen, die von einer Wirtschaftsordnung gelöst werden müssen:

Welche Formen von Eigentum gibt es? Wem gehört was?

Wer regelt und lenkt mit welchen Mitteln das Wirtschaftsgeschehen?

Wie werden die Preise für Güter und Dienstleistungen gebildet?

Welche Ziele verfolgen die Unternehmen und wie planen sie?

Die Beantwortung dieser Fragen bestimmt, wie die Wirtschaftsordnung aussehen wird. Man spricht auch von den **Ordnungsformen**.

1. ◉ Analysiere die Grafik auf Seite 58 oben und ermittle die größten Ausgabeposten von privaten Haushalten in Deutschland.
2. ● Ermittle die Güter und Dienstleistungen, die für dich besonders wichtig sind. Vergleiche deine Ergebnisse mit deinem Nachbarn und arbeite Unterschiede heraus.
3. ◉ Beschreibe die Auswirkungen der vielfältigen Bedürfnisse für die Unternehmen.
4. ● Begründe, warum eine Wirtschaftsordnung in jedem Land benötigt wird.

Ordnungsform „Eigentums-verfassung"

Hier ist zu entscheiden, ob grundsätzlich Güter u. Ä. einzelnen Menschen gehö-ren (Privateigentum) oder ob alles dem Staat gehört und dieser entscheidet, was hiermit geschieht (Kollektiv-eigentum).

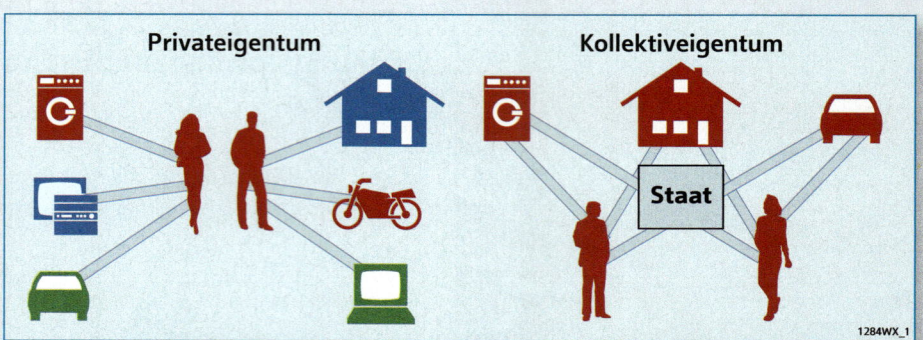

Ordnungsform „Planung und Lenkung"

Hier gilt es zu klären, wie die wirtschaftlichen Prozesse innerhalb einer Gesellschaft geplant und gelenkt werden sollen: auf Märkten, also dezentral oder durch den Staat, also zentral.

Ordnungsform „Preis-bildung"

Sollen sich Preise auf Märkten aus dem Zusam-menspiel von Angebot und Nachfrage ergeben oder sol-len sie staatlich für einzelne Güter und Dienstleistungen festgelegt werden?

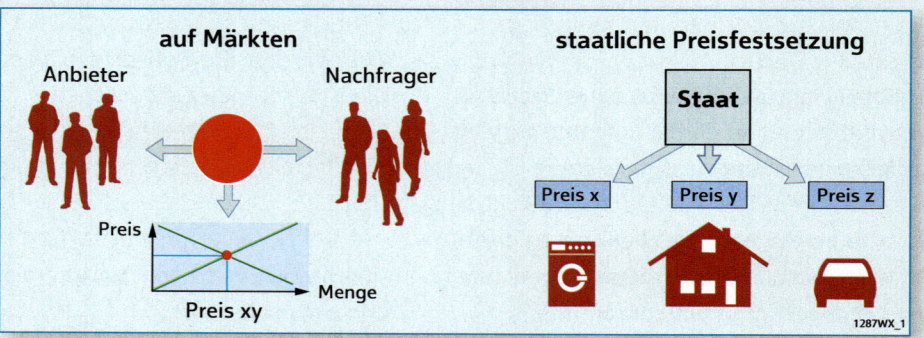

Ordnungsform „Betriebliche Ergebnisrechnung"

Wie agieren Unternehmen? Entscheiden sie selbst dar-über, was angeschafft und produziert werden soll und streben sie die Erzielung von Gewinnen an? Oder handeln sie im Auftrag des Staates und erfüllen mit ihrer Arbeit festgelegte Planvorgaben?

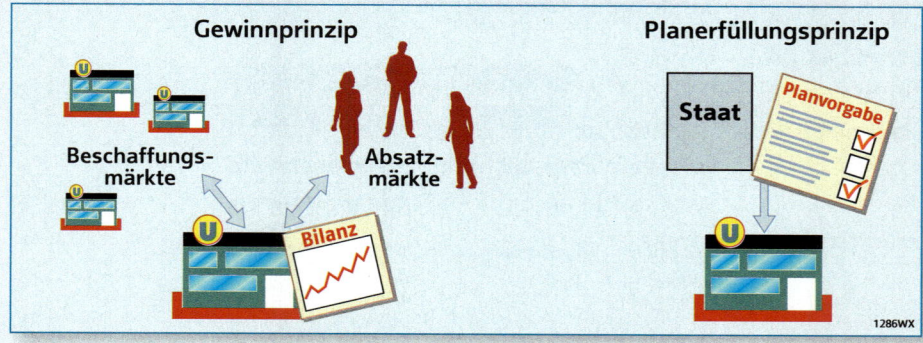

▸ Ordnungsformen in der Markt- bzw. Planwirtschaft

1. ○ Stell dir einen Flohmarkt in der Schule vor. Beschreibe, wie sich normalerweise die Preise für die angebotenen Waren bilden.

2. ◑ Angenommen, die Schulleitung würde nun Preise vorschreiben. Lege dar, wie sich das Marktgeschehen verändern würde.

▶ Angebot in einem Elektronikmarkt

Die Ordnungsformen in der Marktwirtschaft

1. Wer plant? (Ordnungsform „Planung und Lenkung")

In einer marktwirtschaftlichen Ordnung plant jeder Konsument grundsätzlich selbst, wie er seine Bedürfnisse befriedigen will; was er kauft oder nicht kauft. Die Produzenten müssen nun mit ihren Angeboten hierauf reagieren. Wenn ein Geschäft mangelhafte oder zu teure Güter oder Dienstleistungen anbietet, wird es auf seinen Gütern oder Dienstleistungen „sitzen bleiben", Verluste machen und als Unternehmen nicht existieren können.

Will es nicht vom Markt verschwinden, muss sich jedes Unternehmen dem Wettbewerb mit anderen Unternehmen stellen und um Konsumenten kämpfen. Nicht der Staat lenkt also Angebot und Nachfrage. Märkte spielen dabei eine wichtige Rolle.

2. Wie entstehen Preise? (Ordnungsform „Preisbildung")

Märkte haben die Eigenschaft, dass sie Anbieter (Produzenten) und Nachfrager (Konsumenten) zusammenführen, um Produkte, Dienstleistungen und Rechte gegen Geld zu tauschen; Angebot und Nachfrage werden also durch Märkte koordiniert und beeinflussen die Preise der Güter und Dienstleistungen. Mit dem Geld, das die Konsumenten täglich auf Märkten ausgeben, steuern sie die Produktion der Unternehmen. Diese wiederum versuchen die Wünsche der Konsumenten schon im Voraus zu erforschen oder sogar, z. B. durch Werbung, zu wecken.

> **INFO**
>
> **Marktwirtschaftliche Ordnungen** sind in der Regel gekennzeichnet durch:
>
> - Privateigentum,
> - dezentrale Planung und Lenkung,
> - Preisbildung auf Märkten,
> - betriebliche Ergebnisrechnung nach dem Gewinnprinzip.

---

3. ◔ Erkläre den Unterschied zwischen zentraler und dezentraler Planung.

4. ● Nimm Stellung zu folgender Aussage: „In der Marktwirtschaft haben die Nachfrager einen Einfluss darauf, welche Güter die Unternehmen zu welchen Preisen anbieten."

▶ Verkaufen

Die Funktion der Preise

Preise informieren Produzenten und Konsumenten auf Märkten darüber, wie begehrt Güter sind. Wollen z. B. viele Menschen ein Gut kaufen, das selten ist, so steigt der Preis. Liegt ein Gut wiederum in großer Zahl vor, während die Nachfrage eher gering ist, so sinkt der Preis. Hierauf werden die Anbieter reagieren.

In manchen Fällen greift der Staat aber auch ein und legt Preise fest. Oder aber er unterstützt Branchen wie die Landwirtschaft finanziell, sodass sie produziert, egal wie hoch die Nachfrage ist. Dies kann dazu dienen, bestimmte Akteure zu unterstützen, aber auch zur Folge haben, dass z. B. zu viele Güter produziert werden.

3. Wem gehört was in einer Wirtschaftsordnung? (Ordnungsform „Eigentumsverfassung")

Wir wissen: Märkte sind Orte, auf denen Angebot und Nachfrage zusammentreffen. Beispielsweise hat sich Mara ein Fahrrad gekauft. Gegen Geld erhält sie es vom Verkäufer. Tatsächlich passiert aber viel mehr, denn dieser Tausch stellt gleichzeitig einen Tausch von Rechten dar. Die Eigentumsrechte an dem Fahrrad gehen vom Verkäufer auf Mara über.

Beim Fahrrad stellt sich dies noch einfach dar, bei anderen Gütern hingegen wird es komplizierter. Zum Beispiel darf man eine gekaufte Computersoftware nicht an beliebig viele Freunde zur Nutzung verleihen. Hier gilt es besondere Regeln zu beachten.

1. ⊖ Ermittle das Beispiel für ein Gut, das es nur sehr selten gibt. Überprüfe, wie hoch sein Preis ist.

2. ● Diskutiert, warum die Eigentumsrechte an einem Gut eindeutig geklärt sein müssen, damit es überhaupt getauscht werden kann.

3. ● Angenommen, Alex leiht sich von Mara das Fahrrad und verkauft es dann an seinen Cousin Fritz. Überprüfe, wie mit diesem Fall umzugehen wäre.

Entscheidungs- und Nutzungsrecht
Mara kann mit dem Rad fahren, wann sie will.

▸ Gebrauchen

Recht, ein Gut zu verändern
Sie kann das Rad in neuen Farben streichen, die Lampe oder den Lenker austauschen – allerdings nur, solange sie die Regeln der Straßenverkehrsordnung beachtet.

▸ Verändern

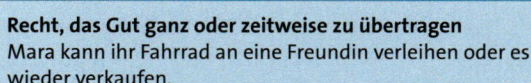

Recht, das Gut ganz oder zeitweise zu übertragen
Mara kann ihr Fahrrad an eine Freundin verleihen oder es wieder verkaufen.

▸ Verleihen

▸ Verschiedene Eigentumsrechte

4. ● Diskutiert, in welchen Fällen es sinnvoll sein kann, dass der Staat Preise festlegt.

5. ◔ Überlege, welches größere Gut du dir zuletzt gekauft hast. Beschreibe die drei Eigentumsrechte in diesem Fall.

6. ● Einer deiner Freunde nimmt sich dein Handy, ohne dass du es merkst und willst. Bewerte dieses Verhalten im Hinblick auf die Eigentumsrechte.

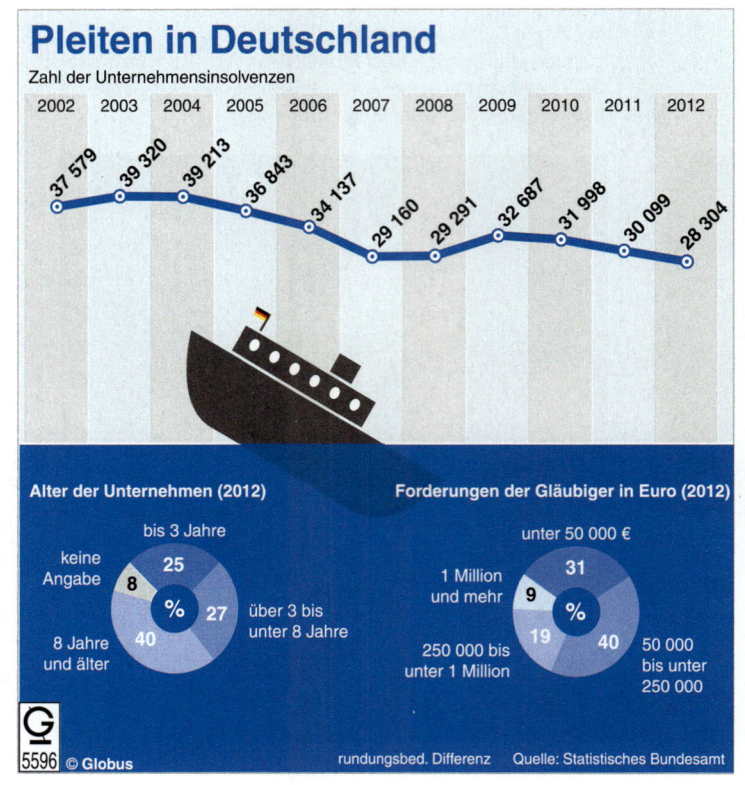

Pleiten in Deutschland
Zahl der Unternehmensinsolvenzen

2002	2003	2004	2005	2006	2007	2008	2009	2010	2011	2012
37 579	39 320	39 213	36 843	34 137	29 160	29 291	32 687	31 998	30 099	28 304

Alter der Unternehmen (2012)

bis 3 Jahre
25
keine Angabe 8
% 27 über 3 bis unter 8 Jahre
8 Jahre und älter 40

Forderungen der Gläubiger in Euro (2012)

unter 50 000 €
31
1 Million und mehr 9
%
19 40 50 000 bis unter 250 000
250 000 bis unter 1 Million

G 5596 © Globus

rundungsbed. Differenz   Quelle: Statistisches Bundesamt

4. Wie wirtschaften Unternehmen? (Ordnungsform „Betriebliche Ergebnisrechnung")

Grundlegendes Ziel aller Unternehmen ist es, Gewinne zu erzielen. Um dies zu erreichen, müssen sie ihre Dienstleistungen und Sachgüter gewinnbringend verkaufen.

Die Einnahmen, die ein Unternehmen erzielt, nennt man **Erträge**. Erträge sind aber noch nicht der **Gewinn**. Von diesen Erträgen müssen die Aufwendungen, d. h. Kosten, die für Personal, Rohstoffe, Energie usw. anfallen, abgezogen werden. Das Ergebnis nennt man **Rohgewinn**. Von diesem sind die Steuern abzuziehen und z. B. auch der Unternehmerlohn, also der Lohn, den der oder die Eigentümer des Unternehmens bekommt/bekommen.

Wenn es ein Unternehmen in der Marktwirtschaft auf Dauer nicht schafft, Gewinne zu erzielen, geht es pleite und muss seine Mitarbeiter entlassen. Dies passiert vor allem dann, wenn die Güter, die es anbietet, nicht genug Käufer finden.

Aufwendungen

Alle Kosten, die in einem Betrieb anfallen, z. B. Materialkosten und Löhne, Abschreibungen

Erträge
– Aufwendungen
- - - - - - - - - - - -
= Rohgewinn
– Steuern
– Unternehmerlohn
- - - - - - - - - - - -
= Gewinn/Verlust

Erträge

Einnahmen eines Betriebes durch Verkauf von Sachgütern und Dienstleistungen

LM RU

→ Starthilfe zu 1:

Bedenke einerseits, wie die Nachfrager auf die Preise reagieren und wie hoch die Erträge andererseits mindestens sein müssen.

1. ⊖ Unternehmen bieten ihre Güter auf Märkten an. Erläutere, worauf sie bei der Festlegung der Preise für ihre Güter achten müssen.

2. ⬤ Nimm Stellung zu folgender Aussage: „Das Unternehmen Superbau hat im letzten Jahr seine Erträge um 10 % gesteigert, also ist automatisch auch sein Gewinn gestiegen."

3. ⊖ Das Unternehmen hat Erträge von 26.000 Euro, Aufwendungen von 15.000 Euro, zahlt 6.000 Euro Steuern und einen Unternehmerlohn von 4.000 Euro. Wie hoch sind der Rohgewinn und der Gewinn bzw. Verlust?

Interview mit dem Unternehmer Friedrichs

B **Frage:** „Man liest immer wieder, das wichtigste Ziel eines Unternehmens sei es, Gewinne zu machen. Warum ist das so?"

Herr Friedrichs: „Ja, warum ist das so? Wir stellen Möbel her, andere produzieren Butter und Käse oder was man sich sonst noch alles denken kann. Natürlich wollen wir damit Geld verdienen, so wie jede Arbeitnehmerin oder jeder Arbeitnehmer für ihre bzw. seine Arbeit, um sich zu kleiden, zu ernähren, eine Urlaubsreise zu machen usw. Nur wenn ein Unternehmen mehr Erträge als Aufwendungen hat, wird es auf Dauer bestehen können."

▶ Herr Friedrichs, Unternehmer

Frage: „Aber was machen Sie mit dem Gewinn denn sonst noch? Sie haben ein schönes Haus, ein großes Auto und viele andere Dinge mehr."

Herr Friedrichs: „Alle sehen nur mein Haus und mein Auto, aber wenige sehen, wie lange ich jeden Tag arbeite, meinen Betrieb organisieren, Aufträge besorgen muss, damit genug Beschäftigung da ist. Wie ich vor allem dafür sorgen muss, dass unser Unternehmen seine Produkte auch verkaufen kann. Wenn kein Mensch unsere Produkte haben will, dann können wir bald den Laden schließen."

Frage: „Arbeiten müssen die Beschäftigten doch auch."

Herr Friedrichs: „Selbstverständlich. Und sie müssen sogar sehr gut arbeiten, wenn wir mit unseren Produkten wettbewerbsfähig bleiben wollen.

Und unser Betrieb muss immer auf dem neuesten Stand bleiben. Unsere Maschinen müssen gut sein. Wir müssen Investitionen tätigen, d. h., wir müssen nicht nur die alten Maschinen ersetzen, sondern auch neue anschaffen. Dafür brauchen wir Geld. Und nur wenn wir Gewinne machen, dann kann unser Unternehmen investieren und sich auch weiterentwickeln.

Selbstverständlich verdiene ich durchschnittlich mehr als ein normaler Beschäftigter. Allerdings ist auch mein Risiko größer. Viele Menschen wollen dieses Risiko nicht tragen, sie werden lieber Beamte.

Unternehmer sein bedeutet einerseits zwar viel Selbstständigkeit und gute Einkommensmöglichkeiten, aber man hat in der Regel auch mehr Verantwortung. Aber wie in allen Bereichen gibt's auch ‚schwarze Schafe'". ■

---

4. ○ Begründe, warum ein Betrieb Gewinne erzielen muss.

5. ● Analysiere, wer alles von einer Pleite des Unternehmens von Herrn Friedrichs betroffen wäre.

6. ◖ Erläutere, worauf sich Herr Friedrichs mit den „schwarzen Schafen" bezieht und erkläre, was damit gemeint ist.

 **Starthilfe zu 5:**

Überlege hierzu, welches Verhalten von Unternehmern in der Gesellschaft als schädlich angesehen werden könnte.

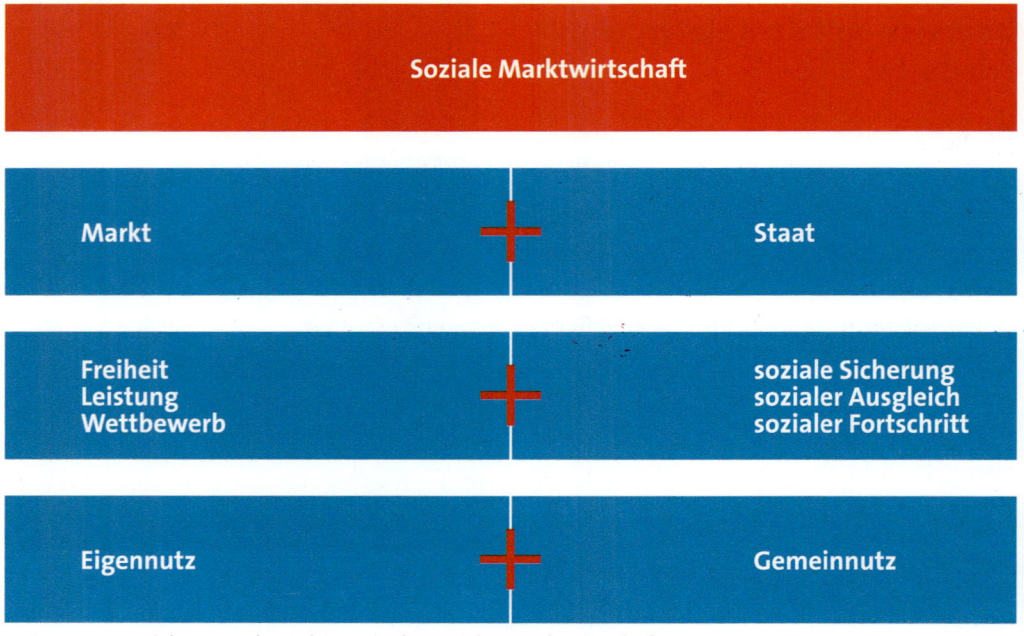

▸ Zusammenspiel von Markt und Staat in der sozialen Marktwirtschaft

Leitbild der sozialen Marktwirtschaft

Die soziale Marktwirtschaft versucht, die Vorteile des Marktgeschehens und des freien Wettbewerbs und damit die Entscheidungsfreiheit der Bürgerinnen und Bürger zu gewährleisten. Gleichzeitig stellt sie aber auch staatliche Sicherungssysteme bereit, um denen zu helfen, die hieran nicht teilhaben können.

Hierdurch entscheidet sich die „soziale" von einer „reinen" Marktwirtschaft. Verdeutlichen wir dies an einem Alltagsbeispiel:

B Herr Meier eröffnet einen Imbiss mit vegetarischen Spezialitäten. Er entscheidet, was er anbietet, wen er einstellt und welche Preise er nimmt. Ist er erfolgreich, wird er mit hohen Einnahmen belohnt. Trifft er die Bedürfnisse der Nachfrager nicht, wird er früher oder später sein Geschäft schließen und seine Mitarbeiter entlassen müssen.

In diesem Fall fällt er nicht ins Bodenlose, sondern erhält zumindest so viel Geld von der Gemeinschaft, dass er ein menschenwürdiges Leben gestalten kann. Dies ist allerdings an die Bedingung gekoppelt, dass er sich aktiv um neue Arbeit bemüht. Woran er aber auch ein Interesse haben dürfte, um sich mehr leisten zu können. Ob er sich wieder selbstständig macht, entscheidet er aber selbst. ■

→ **Starthilfe zu 3:**

Überlegt, wie sich die Entscheidungssituation für Herrn Meier verändern würde, wenn er 150 Euro oder 1.500 Euro im Monat vom Staat bekommen würde.

1. ◖ Erläutere mithilfe der Grafik den Grundgedanken der sozialen Marktwirtschaft.

2. ◗ Beschreibe, welches Schicksal Herr Meier in einem Ordnungssystem der „reinen" Marktwirtschaft widerfahren könnte.

3. ◖ Diskutiert, welche Überlegungen bei der Festlegung der Höhe der staatlichen Hilfszahlungen angestellt werden sollten.

Mit der Wiedervereinigung endete auch die Planwirtschaft
Abschied vom geplanten Chaos

Von Frank Wiebe

Die DDR war eine Diktatur, also eine Regierungsform, in der eine einzelne Person oder Gruppe die uneingeschränkte Macht ausübt. [...] Und wie andere Ostblockstaaten auch – dazu gehörten zum Beispiel Polen, Ungarn, Rumänien oder die ehemaligen sowjetischen Staaten (heute etwa Russland, die Ukraine oder Georgien) – war die DDR eine Planwirtschaft. Alle wesentlichen Entscheidungen über die Verteilung von Gütern oder deren Produktion wurden vom Staat getroffen.

Die Idee der Planwirtschaft war durchaus plausibel. Sie sollte die soziale Ungerechtigkeit des Kapitalismus und die mitunter heftigen Schwankungen der Börsen und Finanzmärkte beenden und durch ein vernünftig geplantes, sozial ausgeglichenes Wirtschaften ersetzen. Das Problem war nur: Damit eine Planwirtschaft funktioniert, müsste sie von einem wahren Superhirn geleitet werden. Dieses Superhirn müsste alle Produktionsvorgänge im Land genau kennen, wissen, was die Bürger einkaufen wollen, und vorausberechnen, wie sich etwa die Mode ändert oder welche Rohstoffe knapp werden. So ein Superhirn hat leider niemand. Deswegen haben die Pläne alle entweder gar nicht oder nur in Teilen funktioniert. Hinzu kam: Bei jeder Verschiebung im volkswirtschaftlichen Gefüge kamen alle Pläne, die ja aufeinander abgestimmt werden mussten, sofort durcheinander.

Die Stärke der Marktwirtschaft beruht dagegen gerade darauf, dass kaum etwas zentral geplant wird. Stattdessen machen Verbraucher und Unternehmen jeweils ihre eigenen Pläne. Das Zusammenspiel von Angebot und Nachfrage, und damit letztlich die Preise, sorgen dafür, dass diese Pläne aufeinander abgestimmt werden. Wenn eine Ware oder eine Dienstleistung fehlt, wird sie automatisch kostbarer und damit teurer. Zugleich finden sich Unternehmen, die die erhöhte Nachfrage bedienen wollen und das Produkt in der Regel mit Gewinn produzieren können.

Wenn in der Planwirtschaft etwas fehlt, muss erst irgendjemand einen neuen Plan schreiben. Das setzt aber zugleich voraus, dass der Entscheider überhaupt gemerkt hat, dass etwas fehlt. So haben die DDR-Bürger sehr häufig beim Einkaufen Schlange stehen müssen oder bei größeren Anschaffungen – etwa Autos – Jahre gewartet, bis die Lieferung kam. [...]

plausibel
einleuchtend

Quelle: Handelsblatt Newcomer Nr. 6, November 2009, S. 2

---

4. ○ Benenne Probleme, die in der Planwirtschaft der DDR aufgetreten sind.

5. ◓ Analysiere, wie sich durch die Wiedervereinigung die wirtschaftlichen Verhältnisse für die DDR-Bürger verändert haben. Ermittle die wesentlichen Herausforderungen.

→ **Starthilfe zu 5:**

Überlegt, wie sich z. B. die Bedingungen für die Arbeitnehmer in den Unternehmen und die Konsumenten verändert haben.

Unternehmen in Plan- und Marktwirtschaft

Die Wiedervereinigung sowie die Umstellung der Wirtschaftsordnung haben die Bürgerinnen und Bürger, aber auch die Unternehmen der ehemaligen DDR vor große Herausforderungen gestellt. Gleichzeitig aber ergaben sich auch viele Chancen, wie das folgende Beispiel beweist.

▶ Regal mit Kathi-Backmischungen

Der Oetker von der Saale

Alles begann mit Rührkuchen. Oder besser gesagt mit dem Wunsch nach einem Rührkuchen und der Unmöglichkeit, Ende der 40er-Jahre in der DDR einen solchen zu backen. Weil es immer irgendwas gerade nicht gab. Einen besseren Absatzmarkt für Backmischungen konnte es nicht geben. Kurt Thiele und seine Frau Käthe Pötzsch aus Halle an der Saale erkannten das Potenzial, boten 1951 unter dem Namen Kathi als Erste jene handlichen Päckchen an, in denen – abgesehen von Eiern und Wasser –

Quelle: Lixenfeld, C.,
Handelsblatt Nr. 94,
18.05.09, S. 18

alles drin ist, was ein Rührkuchen braucht. Heute ist Kathi Marktführer in Ostdeutschland. Wieder. [...]

Es war um das Jahr 1958, als in der DDR beschlossen wurde, auch die bis dahin noch privatwirtschaftlich agierenden Klein- und Mittelbetriebe zu enteignen. [...] „Die Firma wird enteignet. Ihr habt ja sowieso nichts zu tun, deshalb geht ihr jetzt mal raus, und wenn wir fertig sind, dann rufen wir euch." Es war vorbei, Kathi als selbstständiges Unternehmen gab es nicht mehr. [...]

Während Kurt Thiele die Zwangsenteignung gesundheitlich nicht verkraftete und sich zurückzog, gab der Sohn Rainer nicht auf und kämpft nach der Wiedervereinigung für die Rückgabe des Unternehmens. 1991 hatte er schließlich Erfolg. Mit viel Einsatz brachte die Familie die traditionellen Produkte wieder auf den Markt und konnte dank einer großen Nachfrage wieder Erfolge verzeichnen. Die Firma setzte 2008 mit 90 Mitarbeitern rund 21 Millionen Euro um, deutschlandweit steht Kathi als Hersteller von Backmischungen auf Platz drei.

---

1. ○ Erkläre am Beispiel der Firma Thiele, wie sich die Rahmenbedingungen für Unternehmen in Markt- und Planwirtschaften unterscheiden.

2. ○ Erläutere, wie sich die Marktvoraussetzungen für die Firma Thiele heute von denen Ende der 1940er-Jahre unterscheiden. Beleuchte dabei die Entscheidungsmöglichkeiten der Kunden.

▸ VEB Robotron in Dresden: Elektroniker testet Rechner mit Lochstreifenlesern (1974)

▸ 0,55 Mark für eine Packung Knäckebrot

▸ „Held der Arbeit"

Einige wesentliche Gründe für das Scheitern von Planwirtschaften

Die friedlichen Revolutionen in der DDR, Polen, Ungarn und der Tschechoslowakei offenbarten das Scheitern der sozialistisch-planwirtschaftlichen Systeme an der Realität. Einige wesentliche Gründe für das ökonomische Scheitern waren:

Fehlen des Privateigentums an Produktionsmitteln

Mit der Abschaffung des Privateigentums an Produktionsmitteln ging ein wesentlicher Antriebsmotor des Wirtschaftens verloren. Die Unternehmen arbeiteten nicht mit dem Ziel, Gewinne zu erzielen, sondern mit dem Ziel, Pläne zu erfüllen.

Zentrale Planung funktioniert weitgehend nicht

Durch die Planvorgaben und die zentral festgelegten Preise gab es nur wenige oder gar keine Spielräume für das unternehmerische Handeln. Es war eine Illusion zu glauben, die staatliche Planbehörde wüsste um die einzelnen Bedürfnisse der 17 Millionen Bürger der DDR. Dies wurde noch durch das Verhalten der jeweiligen Betriebsleiter befördert. Sie wollten möglichst viele Produktionsfaktoren wie Rohstoffe und Arbeitskräfte zugeteilt bekommen und damit eher ein Minimum an Ergebnissen erzielen. Dies führte dazu, die tatsächlichen Produktionskapazitäten zu verschleiern und die politische Führung des Landes mit verzerrten Informationen zu bedienen.

Fehlender bzw. falsch wirkender Preismechanismus

Die Preise kamen nicht durch Angebot und Nachfrage zustande, sondern wurden festgelegt. Ein Beispiel: Da in der DDR z. B. Preise für bestimmte Nahrungsmittel sehr stark subventioniert wurden, kauften die Bürger – weil es für sie billiger war – Brot und verfütterten dies an die privat gehaltenen Kaninchen, Hühner o. Ä.

Fehlender Wettbewerb und die Innovationsschwäche der Volkswirtschaft

Da das Ziel der Betriebe darin bestand, die Pläne des Staates über die Vorgabe der Preise und Produktionsziffern zu erfüllen, hatten die Betriebe wenige Anreize, neue und bessere Produkte auf den Markt zu bringen. Bestehende Produkte wurden nicht weiterentwickelt und es gab auch keine Innovationen.

„Held der Arbeit" war eine der höchsten Auszeichnungen in der DDR.

→ Starthilfe zu 2:

Beim Trabant handelt es sich um das Auto aus staatlicher Produktion, das über Jahrzehnte baugleich hergestellt wurde. Im Internet findest du viele Information, wenn du den Begriff in eine Suchmaschine eingibst.

1. ○ Nimm als Beispiel den Bereich der Modebranche. Beschreibe in eigenen Worten, warum eine zentrale Lenkung in diesem Bereich ungeeignet scheint, die Bedürfnisse der Menschen zu berücksichtigen.

2. ◓ Verdeutliche am Beispiel des Trabant, wie sich die fehlende Innovationsfähigkeit planwirtschaftlicher Ordnungen konkret darstellen kann.

Die Bundesrepublik Deutschland als demokratischer und sozialer Bundesstaat

Die soziale Frage

Das Grundgesetz schreibt mit Artikel 20 fest, dass Deutschland ein Sozialstaat ist (Verfassungsprinzip **Sozialstaatlichkeit**). Der Staat hat die Aufgabe, für soziale Gerechtigkeit zu sorgen.

▶ Eine Frau liest im Sozialgesetzbuch.

nicht mehr nur darum, die schlimmste Not für die Arbeiter und ihre Familien zu verhindern, sondern umfassende „soziale Gerechtigkeit und soziale Sicherung" zu verwirklichen.

Die Anfänge des deutschen Sozialstaats reichen in das 19. Jahrhundert zurück, als die Industrialisierung zu einem ungeheuren Anwachsen der Fabriken führte. Die auf sich allein gestellten Arbeiter in den schnell wachsenden Industriestädten wurden nicht mehr wie zuvor von der Großfamilie oder der Handwerkszunft aufgefangen, wenn sie krank, arbeitslos, invalide (arbeitsunfähig) oder alt wurden.

Handwerkszunft
Zusammenschluss von Handwerkern

Als sich die Arbeiter in Gewerkschaften, Vereinen und Parteien organisierten, um sich gegen ihre Not zu wehren, entstand die „soziale Frage". Der Staat unter der Führung von Reichskanzler Otto von Bismarck reagierte mit der Einführung der gesetzlichen Kranken-, Unfall- sowie Invaliditäts- und Rentenversicherung (1883, 1884, 1889). Die Sozialgesetze überstanden alle Kriege, Inflationen und politischen Umwälzungen.

Quelle: www.gesetze-im-internet.de/bundesrecht/sgb_1/gesamt.pdf

Mit der Zeit ist das Netz der sozialen Sicherung größer und engmaschiger geworden. Es geht

Das Netz der sozialen Sicherung

§1 Aufgaben des Sozialgesetzbuchs

[...] Es soll dazu beitragen,
– ein menschenwürdiges Dasein zu sichern;
– gleiche Voraussetzungen für die freie Entfaltung der Persönlichkeit, insbesondere auch für junge Menschen, zu schaffen,
– die Familie zu schützen und zu fördern,
– den Erwerb des Lebensunterhalts durch frei gewählte Tätigkeit zu ermöglichen und
– besondere Belastungen des Lebens, auch durch Hilfe zur Selbsthilfe, abzuwenden oder auszugleichen.

Die soziale Sicherung

Das soziale Netz setzt sich aus verschiedenen Bestandteilen zusammen: Sozialversicherung, soziale Versorgung, Sozialhilfe, aber auch die Familien-, Steuer- oder Arbeitsschutzgesetzgebung.

Merkzettel 1:

Die gesetzliche Sozialversicherung umfasst die Kranken-, Renten-, Unfall-, Arbeitslosen- und Pflegeversicherung.

Merkzettel 2:

Es handelt sich um Pflichtversicherungen. Alle Arbeitnehmer, außer den Beamten, zahlen in sie ein, damit der Einzelne im Versicherungsfall Leistungen erhält. Selbstständige, die z. B. ein eigenes Unternehmen haben, zahlen nicht ein.

Merkzettel 3:

Bis auf die Unfallversicherung übernehmen die Arbeitgeber in den Pflichtversicherungen zur Hälfte die Beiträge. Wenn das Geld nicht reicht, gibt der Staat Mittel aus den Steuereinnahmen dazu.

Merkzettel 4:

Die medizinische Versorgung ist für alle Pflichtversicherten gleich, bei Rente, Arbeitslosen- und Krankengeld richtet sich die Höhe jedoch nach dem Einkommen.

Merkzettel 5:

Wer seinen Lebensunterhalt nicht eigenständig bestreiten kann, hat Recht auf staatliche Unterstützung (Sozialhilfe). Sie soll eine Lebensführung ermöglichen, die der Würde des Menschen entspricht.

Es gibt vier Formen der sozialen Grundsicherung:
1. Sozialhilfe im engeren Sinne für nicht erwerbsfähige Hilfsbedürftige und ihre Haushalte.
2. Grundsicherung für Arbeitssuchende (Arbeitslosengeld II).
3. Grundsicherung im Alter und bei Erwerbsminderung für Menschen ab 65 Jahren oder für voll erwerbsgeminderte Personen ab 18 Jahren.
4. Existenzsicherung für Asylbewerber und geduldete Ausländer.

 Starthilfe zu 1:

Du wirst bei der Recherche möglicherweise nicht auf den Originaltext stoßen, aber auf beschreibende Internetseiten.

1. ● Recherchiere im Internet mit dem Suchwort „Gründungsurkunde der Sozialversicherung". Fasse die wesentlichen Aussagen, die du mit der Recherche ermittelst, zusammen.

2. ○ Beschreibe die wichtigsten Ziele, die mit dem System der sozialen Sicherung verfolgt werden.

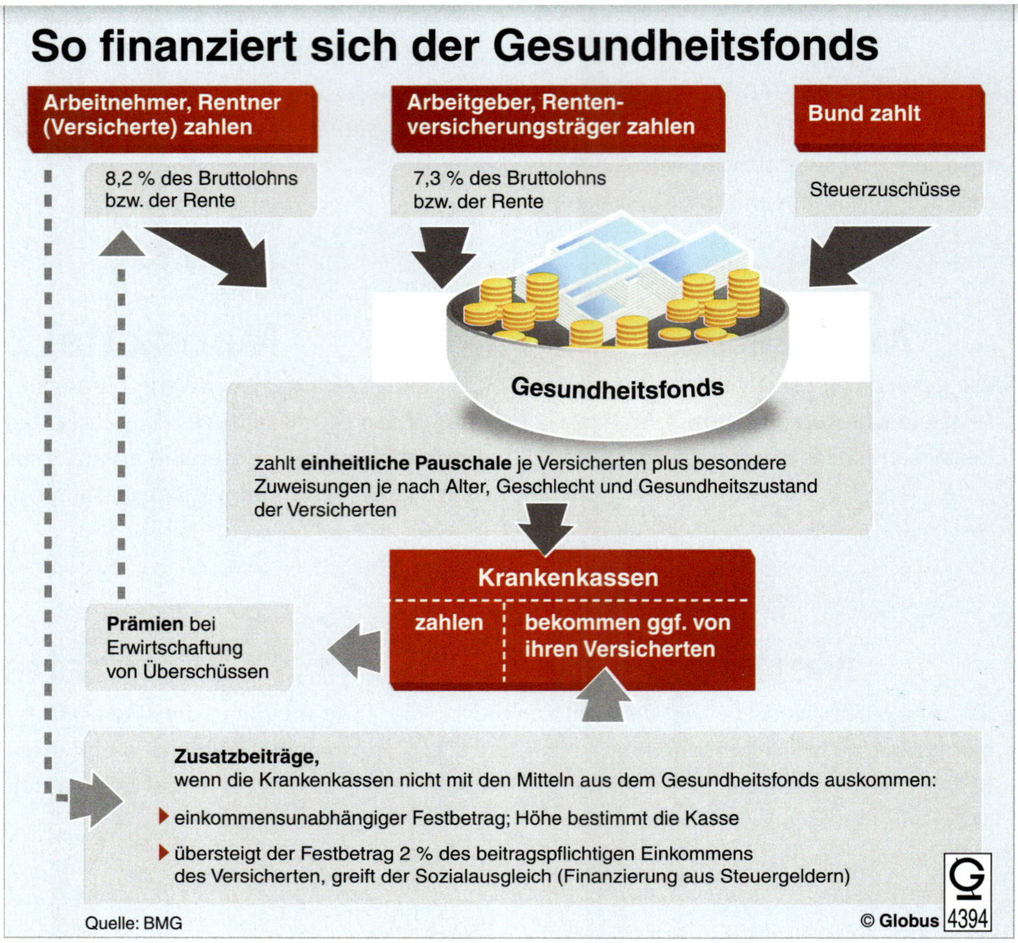
So finanziert sich der Gesundheitsfonds
Arbeitnehmer, Rentner (Versicherte) zahlen
8,2 % des Bruttolohns bzw. der Rente
Arbeitgeber, Rentenversicherungsträger zahlen
7,3 % des Bruttolohns bzw. der Rente
Bund zahlt
Steuerzuschüsse
Gesundheitsfonds
zahlt einheitliche Pauschale je Versicherten plus besondere Zuweisungen je nach Alter, Geschlecht und Gesundheitszustand der Versicherten
Krankenkassen
zahlen
bekommen ggf. von ihren Versicherten
Prämien bei Erwirtschaftung von Überschüssen
Zusatzbeiträge,
wenn die Krankenkassen nicht mit den Mitteln aus dem Gesundheitsfonds auskommen:
einkommensunabhängiger Festbetrag; Höhe bestimmt die Kasse
übersteigt der Festbetrag 2 % des beitragspflichtigen Einkommens des Versicherten, greift der Sozialausgleich (Finanzierung aus Steuergeldern)
Quelle: BMG
© Globus 4394

Krankenversicherung

Die Deutschen geben viel Geld für Krankheitsbehandlungen aus. Die Ausgaben steigen dabei, weil die Menschen zum einen länger leben und es zum anderen in der Medizin immer wieder neue Behandlungsmethoden und -techniken gibt.

Seit 2009 gilt ein neues System der gesetzlichen Krankenversicherung (GKV), das die Finanzierung der Gesundheitskosten stärker über Steuern leistet, als das früher der Fall war.

Für alle Krankenkassen in der gesetzlichen Krankenversicherung gilt ein einheitlicher Beitragssatz. Die Höhe des Beitragssatzes wurde vom Bundesministerium für Gesundheit (BMG) auf 15,5 % für Arbeitnehmer und Arbeitgeber festgelegt. Alle Beiträge der Arbeitnehmer und der Arbeitgeber sowie der Bundeszuschuss (14 Milliarden Euro ab 2012) fließen im Gesundheitsfonds zusammen, dessen Aufgabe die Verteilung sowie die Auszahlung der Beitrags- und Steuergelder an die Krankenkassen ist.

In der GKV sind nicht berufstätige Ehegatten und die Kinder des Kassenmitglieds durch die Familienversicherung kostenfrei mitversichert.

Die Krankenkassen erheben außerdem die Beiträge zur **Pflegeversicherung**.

Steuern, Arbeitnehmerbeiträge, Arbeitgeberbeiträge
Gesundheitsfonds
Gesetzl. Krankenkassen
Versicherte

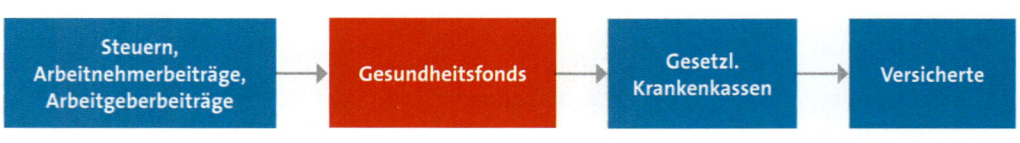

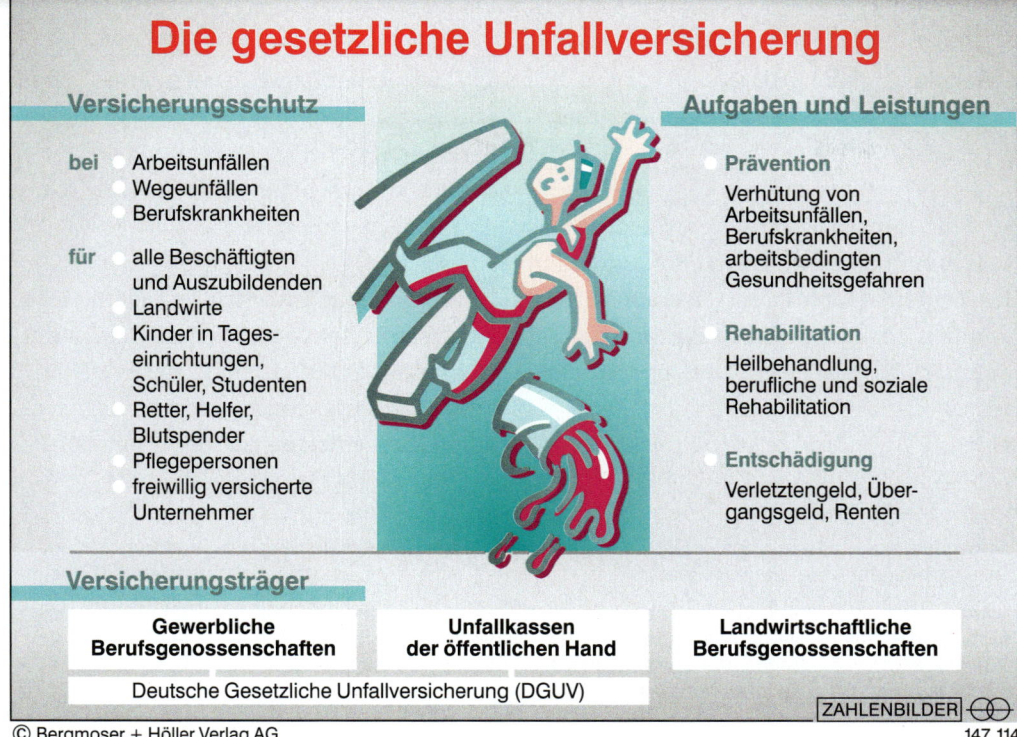

Die gesetzliche Unfallversicherung

Versicherungsschutz

bei
- Arbeitsunfällen
- Wegeunfällen
- Berufskrankheiten

für
- alle Beschäftigten und Auszubildenden
- Landwirte
- Kinder in Tageseinrichtungen, Schüler, Studenten
- Retter, Helfer, Blutspender
- Pflegepersonen
- freiwillig versicherte Unternehmer

Aufgaben und Leistungen

Prävention
Verhütung von Arbeitsunfällen, Berufskrankheiten, arbeitsbedingten Gesundheitsgefahren

Rehabilitation
Heilbehandlung, berufliche und soziale Rehabilitation

Entschädigung
Verletztengeld, Übergangsgeld, Renten

Versicherungsträger

Gewerbliche Berufsgenossenschaften	Unfallkassen der öffentlichen Hand	Landwirtschaftliche Berufsgenossenschaften

Deutsche Gesetzliche Unfallversicherung (DGUV)

ZAHLENBILDER

© Bergmoser + Höller Verlag AG   147 114

Unfallversicherung

Der Ursprung der Unfallversicherung geht zurück bis zum Jahre 1884. Im Gegensatz zu allen anderen Sozialversicherungen werden die Beiträge ausschließlich von den Arbeitgebern bezahlt.

Die Unfallversicherung hat die Aufgabe, die Auswirkungen von Arbeitsunfällen, Berufskrankheiten und arbeitsbedingten Gesundheitsgefahren zu mindern. Tritt ein Versicherungsfall ein, z. B. ein Arbeitsunfall, kommt die Versicherung für die Folgen auf (z. B. Heilkosten). Auch Schülerinnen und Schüler sind vom Staat gegen Schulunfälle versichert.

▸ Forstwirt

1. ○ Auch Schülerinnen und Schüler sind vom Staat gegen Schulunfälle versichert. Informiere dich bei der Schulleitung, in welchen Fällen die Versicherung gilt und in welchen Fällen sie keine Leistungen gewährt, in welchen Fällen du also nicht versichert bist. Fasse die Ergebnisse zusammen.

2. ◕ Du siehst auf dem Foto einen Forstwirt bei seiner Arbeit. Er fällt mit einer Kettensäge einen Baum.
Überlege, welche Unfallrisiken mit dieser Arbeit verbunden sind.

3. ○ Nenne weitere Berufe, die ein hohes Unfallrisiko mit sich bringen.

Arbeitslosengeld I (ALG I)

Es gibt unterschiedliche Formen von Arbeitslosigkeit:

B Frau Hansen arbeitet sieben Monate als Kellnerin in einem Hotel auf Borkum. Da in den Wintermonaten kaum Gäste auf die Insel kommen, schließt es für einige Monate und sie muss sich nach einem anderen Job umsehen. ■

B Herr Keller hat 16 Jahre in einer Schuhfabrik gearbeitet. Auf einer kurzfristig einberufenen Betriebsversammlung erfährt er, dass das Unternehmen pleite ist und er seinen Arbeitsplatz verliert. ■

B Frau Jerks möchte sich verändern. Sie hat einen befristeten Arbeitsvertrag, der Ende des Monats ausläuft und den sie nicht verlängern wird. Stattdessen möchte sie sich in einer anderen Stadt einen neuen Job suchen. ■

friktionelle Arbeitslosigkeit	konjunkturelle Arbeitslosigkeit	strukturelle Arbeitslosigkeit	saisonale Arbeitslosigkeit
„Sucharbeitslosigkeit" – Übergang von einem in einen anderen Job	Unternehmen benötigen weniger Arbeiter bzw. nehmen Entlassungen aus wirtschaftlichen Gründen vor.	Wirtschaftliche Strukturen verändern sich so, dass bestimmte Berufe nicht mehr benötigt werden.	Jahreszeiten wirken sich auf die Beschäftigung aus.

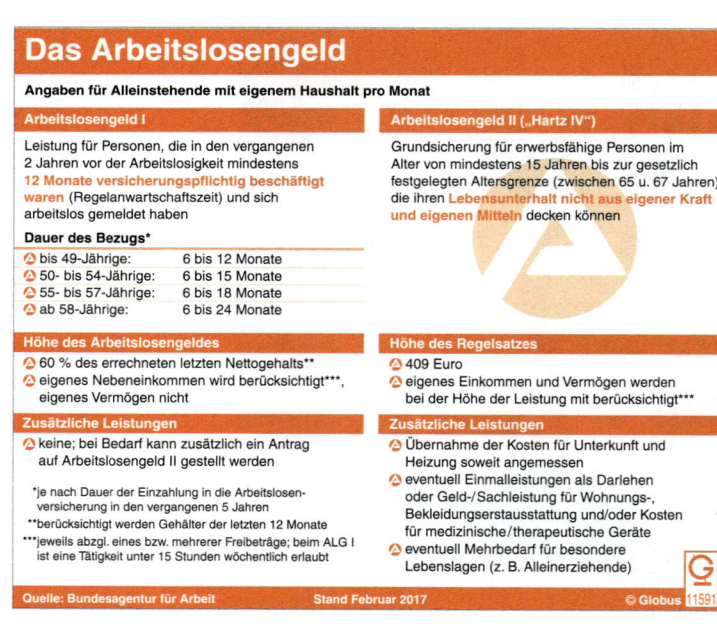

Im Rahmen des sozialen Sicherungssystems sorgt die Arbeitslosenversicherung dafür, dass Menschen, die ihre Anstellung verlieren, staatliche Unterstützung erhalten.

Hierzu zahlen, bis auf wenige Ausnahmen, die Arbeitnehmerinnen und Arbeitnehmer im Monat Beiträge in Höhe von 3 % des Bruttogehalts. Wie lange und wie viel Arbeitslosengeld man bekommt, hängt u. a. von der Höhe des letzten Gehaltes, der Dauer der letzten Beschäftigung und davon ab, ob man ein Kind zu versorgen hat.

Findet man in der Zeit der Zahlung keine neue Anstellung, rutscht man in das Arbeitslosengeld II und das Einkommen reduziert sich (s. nächste Seite).

1. ◖ Ordne die obigen Fälle den Formen der Arbeitslosigkeit zu und überprüfe, ob sie ein Anrecht auf Arbeitslosengeld II haben.

2. ◖ Erläutere, welche Ziele damit verfolgt werden, dass nur Menschen, die über einen bestimmten Zeitraum gearbeitet und eingezahlt haben, ALG I erhalten.

3. ● Diskutiert, warum die Bezugsdauer bei älteren Arbeitslosen höher ist als bei jüngeren und warum Menschen mit Kindern mehr Geld erhalten.

▶ Frau Söllner mit ihren Kindern

Hartz-IV-Regelsätze

Monatlicher Regelsatz für erwerbsfähige Leistungsberechtigte und ihre Kinder in Euro

Alleinstehende, Alleinerziehende	416 Euro
in einem Haushalt zusammenlebende Partner	je 374
erwerbslose 18- bis 24-Jährige im Haushalt der Eltern	332
14- bis 17-Jährige	316
6- bis 13-Jährige	296
unter 6-Jährige	240

Stand Januar 2018
Quelle: Bundesregierung
© Globus 12202

Arbeitslosengeld II (Hartz IV)

B   WOVON SOLL FRAU SÖLLNER LEBEN

Frau Söllner ist alleinerziehende Mutter. Ihr Lebensgefährte hat sie verlassen und ist ohne Angabe einer Adresse verschwunden. Wegen ihrer zwei kleinen Kinder, die zwei und vier Jahre alt sind und die sie zu versorgen hat, kann Frau Söllner nur wenige Stunden arbeiten. Mit gelegentlicher Putzarbeit hält sie sich im Moment über Wasser. Inzwischen sind auch ihre Ersparnisse aufgebraucht.

Wie sollen ihre Kinder versorgt werden? Wie soll sie ihren Lebensunterhalt bestreiten?

Weil Frau Söllner mit der Miete in Verzug ist, wird ihr auch noch die Wohnung gekündigt. Einen Kredit zur Begleichung ihrer Schulden wollte ihr die Bank nicht geben.
Verzweifelt wendet sich Frau Söllner an ihre Gemeinde. Dort wird ihr geraten, Arbeitslosengeld II zu beantragen. ■

Arbeitslosengeld II ist eine Sozialleistung, d. h., sie wird durch Steuern finanziert. Arbeitslose Erwerbsfähige erhalten es nach dem Bezug von Arbeitslosengeld I oder wenn die Voraussetzungen für ALG I nicht erfüllt sind.

Zusätzlich zahlt die Bundesagentur für Arbeit oder die Arbeitsgemeinschaft aus Stadt und Arbeitsagentur die Unterkunft. Auch die Beiträge für Kranken-, Renten- und Pflegeversicherung übernimmt der Staat.

INFO

arbeitslose/hilfsbedürftige Erwerbsfähige:

- 15. Lebensjahr vollendet
- erwerbsfähig/arbeitsfähig
- hilfsbedürftig durch Arbeitslosigkeit
- Aufenthalt in Deutschland

4. ⊖ Vergleiche die monatlichen Regelsätze für die unterschiedlichen Personengruppen. Erkläre, warum solche Unterschiede gemacht werden.

5. ⊖ Erwerbsfähige Arbeitslose erhalten das Arbeitslosengeld II nur, wenn sie aktiv nach Arbeit suchen. Erläutere, warum dies so ist.

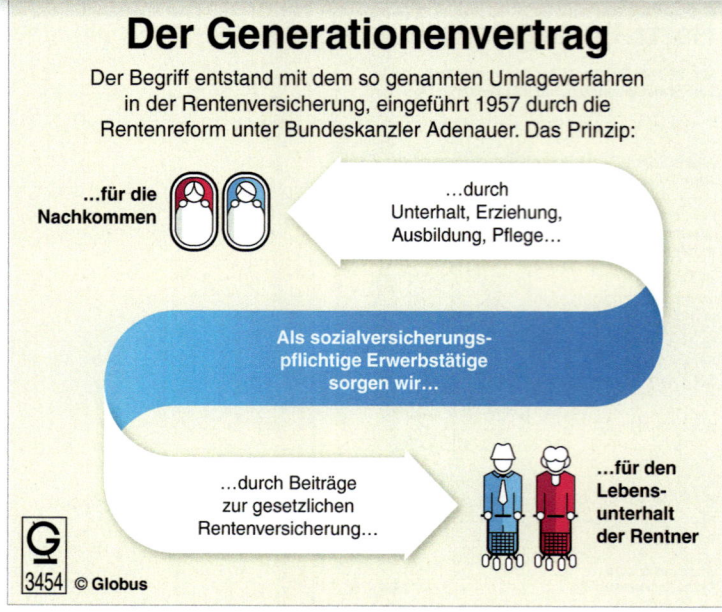

Der Generationenvertrag

Der Begriff entstand mit dem so genannten Umlageverfahren in der Rentenversicherung, eingeführt 1957 durch die Rentenreform unter Bundeskanzler Adenauer. Das Prinzip:

…für die Nachkommen

…durch Unterhalt, Erziehung, Ausbildung, Pflege…

Als sozialversicherungs- pflichtige Erwerbstätige sorgen wir…

…durch Beiträge zur gesetzlichen Rentenversicherung…

…für den Lebens- unterhalt der Rentner

3454 © Globus

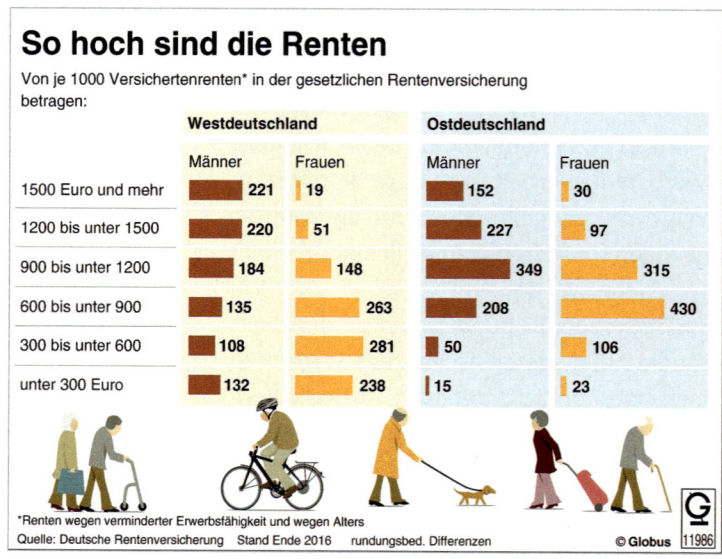

So hoch sind die Renten

Von je 1000 Versichertenrenten* in der gesetzlichen Rentenversicherung betragen:

	Westdeutschland		Ostdeutschland	
	Männer	Frauen	Männer	Frauen
1500 Euro und mehr	221	19	152	30
1200 bis unter 1500	220	51	227	97
900 bis unter 1200	184	148	349	315
600 bis unter 900	135	263	208	430
300 bis unter 600	108	281	50	106
unter 300 Euro	132	238	15	23

*Renten wegen verminderter Erwerbsfähigkeit und wegen Alters
Quelle: Deutsche Rentenversicherung   Stand Ende 2016   rundungsbed. Differenzen   © Globus   11986

Rentenversicherung

Die gesetzliche Rentenversicherung arbeitet mit einem erheblichen Vertrauensvorschuss, denn das Geld, das die Arbeitnehmer heute einzahlen, wird nicht angelegt, um Kapital für später zu bilden. Es wird für die aktuellen Rentenzahlungen der heutigen Rentnerinnen und Rentner verwendet (**Umlageverfahren**).

Aber auch die Kinder und Jugendlichen kosten den Erwachsenen Geld und Zeit (z. B. für Unterhalt, Ausbildung, Erziehung und Pflege). Die heute Einzahlenden vertrauen darauf, dass später, wenn sie eine Rente bekommen wollen, die Jüngeren ebenfalls einzahlen. Somit erwirtschaften die Erwachsenen die Versorgung für sich selbst, die junge und die alte Generation. Das Prinzip wird als **Generationenvertrag** bezeichnet.

Für Arbeitnehmerinnen und Arbeitnehmer handelt es sich um eine Pflichtversicherung (außer bei Minijobs u. Ä.). Die Beiträge werden, bis auf wenige Ausnahmen, je zur Hälfte von Arbeitnehmern und Arbeitgebern gezahlt. Am 1. Januar 2013 lagen sie bei 18,9 % des Bruttolohns.

Von der Versicherungspflicht ausgenommen sind z. B. Beamte und Selbstständige. Sie können aber freiwillig beitreten und zahlen dann den vollen Beitrag allein.

→ Starthilfe zu 3:

Überlege, welche Folgen es haben könnte, wenn in einem Jahrzehnt sehr viele oder sehr wenige Kinder geboren werden.

1. ◐ Beschreibe die obere Grafik und erkläre in eigenen Worten das Grundprinzip des Umlageverfahrens in der Rente.

2. ◐ Bei einer Kapitallebensversicherung spart man Geld an, um nach einer gewissen Laufzeit das Plus an Zinsen für sich nutzen. Erläutere den Unterschied zum Rentensystem.

3. ● Diskutiert, von welchen Faktoren die Funktionsfähigkeit des Systems abhängt.

4. ● Nehmen wir an, dass die Beitragssätze stark steigen müssten, damit alle Rentner ihre Zahlungen bekommen könnten. Setz dich mit der Frage auseinander, weshalb die Beiträge nicht beliebig erhöht werden können. Was sind die Folgen, wenn Arbeit (zu) „teuer" wird?

Der demografische Wandel

In Zukunft wird es in unserem Land immer mehr ältere und immer weniger junge Menschen geben. Die „gesellschaftliche Alterung" bringt aber viele Veränderungen mit sich, auf die wir uns einstellen müssen.

Besonders große Probleme wird es in der staatlichen Rentenversicherung geben. Wenn immer mehr Rentner von immer weniger Arbeitnehmern versorgt werden müssen, dann funktioniert das System irgendwann nicht mehr. Entweder müssten die Renten immer weiter sinken, oder aber die Beiträge müssten stetig steigen. Das geht aber nur sehr eingeschränkt, weil dann Arbeit zu teuer und sich mit zunehmender Arbeitslosigkeit die Situation weiter verschärfen würde.

Über die Verlängerung der Lebensarbeitszeiten wurde heftig gestritten („Rente ab 67 statt 65"). Auch können die Bürger selbst stärker fürs Alter vorsorgen, indem sie z. B. früh entsprechende Privatversicherungen abschließen. Für Menschen mit niedrigem Einkommen ist das aber kaum möglich. Und so stellt man fest: An den Systemen muss in naher Zukunft noch viel gebastelt werden, soll unser Wohlstand gesichert werden.

INFO

Demografie bezeichnet die Wissenschaft, die sich mit der Entwicklung der Bevölkerungsstrukturen und ihren Folgen beschäftigt. Als demografischer Wandel wird die zunehmende Veränderung der Altersstruktur unserer Gesellschaft bezeichnet.

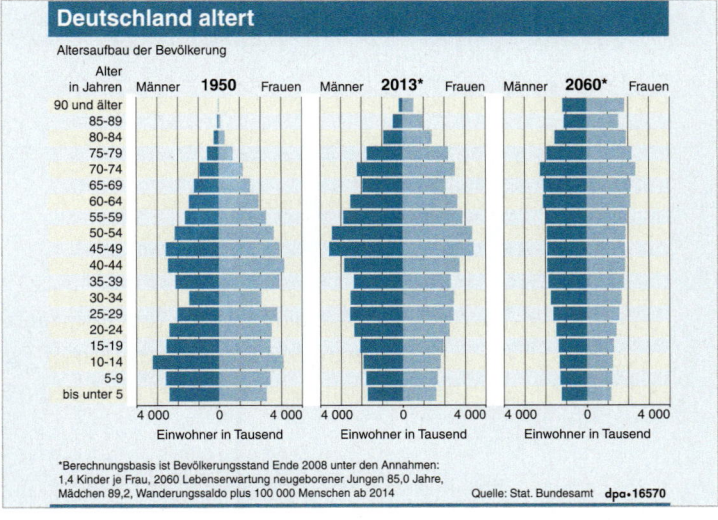

[...] Die deutsche Bevölkerung wird immer älter. 2060 wird es fast so viele über 80-Jährige geben wie unter 20-Jährige. Über ein Drittel der Bevölkerung wird 65 Jahre und älter sein, heute liegt dieser Anteil bei 20 Prozent. [...] Der sogenannte Altenquotient, also das Verhältnis der Personen im Rentenalter zu 100 Personen im erwerbsfähigen Alter, wird steigen. Aktuell kommen auf 100 Personen im Erwerbsalter 34 Rentner. Im Jahr 2060 werden auf 100 potenziell Erwerbstätige fast doppelt so viele Rentner kommen, nämlich 56 bis 59.

Quelle: Heide, D., Handelsblatt Nr. 224, 19.11.2009, S. 14

---

5. ◔ Erkläre in eigenen Worten, wie sich die Veränderung der Gesellschaft auf das Rentensystem auswirkt.

6. ◔ Erläutere, wer hiervon am stärksten betroffen ist.

7. ● Diskutiert, warum es keine Möglichkeit darstellt, die Rentenbeiträge von Arbeitgebern und Arbeitnehmern soweit anzuheben, dass das Geld für alle Rentner reicht.

→] Starthilfe zu 7:

Bedenkt hierbei, wie sich steigende Kosten von Arbeit auf den Arbeitsmarkt auswirken können.

Die Säulen der Sozialversicherung

Wie gesehen, setzt sich das soziale Sicherungssystem in Deutschland aus verschiedenen „Säulen" zusammen.

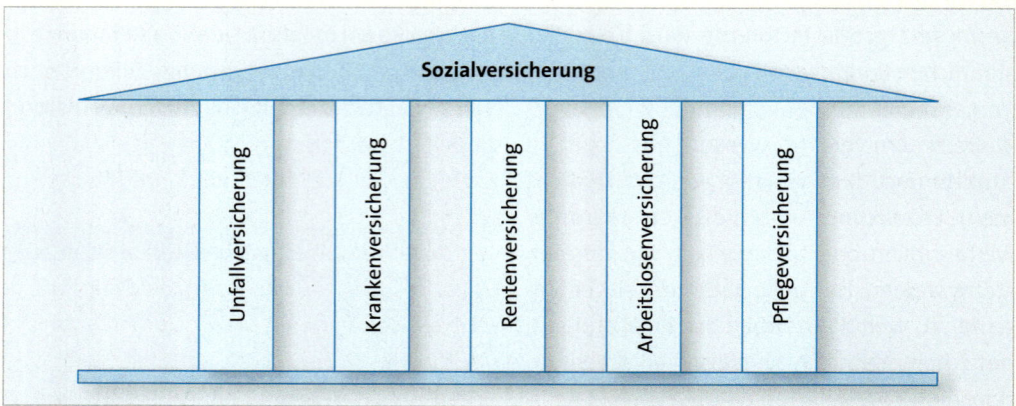

▸ Die fünf Säulen der Sozialversicherung

1. ◯ Übertrage die folgende Tabelle in dein Heft und fülle sie anschließend aus (z. T. mehrere Ankreuzmöglichkeiten). Ermittle gegebenenfalls noch weitere Informationen. Vergleiche und diskutiere dann deine Ergebnisse mit deinen Mitschülern:

Datum	Unfall-versicherung	Kranken-versicherung	Renten-versicherung	Arbeitslosen-versicherung	Pflege-versicherung
In diese Versicherung müssen alle Arbeitnehmer mit Vollzeitstellen einzahlen.	?	?	?	?	?
In diese Versicherung zahlt man ein, um nachher einen entsprechenden Betrag ausgezahlt zu bekommen.	?	?	?	?	?
Die Versicherungsbeträge teilen sich Arbeitgeber und -nehmer.	?	?	?	?	?
Diese Versicherung sichert auch Schülerinnen und Schüler ab.	?	?	?	?	?
Diese Versicherung ist von allen am stärksten vom demografischen Wandel beeinflusst.	?	?	?	?	?

Einer für alle, alle für einen

Viele Länder beneiden uns um unser Gesundheitssystem und speziell um die gesetzliche Krankenversicherung. Die Finanzierung bereitet jedoch zunehmend Kopfzerbrechen. Das System muss abspecken.

Seit langem gibt es hierzulande für alle Bürger ein umfassendes Sozialversicherungssystem, zu dem auch pflichtmäßig eine Krankenversicherung gehört. Zwar schützt sie die Versicherten nicht vor Krankheit, aber vor großen finanziellen Belastungen durch deren Folgen. Steht bei den Mitgliedern einer gesetzlichen Krankenversicherung zum Beispiel ein Arztbesuch oder eine Operation an, übernimmt diese die Kosten, zahlt Medikamente und vieles mehr. [...]
Parallel zu den gesetzlichen Krankenkassen gibt es private Krankenversicherungen, die ihre Kunden in ähnlicher Weise absichern, aber ihre Leistungen und Beiträge nach einem anderen Prinzip bemessen. Selbstständige und Arbeitnehmer mit höherem Einkommen können solch eine private Krankenvollversicherung anstelle der gesetzlichen abschließen.
Der Großteil der Deutschen ist aber Mitglied der gesetzlichen Krankenversicherung. Deshalb wird diese hier genauer unter die Lupe genommen: Die gesetzliche Krankenversicherung finanziert sich zum Großteil durch die Beiträge ihrer Mitglieder – wie jede andere Versicherung auch. [...] Das Besondere an diesem System ist das Solidarprinzip,

nach dem die Starken die Lasten der Schwachen mittragen. Jeder wird in gleichem Umfang medizinisch versorgt, egal, welchen Beitrag er gezahlt hat: Solidarität zwischen Jung und Alt, Gesunden und Kranken, Besser- und Geringverdienern. Besonders in der Familienversicherung spiegelt sich dies wider: Kinder und nicht verdienende Ehepartner sind versichert, obwohl nur einer, der Erwerbstätige, einen Beitrag gezahlt hat. Das klingt alles zunächst wunderbar, jedoch kränkelt das System selbst seit vielen Jahren: Die Beiträge der Versicherten reichen längst nicht mehr, um alle Kosten zu decken. Der Staat übernimmt einen Teil, und auch die Versicherten müssen inzwischen immer mehr Leistungen selbst tragen. Beispiele dafür sind Zuzahlungen bei Medikamenten. Momentan wird auch darum gestritten, den Arbeitgeberanteil festzuschreiben. Müssen dann die Kassenbeiträge wegen steigender Ausgaben erhöht werden, soll dies allein von den Versicherten und unabhängig vom Einkommen getragen werden.

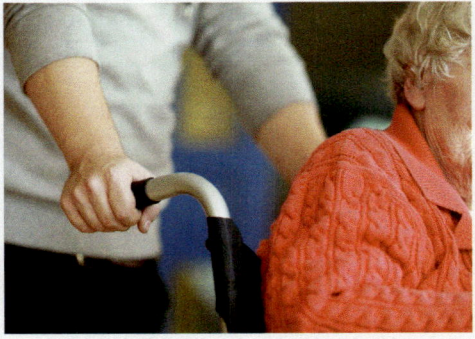

Quelle: Malz, S., Handelsblatt Newcomer Nr. 9, Juni 2010, S. 5

2. ◐ Erkläre in eigenen Worten das Solidarprinzip der Krankenversicherung.

3. ○ Benenne alle Akteure, die über die gesetzliche Krankenkasse versichert sind, auch wenn sie nicht einzahlen.

4. ◐ Ermittle die aktuellen Herausforderungen für das System.

In diesem Kapitel habt ihr gelernt, ...

– *was eine Wirtschaftsordnung ist, welche Ordnungsformen und Ordnungselemente sie haben kann und was damit geregelt wird.*
– *dass die soziale Marktwirtschaft eine konkrete Form einer Wirtschaftsordnung ist, die auch einige Problemfelder mit sich bringt.*
– *was die soziale Sicherung bedeutet und ihr könnt auch ihre Problematik begründen.*

Mit den folgenden Aufgaben könnt ihr euer bisher erworbenes Wissen testen und vertiefen.

1. ◖ Erstelle eine Tabelle zum Vergleich der Merkmale von sozialer Marktwirtschaft und Zentralverwaltungswirtschaft.

2. ○ Benenne die vier Hauptfragen, die von jeder Wirtschaftsordnung beantwortet werden müssen.

3. ○ Nenne Beispiele für Ordnungen und Regeln in deinem Umfeld und in anderen gesellschaftlichen Bereichen.

4. ◖ Beschreibe am Beispiel des Kaufs eines Computerspiels die damit erworbenen Eigentumsrechte. Überprüfe, an welchen Stellen diese eingeschränkt sind und welche Gründe es hierfür gibt.

5. ○ Welche der folgenden Aussagen sind richtig?
   a) Man unterscheidet grundsätzlich zwischen sogenannten marktwirtschaftlichen und planwirtschaftlichen Ordnungen.
   b) Betriebe in planwirtschaftlichen Ordnungen folgen dem Gewinnprinzip.
   c) Die Ausgestaltung der Eigentumsverfassung bestimmt darüber, ob die Preise auf Märkten gebildet oder staatlich festgelegt werden.
   d) Zentrale Planung meint, dass Märkte die zentralen Orte der wirtschaftlichen Planung und Lenkung darstellen.
   e) In einer marktwirtschaftlichen Ordnung gilt das Prinzip des Privateigentums.

6. ◖ Erkläre, inwieweit Unternehmen in marktwirtschaftlichen Ordnungen auf Dauer Gewinne erzielen müssen.

7. ◖ Erläutere in eigenen Worten, warum Privateigentum und Planerfüllung kaum zu kombinieren sind.

8. ◖ Erläutere, inwieweit sich die soziale Marktwirtschaft von einer „reinen" Marktwirtschaft unterscheidet.

9. ◖ Beschreibe andere Kombinationen von Ordnungsformen und -elementen, die in der alltäglichen Umsetzung Schwierigkeiten bereiten könnten.

10. ⊖ Erkläre, was der Autor des folgenden Textes damit meint, dass es in einem planwirt-schaftlichem System eines „Superhirns" bedarf, soll es funktionieren. Arbeite die Fähigkeiten heraus, über die dieses verfügen müsste.

> **Q** „Die Idee der Planwirtschaft [der DDR] war durchaus einleuchtend. Sie sollte die soziale Ungerechtigkeit des Kapitalismus und die mitunter heftigen Schwankungen an Börsen und Finanzmärkten beenden und durch ein vernünftig geplantes, sozial ausgeglichenes Wirtschaften ersetzen. Das Problem war nur: Damit eine Planwirtschaft funktioniert, müsste sie von einem wahren Superhirn geleitet werden." ∎

Quelle: Handelsblatt Newcomer Nr. 6, November 2009, S. 2

11. ○ Nenne die Säulen des deutschen Sozialversicherungssystems.

12. ● Nimm Stellung zu folgender Aussage: „Die Beiträge, die man in die Krankenversiche-rung einzahlt und nicht verbraucht, bekommt man im Rentenalter ausgezahlt."

13. ⊖ Erläutere den Unterschied zwischen Arbeitslosengeld I und II. Benenne die Gruppen, die Anspruch hierauf haben.

14. ⊖ Die Rentenversicherung funktioniert als Umlageverfahren. Erkläre, was darunter zu verstehen ist.

15. ● Die Karikatur beschäftigt sich mit einem Sachverhalt, den du unter dem Begriff „Generationenvertrag" auf S. 76 kennengelernt hast. Interpretiere die Karikatur. Du musst die Karikatur zunächst anhand folgender Fragen beschreiben:
  – Was stellt sie dar? Was sieht man?
  Dann wird die Karikatur gedeutet, d. h.:
  – Wofür steht sie? Was will der Zeichner sagen?
  Ordne zum Schluss ein und bewerte den Sachverhalt, der in der Karikatur dargestellt wird. Beurteile und bewerte beispielsweise, ob es für die junge oder die ältere oder für beide Generationen problematisch werden kann.

▸ Mittelfristig alles o. k. Junge. - Aber den trägst du, wenn du groß bist!

© *westermann* 277W

Schleswig-Holstein

Cuxhaven

(zu Bremen)

Wittmund

Jever   Wilhelms-
haven

Aurich   Stade   **Hamburg**

Emden

Fries-   Weser-   **Mecklenburg-**
land   marsch   Osterholz-   Winsen/Luhe   **Vorpommern**
                                Scharmbeck
Wester-   Brake   Harburg
Leer   stede   Osterholz   Lüneburg
Ammer-   Oldenburg   Rotenburg
land   (Wümme)   Lüchow-
Niederland   Delmenhorst   **Bremen**   Bad   Dannenberg
            Oldenburg-   Fallingbostel   Uelzen
lande   Land   Verden   Lüchow
        Cloppenburg   Wildes-
Emsland   hausen   Soltau-
                                                Fallingbostel
            Vechta   Celle
Meppen   Nienburg
                    Diepholz   Region   Gifhorn
Grafschaft   Hannover
Bentheim   Hannover   Wolfsburg
        Nordhorn   Peine   Braunschweig
            Osnabrück-   Stadthagen   Helmstedt
            Land   Schaumburg   Wolfenbüttel
        Osnabrück   Salzgitter
                                Hameln   Hildesheim
                        Nordrhein-Westfalen   Hameln-   **Sachsen-Anhalt**
                                Pyrmont
                                        Holz-   Goslar
                                        minden
                                Northeim   Osterode
                                                am Harz

                                Göttingen

Staatsgrenze   Harburg   Name eines Kreises,
Ländergrenze   der nicht mit dem
Kreisgrenze   Namen der Kreis-
Landeshauptstadt   stadt übereinstimmt
kreisfreie Stadt
Kreisstadt   0   25   50 km

In diesem Kapitel lernt ihr, …

> warum sich die Wirtschaft „vor der Haustür" und auch in der ganzen Welt im Laufe der Zeit verändert.

> Außerdem erfahrt ihr, warum Unternehmen weltweiten Handel treiben und welche Vorteile dies auch für uns als Verbraucher hat.

DIE REGION UND DIE WELT VERÄNDERN SICH

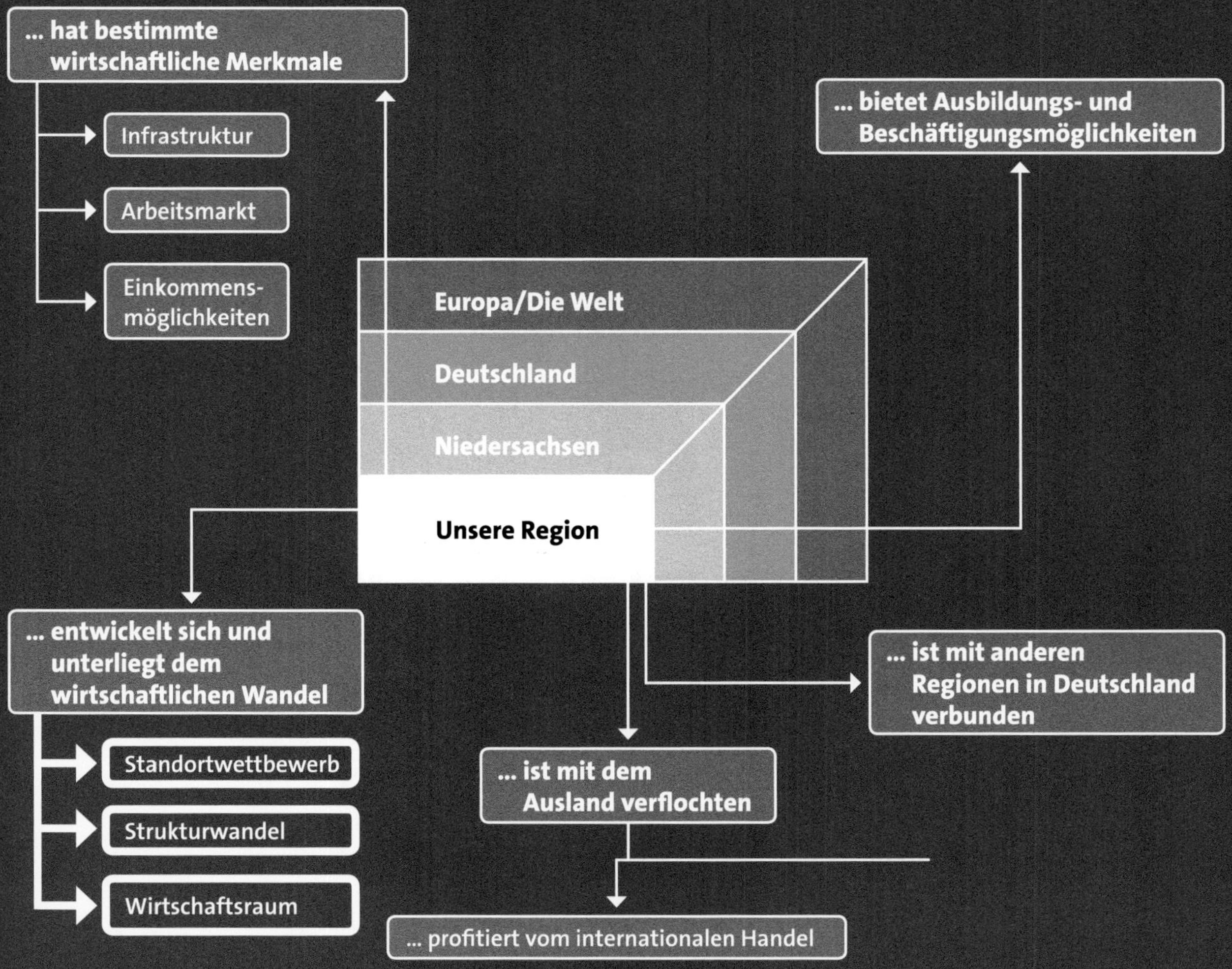

… hat bestimmte wirtschaftliche Merkmale

→ Infrastruktur

→ Arbeitsmarkt

→ Einkommens-möglichkeiten

… bietet Ausbildungs- und Beschäftigungsmöglichkeiten

Europa/Die Welt

Deutschland

Niedersachsen

Unsere Region

… entwickelt sich und unterliegt dem wirtschaftlichen Wandel

→ Standortwettbewerb

→ Strukturwandel

→ Wirtschaftsraum

… ist mit anderen Regionen in Deutschland verbunden

… ist mit dem Ausland verflochten

… profitiert vom internationalen Handel

Der Wettbewerb der Standorte

Gabi Zimmerer ist Eigentümerin eines Möbelunternehmens in Süddeutschland. Da das Geschäft sehr gut geht, plant das Unternehmen einen weiteren Standort im Norden, genauer gesagt in Niedersachsen. Für die Gründung eines Unternehmens gibt es günstige und nicht so günstige Standorte. Deshalb müssen die sogenannten Standortfaktoren untersucht werden. Frau Zimmerer und ihre Mitarbeiter recherchieren die Rahmenbedingungen für das geplante Unternehmen in unterschiedlichen niedersächsischen Städten und versuchen dabei folgende Fragen zu beantworten:

Standortfaktoren

Wie sind die Rahmenbedingungen?
– Wie sind die natürlichen und technischen Gegebenheiten (z. B. Klima)?
– Lage zur Autobahn, Fluss, Bahn, Flugplatz?

Wie sieht die Personalsituation auf dem Arbeitsmarkt aus?
– Lohnniveau?
– Angebot (z. B. von Verkaufspersonal)?

Woher erhalte ich meine Materialien, Rohstoffe?
– Wie können die zu beschaffenden Güter transportiert werden?
– Transportkosten?
– Transportzeit?
– Beschaffungszeit?

▸ Gabi Zimmerer

Wie sieht die politische, steuerrechtliche Situation aus?
– steuerliche Belastung?
– Subventionen?
– Umweltauflagen?

Wie komme ich an die benötigte Energie?
– Energieversorgung
– Energiekosten

Wie sieht der Absatzmarkt für meine Produkte aus?
– Konsumgewohnheiten?
– Lage zur Konkurrenz?
– Absatzkosten?
– Absatzzeit?
– Ausdehnung des Marktes?

▸ Was beeinflusst die Entscheidung eines Unternehmers/eines Unternehmens?

▶ Verschiedene Aussagen von Mitarbeitern einer Abteilung für Wirtschaftsförderung

Standortmarketing

Wenn sich ein neues Unternehmen in einer Region ansiedelt, werden Arbeitsplätze geschaffen und die Gemeinde erhält Steuereinnahmen. Die privaten Haushalte erhalten also Einkommen. Dies können sie konsumieren oder sparen. Der Staat (die Gemeinde) kann die Einnahmen zum Beispiel für eine bessere Infrastruktur ausgeben. Wenn ein Standort gut ist, siedeln sich Unternehmen eher an. Alle Regionen und Gemeinden stehen deshalb in einem Wettbewerb.

Wer ein Unternehmen dazu bringen will, sich in einer bestimmten Region anzusiedeln, muss gute Argumente haben und sie überzeugend darstellen können. Eine Stadt muss für sich Marketing, also Werbung betreiben. Man nennt das Standortmarketing.

Zumeist gibt es in einer Stadtverwaltung eine Abteilung „Wirtschaftsförderung", die hierfür zuständig ist.

Die Mitarbeiterinnen und Mitarbeiter von Gabi Zimmerer finden unter anderem die oben stehenden Aussagen im Internet.

1. ⬤ Ordne die Aussagen oben den unterschiedlichen Standortfaktoren auf Seite 84 zu.

2. ⬤ Zwei der Aussagen lassen sich keinem der Faktoren zuordnen. Sie betreffen die Lebensqualität in einer Stadt.
   Erkläre, warum diese Aussagen die Entscheidung eines Unternehmens beeinflussen können.

3. ⬤ Welche Gründe sprechen für Unternehmen, sich in deiner Stadt/Gemeinde anzusiedeln? Wie macht deine Stadt/Gemeinde auf die Vorteile des Standortes aufmerksam?
   Recherchiere im Internet oder frage bei der Wirtschaftsförderung vor Ort nach.

→ Starthilfe zu 2:

Denk dabei insbesondere an die Familienmitglieder eines Unternehmers oder seiner Angestellten.

▶ Beispiel für Wandlung:
das Telefon 1927, ...

▶ ... 1970-Jahre, ...

▶ ... 2013

▶ Beispiel für Wandlung:
das Auto 1929, ...

▶ ... 1957 ...

▶ ... 2013

Die Wirtschaft verändert sich

„Früher, als *wir* jung waren, da haben wir ...“ Kennt ihr diesen Satzanfang von euren Eltern oder Großeltern? Die Wirtschaft und das gesellschaftliche Leben verändern sich ständig. Das hat Folgen für die Verbraucher, für Unternehmer, Arbeitnehmer und den Staat. An alltäglichen Produkten stellen wir dies besonders fest. Betrachtet dazu die oben stehenden Fotos.

Ihr kennt bereits die drei Wirtschaftsbereiche. Unterschieden werden die Landwirtschaft, die Industrie (Produktion) und der Dienstleistungsbereich. Diese Bereiche bilden die Struktur unserer Wirtschaft. Wenn sich die Strukturen im Laufe der Zeit verändern, spricht man von **Strukturwandel**.

Von 1950 bis heute haben sich die Beschäftigungszahlen in den verschiedenen Wirt-

schaftsbereichen stark verändert. Vor 60 Jahren war noch rund ein Viertel aller Erwerbstätigen in Deutschland in der Landwirtschaft beschäftigt, heute sind es weniger als 2 von 100. Während heute fast drei Viertel aller Erwerbstätigen im Dienstleistungsbereich tätig sind, waren es 1950 nur ca. ein Drittel. Auch in der Produktion gab es einen massiven Rückgang: Von 43 Prozent im Jahr 1950 auf ca. 25 Prozent heute.

Wie kommt es zum Strukturwandel?

Es waren immer große Entdeckungen und Erfindungen, die das gesamte Leben der Menschen völlig verändert haben. Man spricht auch von wichtigen Innovationen. Betrachtet dazu die folgende Grafik:

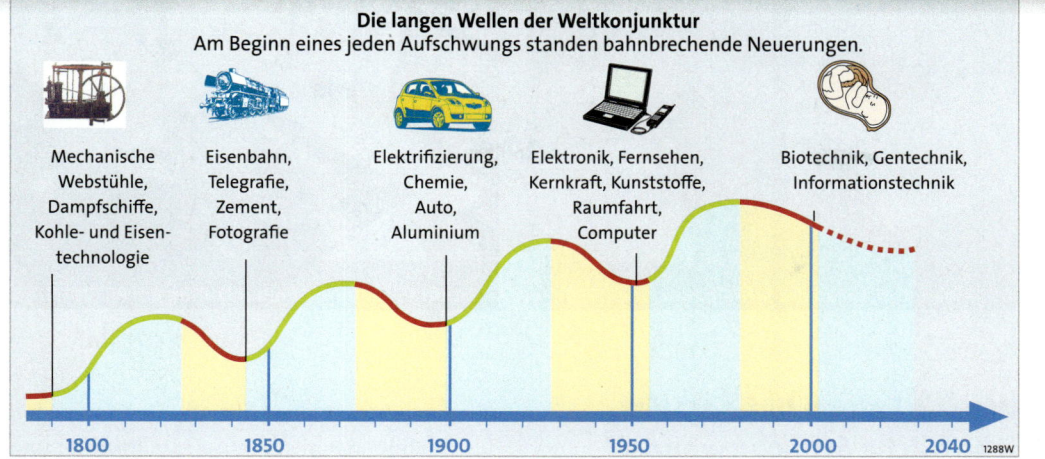

Die langen Wellen der Weltkonjunktur
Am Beginn eines jeden Aufschwungs standen bahnbrechende Neuerungen.

| Mechanische Webstühle, Dampfschiffe, Kohle- und Eisentechnologie | Eisenbahn, Telegrafie, Zement, Fotografie | Elektrifizierung, Chemie, Auto, Aluminium | Elektronik, Fernsehen, Kernkraft, Kunststoffe, Raumfahrt, Computer | Biotechnik, Gentechnik, Informationstechnik |

1800 1850 1900 1950 2000 2040

▸ Bahnbrechende Neuerungen der letzten Jahrhunderte

Aber nicht nur technische Erfindungen verändern das wirtschaftliche und gesellschaftliche Leben. Es gibt noch andere Gründe, die Strukturwandel auslösen:

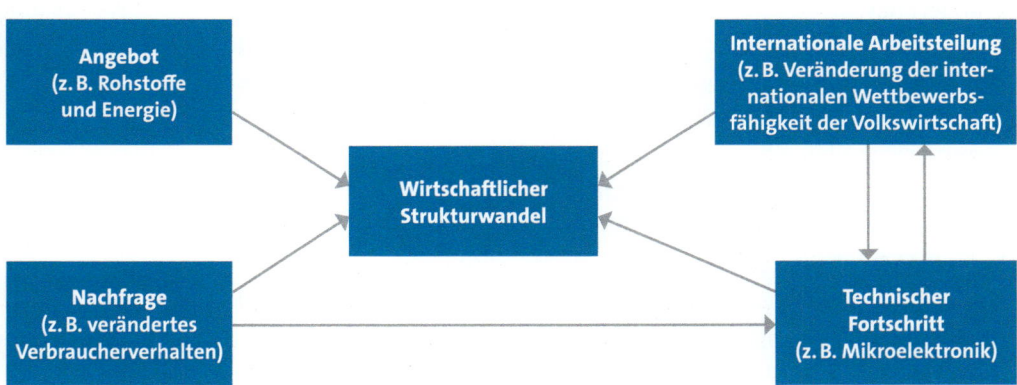

1. ○ Bitte ältere Verwandte darum, dir aus dem (wirtschaftlichen) Leben in ihrer Zeit zu erzählen. Zähle Unterschiede zu heute auf.

2. ◐ Ordne folgende Sachverhalte den Einflussfaktoren auf Strukturwandel zu:
   a) Deutsche Unternehmen produzieren zunehmend im Ausland, weil die Arbeitskräfte dort billiger sind.
   b) Verbraucher kaufen verstärkt Fleisch aus artgerechter Haltung.
   c) Deutsche Forscher entwickeln leistungsstärkere Mikroprozessoren.
   d) Deutschland beschließt die Energiewende.

3. ◐ Ermittle weitere Beispiele für die Einflussfaktoren und für die Beziehungen zwischen ihnen (vgl. Pfeile in der Grafik).

4. ◐ Finde wichtige Gründe für den auf S. 86 beschriebenen Strukturwandel in der Berufswelt.

▸ Stenokontoristin an der Schreibmaschine (1959)

▸ Kauffrau für Bürokommunikation am PC (2013)

Welche Folgen hat der wirtschaftliche Strukturwandel?

Der technische Fortschritt führt dazu, dass Unternehmen ihre Produkte durch den Einsatz von immer mehr Maschinen und immer weniger Arbeitskräften herstellen können. Und die Menschen in den Unternehmen müssen sich an die sich ständig ändernde Technik anpassen. Schaut euch dazu an, wie sich ein vergleichbarer Beruf im Laufe von rund 50 Jahren verändert hat.

B **1959:** „Zu meinen Aufgaben gehört die Abschrift von in Kurzschrift (Steno) verfassten Protokollen oder Briefen auf meiner nagelneuen Kugelkopfschreibmaschine. Außerdem muss ich viel telefonieren. Da wir zu Hause kein Telefon haben, fällt mir das noch schwer …
Ich arbeite an sechs Tagen in der Woche insgesamt 46 Stunden. Urlaub habe ich insgesamt drei Wochen im Jahr." ■

B **2013:** „Die Aufgaben im Büro sind heute sehr vielseitig und stellen viele Anforderungen. Man muss vor allem fit sein im IT-Bereich. Ich arbeite fast nur am PC, mache den Terminkalender, recherchiere im Internet und nutze Datenbanken. Richtige Briefe versenden wir immer seltener, wozu gibt es E-Mails? Dann bediene ich noch unsere Telefonzentrale. Da wir viele internationale Kontakte haben, brauche ich meine Sprachenkenntnisse häufig.
Ich habe eine 5-Tage-Woche und arbeite insgesamt 38,5 Wochenstunden. Urlaub habe ich sechs Wochen im Jahr." ■

Strukturwandel bedeutet für Unternehmen, dass sie sich ständig weiterentwickeln und verändern müssen, wollen sie auf Dauer erfolgreich sein. Sie wollen die Verbraucher mit neuen Produkten und Dienstleistungen überzeugen und auf deren Bedürfnisse bestmöglich reagieren.
Auch in der Gesellschaft gibt es viele Folgen von Strukturwandel. Wie Menschen ihre Freizeit gestalten, hängt von den Möglichkeiten ab. Es gab z.B. eine Zeit, zu der man nur in der Kneipe oder im Schaufenster eines TV-Geschäftes fernsehen konnte. Fernsehen war noch so neu (und teuer), dass die meisten sich das nicht leisten konnten.

▸ Menschen schauen im Schaufenster Fernsehen (1950er-Jahre)

▸ Familie guckt im Wohnzimmer Fernsehen (heute)

Strukturwandel in der Landwirtschaft

Die Landwirtschaft ist in Niedersachsen sehr wichtig. Insbesondere Landkreise wie Vechta und Cloppenburg mit ihrer landwirtschaftlichen Industrie sind strukturstark.
Hier gibt es bezogen auf ganz Deutschland
– die größte Dichte an Geflügel- und Schweinezuchtbetrieben,
– die niedrigste Arbeitslosenquote,
– die höchste Geburtenrate und die jüngste Bevölkerung.

▸ Legehennenhalle auf einer Geflügelfarm

Der große Erfolg geht zurück auf neue Anbau- und Züchtungsmethoden, moderne Landmaschinen sowie Spezialisierung und Arbeitsteilung. Die Produktivität konnte durch den technischen Fortschritt sehr gesteigert werden:

	1950	2011
1 Landwirt produziert Nahrung für ...	10 Personen	147 Personen
Auf 1 ha können geerntet werden:	27,3 dz Weizen	70,1 dz Weizen
1 Kuh gibt im Jahr an Milch:	2.480 kg	7.240 kg

▸ Produktivitätssteigerungen in der Landwirtschaft

Das große Angebot und die höhere Produktivität haben aber auch Schattenseiten. Durch die gesunkenen Preise ist die Zahl der Unternehmen und Beschäftigten in der Landwirtschaft in den letzten Jahrzehnten ständig gesunken. Gerade die Bauernhöfe in Familienhand haben es wegen des Strukturwandels schwer, mit ihren Produkten gegen die Wettbewerber aus der Industrie zu bestehen.

Die Folgen der industriellen Landwirtschaft für die Umwelt dürfen auch nicht übersehen werden. Große Güllemengen belasten z. B. Grund- und Oberflächengewässer, auch die Art der Tierhaltung bringt Probleme mit sich.

INFO

Produktivität ist eine Kennzahl für die Leistungsfähigkeit einer ganzen Wirtschaft oder eines einzelnen Betriebes. Sie bezeichnet das Verhältnis zwischen produzierten Gütern (z. B. kg Milch) und den dafür benötigten Produktionsfaktoren (z. B. Anzahl der Kühe).

1. ⊖ Erkläre mithilfe der Berufsbeispiele und des Textes, welche Folgen Strukturwandel für Arbeitnehmer und Arbeitgeber hat.

2. ○ Erstelle eine Tabelle, in der du die Vor- und Nachteile des Strukturwandels in der Landwirtschaft für Konsumenten, Unternehmer und den Staat benennst.

3. ⊖ „Technischer Fortschritt bringt nicht automatisch und für alle nur Vorteile mit sich." Erkläre die Aussage an einem selbst gewählten Beispiel.

▸ Arbeit in der Landwirtschaft früher ...

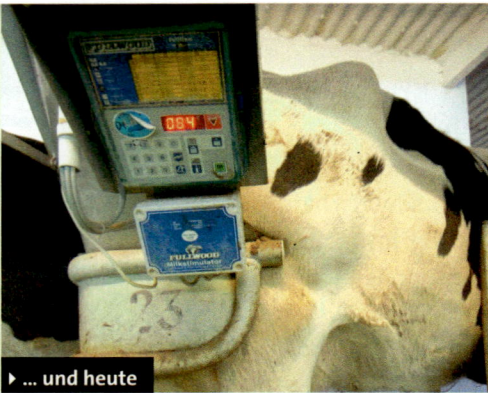

▸ ... und heute

Erkundung

Wir erkunden den Strukturwandel in der Landwirtschaft

Um etwas über wirtschaftliche Fragen zu lernen, bietet sich die Erkundung von Unternehmen an.

Hier findet ihr einen Vorschlag, wie ihr eine Erkundung eines landwirtschaftlichen Betriebs zum Thema „wirtschaftlicher Strukturwandel" vorbereiten, durchführen und nachbereiten könnt. Doch nicht nur Betriebe in der Landwirtschaft kommen dafür infrage; ihr könnt diesen Vorschlag für andere Branchen oder interessante Unternehmen in eurer Region anpassen. Es gibt zwei Möglichkeiten: Entweder wählt ihr einen allgemeinen Schwerpunkt für eure Erkundung, wie z. B. „Welche Folgen hat der Strukturwandel für den Betrieb?" oder ihr bereitet Arbeitsplatzerkundungen vor.

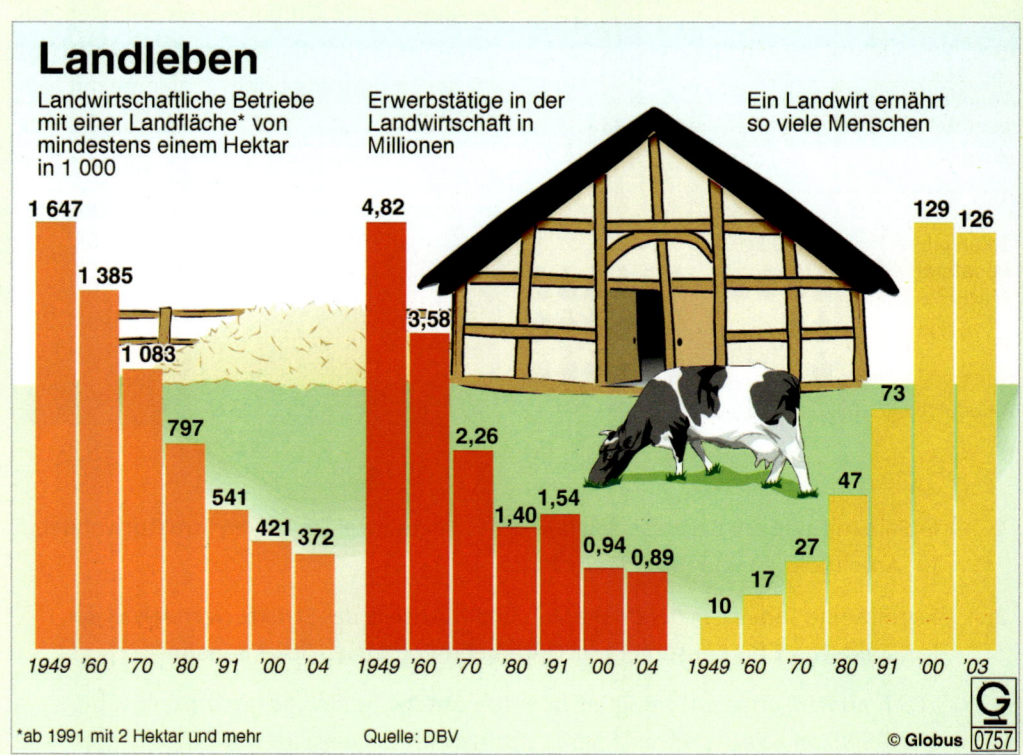

Landleben

Landwirtschaftliche Betriebe mit einer Landfläche* von mindestens einem Hektar in 1 000

1949	'60	'70	'80	'91	'00	'04
1 647	1 385	1 083	797	541	421	372

Erwerbstätige in der Landwirtschaft in Millionen

1949	'60	'70	'80	'91	'00	'04
4,82	3,58	2,26	1,40	1,54	0,94	0,89

Ein Landwirt ernährt so viele Menschen

1949	'60	'70	'80	'91	'00	'03
10	17	27	47	73	129	126

*ab 1991 mit 2 Hektar und mehr   Quelle: DBV

© Globus 0757

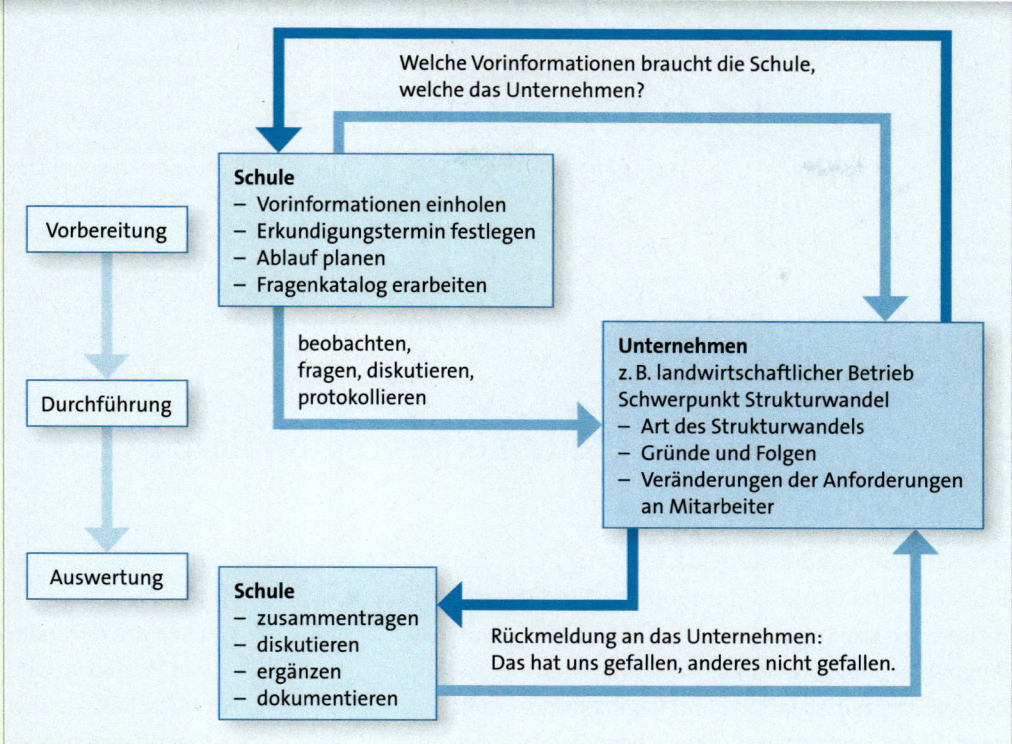

Welche Vorinformationen braucht die Schule, welche das Unternehmen?

Schule
– Vorinformationen einholen
– Erkundigungstermin festlegen
– Ablauf planen
– Fragenkatalog erarbeiten

Vorbereitung

beobachten, fragen, diskutieren, protokollieren

Durchführung

Unternehmen
z. B. landwirtschaftlicher Betrieb
Schwerpunkt Strukturwandel
– Art des Strukturwandels
– Gründe und Folgen
– Veränderungen der Anforderungen an Mitarbeiter

Auswertung

Schule
– zusammentragen
– diskutieren
– ergänzen
– dokumentieren

Rückmeldung an das Unternehmen: Das hat uns gefallen, anderes nicht gefallen.

▸ Wir planen eine Erkundung.

Schritt ❶
Vorbereitung

In beiden Fällen müsst ihr euch gut vorbereiten. Mit eurer Lehrkraft zusammen wählt ihr ein Unternehmen aus, das für eine Erkundung infrage kommt. Dann muss beim Unternehmen angefragt werden, ob ihr in einem bestimmten Zeitraum einen Besuch machen könnt.

Wichtig ist es dann, im Unterricht die Erkundungsschwerpunkte zu diskutieren, festzulegen und Fragen zu entwickeln. Diese solltet ihr aufschreiben und dem Ansprechpartner im Unternehmen rechtzeitig zukommen lassen, damit man sich dort gut vorbereiten kann.

Schritt ❷
Durchführung

Vor der Durchführung müsst ihr klären, wer welche Aufgaben übernimmt. Während der Durchführung solltet ihr euch in Gruppen aufteilen und die Erkundungsaufgaben ausführen. Die Ergebnisse haltet ihr schriftlich fest für die anschließende Auswertung im Unterricht.

Schritt ❸
Auswertung

Nach der Erkundung folgt die Auswertung der Ergebnisse. Dies könnt ihr z. B. mit Plakaten oder einer Wandzeitung machen. Die Präsentation der Ergebnisse sollte die wichtigsten Antworten auf eure Fragen enthalten.

A2: 8-streifiger Ausbau
(Hannover – Sachsen-Anhalt)

A30: 6-streifiger Ausbau
(Großraum Osnabrück)

A33: Lückenschluss zur A1
und Richtung Bielefeld

Stichkanäle am Mittellandkanal:
Ausbau für Großmotorgüterschiffe

Nienburg – Minden:
Elektr. und 2-gleisiger Ausbau

Seelze – Minden; Elze – Löhne:
Ausbau und Elektrifizierung

Braunschweig – Wolfsburg:
2-gleisiger Ausbau

278WX

▸ Mögliche Verkehrsprojekte in Niedersachsen

Entwicklungsmöglichkeiten eines regionalen Wirtschaftsraumes

Der Strukturwandel sorgt dafür, dass sich Branchen und damit Unternehmen ständig weiterentwickeln und sich an veränderte Bedingungen anpassen müssen. Dadurch verändert sich die Wirtschaft in eurer Region insgesamt. In der Region passt man sich einerseits den Entwicklungen an. Andererseits wird geprüft, wie sich eine Region weiterentwickeln kann. Über die Frage, was für eine Region gut oder nicht gut ist, ist man sich nicht immer einig. Denn es gibt immer viele unterschiedliche Meinungen und Interessen.

An Beispielen soll dies deutlich werden.

Quelle: nach: Positionspapier „Mehr Mobilität für Niedersachsen" der Nieders. Industrie- und Handelskammern (03.07.2013)

B   BEISPIEL 1: VERKEHRSINFRASTRUKTUR

Ihr wisst, dass die Verkehrsinfrastruktur eine wichtige Bedeutung für die wirtschaftliche Leistungsfähigkeit und Entwicklung einer Region hat. Daher gibt es immer wieder Überlegungen, wie die Verkehrswege bestmöglich weiterentwickelt werden können. Dr. Torsten Slink, Hauptgeschäftsführer der NIHK sagt hierzu: „Die absehbaren Engpässe haben dramatische Auswirkungen auf die Wirtschaft in Niedersachsen [...]. Die über Jahrzehnte vernachlässigte Verkehrsinfrastruktur kann nicht mit der Verkehrsentwicklung mithalten". Dies führe zu gravierenden Standortnachteilen für viele Wirtschaftsbereiche. Sowohl die Logistikwirtschaft als auch der im internationalen Geschäft wachsende Industriesektor seien aber auf leistungsfähige Verkehrswege angewiesen." ■

Es gibt aber auch viele Menschen, Initiativen und politische Parteien, die den Bau z. B. weiterer Autobahnen verhindern wollen. Sie denken, dass die Menschen, Tiere und die Natur darunter leiden würden, weil dadurch z. B. Lebensräume verändert werden oder der Lärm zu stark würde. Außerdem wird häufig kritisiert, dass die hohen Investitionen den Aufwand nicht rechtfertigen würden.

Aus einem vorangegangenen Kapitel kennt ihr einige Verkehrsprojekte aus dem nördlichen Niedersachsen (Bau der A20, Bau der sogenannten Y-Trasse, Hinterlandanbindung des Jade-Weser-Ports). Der Ausschnitt aus einer Karte oben zeigt einige Verkehrsprojekte, die derzeit diskutiert werden.

1. 💬 Auch in deiner Region wird darüber diskutiert (und gestritten), wie sich der Lebens- und Wirtschaftsraum weiterentwickeln soll. Recherchiere und erläutere aktuelle Beispiele dafür.

2. ○ Nenne Gründe, die z. B. für oder gegen ein neues Parkhaus im Zentrum einer Stadt sprechen.

B BEISPIEL 2: ENERGIEWENDE

In Deutschland wird eine „Energiewende" angestrebt. Die Energie (Strom, Wärme, Mobilität) soll künftig über erneuerbare Energien geliefert werden. Infrage kommt neben Biomasse, Wasserkraft, Sonnenenergie und Geothermie vor allem die Windenergie. Der Wind weht insbesondere in den Küstenregionen stark. Eine Chance für unterschiedliche Wirtschaftszweige und einzelne Unternehmen, eine Region wirtschaftlich stärker zu machen.

▸ **Windpark Riffgat vor Borkum**

Die großen Windkraftanlagen prägen schon viele Jahre das landschaftliche Bild. Neuer sind sogenannte Offshore-Windenergieanlagen, d. h. Windparks, die im Meer errichtet werden. Ein Beispiel ist der Windpark Riffgat vor Borkum an der ostfriesischen Küste. ■

B BEISPIEL 3: DEMOGRAFISCHER WANDEL

In Deutschland werden immer weniger Kinder geboren und die Gesamtbevölkerung altert entsprechend. Dieser sogenannte demografische Wandel ist in ländlichen Regionen schon heute stark zu erkennen. Viele Dörfer schrumpfen bereits deutlich. Viele junge Menschen ziehen nach dem Schulabschluss weg. Und neue Familien ziehen nicht zu, weil sie einen Ort nicht als attraktiv genug empfinden. Einerseits ist hier die Landes- und Bundespolitik gefragt gegenzusteuern. Andererseits können oft private Initiativen vor Ort etwas bewegen und eine Region weiterentwickeln. In Duderstadt ist es z. B. gelungen die Menschen für ihre Heimatstadt zu begeistern. ■

Q „Der Prozess soll Menschen dazu bewegen, sich für ihre Stadt zu engagieren, er soll Lebensqualität bewahren und Zukunftsperspektiven entwickeln. (...) Gemeinsam und auf Augenhöhe bearbeiten Menschen aus Duderstadt Probleme, die ihnen auf den Nägeln brennen, und entwickeln Projekte, die die Attraktivität der Stadt steigern helfen." ■

Quelle: www.demografie-portal.de/SharedDocs/ Handeln/DE/GutePraxis/ Stadtentwicklungskonzept-Duderstadt.html (13.11.13)

3. ⊖ Erarbeite an einem aktuellen Verkehrsprojekt aus deiner Region die Argumente für und wider das Projekt und beurteile die mögliche Bedeutung des Vorhabens für die Region.

4. ○ Ermittle am Beispiel der Energiewende konkrete Chancen für die Wirtschaft in Niedersachsen.

5. ○ Benenne Verbesserungen der Infrastruktur in deiner Region, die aus Sicht von Kindern und Jugendlichen attraktiv sind.

6. ⊖ Erschließe, z. B. aus der regionalen Presse, einen aktuellen Konfliktfall, der damit zu tun hat, wie sich die Bürgerinnen und Bürger die Weiterentwicklung eurer Stadt oder Gemeinde vorstellen.

7. ⊖ Ermittle wichtige Wirtschaftszweige in Niedersachsen, sogenannte „Schlüsselbranchen", die insbesondere für Wachstum und Beschäftigung sorgen.

→ Starthilfe zu 4:

Berücksichtige hierbei unterschiedliche erneuerbare Energien und unterschiedliche Standorte in Niedersachsen.

→ Starthilfe zu 7:

Möglich wäre eine Internetrecherche.

▸ Jade-Weser-Port

Eine wichtige Handelsnation braucht Seehäfen. Wilhelmshaven ist Niedersachsens größter und Deutschlands drittgrößter Seehafen. 2012 Jahr wurden hier rund 26 Mio. Tonnen Seegüter umgeschlagen. Jetzt ist ein neuer Tiefwasserhafen für Großcontainer entstanden: der Jade-Weser-Port.

Mehr Unterstützung für Hafen-Anbindungen verlangt

Norddeutsche Regierungschefs appellieren an Bund – Gute Prognose für Jade-Weser-Port

Die Regierungschefs der fünf norddeutschen Länder haben Bundesverkehrsminister Peter Ramsauer (CSU) aufgefordert, sich stärker für die Weiterentwicklung der Verkehrsinfrastruktur in Norddeutschland einzusetzen. Vor allem die Häfen an Nord- und Ostsee seien auf „zuverlässige Hinterland-Anbindungen" angewiesen, erklärten die Ministerpräsidenten und Bürgermeister nach einem Treffen mit Ramsauer am Donnerstag in Berlin. Die vorhandene Infrastruktur könne das heutige Verkehrsaufkommen kaum noch bewältigen.

Der Umschlag der deutschen Seehäfen soll bis 2030 um 74 Prozent steigen. Das geht aus der Seehafenprognose hervor. [...] Ein großer Teil des Wachstums an Containerverkehren geht nach Wilhelmshaven. Für 2030 wird ein Umschlag von 3,4 Millionen Standardcontainern für den Jade-Weser-Port erwartet. Das wäre Platz drei unter den deutschen Seehäfen. Nur die Häfen in Bremerhaven und Hamburg sind wesentlich größer. 2030 kann Hamburg mit über 16 Millionen Containern rechnen, Bremerhaven mit knapp 10 Millionen.

Quelle:
www.nwzonline.de
→ Region
→ Verkehr
(05.07.2013)

1. ○ Recherchiere einen aktuellen Zeitungsartikel über den Jade-Weser-Port, aus dem du den Stand der Entwicklungen des neuen Hafens erschließen kannst.

2. ○ Benenne mögliche positive Wirkungen des Jade-Weser-Ports für die wirtschaftliche Entwicklung der Region im Norden Niedersachsens.

3. ◕ Beschreibe, was mit „Hinterland-Anbindungen" gemeint ist und erkläre deren Bedeutung für die Entwicklung der Region.

▸ Produktion des Modells Tin Lizzy um 1913

▸ Kunde scannt den Barcode zum Preisvergleich ein.

▸ Zitrusfrüchte wachsen nicht in Deutschland.

Eine Zusammenfassung

1. Städte und Gemeinden stehen in einem Wettbewerb um Unternehmensansiedlungen (und damit Einnahmen) und betreiben deshalb Marketing für ihren Standort.

2. Die wirtschaftlichen Strukturen verändern sich stetig. Dieser sogenannte Strukturwandel entsteht durch technischen Fortschritt und andere Faktoren (Angebot, Nachfrage, internationale Arbeitsteilung).

3. Unternehmen müssen sich den Veränderungen anpassen, wollen sie am Markt bestehen. Verbraucher passen ihr Verhalten an.

4. Über die richtigen Maßnahmen zur wirtschaftlichen Entwicklung einer Region gibt es verschiedene Meinungen.

5. Internationaler Handel wird betrieben, weil Produkte im Inland nicht verfügbar sind oder die Kosten ihrer Herstellung im Ausland geringer sind.

▸ Unternehmer im Gespräch mit Politikern auf der CeBIT

▸ Kartenausschnitt A20 in Planung

1. ○ Ordne die Fotos oben den Aussagen 1.–5. zu.

2. ○ Nenne zu jedem Sachverhalt (Punkte 1.–5.) des Kapitels ein Beispiel aus deinem Alltag/deiner Region.

3. ◔ Erörtere die Wechselwirkungen zwischen mindestens zwei der oben gemachten Aussagen.

⇥ Starthilfe zu 1:

Den internationalen Handel hast du bereits im letzten Schuljahr kennengelernt.

▸ Argentinien: billiger Boden   ▸ China: viele Arbeitskräfte   ▸ Deutschland: viel Know-how

Internationaler Handel

Gründe für internationalen Handel

Keiner stellt alles selbst her, was er braucht, sondern wir alle nutzen die Vorteile der Arbeitsteilung. Arbeitsteilung und Spezialisierung gibt es nicht nur in eurer Region, sondern weltweit – mit Vorteilen für alle. Weltweit produzieren alle das, was sie gut und billig herstellen können. Die Produkte werden dann gegen die Produkte der anderen getauscht. Man spricht vom internationalen Handel.

Rohstoffe gibt es nicht überall (Verfügbarkeit)

Die Rohstoffe auf der Welt sind ungleich verteilt. So gibt es Länder oder Regionen mit großen Bodenschätzen, die in aller Welt begehrt sind, weil sie z. B. für die Herstellung von Produkten gebraucht werden. In Deutschland gibt es kaum Rohstoffe, und es ist zu kalt für den Anbau bestimmter Produkte.
Wir benötigen diese Rohstoffe und Produkte aber für unseren Alltag (z. B. Erdöl) oder wollen sie gerne haben (z. B. Ananas oder Kokosnuss). Güter, die wir konsumieren wollen, aber nicht selbst gewinnen oder herstellen können, kann man im Ausland kaufen.

Kostenunterschiede

Viele Güter, z. B. eine Jeans, die wir täglich nutzen, sind so günstig, weil Unternehmen dort produzieren, wo es am günstigsten ist. Was

bedeutet das? Es ist wichtig, wie ein Land mit den Produktionsfaktoren Arbeit, Boden und Kapital ausgestattet ist.

Ein Land wie z. B. Argentinien, das über viel und damit billigen Boden verfügt, kann relativ günstig solche Produkte erstellen, die in der Produktion viel Boden verbrauchen, also etwa Rindfleisch, Getreide oder Holz.
Ein Land wie z. B. China, das über viele und damit billige Arbeitskräfte verfügt, kann relativ günstig Produkte erstellen, die in der Produktion viel Arbeit verbrauchen, wie etwa Textilien oder Möbel.
Ein Land wie z. B. Deutschland, das über viele und hochentwickelte Maschinen verfügt, kann relativ günstig solche Produkte erstellen, die maschinenintensiv produziert werden, wie beispielsweise Autos oder Werkzeugmaschinen.

Für die kleinen und großen Unternehmen in einem Land gibt es also grob gesagt zwei wichtige Gründe, Waren in der Welt einzukaufen bzw. Waren weltweit zu verkaufen:

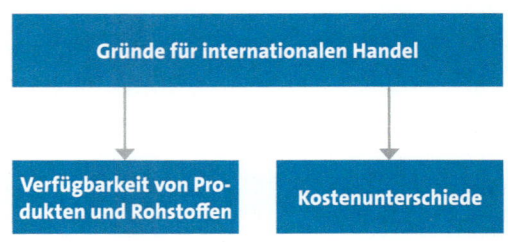

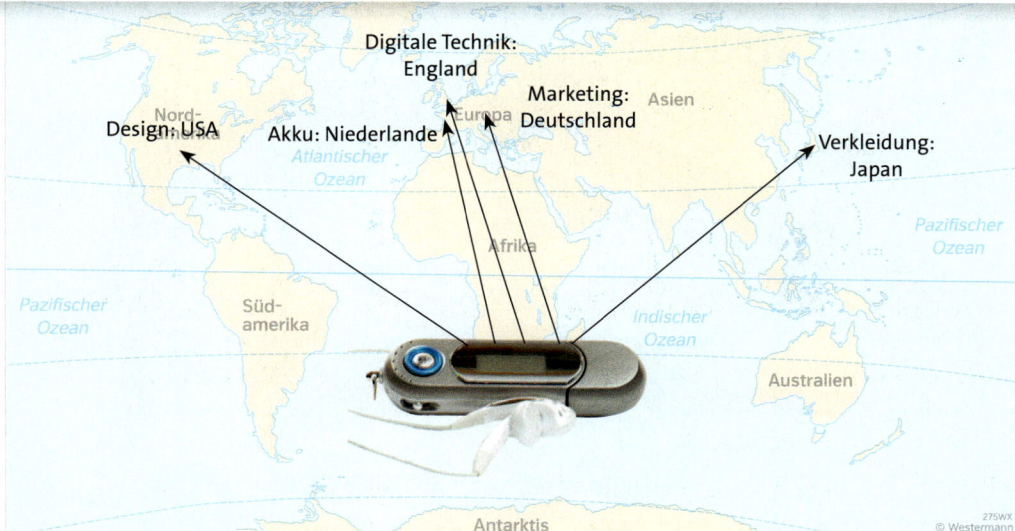

▸ Die einzelnen Bestandteile eines MP3-Players kommen von überall her.

In Praxis Wirtschaft 1 habt ihr untersucht, aus welchen Teilen der Erde Waren stammen, die ihr täglich nutzt. Ganz so einfach ist die Sache jedoch nicht. Wenn „Made in Japan" auf einem Etikett steht, kann das auch bedeuten, dass nur wenige Schritte der Produktion in Japan erfolgt sind.
Der MP3-Player ist natürlich nur *ein* Beispiel. Die meisten technischen Produkte sind heutzutage aus Teilen zusammengesetzt, die in verschiedenen Ländern der Welt hergestellt wurden. Dort, wo es am günstigsten ist.

Der globale Wettbewerb und die weltweite Arbeitsteilung haben Folgen für die Preise der Güter. Wenn man z. B. ein Auto ausschließlich in Deutschland produzieren würde, wäre es um etwa ¼ teurer. In Deutschland sind die Arbeitskosten um ca. das Sechsfache höher als in osteuropäischen Staaten, sodass vor allem unsere Autoindustrie auf Zulieferer aus Osteuropa angewiesen ist, um im Wettbewerb mithalten zu können.

„‚Made in Germany' ist in ernsthafter Gefahr"

[...] Neue Pläne aus Brüssel bedrohen nach Ansicht der deutschen Wirtschaft das ‚Made in Germany'-Label. [...] So sollen die Konsumenten künftig auf jedem Produkt – ausgenommen sind Lebensmittel – den Namen des Herkunftslandes finden. [...] Das ‚Made in Germany'-Label bliebe zwar erhalten, es würde aber für viele Produkte nicht mehr gelten. [...] Nach bisherigem Recht kann eine Tasche das Gütesiegel ‚Made in Germany' etwa tragen, wenn das Leder in Deutschland gegerbt wurde, in Tunesien nach deutschen Plänen zugeschnitten und dann in vielen Einzelschritten in Deutschland zu einer Handtasche verarbeitet wurde. Nach neuem EU-Recht müsste dieselbe Tasche wegen der dann vorgeschriebenen Warennummer mit ‚Made in Tunisia' gekennzeichnet werden, obwohl das Produkt im Wesentlichen in Deutschland entstand. [...]

Quelle: www.welt.de,
Christoph B. Schiltz
(08.08.2013)

1. ⬤ Deutschland hat praktisch keine Rohstoffe. Der wichtigste „Rohstoff" sind die Köpfe der Menschen in Deutschland, hört man häufig. Erkläre.

2. ⬤ Wähle drei Staaten unterschiedlicher Kontinente und ermittle, welche Rohstoffe dort in großer Menge vorkommen oder welche Güter vermutlich günstiger hergestellt werden können als anderswo.

 Starthilfe zu 2:

Dein Schulatlas macht sicherlich Angaben zu Rohstoffvorkommen in den Ländern.

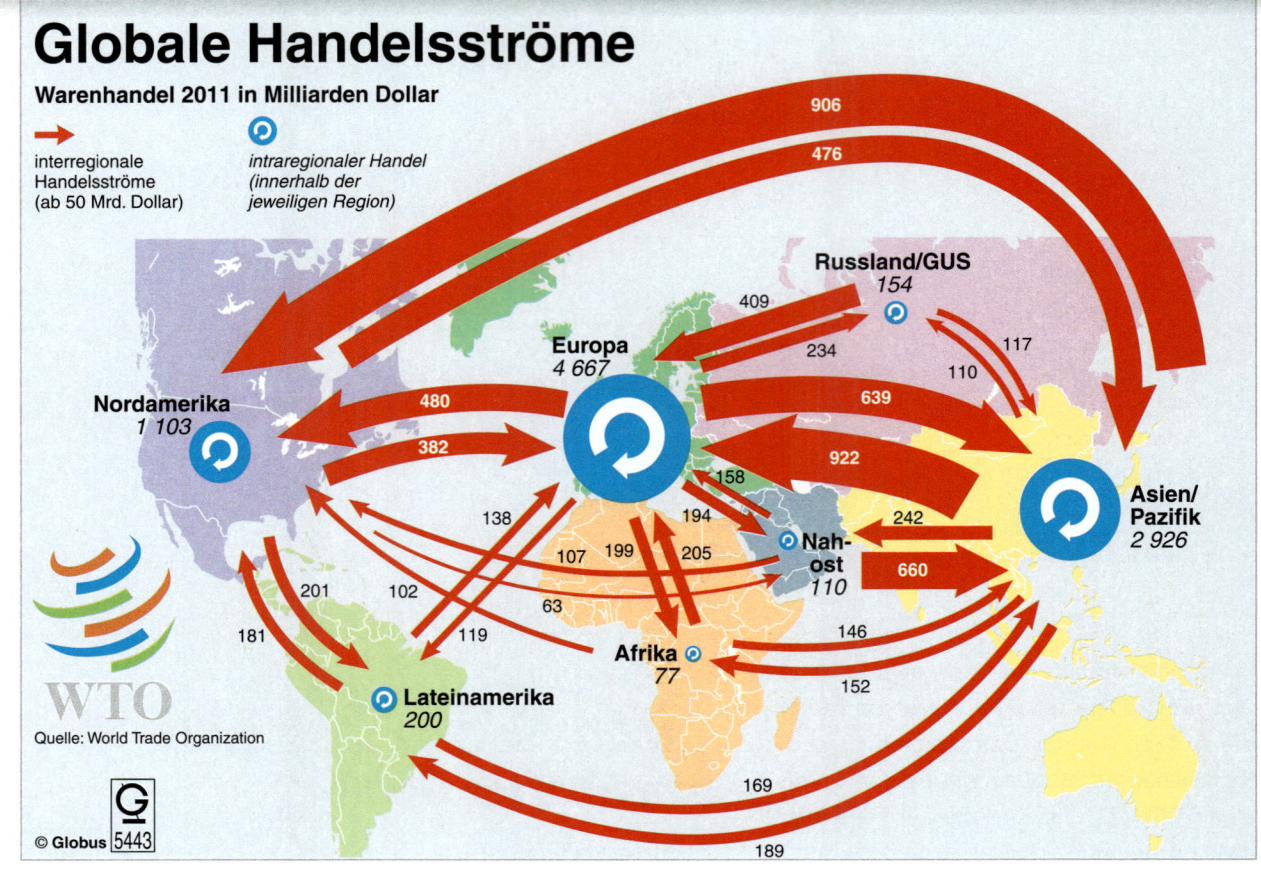

Globale Handelsströme

Warenhandel 2011 in Milliarden Dollar

→ interregionale
Handelsströme
(ab 50 Mrd. Dollar)

⟳ intraregionaler Handel
(innerhalb der
jeweiligen Region)

Nordamerika
1 103

Europa
4 667

Russland/GUS
154

**Asien/
Pazifik**
2 926

**Nah-
ost**
110

Afrika
77

Lateinamerika
200

906
476
409
234   117
110
480   639
382   922
158
138   194
242
107 199 205
201 102   660
63
181   119   146
152
169
189

WTO

Quelle: World Trade Organization

© Globus 5443

Warum gibt es internationalen Handel?

Der weltweite Austausch von Sachgütern und Dienstleistungen ist keine Erfindung unserer Zeit. Internationalen Handel hat es schon immer gegeben. Auf der „Großen Seidenstraße" z. B. wurden vor rund 2 000 Jahren Seide, Tee, Gewürze, Edelmetalle u. a. Waren von China nach Europa gebracht und verkauft.

Damals war der Transport der Waren allerdings sehr beschwerlich und mit großen Gefahren verbunden, weil z. B. Räuber am Handelsweg lauerten. Aber der Handel hat sich trotz der Strapazen einer langen Reise gelohnt.

Heutzutage werden Waren in Containern transportiert und in der ganzen Welt verteilt. Über 400 Millionen Container werden weltweit pro Jahr in den Häfen verladen. Die Grafik oben zeigt die wichtigsten Handelsrouten der Seeschifffahrt und die Entwicklung der Containermengen in der letzten Zeit.

INFO

Über 90 % aller Waren werden weltweit in Containern transportiert. In einen Standardcontainer passen ca. 50 verpackte Waschmaschinen. Ein voll beladenes Containerschiff wiegt soviel wie ca. 5.000 voll beladene Lkws.

Antakya
(Antiochia)

Damaskus

Teheran   Buchara Samarkand
Merv   Anxi
          Kashgar   Xi'an
Persien   (Sianfu)

Tibet

China

Arabien

▸ Die Große Seidenstraße

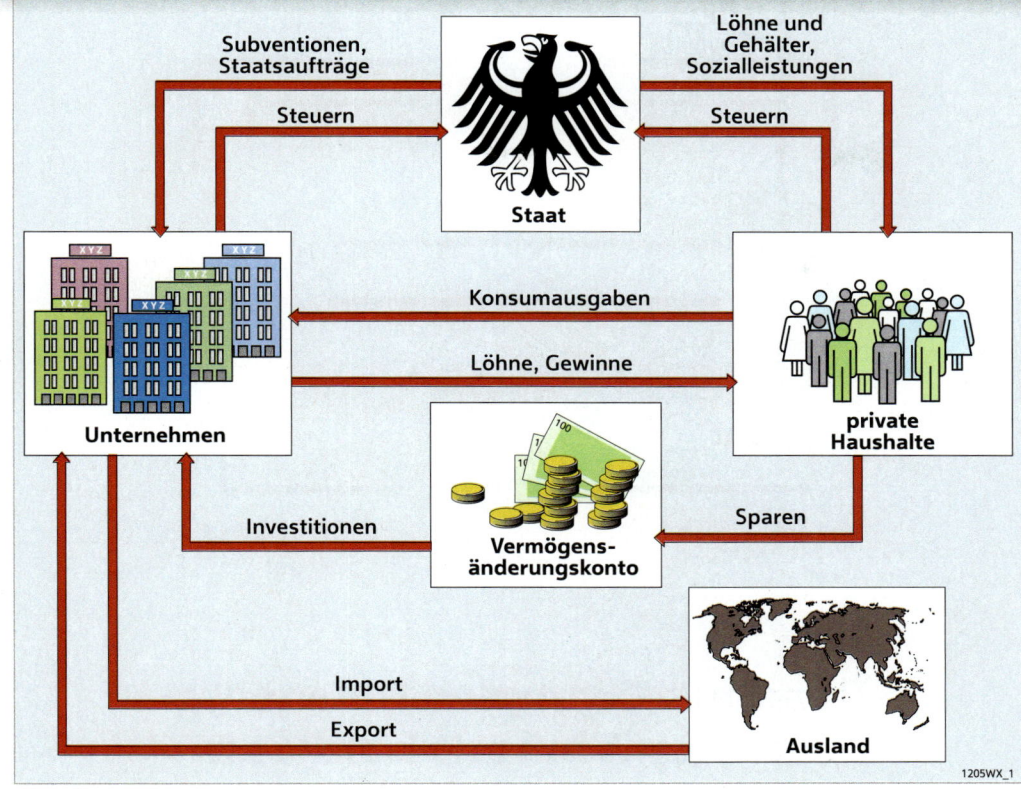

▸ Erweiterter Wirtschaftskreislauf mit Sektor „Ausland"

Wie kann man internationalen Handel messen?

Wirtschaft findet über Ländergrenzen hinweg statt. Wenn man den weltweiten Handel messen will, braucht man daher auch das „Ausland" im Wirtschaftskreislauf. Damit sind alle Anbieter und Nachfrager im Ausland gemeint, die mit Deutschland in Beziehung treten. Import und Export werden im Kreislauf zwischen den Sektoren „Unternehmen" und „Ausland" erfasst. Die Unternehmen importieren und exportieren natürlich reale Güter (z. B. einen Container mit Jeans). Die Pfeile im Kreislauf stellen jedoch nur die Geldströme (die Summe Geld für einen Container mit Jeans) dar.

1. ○ Nenne mögliche Gründe für ein deutsches Unternehmen, Produkte im Ausland herzustellen.

2. ◖ Ein Etikett wie z. B. „Made in Germany" oder „Made in Taiwan" kann irreführend sein. Erkläre.

3. ○ Beschreibe die verschiedenen Beziehungen zwischen den Sektoren im Wirtschaftskreislauf (siehe Abbildung) in eigenen Worten.

4. ◖ Erkläre, warum der Pfeil „Import" ins Ausland zeigt und der Pfeil „Export" ins Inland.

5. ◖ Wenn die Unternehmen in Deutschland insgesamt viel mehr exportieren als importieren, hat dies Folgen für den Wirtschaftskreislauf. Erläutere mögliche Folgen anhand der Abbildung.

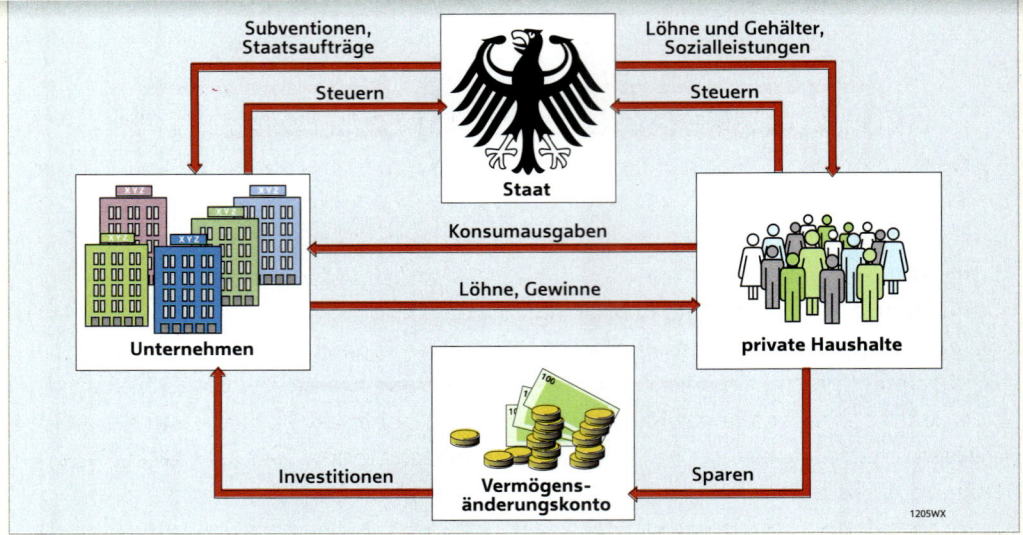

▸ Einfacher Wirtschaftskreislauf

Dynamik-Champion Oldenburg: Frischer Wind aus Nordwest

[...] Die Zahlen lassen keinen Zweifel: Die Oldenburger Strategie ist erfolgreich. Die Konzentration auf die „4T" – für Talente, Technologie, Toleranz, Tradition – und das Leitmotiv der „Übermorgenstadt" mit dem Schwerpunkt Wissenschaft sind mehr als eine schicke Marketingidee. Sie spiegeln die tatsächlichen Stärken des Standorts wider und definieren sie gleichzeitig als Zukunftspotenziale. Es zahlt sich aus, dass Oldenburg nie in größerem Umfang industriell geprägt war. Die Stärken in Bereichen wie Forschung und Entwicklung und bei Themen wie Energie, Informatik und Gesundheit konnten sich über Jahrzehnte hinweg entwickeln und verfügen heute über entsprechende Substanz. Der positive Trend ist weiterhin intakt. Dafür steht vor allem die 2012 gestartete European Medical School Oldenburg-Groningen. Die erste medizinische Fakultät in Deutschland seit über zwanzig Jahren – und die erste internationale überhaupt – wird ein wichtiger Impulsgeber für den Gesundheitssektor sein und auch wirtschaftliche Entwicklungen anstoßen. Dass in der Stadt der Wissenschaft 2009 zudem ein Exzellenzcluster für Hörforschung („Hearing4all") existiert und der Deutsche Zukunftspreis 2012 ebenfalls nach Oldenburg ging, passt in das Bild eines Standorts im Aufbruch. [...]

Impuls
Anstoß, Anregung

Quelle: Prof. Dr. Gerd Schwandner, Oberbürgermeister der Stadt Oldenburg, Standortbroschüre „Wirtschaftsstandort Oldenburg", www.oldenburg.de
→ Wirtschaft
→ Standortinformationen (18.10.2013)

1. ○ Beschreibe den Wirtschaftsstandort Oldenburg mithilfe des Textes in eigenen Worten.

2. ◒ „Wenn sich ein Unternehmen in einer Region ansiedelt ...". So beginnt ein Text auf Seite 85. Analysiere die möglichen Folgen einer Unternehmensansiedlung für private Haushalte, die Unternehmen und die Gemeinde (Staat). Beschreibe die Folgen mithilfe des Wirtschaftskreislaufs.

PRAXIS

Strukturwandel in der Textilindustrie

Gera/Plauen/dapd – Von den Dimensionen vergangener Tage ist die sächsisch-thüringische Textilindustrie heutzutage weit entfernt. Rund 300.000 Menschen waren zu DDR-Zeiten in den in Chemnitz, Plauen oder Gera ansässigen <u>Kombinaten</u> beschäftigt. Heute sind es gerade noch 14.000 Arbeitnehmer, die ihr Einkommen in der einst riesigen Branche haben.

Dennoch sieht der Verband der Nordostdeutschen Textil- und Bekleidungsindustrie den Strukturwandel als einen Erfolg. [...]

Ein Paradebeispiel für eine gelungene Restrukturierung ist die Firma Thorey. Bis vor wenigen Jahren produzierte das Geraer Unternehmen noch Gardinen für den Haushaltsbedarf. Heute forscht es mit seinen rund 50 Mitarbeitern und im Verbund mit Universitäten und Forschungseinrichtungen an gänzlich neuen Stoffen. „Nachdem uns vor sieben Jahren das Geschäft mit Textilien zusammengebrochen war, mussten wir uns neuen Feldern zuwenden", sagt Firmenchef Volker Thorey.

Das Unternehmen spezialisierte sich auf die Veredelung von Stoffen für die Industrie. Sein Angebot reicht heute von feuerbeständigen Stoffen über antibakterielle Beschichtungen bis hin zu Industriestoffen, die flexibel bleiben, obwohl sie höchsten Belastungen standhalten müssen. Firmenchef Thorey sieht die Zukunft der Branche nun optimistisch. Der Bedarf an neuartigen Fasern, die bislang verwendete Materialien ablösen, werde immer größer. „Was die wenigsten wissen ist, dass heute bis zu 40 Kilogramm Textilien in jedem Auto stecken" – selbst der Airbus 380 würde ohne Fasern nicht abheben, sagt Thorey.

Kombinat
Zusammenschluss eng zusammengehörender Betriebe in sozialistischen Staaten

Quelle: www.mz-web.de
→ Wirtschaft
→ Ostdeutschland
→ Strukturwandel in der Textilindustrie
(16.11.2012)

Aussagen zum internationalen Handel

- Ein Energieunternehmen kauft Gas in Russland.
- Ein Bekleidungsunternehmen lässt T-Shirts in Bangladesch herstellen.
- Ein Chemieunternehmen stellt ausländische Fachkräfte in der Forschungsabteilung ein.
- Eine Handelskette importiert Kaffee aus Brasilien.
- Ein Möbelhersteller bestellt Tropenholz in Indonesien.
- Die Bundesrepublik Deutschland kauft ausländische Staatsanleihen.
- Ein Elektronikhersteller bezieht Vorerzeugnisse aus China.

3. ⊖ Erkläre am Beispiel der Firma Thorey aus Gera, wie Unternehmen vom Strukturwandel profitieren können. Erläutere ebenfalls an diesem Beispiel, welche Rolle der Produktionsfaktor Know-how in Deutschland für die wirtschaftliche Entwicklung spielt.

4. ○ Ordne die internationalen Beziehungen in den Aussagen oben den Gründen für internationalen Handel zu (Verfügbarkeit und Kostenunterschiede). Erkläre, in welchem Bereich Kostenvorteile bestehen (Arbeit/Know-how, Boden, Kapital).

In diesem Kapitel habt ihr gelernt, ...

– dass und wie eure Region mit der weltweiten Wirtschaft verflochten ist.

– Ihr habt gelernt, warum sich die Wirtschaft ständig verändert, und Folgen des Struktur-wandels kennengelernt. Außerdem kennt ihr Gründe für internationalen Handel.

Überprüft euer Wissen anhand der folgenden Fragen.

1. ● Versetze dich in die Rolle des Bürgermeisters deiner Stadt und überzeuge einen Unternehmer (deinen Klassenkameraden) davon, sich in der Stadt anzusiedeln.

2. ◒ Analysiere die folgende Grafik.

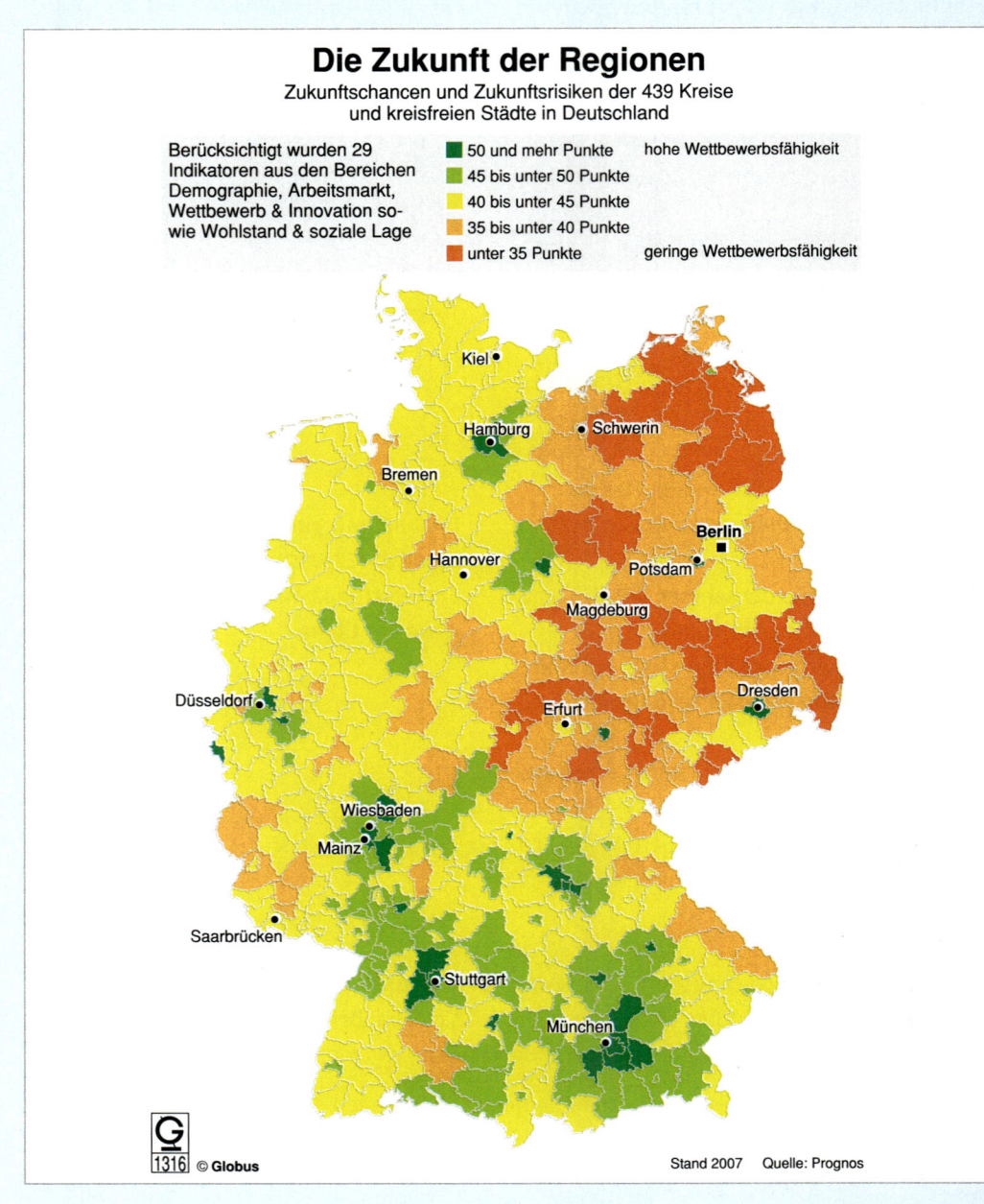

Die Zukunft der Regionen
Zukunftschancen und Zukunftsrisiken der 439 Kreise
und kreisfreien Städte in Deutschland

Berücksichtigt wurden 29
Indikatoren aus den Bereichen
Demographie, Arbeitsmarkt,
Wettbewerb & Innovation so-
wie Wohlstand & soziale Lage

■ 50 und mehr Punkte   hohe Wettbewerbsfähigkeit
■ 45 bis unter 50 Punkte
■ 40 bis unter 45 Punkte
■ 35 bis unter 40 Punkte
■ unter 35 Punkte   geringe Wettbewerbsfähigkeit

Kiel

Hamburg   Schwerin

Bremen

Berlin

Hannover   Potsdam

Magdeburg

Düsseldorf   Dresden

Erfurt

Wiesbaden

Mainz

Saarbrücken

Stuttgart

München

1316 © Globus   Stand 2007   Quelle: Prognos

3. ○ Nenne Gründe für und Folgen von wirtschaftlichem Strukturwandel.

4. ○ Beschreibe den Wandel selbst gewählter Produkte (so wie beim Telefon und Auto auf Seite 86).

5. ◔ Ermittle die richtigen Aussagen und begründe.
   a) Im Dienstleistungsbereich nimmt die Zahl der Erwerbstätigen ständig ab.
   b) Der wirtschaftliche Strukturwandel erfasst alle in der Gesellschaft.
   c) Neue Gewohnheiten von Menschen können den Strukturwandel beeinflussen.
   d) Strukturwandel hat immer positive und negative Folgen.
   e) Ein Landwirt ernährt heute genauso viele Menschen wie vor 50 Jahren.
   f) Technische Neuerungen spielen für den Strukturwandel keine Rolle.

6. ◔ Interpretiere die Karikatur vor dem Hintergrund des allgemeinen Strukturwandels in Industrieländern wie Deutschland.

7. ◔ Wie sich eine Region am besten weiterentwickeln sollte, wird ganz unterschiedlich bewertet. Erkläre und nenne ein Beispiel (aus dem Buch oder aus deiner Stadt).

8. ◔ Buchstabensalat: Die Buchstaben sind durcheinandergeraten. Schreibe die korrekten Begriffe in dein Heft: Turfrastrukin, Portex, Wanstrukdeltur, Förschaftsderungwirt.

9. ○ Zähle wichtige Gründe dafür auf, warum Unternehmen internationalen Handel treiben.

10. ○ Nenne Vorteile des internationalen Handels für die Verbraucherinnen und Verbraucher.

11. ○ Beschreibe mithilfe des erweiterten Wirtschaftskreislaufs, welche Wirkungen es hat, wenn die Exporte
    a) zurückgehen oder
    b) ansteigen.

Die Musik macht´s

B Die Geschwister Dennis und Jasmin Sommer sind sich nicht immer einig. Nur in einer Sache: CDs kaufen ist out. Lieber laden sie die Titel kostenfrei im Internet oder auf verschiedenen Plattformen runter. „So haben wir Geld gespart und können dies für andere Zwecke ausgeben", denken sich die beiden. „Und die neuesten Songs haben wir trotzdem – eine super Sache." Dass die Unternehmen dadurch keine Einnahmen haben, dafür interessieren sich Dennis und Jasmin nicht. Auch nicht, dass die Musiker so kein Geld bekommen. Denn CDs brauchen nun nicht mehr gekauft zu werden, das ersparen die beiden Geschwister sich. ■

Musik verbindet

Mit ihrer Idee haben die beiden – oberflächlich betrachtet – nicht ganz Unrecht. Und so wie Dennis und Jasmin denken vermutlich viele Jugendliche.

Aber welche Auswirkungen hat dieses Verhalten für die Akteure im Wirtschaftsgeschehen, für einen Musikproduzenten/Musiker selbst, für die privaten Haushalte, den Unternehmen oder auch für den Staat?

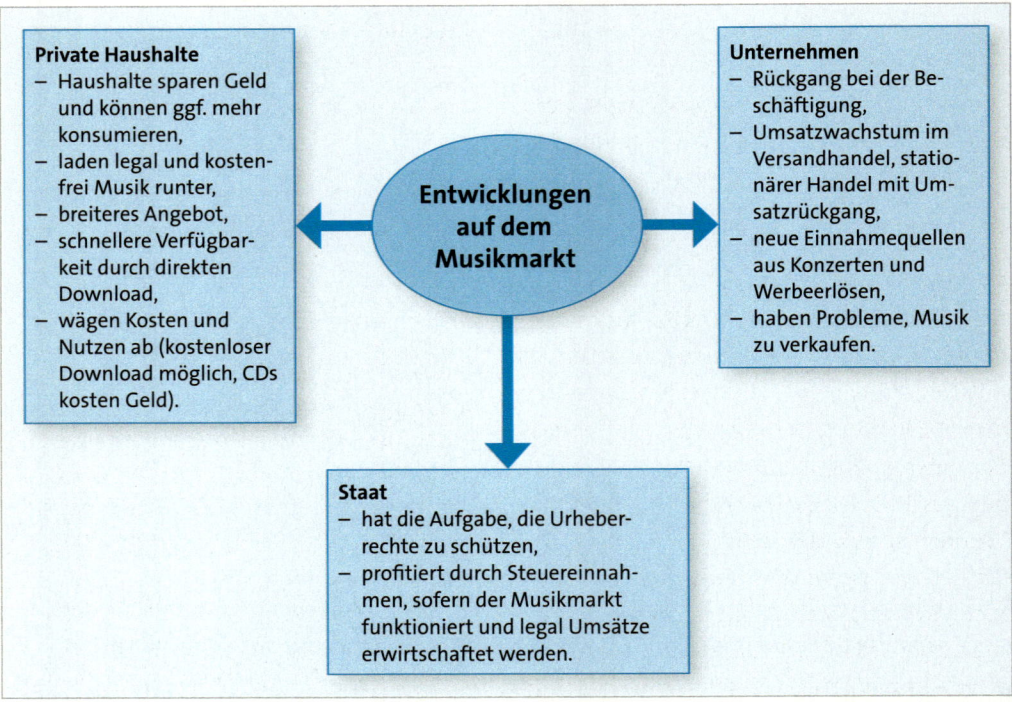

1. ◔ Erläutere, welche Interessen die privaten Haushalte, der Staat und die Unternehmen beim Download von Musik verfolgen.

2. ○ Beschreibe anhand der Abbildung, welche Konsequenzen aus dem legalen Download von Musik für die privaten Haushalte, für den Staat und für die Unternehmen entstehen.

3. ◔ Stelle anschließend grafisch dar, welche Konsequenzen sich beim illegalen Download von Musik ergeben würden. Fertige dazu eine entsprechende Abbildung an.

Musik liegt in der Luft

Q „Noch nie wurde so viel Musik gehört wie heute. Doch Musik entsteht nicht ‚einfach so'. Sie ist das Ergebnis einer persönlichen Schöpfung und damit geistiges Eigentum des Musikurhebers." ■

Musiker arbeiten teilweise monatelang an ihren Songs und an ihren Texten, bevor diese an die Öffentlichkeit gehen. Während dieser Zeit verdienen sie mit der Musik noch kein oder kaum Geld. Ob der Song dann später ein Erfolg wird, ist zu dem Zeitpunkt noch nicht absehbar. Kommt der Durchbruch? Oder kommt er nicht? Und was ist, wenn der Song plötzlich ein Erfolg ist und an jeder Straßenecke aus den Cafés ertönt? Oder bei öffentlichen Veranstaltungen für gute Stimmung sorgt? Wer entlohnt den Musiker für seine Arbeit und wie kommt dieser zu seinem Geld und damit auch zu seinem Urheberrecht?

Wer Musik komponiert, Musiktexte schreibt oder Musikwerke verlegt, hat einen Anspruch auf angemessene Bezahlung, wenn diese Werke öffentlich aufgeführt, gesendet, vervielfältigt oder sonst wie verwertet werden. Das ist weltweit durch Verträge geregelt. Kein Komponist, Textdichter oder Musikverleger kann allerdings selbst in ausreichendem Maß überprüfen, wo, wann, wie oft und wie lange seine Titel verwendet werden. Zudem kann sich der Einzelne nicht darum kümmern, dass er die Entlohnung für seine Leistung auch tatsächlich erhält. Genau dies ist in Deutschland die Aufgabe der GEMA: Als staatlich anerkannte Treuhänderin nimmt die GEMA die Nutzungsrechte ihrer Mitglieder wahr. ■

Quelle: www.gema.de
→ Musikurheber

Quelle: nach:
www.gema.de
→ Startseite
→ Musikurheber
→ Neu hier
→ Mitglied werden

Q DIE GEMA ALS TREUHÄNDERIN DER MUSIKSCHAFFENDEN

Als staatlich anerkannte Treuhänderin verwaltet die GEMA Rechte von über 65.000 Mitgliedern und über zwei Millionen ausländischen Berechtigten und sorgt dafür, dass das geistige Eigentum von Musikschaffenden geschützt und sie für die Nutzung ihrer Werke angemessen entlohnt werden. Der Schutz der Werke wird durch das Urheberrechtsgesetz gewährt, und zwar ohne dass man Mitglied bei der GEMA sein oder seine Werke anmelden muss. Der urheberrechtliche Schutz besteht also unabhängig von einer GEMA-Mitgliedschaft.
[...]

INFO

GEMA

Die Abkürzung GEMA steht für „Gesellschaft für musikalische Aufführungs- und mechanische Vervielfältigungsrechte".

Urheberrecht

Das Urheberrecht bezeichnet das Recht auf den Schutz geistigen Eigentums in ideeller und materieller Hinsicht.

4. ○ Beschreibe, welche Aufgaben die GEMA hat.

5. ◐ Erkläre die Begriffe „Urheberrecht" und „Treuhänder".

6. ● Nimm Stellung dazu, ob die GEMA das Urheberrecht der Musiker ausreichend schützt und begründe deine Meinung.

PRAXIS

Der Umsatz mit Musik ist in den letzten Jahren zurückgegangen. Anhand der Grafik erfährst du, wie sich der Umsatz verändert hat und wie sich die Einnahmen zusammensetzen.

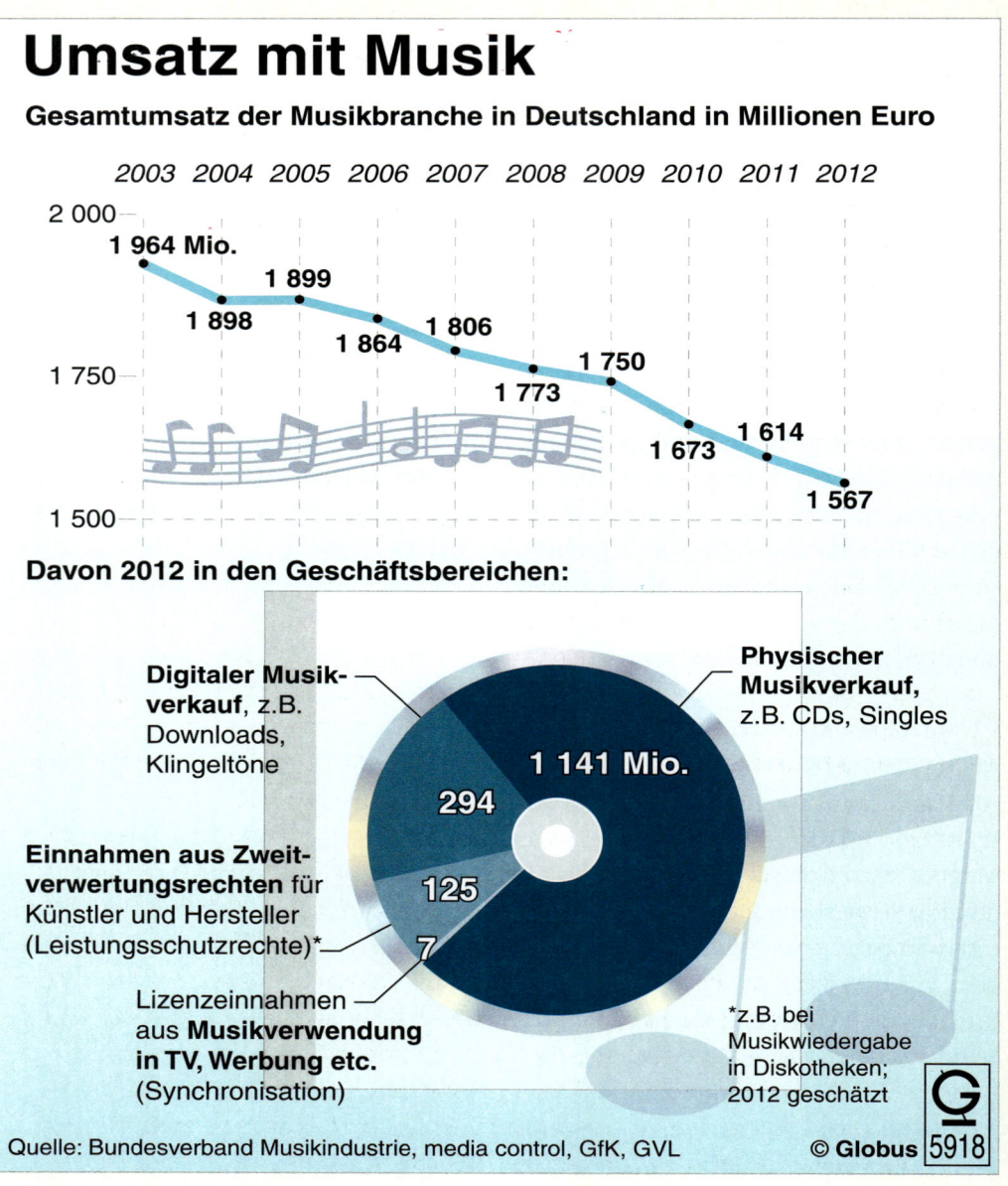

▸ Gesamtumsatz mit Musik

1. ◒ Beschreibe die Grafik mit eigenen Worten und begründe, warum der Umsatz mit Musik zurückgegangen ist.

2. ◒ Erläutere die Entwicklung der Musikindustrie für Deutschland.

3. ◒ Untersuche die Folgen für den Staat und die Unternehmen, falls sich diese Entwicklung fortsetzt.

4. ● Entwickle ein Konzept, um zusätzliche Einnahmequellen für die Musikindustrie zu erschließen.

Kultur zum Nulltarif

Weil sich massenhaft Nutzer Musik oder Filme gratis im Netz herunterladen, ist ein großer Streit über das Urheberrecht entbrannt.

Computer hochfahren, online gehen, Musik und Filme gratis runterladen. So einfach ist das heute. Das freut die Nutzer, ärgert aber die Künstler. Der Schutz ihres geistigen Eigentums durch das Urheberrecht lässt sich im Internetzeitalter kaum noch durchsetzen.

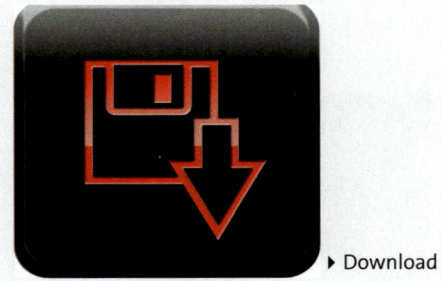

▸ Download

Dabei sind die Regeln unserer marktwirtschaftlichen Ordnung eigentlich eindeutig: Wer etwas erfindet und produziert, hat das Recht, dieses auf dem Markt zu dem Preis anzubieten, der ihm angemessen erscheint – egal ob Auto oder Musikalbum. Wer den Preis nicht zahlen will, muss verzichten. Dieses Prinzip funktioniert so richtig aber nur dort, wo physische, also anfassbare Güter angeboten werden. Niemand käme auf die Idee, den Diebstahl eines Smartphones zu erlauben, bloß weil sich der Dieb das Gerät nicht leisten kann oder will. Bei allen Angeboten, die sich im Netz verbreiten lassen, gibt es diese Hemmschwelle offensichtlich nicht mehr.

Doch wer will und kann schon kontrollieren, was Millionen Internetnutzer täglich up- und downloaden? Hinzu kommt: Auch viele Nutzer blicken nicht mehr durch, was sie eigentlich kopieren dürfen und was nicht. Keine einfache Situation. Und genau deshalb ist jetzt eine große Debatte über die bestehenden Regeln zum Urheberrecht entbrannt. Verschiedene Gruppen, darunter die Piratenpartei, haben vorgeschlagen, die strengen Vorschriften an das Internetzeitalter anzupassen. Die Vorschläge reichen von der uneingeschränkten Nutzung aller Inhalte über die Verkürzung der Schutzfristen des geistigen Eigentums bis zur Einführung einer Kulturflatrate. Bei diesem Ansatz darf sich jeder für einen festen monatlichen Betrag sämtliche Inhalte besorgen. Das eingesammelte Geld würde unter Künstlern und Autoren aufgeteilt.

Diese halten eine pauschale Verteilung der Beträge jedoch mehrheitlich für ungerecht und pochen auf ein Fortbestehen des Schutzes. Ohne ihn, so ihr Argument, würde es künftig viel weniger Angebote geben. Denn wer setzt sich schon jahrelang hin, um einen Roman zu verfassen oder nimmt mit viel Aufwand ein Musikstück auf, wenn er nicht sicher sein kann, davon im Erfolgsfall zu profitieren?

Quelle: Koch, M., Handelsblatt Newcomer, Ausgabe 20, September 2012, S. 1

5. ○ Zähle mögliche Auswirkungen für den Staat auf, die sich aus dem illegalen Download von Musik ergeben.

6. ◑ Erläutere, warum sich der Staat für das Urheberrecht einsetzt.

7. ● Setze dich mit den Vor- und Nachteilen eines illegalen Downloads von Musik aus der Sicht des Staates auseinander. Nimm anschließend begründet dazu Stellung.

In diesem Kapitel lernt ihr, ...

› wie ihr einen Ausbildungsplatz sucht.
› was alles zur Bewerbung dazugehört.
› wie ihr euch auf das Vorstellungsgespräch vorbereitet.

BERUFSWEGEPLANUNG III

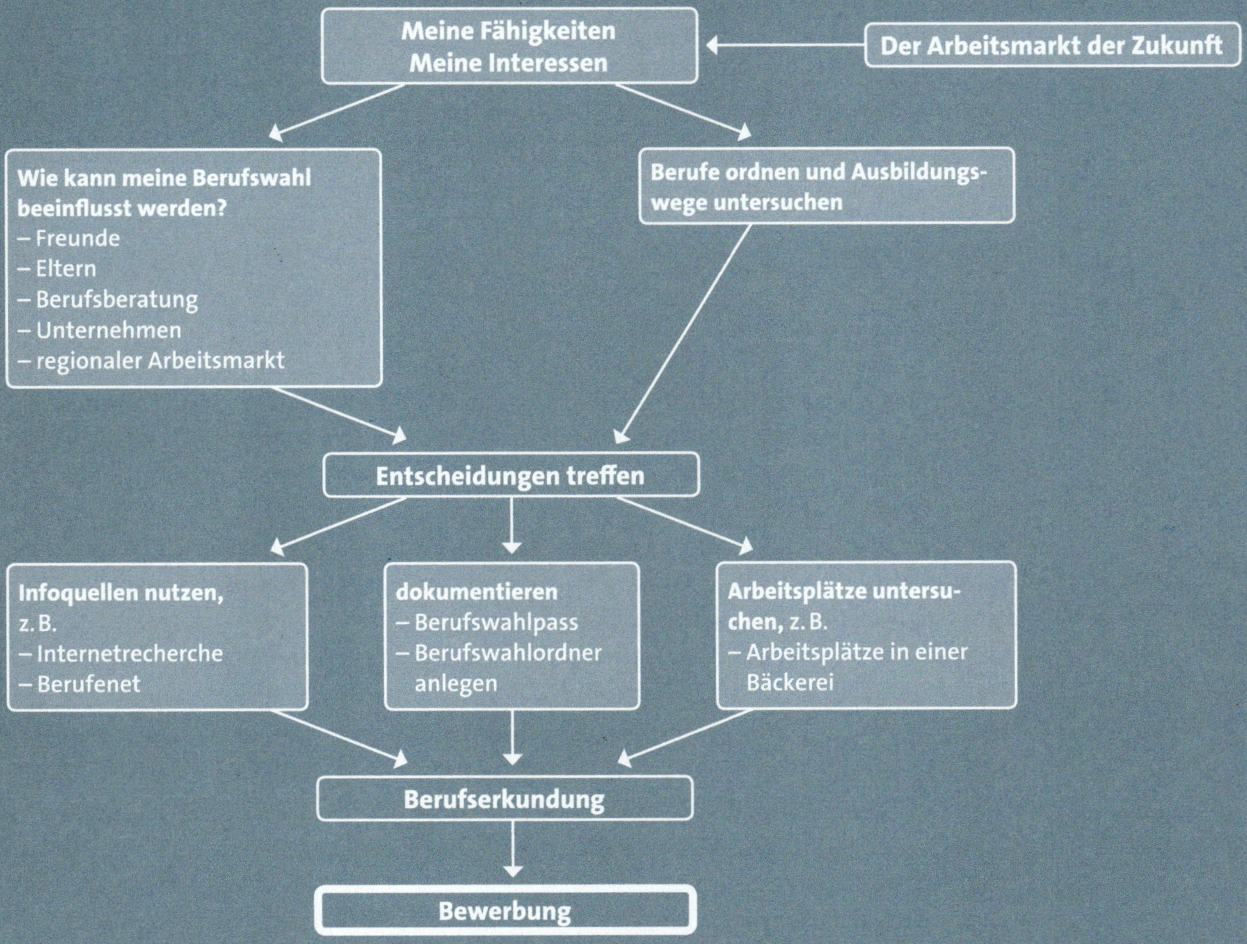

**Meine Fähigkeiten
Meine Interessen** ←— **Der Arbeitsmarkt der Zukunft**

**Wie kann meine Berufswahl
beeinflusst werden?**
– Freunde
– Eltern
– Berufsberatung
– Unternehmen
– regionaler Arbeitsmarkt

**Berufe ordnen und Ausbildungs-
wege untersuchen**

Entscheidungen treffen

Infoquellen nutzen,
z. B.
– Internetrecherche
– Berufenet

dokumentieren
– Berufswahlpass
– Berufswahlordner
  anlegen

**Arbeitsplätze untersu-
chen,** z. B.
– Arbeitsplätze in einer
  Bäckerei

Berufserkundung

Bewerbung

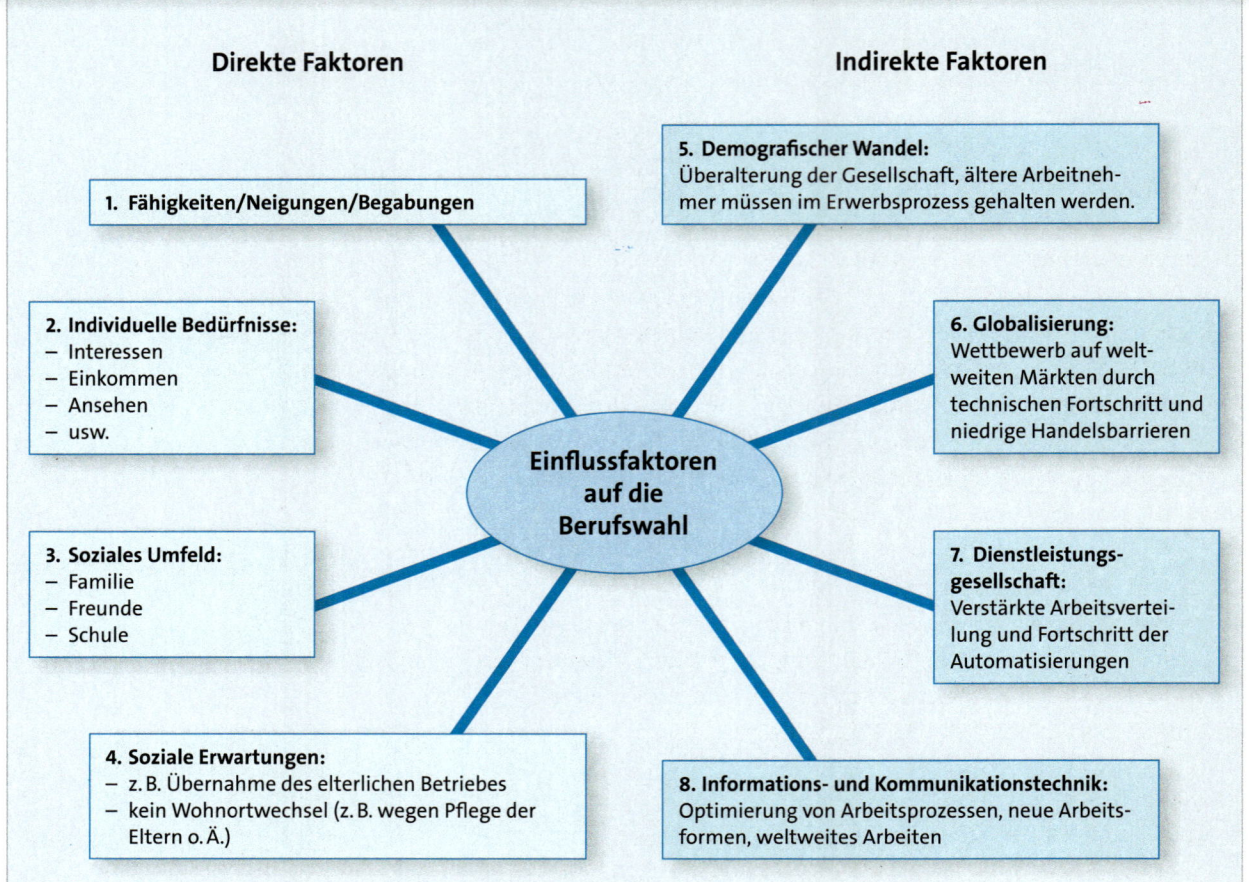

Direkte Faktoren

1. Fähigkeiten/Neigungen/Begabungen

2. Individuelle Bedürfnisse:
– Interessen
– Einkommen
– Ansehen
– usw.

3. Soziales Umfeld:
– Familie
– Freunde
– Schule

4. Soziale Erwartungen:
– z. B. Übernahme des elterlichen Betriebes
– kein Wohnortwechsel (z. B. wegen Pflege der Eltern o. Ä.)

Indirekte Faktoren

5. Demografischer Wandel: Überalterung der Gesellschaft, ältere Arbeitnehmer müssen im Erwerbsprozess gehalten werden.

6. Globalisierung: Wettbewerb auf weltweiten Märkten durch technischen Fortschritt und niedrige Handelsbarrieren

7. Dienstleistungsgesellschaft: Verstärkte Arbeitsverteilung und Fortschritt der Automatisierungen

8. Informations- und Kommunikationstechnik: Optimierung von Arbeitsprozessen, neue Arbeitsformen, weltweites Arbeiten

Einflussfaktoren auf die Berufswahl

▸ Faktoren, die die Berufswahl beeinflussen

Von der Berufsorientierung zur Bewerbung

Alle Überlegungen zum künftigen beruflichen Lebensweg müssen in Entscheidungen münden: Ich werde eine weitere schulische Ausbildung machen oder ich werde direkt in eine Ausbildung gehen. Auf jeden Fall folgt eine Bewerbung, und wenn es mit der Bewerbung nicht klappt, gibt es andere Möglichkeiten. Wenn es klappt, folgt der Start in den Ausbildungsberuf mit dem Ausbildungsvertrag.

Sich für einen Ausbildungsweg zu entscheiden ist eine Sache, den Ausbildungsplatz auch zu

bekommen, das ist eine ganze andere Sache. Im Bewerbungsverfahren können noch viele Fehler gemacht werden, die dann zu großen Enttäuschungen führen können. Also: Auch das letzte Stück der Berufswahl muss erst noch erfolgreich bestanden werden.

In der oben stehenden Grafik sind noch einmal alle wesentlichen Faktoren zusammengefasst. Auf die direkten Faktoren habt ihr persönlich mehr Einfluß als auf die indirekten, von denen die ganze Wirtschaft betroffen ist.

1. ● Beschreibe und begründe, an welchen Stellen der Grafik Entscheidungen getroffen werden müssen.

2. ● Begründe, weshalb du die direkten Faktoren eher beeinflussen kannst als die indirekten.

Die Ausbildungsplatzsuche

B Sarah weiß, dass sie Anlagenmechanikerin werden will. Ihre Mutter meint: „Was du werden willst, ist eine Sache. Aber hast du dir schon überlegt, wo du einen passenden Ausbildungsplatz findest?" Sarah: „Das kann doch nicht so schwer sein, schließlich war ich bei ‚Sanitär Menger' im Betriebspraktikum. Der Meister meinte, ‚Ich kenne dich, du wirst einen Platz finden. Leider haben wir für das kommende Jahr keinen frei.' Schade, aber es gibt ja noch mehr Anlagenbauer."

Sarah geht selbst auf die Suche:
- Sie liest schon seit einiger Zeit die Stellenanzeigen in der regionalen Tageszeitung.
- Sie hat die Gelben Seiten und das Telefonbuch genau studiert, um Betriebe in ihrer Umgebung zu finden, die in ihrem Wunschberuf vielleicht ausbilden.
- Sie hat sich bei Verwandten, Bekannten und Freunden umgehört, ob diese ihr ggf. nützliche Hinweise oder Informationen für einen Ausbildungsbetrieb geben können.
- Sie will schließlich auch das Internet nutzen.
- Sie will Auskünfte bei der Handwerkskammer einholen.

Sie schreibt jede Adresse heraus, telefoniert, schreibt Bewerbungen und besucht auch persönlich Fahrradgeschäfte. ∎

Selbst tätig zu werden, wie in diesem Fall Sarah, ist sehr wichtig, denn es geht um euren Ausbildungsplatz. Zudem zeigt ihr den Ausbildern in den Betrieben, dass ihr aktiv seid und euch selbstständig um eine Ausbildungsstelle bemüht.

Wenn ihr trotz aller Bemühungen Schwierigkeiten bei der Suche nach einem passenden Ausbildungsplatz bekommen solltet, hilft euch die Berufsberaterin oder der Berufsberater. Dieser Service bei der Berufsberatung heißt **Ausbildungsvermittlung**. Hier kann man euch sagen, wie es auf dem Ausbildungsplatzmarkt in eurer Heimatregion aussieht. Sie haben den Überblick, wo Ausbildungsplätze angeboten werden, und stehen im engen Kontakt mit den Ausbildungsbetrieben. Ihr könnt von ihnen die Kontaktdaten der Betriebe erhalten, die in eurem Wunschberuf eine Ausbildung anbieten. Außerdem kennen sie auch die schulischen Ausbildungsplätze.

▸ Ausbildungsbetriebe findest du auch in den Gelben Seiten.

3. ○ Fasse zusammen und ergänze: Wie kannst du aktiv werden, um einen Ausbildungsplatz zu finden?

4. ● Recherchiere im Internet nach Unternehmen, die für dich infrage kommen.

Die Bewerbung

Wenn ihr euch im Klaren seid, ob ihr eine weiterführende Schule besuchen oder eine Ausbildung beginnen wollt, ist es an der Zeit, sich zu bewerben. Auch Schulen haben feste Anmeldetermine, sodass ihr euch auch hierfür rechtzeitig Bewerbungsunterlagen besorgen und euch bewerben müsst.

Wollt ihr eine betriebliche Ausbildung beginnen, reicht es für eine erste Kontaktaufnahme meist aus, wenn ihr in dem Betrieb anruft oder persönlich vorsprecht. Dabei wird euch dann mitgeteilt, bis wann ihr eine schriftliche Bewerbung mit den üblichen Unterlagen (Bewerbungsschreiben, Lebenslauf, Lichtbild, Zeugniskopien) abgeben müsst.

▸ Eine Berufsberaterin der Arbeitsagentur

INFO

Zu einer Bewerbung gehören:

- Anschreiben
- Lebenslauf
- Lichtbild
- Zeugniskopien
- Nachweise über Praktika, Kurse usw.

Berufsberatung der Arbeitsagenturen – Bewerbungstipps

Die Berufsberaterinnen und Berufsberater geben gern Auskunft, wie die eigene Bewerbung optimal gestaltet werden sollte. Sie wissen auch, worauf es bei einem Einstellungstest ankommt und wie man sich auf Vorstellungsgespräche vorbereitet.

In den **Broschüren** der Berufsberatung „planet-beruf.de – Ausbildungsplatz finden" und „Orientierungshilfe zu Auswahltests" gibt es weitere Hilfestellungen.

Zudem gibt es auf www.planet-beruf.de ein **interaktives Bewerbungstraining**. Dort kann man die Erstellung von Bewerbungsunterlagen üben und sich auf Auswahltestverfahren und Vorstellungsgespräche für eine Bewerbung um einen Ausbildungsplatz vorbereiten.

B   TIPPS EINER BERUFSBERATERIN ZUR BEWERBUNG

1. Die Berufsberatung nicht erst dann aufsuchen, wenn es brennt, sondern schon möglichst früh das Gespräch suchen.

2. Ist man bei der Berufsberatung gemeldet, bekommt man automatisch Adressen, bei denen man sich bewerben kann, zugeschickt. Häufig sind das auch Adressen, auf die man selber nicht kommen würde.

3. Vor der Ausbildungsplatzsuche überlegen, was man nach der Ausbildung tun möchte – also Ausbildung als Grundlage für ein Studium, oder lieber weiter im Beruf arbeiten. – Diese Überlegungen haben Einfluss auf die Auswahl des Betriebes.

4. Wichtig ist es, die Bewerbung individuell für diesen Betrieb zu schreiben und zu begründen, warum man gerade diesen Betrieb gewählt hat, oder warum ein Praktikum in jenem Beruf oder Betrieb absolviert wurde.

5. Wer in einem anderen EU-Land eine Ausbildung machen will, muss wissen, dass es diese Form der dualen Ausbildung – im Betrieb und in der Berufsschule – nicht allen EU-Ländern gibt. Informationen dazu bekommt man auch beim Berufsberater. ■

Das Bewerbungsanschreiben

Aufgrund des Anschreibens entscheidet der Betrieb, ob ihr in die weitere Auswahl kommt. Achtet auf das äußere und inhaltliche Erscheinungsbild. Hinsichtlich der Form solltet ihr euch nach der DIN-Norm 5008 richten, die Empfehlungen enthält, wie das Anschreiben zu gestalten ist. Tipps dazu findet ihr z. B. auf planet-beruf.de.

① Torsten Spengler
Koblenzer Str. 2
12345 Neustadt
Tel. (0 54 32) 78 90
E-Mail: t.spengler@email.de

② Altdorfer Sparkasse
Herrn Koch
Oberer Stephansberg 2
67890 Altdorf

Neustadt, 2. Juli 20..

④ **Bewerbung um einen Ausbildungsplatz als Bankkaufmann zum 01. September 20..**
Ihre Anzeige in der Frankfurter Neuen Presse vom ...

⑤ Sehr geehrter Herr Koch,

⑥ mit sehr großem Interesse habe ich Ihre Anzeige gelesen und bewerbe mich um einen Ausbildungsplatz zum 1. September 20..

⑦ Derzeit besuche ich die 10. Klasse des Altdorfer Schulzentrums, die ich im Juli 20.. mit dem Realschulabschluss verlassen werde.

⑧ Durch ein einwöchiges freiwilliges Praktikum bei der Elbebank konnte ich bereits einen ersten Einblick in das Berufsfeld eines Bankkaufmanns bekommen. Darüber hinaus habe ich mich im Berufsinformationszentrum ausführlich über die Ausbildung zum Bankkaufmann informiert, was mich in meinem Berufswunsch bestärkt hat.

⑨ + ⑩ Da ich sehr aufgeschlossen bin, interessiert mich insbesondere die Kundenberatung und -betreuung. Beim Börsenspiel der Sparkasse habe ich festgestellt, dass mir auch die Arbeit im Team sehr viel Spaß macht.

⑪ Über die Einladung zu einem persönlichen Gespräch würde ich mich sehr freuen.

⑫ Mit freundlichen Grüßen

⑬ *Torsten Spengler*

⑭ Anlagen

Folgende Elemente sollte euer Bewerbungsanschreiben enthalten, dabei sollte es nicht mehr als eine Seite umfassen:
① Absender
② Anschrift
③ Datum
④ „Betreff" (Zweck des Schreibens in möglichst wenigen, aber aussagekräftigen Worten; „Betreff" wird nicht geschrieben)
⑤ Anrede („Sehr geehrte Damen und Herren" oder direkt den Ansprechpartner bzw. die Ansprechpartnerin nennen, wenn bekannt)
⑥ Anlass der Bewerbung (hier: Hinweis auf Anzeige)
⑦ derzeitige Situation
⑧ Ausbildungsberuf und Begründung des Berufswunsches
⑨ Begründung für die Wahl des Unternehmens
⑩ Hervorheben der eigenen Fähigkeiten und Neigungen (z. B. EDV-Kenntnisse, Fremdsprachen, Auslandsaufenthalte, Betriebspraktikum, berufsbezogene Tätigkeiten …)
⑪ „Schlussformel": Bitte um ein Vorstellungsgespräch
⑫ Gruß
⑬ Unterschrift
⑭ Anlagenvermerk

1. ● Fertige nach dem obigen Muster für deinen Wunschberuf ein Bewerbungsanschreiben am PC an.

Der Lebenslauf

Mit dem Lebenslauf gebt ihr Auskunft über eure Person und über euren schulischen Werdegang. Ihr vermittelt so eine erste genauere Vorstellung von euch. Die tabellarische Form wird am häufigsten verwendet, manchmal auch ein ausführlicher Lebenslauf. Da Handschriften auch etwas über die Persönlichkeit der Schreibenden aussagen, wird manchmal ein handgeschriebener Lebenslauf gewünscht.

Achtet in jedem Fall darauf, dass der Text fehlerfrei ist und keine Verbesserungen und Übermalungen aufweist.

Zum Lebenslauf gehört ein Foto. Meist wird es oben rechts aufgeklebt. Euer Bewerbungsfoto sollte aktuell und von einem Fotografen erstellt sein. Schreibt auf die Rückseite des Bewerbungsfotos euren vollständigen Namen und euer Geburtsdatum. Dies ist wichtig, weil es vorkommen kann, dass sich das Bild vom Blatt löst.

Der Lebenslauf sollte – mit Ausnahme von Punkt 5, auf jeden Fall folgende Angaben enthalten:
① Überschrift: Lebenslauf
② vollständiger Name
③ Anschrift
④ Geburtsdatum und -ort
⑤ Eltern mit Nennung des Berufs (Angabe freiwillig)
⑥ Schulbildung
⑦ Schulabschluss
⑧ Schwerpunktfächer
⑨ praktische Erfahrungen
⑩ besondere Kenntnisse
⑪ Hobbys
⑫ Ort und Datum
⑬ Unterschrift

① **Lebenslauf**

② Name: Torsten Spengler

③ Anschrift: Koblenzer Str. 2
                           12345 Neustadt
                           Tel. (05432) 7890
                           E-Mail: t.spengler@email.de

④ Geburtsdatum/-ort: 7. August 19.. in Neustadt

⑤ Eltern: Erich Spengler, Kfz-Mechaniker
                           Kerstin Spengler, geb. Müller, Hausfrau

⑥ Schulbildung: 1. Sept. 19.. bis 20. Juli 20..:
                           Grundschule Neustadt
                           seit 1. Sept. 20..:
                           Schulzentrum Altdorf

⑦ Schulabschluss: Realschulabschluss, voraussichtlich Juli 20..

⑧ Schwerpunktfächer: Wirtschaft, Physik/Chemie/Biologie

   Praktische Erfahrungen: Juni 20..:
                           1-wöchiges Praktikum bei der Elbebank, Neustadt

⑩ Besondere Kenntnisse: Microsoft Word und Excel

⑪ Hobbys: Schach, Sport

⑫ Ort und Datum: Neustadt, 2. September 20..

⑬ *Torsten Spengler*

---

1. ● Erstelle nach obigem Muster deinen eigenen Lebenslauf. Schreibe zudem einen ausführlichen handgeschriebenen Lebenslauf zur Übung.

Die Onlinebewerbung

Mittlerweile ist es bei vielen Unternehmen üblich, sich online zu bewerben, was einen zeitlichen Vorteil bietet. Erkundigt euch im Vorfeld, welche Form der Bewerbung (Onlinebewerbung oder schriftliche Bewerbung) das Unternehmen wünscht. Oft steht dies bereits in der Stellenanzeige.

Q   WICHTIGSTE FORMEN DER ONLINE-BEWERBUNG

E-Mail-Bewerbung:

Bei der E-Mail-Bewerbung werden dieselben Unterlagen wie bei einer „Papierbewerbung" nicht per Post, sondern als E-Mail-Anhang versandt.

In der E-Mail verweist ihr auf die Stellenanzeige und erklärt, dass ihr „anbei" eure vollständigen Bewerbungsunterlagen sendet. Achtet auf eine korrekte und höfliche Anrede, einen fehlerfreien Text und eure vollständige Adresse. Alternativ könnt ihr euer Anschreiben, statt es als Anhang zu schicken, auch direkt in die E-Mail schreiben. Aus dem Betreff der E-Mail muss hervorgehen, um welchen Ausbildungsplatz es sich handelt. Und auch eure E-Mail-Adresse sollte seriös klingen und euren vollständigen Namen enthalten.

Onlinebewerbungsformular:

Große Unternehmen haben inzwischen eigene Bewerbungsformulare auf ihrer Internetseite. Hier tragt ihr eure Daten online in vorgegebene Felder ein und ladet Anschreiben, Lebenslauf und eingescannte Zeugnisse als PDF-Dateien hoch. Bei manchen Unternehmen habt ihr die Möglichkeit – außer den üblichen Angaben –, zusätzlich auch noch eine sogenannte dritte Seite auszufüllen. Hier könnt ihr euer Können und eure Motivation noch einmal gesondert herausstellen. ■

Digitale Unterlagen erstellen

Bewerbungsfotos erhält man heute oft schon in digitaler Form vom Fotografen. Andernfalls

scannt ihr das Foto ein. Ihr platziert es entweder auf einem Deckblatt oder rechts oben in eurem Lebenslauf.

Auch ein digitaler Lebenslauf und ein Anschreiben müssen unterschrieben sein: Dazu fügt ihr eure eingescannte Unterschrift als grafisches Element in die Dokumente ein. Die Word-Dateien mit eurem Lebenslauf und gegebenenfalls dem Anschreiben wandelt ihr in PDF-Dateien um. Auch eure Zeugnisse und Praktikumsbescheinigungen scannt ihr ein. Wenn ihr selbst keinen Scanner habt, könnt ihr das in einem Copyshop erledigen.

Für die Unternehmen ist es am einfachsten, wenn ihr alle Anhänge zu einer PDF-Datei zusammenfasst. Findet für die Datei einen aussagekräftigen Namen (z.B. Bewerbung_Torsten_Spengler). Achtet dabei darauf, dass der Anhang insgesamt nicht größer als 2 MB ist.

Quelle: nach:
www.planet-beruf.de;
(29. 10. 2013)

INFO

Eine **Checkliste zur Onlinebewerbung** zum Abhaken findet ihr unter www.planet-beruf.de.

▸ **Beim Einstellungstest**

- psychologische Fähigkeiten
- Umgang mit Zahlen und Rechenkenntnisse
- Sprach- und Abstraktionsvermögen
- Kenntnisse in Rechtschreibung und Zeichensetzung
- schriftliche Ausdrucksfähigkeit und Wortschatz
- Kreativität

Wenn es nicht geklappt hat

Die Tests dürft ihr nicht überbewerten. Nach einer Faustregel entscheiden sich 10 % der Unternehmen aufgrund des Bewerbungsanschreibens für einen Bewerber; 40 % nach dem Test und 50 % nach dem Bewerbungsgespräch. Eine Ablehnung nach dem Auswahltest muss nicht bedeuten, dass eure Leistungen im Test schlecht waren oder ihr für den Beruf ungeeignet seid. Also: Kopf hoch, wenn es einmal nicht geklappt hat.

Der Einstellungstest

Häufig werden als weiterer Schritt der Auswahl von Auszubildenden Tests eingesetzt. Es gibt sehr viele, und wahrscheinlich sind sie für euch ungewohnt. Hier wird nicht nur schulisches Wissen abgefragt, sondern auch noch andere Fähigkeiten.

- Nehmt an einem Eignungstest der Arbeitsagentur teil. Wenn ihr schon einmal einen Test mitgemacht habt, dann wisst ihr, wie er abläuft. Die Broschüre der Arbeitsagentur „Orientierungshilfe zu Auswahltests" hilft bestimmt, euch unverkrampfter dem Test stellen zu können.
- Es wird sicher auch nach Aktuellem gefragt. Es ist deshalb sinnvoll, das Tagesgeschehen genau zu verfolgen (Zeitung lesen, Nachrichtensendungen hören oder sehen).

Häufig werden einige der folgenden Schwerpunkte getestet:
- logisches Denken
- technisches Verständnis
- Arbeitstempo und Arbeitsgenauigkeit

1. ● Besorge dir z. B. in einer Buchhandlung Bücher mit Testaufgaben. Achte darauf, dass die Tests für euren Ausbildungsberuf geeignet sind. Teste dich selbst.

Das Vorstellungsgespräch

Die Verantwortlichen im Betrieb haben Interesse an euch, sonst hätten sie euch nicht eingeladen. Im Vorstellungsgespräch will man euch genauer kennenlernen. Lampenfieber und Ängste sind in solchen Situationen ganz normal.

Wie könnt ihr euch auf das Vorstellungsgespräch vorbereiten?

Dazu einige Tipps und Verhaltensregeln:
- Reagiert auf die Einladung telefonisch oder – besser – schriftlich. Bedankt euch für die Einladung und bestätigt die Wahrnehmung des Termins.
- Bittet nur in wirklich begründeten Ausnahmefällen um eine Terminverschiebung.
- Seid pünktlich. Sucht den Weg zum Betrieb rechtzeitig auf dem Stadtplan heraus und kalkuliert einen möglichst großen Zeitspielraum für Bus- oder Bahnverspätungen, Staus usw. ein. Denkt auch daran, dass ihr in Großbetrieben Zeit braucht, um die richtige Abteilung zu finden. Eine Verspätung macht einen äußerst schlechten Eindruck!
- Kleidet euch angemessen: weder zu lässig noch zu fein. Schon gar nicht solltet ihr Sachen anziehen, in denen ihr euch nicht wohlfühlt.

Bei Vorstellungsgesprächen geht es darum, einen guten Eindruck zu machen. Dabei solltet ihr alle Fragen höflich und korrekt beantworten und auf eure Ausdrucksweise achten.
- Macht euch eure Stärken klar und bewertet eure Schwächen nicht zu stark. Setzt euren Schwächen Stärken entgegen, z.B. Langsamkeit – Gründlichkeit: Ich bin zwar langsam, arbeite aber sehr gründlich.
- Überlegt euch Gründe für gute und schlechte Schulnoten.

▸ Beim Vorstellungsgespräch

▸ So besser nicht!

- Überlegt, was ihr zu eurem Werdegang erzählen könnt.
- Stellt euch vor, wie das Vorstellungsgespräch verlaufen könnte. Spielt die Situation mit Freunden durch. Jeder stellt einmal sowohl den Bewerber als auch den Personalchef dar.

2. ● Erstelle eine schriftliche Bestätigung für einen Vorstellungsgesprächstermin. Die Firma kannst du dir aussuchen.

Rollenspiel

Wie ihr ein Vorstellungsgespräch am besten führt, könnt ihr in Rollenspielen üben. Hier könnt ihr euch in die Rolle des Bewerbers hineinversetzen und Verschiedenes ausprobieren. Für den Ernstfall können so Erfahrungen gesammelt und Sicherheit erreicht werden. Wer nicht den Bewerber spielt, ist kritischer Beobachter und gibt Tipps und Anregungen, was gut war und was verbessert werden sollte.
Die Rolle des Personalchefs sollte die Lehrkraft oder ein außerschulischer Experte, den ihr dafür in die Klasse einladet, übernehmen. Sie können die Rolle unterschiedlich spielen: Der Personalchef kann den Bewerber unter Druck setzen oder mit ihm ein zuvorkommendes Gespräch führen.

Schritt ❶
Vorbereitung

Zunächst legt ihr fest, in welchem Betrieb welcher Ausbildungsberuf angeboten wird. Danach richten sich die Fragen des Personalchefs und die Interessen und Fähigkeiten des Bewerbers. Fragen und mögliche Antworten sollten vorbereitet werden. Auch der Bewerber sollte sich Fragen zur Ausbildung, zum Ausbildungsbetrieb überlegen. Welche Fragen sollte ein Bewerber z. B. nicht stellen?

Macht euch auch bewusst, in welchem Rahmen ein Vorstellungsgespräch abläuft. Kleidung, Frisur, Schmuck und das Auftreten sollten angemessen sein. Außerdem müsst ihr euch Gedanken zu Körperhaltung, Sprache, Höflichkeit und dem eigenen Selbstvertrauen machen.

Die Beobachter legen fest, worauf sie während des Rollenspiels achten wollen und verteilen diese Beobachtungsaufgaben.

Schritt ❷
Durchführung

Nachdem die Rollen verteilt sind, wird das Vorstellungsgespräch gespielt. Die Spieler achten darauf, dass Begrüßung, Vorstellung mit Namen und die Gesprächsführung möglichst realistisch ablaufen. Seid dabei aufmerksam, geht auf den Gesprächspartner ein und haltet Blickkontakt.

Die Beobachter machen sich Notizen zu ihren Aufträgen und sollten das Rollenspiel selbst dabei nicht stören.

Das Vorstellungsgespräch kann beliebig oft gespielt werden. Dabei können sowohl die Spieler wechseln als auch die Berufe, Betriebe und Wirtschaftsbereiche. Dadurch können Unterschiede festgestellt werden.

Schritt ❸
Auswertung

In der Auswertung werden die Beobachtungen verglichen und besprochen. Auch die Spieler kommen hier zu Wort.
– Wie haben sich die Spieler gefühlt?
– Wie realistisch wurde die Rolle gespielt?
– Was lief gut, was kann verbessert werden?
– Wer hat die Rolle so gespielt, dass er/sie die Stelle bekäme?

Tipps für das Rollenspiel

Dein eigenes Verhalten spielt eine wesentliche Rolle im Vorstellungsgespräch, um festzustellen, ob du zu dem von dir ausgewählten Unternehmen passt. Bereite dich darauf mithilfe eines Rollenspiels vor.

▸ Bereite dich gut auf das Gespräch vor.

Vorbereitung auf das Gespräch:

- Die eigenen Bewerbungsunterlagen noch einmal genau durchlesen (häufig wird im Vorstellungsgespräch nach Einzelheiten daraus gefragt).
- Pünktlich sein (ganz wichtig: Zuspätkommer haben von vornherein keine Chance!).
- Bei der Begrüßung: Anklopfen und warten, bis du hereingebeten wirst.
- Fester Händedruck, vorstellen, Namen der Gesprächspartner merken.
- Sei nett und höflich.
- Angebotenes Getränk annehmen (aber keinen Alkohol oder Zigaretten).
- Kaue währenddessen kein Kaugummi, rauche nicht, lasse deine Gesprächspartner ausreden bzw. unterbrich sie nicht usw.
- Ganz natürlich und locker bleiben, nicht zu verkrampft.
- Gut zuhören und (vorbereitete) Zwischenfragen stellen (Interesse am Unternehmen und der Stelle zeigen!).
- Keine Umgangssprache! Eine zu lässige Ausdrucksweise erweckt den Eindruck, dass dir der Vorstellungstermin nicht wichtig ist.
- Bei der Verabschiedung: Auch wenn es gut gelaufen ist, nicht vertraut werden, höflich bleiben, für das Gespräch bedanken und nachfragen, wann mit einer Rückmeldung zu rechnen ist.

Fragen, die in einem Vorstellungsgespräch gestellt werden:

- Wann beenden Sie die Schule?
- Welchen Abschluss werden Sie erreichen?
- Was interessiert Sie an diesem Beruf?
- Warum bewerben Sie sich bei unserem Unternehmen?
- Was wissen Sie bereits über unser Unternehmen?
- Welche Fähigkeiten bringen Sie für diesen Beruf mit?
- Haben Sie bereits Erfahrungen in diesem Beruf? (Vielleicht hast du bereits in den Ferien etwas Ähnliches gemacht oder andere Erfahrungen, über die du hier berichten kannst.)
- Wie würden Sie sich charakterisieren? (Persönlichkeit, Motivation)
- Nennen Sie mir zwei Ihrer Schwächen und zwei Ihrer Stärken.
- Was machen Sie in Ihrer Freizeit? (Hobbys, Sport)

1. ○ Überlege und notiere dir stichpunktartig Antworten auf die vorangestellten Fragen, mit denen du innerhalb eines Vorstellungsgesprächs rechnen musst.

2. ○ Erkundige dich in deiner Familie, bei Freunden und Bekannten wie ihre Vorstellungsgespräche verlaufen sind. Wurden ggf. Fragen gestellt, die bisher nicht auf dieser Liste stehen?

In diesem Kapitel lernt ihr, …

> was ein Kaufvertrag ist, wann ihr geschäftsfähig seid und welche Rechte ihr als Käufer habt.

> dass es verschiedene Zahlungsmöglichkeiten gibt.

> Außerdem untersucht ihr, gegen welche Risiken ihr euch versichern könnt.

VERTRÄGE UND VERSICHERUNGEN

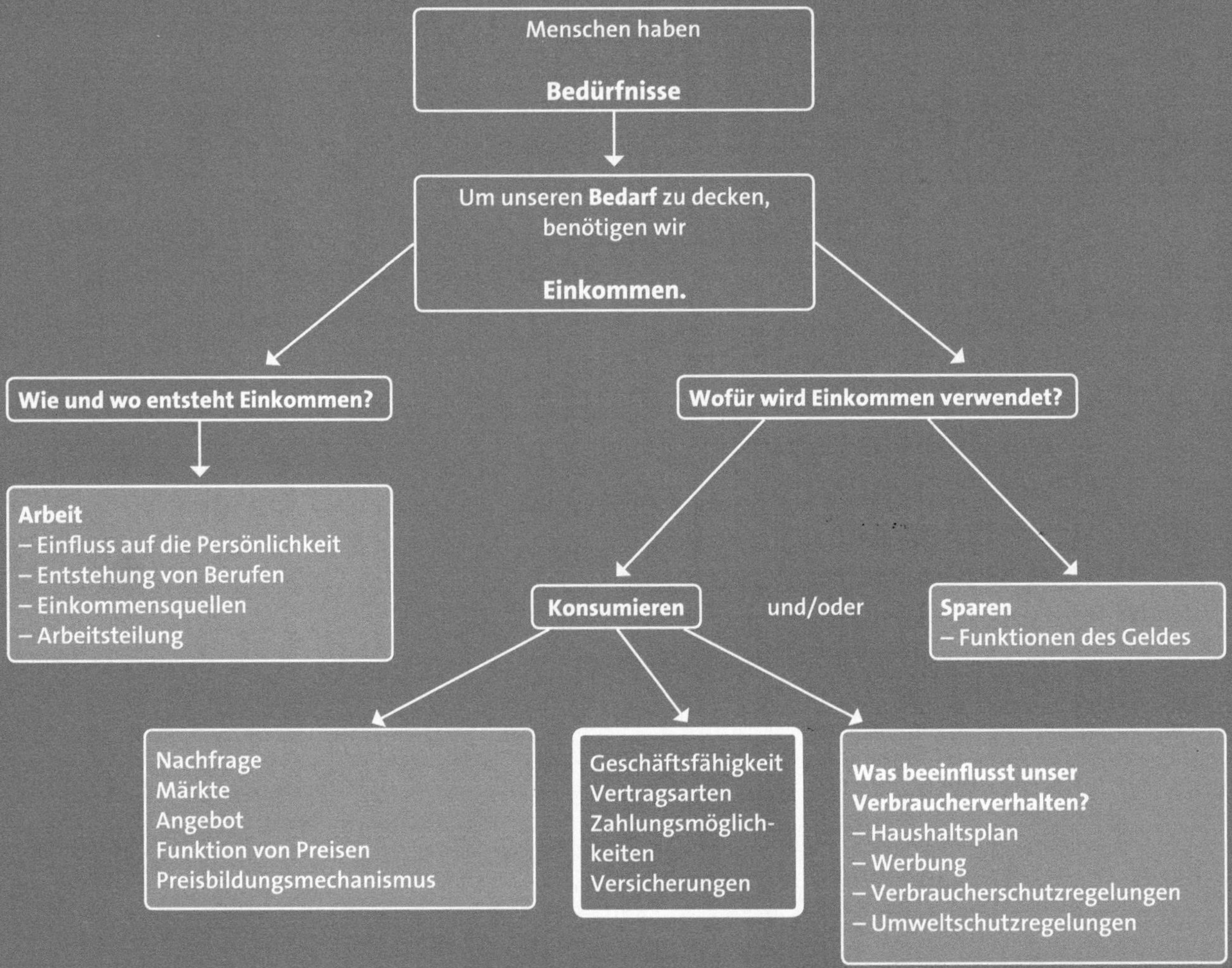

Menschen haben

Bedürfnisse

Um unseren **Bedarf** zu decken, benötigen wir

Einkommen.

Wie und wo entsteht Einkommen?

Wofür wird Einkommen verwendet?

Arbeit
– Einfluss auf die Persönlichkeit
– Entstehung von Berufen
– Einkommensquellen
– Arbeitsteilung

Konsumieren und/oder **Sparen**
– Funktionen des Geldes

Nachfrage
Märkte
Angebot
Funktion von Preisen
Preisbildungsmechanismus

Geschäftsfähigkeit
Vertragsarten
Zahlungsmöglich-keiten
Versicherungen

Was beeinflusst unser Verbraucherverhalten?
– Haushaltsplan
– Werbung
– Verbraucherschutzregelungen
– Umweltschutzregelungen

Der Kaufvertrag

B PETER UND DAS SMARTPHONE

Beim Schlendern durch die Stadt entdeckt Peter im Schaufenster ein Smartphone. „Genau in meiner Farbe, super Funktionen und ein einmaliges Angebot", denkt er sich. Da muss ich unbedingt zuschlagen. Begeistert stürmt Peter in den Laden und holt sich Hilfe beim Berater, um das Smartphone zu kaufen und einen neuen Handyvertrag abzuschließen.

Doch was ist das?

Unerwartet wird er vom Berater, Herrn Müller, prüfend angeschaut, ob er in seinem Alter das denn schon alles darf?

Mit seinen 16 Jahren wird er doch alt genug sein, um ein Smartphone für 70 Euro von seinem Taschengeld zu kaufen? Und gleichzeitig einen Handyvertrag abzuschließen, oder?

Ratlos schaut Peter Herrn Müller an. Dieser beruhigt ihn und erklärt ihn, dass er beim Kauf des Smartphones einen Kaufvertrag abschließen würde. Und dabei ist einiges zu beachten. ■

möchte ein Smartphone kaufen, Herr Müller möchte ein Smartphone verkaufen. Auf diese Weise sind zwei übereinstimmende Willenserklärungen abgegeben worden.

1. Phase des Kaufvertrages:
Zwei übereinstimmende Willenserklärungen

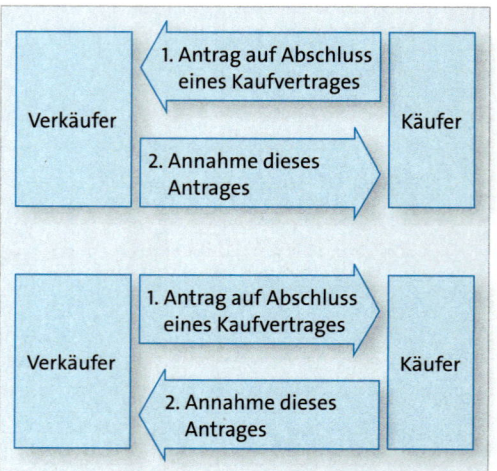

Was ist ein Kaufvertrag?

Beim Kaufvertrag gibt es zwei Partner, den Käufer (hier: Peter) und den Verkäufer (hier: Herr Müller).

Der Verkäufer (Herr Müller) stellt ein Angebot an den Käufer (Peter), ein Smartphone zu kaufen. Peter nimmt das Angebot an.

Peter und Herr Müller haben damit jeweils eine Willenserklärung abgegeben. Peter

2. Phase des Kaufvertrages:
Die Willenserklärungen werden erfüllt (Erfüllungsgeschäft)

Käufer (Peter) und Verkäufer (Herr Müller) haben den versprochenen Willen nun auch zu erfüllen. Man spricht vom **Erfüllungsgeschäft**. Das heißt, dass Herr Müller das Smartphone an Peter liefert. Peter hat die Pflicht, die Ware zu bezahlen. Dadurch ist ein Kaufvertrag zustande gekommen.

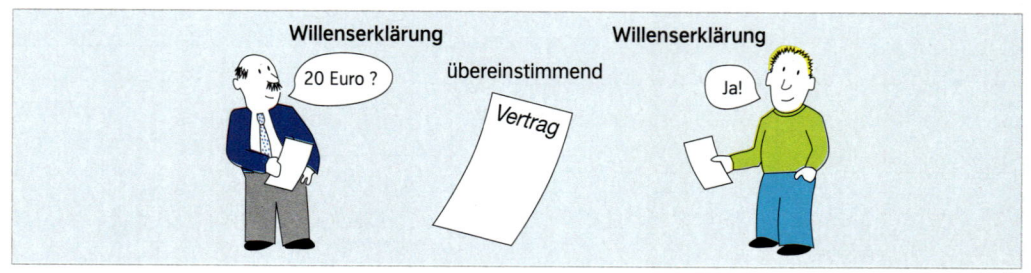

▶ Die AGB gehören zu jedem Vertrag.

Damit er keine Überraschungen erlebt, schaut Peter sich auch den Kaufvertrag genau an. Ein Kaufvertrag hat folgende Merkmale:

- Vertragsfreiheit/Kauffreiheit:
  Es muss eine freie Entscheidung sein, ob eine Ware gekauft wird oder nicht.
- Form des Kaufvertrages:
  Der Vertrag kann mündlich, schriftlich oder formlos erfolgen.

Durch den Kaufvertrag erwirbt Peter auch Rechte, falls die Ware mangelhaft sein sollte. Besonders wichtig sind die Folgenden:

Gewährleistung

Durch eine Gewährleistung, die der Verkäufer durch den Kaufvertrag übernommen hat, muss Herr Müller für einen Mangel an der Ware einstehen. Die Gewährleistung beträgt in der Regel zwei Jahre.

Nacherfüllung

Peter hat das Recht auf Nacherfüllung. Ist das Smartphone z. B. defekt, kann er eine Neu- oder Ersatzlieferung verlangen. Oder Herr Müller beseitigt den Schaden oder repariert diesen (Nachbesserung).

Rücktritt vom Vertrag

Erst wenn die Nacherfüllung zweimal fehlgeschlagen ist, bzw. das Smartphone zweimal vergeblich repariert wurde, kann Peter vom Vertrag zurücktreten. Peter erhält dann den Kaufpreis zurück.

INFO

Die AGB sind vorformulierte Vertragsbedingungen, die allgemein für alle Verträge/Lieferungen und Leistungen gelten. In den AGB stehen Informationen zum Kaufvertrag, zu Preisen oder zum Datenschutz. Auch die Gewährleistung ist darin geregelt. Die sogenannten AGB muss ein Käufer beim Kaufvertrag akzeptieren, bzw. akzeptiert er diese automatisch, falls er Ware direkt in einem Geschäft kauft.

Minderung des Kaufvertrages

Alternativ kann Peter aber auch eine Minderung des Kaufvertrages verlangen, falls er das Smartphone selbst reparieren kann.

Garantie

Im Unterschied zur Gewährleistung, die gesetzlich vorgegeben ist, gibt es auch Verkäufer, die eine Garantie aussprechen. Eine **Garantie** ist eine freiwillige Leistung des Händlers, z. B. Sachmängel in einem benannten Zeitraum zu beheben. Die Garantiedauer bestimmt der Händler selbst.

Leider hat Herr Müller keine Garantie für das Smartphone von Peter übernommen. Aber in diesem Fall gibt es ja auch noch die Allgemeinen Geschäftsbedingungen (AGB).

1. ⊖ Benenne die beiden Phasen des Kaufvertrages. Erkläre mit eigenen Worten die Merkmale der beiden Phasen und stelle den Unterschied heraus.

2. ⊖ Erkläre den Unterschied zwischen Gewährleistung und Garantie.

3. ○ Zähle auf, welche Rechte der Käufer beim Kaufvertrag hat. Beschreibe die einzelnen Rechte.

Taschengeld: Empfehlung und Realität

So viel Taschengeld empfehlen die Jugendämter in Deutschland im Durchschnitt monatlich für ...

So viel Taschengeld bekommen Kinder im Durchschnitt monatlich (Umfrage):

	empfohlen	Realität
unter 6-Jährige	2,00 Euro*	11,00 Euro
6-Jährige	6,00*	15,00
7-Jährige	8,00*	16,00
8-Jährige	8,00*	22,00
9-Jährige	12,00*	24,00
10-Jährige	13,00	28,00
11-Jährige	16,00	33,00
12-Jährige	20,00	36,00
13-Jährige	22,00	41,00

5864
© Globus
Stand 2013
*empfohlen wird eine Auszahlung in wöchentlichen Raten

Quelle: Beratungsdienst Geld und Haushalt des Deutschen Sparkassen- und Giroverbands, Egmont Ehapa Verlag (KidsVA)

Die Geschäftsfähigkeit

Peter fühlt sich gut informiert und ist sicher, die richtige Entscheidung zu treffen.

INFO

Geschäftsfähigkeit

Die Geschäftsfähigkeit bezeichnet die Fähigkeit, Rechtsgeschäfte selbst vorzunehmen. Es sind verschiedene Arten von Geschäftsfähigkeiten zu unterscheiden (s. Grafik).

Doch damit nicht genug. Er erfährt, dass man einen Kaufvertrag nur ab einem bestimmten Alter abschließen darf. Und hat er dafür schon das passende Alter?

Was ist in welchem Alter erlaubt?

Der Grund dafür liegt in gesetzlichen Regelungen des Jugendschutzes. Die Bestimmungen dazu stehen im Bürgerlichen Gesetzbuch (BGB). Darin ist vermerkt, dass im bestimmten Alter bestimmte Rechte erlaubt sind. Das hängt mit der Geschäftsfähigkeit zusammen. Das Smartphone darf er sich also kaufen. Denn die 70 Euro hat er sich vom Taschengeld zusammengespart. Für Peter gilt die beschränkte Geschäftsfähigkeit und insbesondere der § 110 BGB, der sogenannte Taschengeldparagraf. Leider muss er aber erkennen, dass er den dazugehörigen Mobilfunkvertrag für das Smartphone nicht abschließen darf. Dafür muss er volljährig sein. Aber vielleicht schließen seine Eltern den Mobilfunkvertrag für ihn ab. Das wäre eine super Lösung.

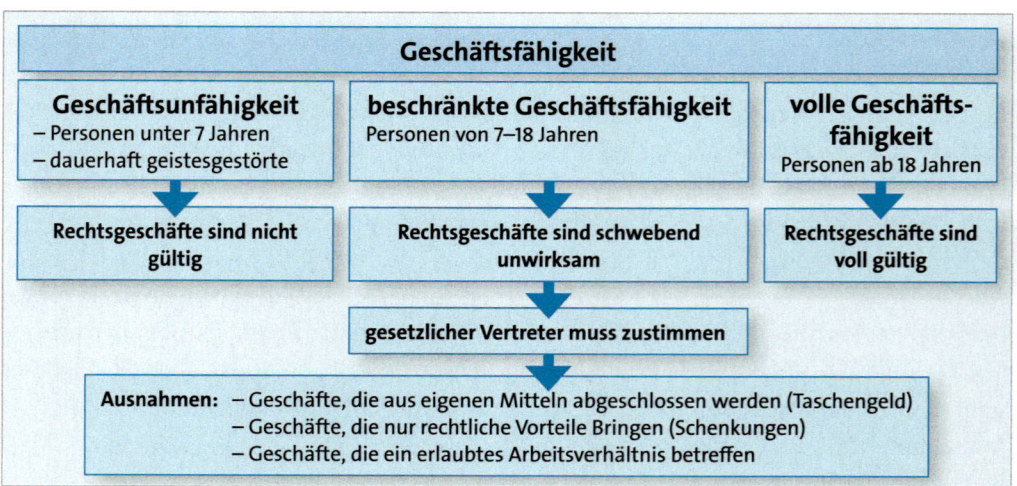

Geschäftsfähigkeit		
Geschäftsunfähigkeit – Personen unter 7 Jahren – dauerhaft geistesgestörte	**beschränkte Geschäftsfähigkeit** Personen von 7–18 Jahren	**volle Geschäftsfähigkeit** Personen ab 18 Jahren
Rechtsgeschäfte sind nicht gültig	Rechtsgeschäfte sind schwebend unwirksam	Rechtsgeschäfte sind voll gültig

gesetzlicher Vertreter muss zustimmen

Ausnahmen: – Geschäfte, die aus eigenen Mitteln abgeschlossen werden (Taschengeld)
– Geschäfte, die nur rechtliche Vorteile Bringen (Schenkungen)
– Geschäfte, die ein erlaubtes Arbeitsverhältnis betreffen

1. ○ Benenne die verschiedenen Arten der Geschäftsfähigkeit.

2. ◐ Vergleiche die volle mit der beschränkten Geschäftsfähigkeit. Stelle den wesentlichen Unterschied heraus.

3. ● Beschreibe die Grafik oben und stelle Gründe zusammen, weshalb „Empfehlung und Realität" ziemlich auseinanderfallen können.

Verschiedene Zahlungsmöglichkeiten

Wer die Wahl hat, hat die Qual

Um Waren und Dienstleistungen zu bezahlen, gibt es verschiedene Zahlungsmöglichkeiten. Wenn nicht direkt bar gezahlt wird, ist für den bargeldlosen Zahlungsverkehr ein Girokonto bei einem Kreditinstitut erforderlich.

Was ist SEPA?

Damit der bargeldlose Zahlungsverkehr (z. B. Überweisungen und Lastschriften) innerhalb Europas ebenso unkompliziert funktioniert wie im Inland, gibt es das SEPA-Verfahren.

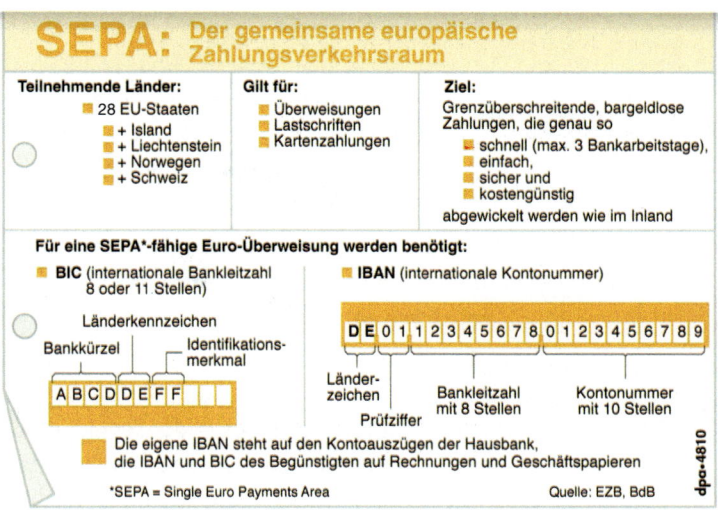

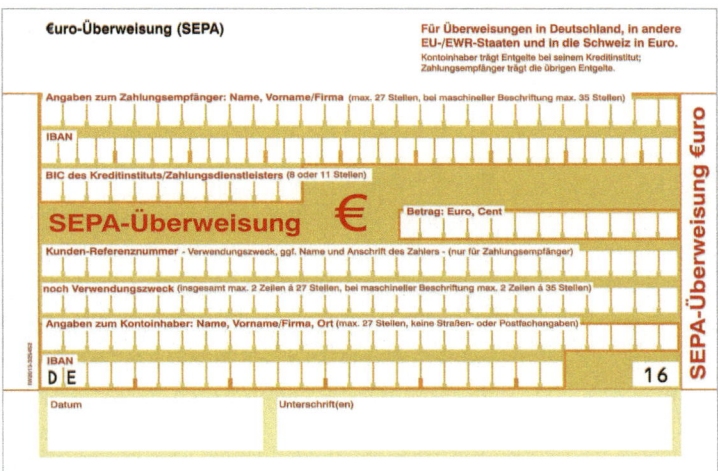

SEPA-Überweisung

Wenn Ware per Rechnung bezahlt wird, ist ein SEPA-Überweisungsauftrag auszufüllen. Überweisungen eignen sich bei einmaligen Zahlungen, z. B. für den Kauf einer Waschmaschine. Dabei gibt der Zahlungspflichtige den Auftrag, von seinem Girokonto einen Betrag zu überweisen.

Auf dem SEPA-Überweisungsauftrag ist der Name (Vor- und Zuname) des Zahlungspflichtigen, seine IBAN und der zu zahlende Betrag sowie der Name und die IBAN des Empfängers einzutragen. Bei internationalen SEPA-Überweisungen (beispielsweise in andere EU-Mitgliedstaaten, nach Island, Liechtenstein, Norwegen oder die Schweiz) muss die BIC zusätzlich mit angegeben werden.

SEPA
Single Euro Payments Area

BIC
internationale
Bankleitzahl

SEPA-Lastschrift

Eine Lastschrift bietet sich bei wechselnden, aber regelmäßigen Zahlungsbeträgen an. Beispielsweise für die monatliche Telefonrechnung, die von Monat zu Monat unterschiedlich hoch ausfallen kann. Dabei teilt der Zahlungspflichtige dem Händler/Verkäufer seine Kontodaten mit.

Der Zahlungsempfänger, in der Regel der Verkäufer, erhält dadurch die Erlaubnis, Geldbeträge einmalig oder in regelmäßigen Abständen direkt vom Konto des Zahlungspflichtigen abzubuchen. Bei einer Lastschrift wird auch von der „Umkehrung der Überweisung" gesprochen.

Die Lastschrift ist für den Händler eine einfache und günstige Möglichkeit, bargeldlos Geld vom Kunden zu erhalten. Vorteilhaft für den Kunden ist, dass die Abbuchung auf dem Konto erst ein paar Tage später erfolgt. Und der Kunde braucht sich nicht zu kümmern, da der Händler die Zahlung beauftragt.

Der Händler hat aber nicht in jedem Fall eine Garantie, dass er das Geld auch erhält. Der Kunde kann in einigen Fällen die Lastschrift innerhalb einer festgelegten Widerspruchsfrist widerrufen. Dann wird ihm das Geld wieder gutgeschrieben.

Dauerauftrag

Beim Dauerauftrag wird regelmäßig ein gleichbleibender Betrag an einen bestimmten Empfänger zu einem festgelegten Termin, z. B. zum 1. eines Monats, vierteljährlich oder jährlich übertragen. Beispielweise für die monatliche Miete an den Vermieter. Da die Ausführung automatisch erfolgt, kann der Auftraggeber keine Zahlungstermine mehr versäumen. Voraussetzung ist jedoch, dass am festgelegten Termin genügend Geld für den Dauerauftrag auf dem Konto ist oder ein entsprechender Kreditrahmen eingeräumt wurde.

Es gibt noch weitere Zahlungsmöglichkeiten, die man in Verbindung mit dem Girokonto und der Karte nutzen kann.

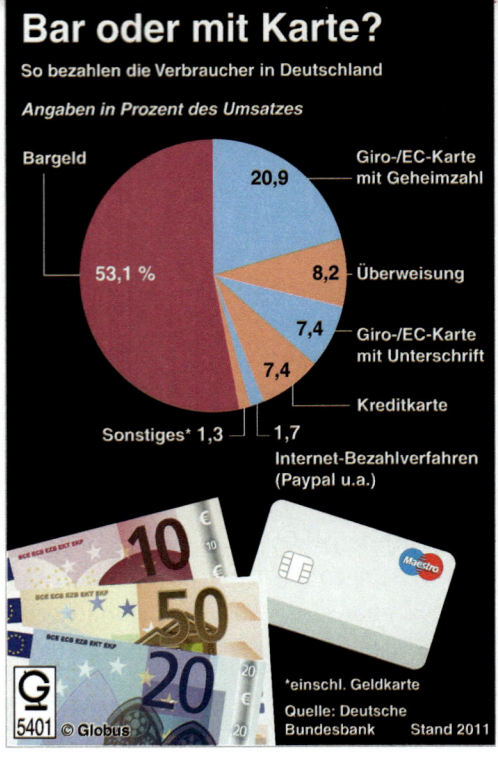

Bar oder mit Karte?
So bezahlen die Verbraucher in Deutschland
Angaben in Prozent des Umsatzes

- Bargeld 53,1 %
- Giro-/EC-Karte mit Geheimzahl 20,9
- Überweisung 8,2
- Giro-/EC-Karte mit Unterschrift 7,4
- Kreditkarte 7,4
- Internet-Bezahlverfahren (Paypal u.a.) 1,7
- Sonstiges* 1,3

*einschl. Geldkarte
Quelle: Deutsche Bundesbank   Stand 2011
5401 © Globus

---

1. ⊝ Erkläre den Unterschied zwischen einer Überweisung und einem Dauerauftrag.

2. ⊝ Erläutere, für welche Zahlungen das Lastschriftverfahren geeignet ist. Nenne zwei Beispiele.

3. ⊝ Erkläre, warum bei einer Lastschrift auch von einer „Umkehrung der Überweisung" gesprochen wird.

4. ● Beschreibe mit eigenen Worten die Abbildung „Bar oder mit Karte?". Überlege, welche Zahlungsmöglichkeiten du bevorzugen würdest und begründe deine Meinung.

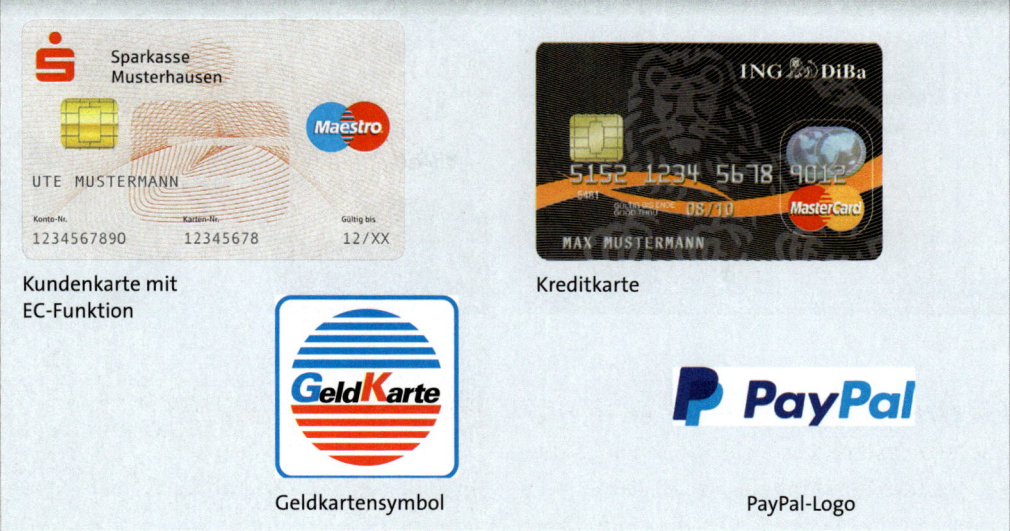

▸ Verschiedene Möglichkeiten des bargeldlosen Zahlungsverkehrs

Kundenkarte

Mit der Kundenkarte der Bank oder Sparkasse lässt sich bargeldlos in Geschäften bezahlen und man kann – sofern Guthaben vorhanden ist – Geld am Automaten abheben.

Girocard

Mit dieser Karte sind im vereinbarten Kreditrahmen Kartenzahlungen mit PIN oder mit Unterschrift möglich. Bargeldverfügungen und EC-Kartenzahlungen sind weltweit möglich.

Geldkarte

Wenn das Geldkartensymbol auf einer Karte abgebildet ist, lässt sich diese Karte am Geldautomaten mit Bargeld aufladen. Das verfügbare Geld kann dann wie Bargeld ausgegeben werden. Das bedeutet aber auch, dass das „Bargeld" beim Verlust der Karte auch verloren geht. Das Bezahlen mit Geldkarte bietet sich für kleinere Beträge an, wie beim Kauf von Briefmarken am Automaten oder bei Parktickets.

Kreditkarte

In Geschäften, aber auch im Internet, kann man mit einer Kreditkarte zahlen. Das Besondere an einer Kreditkarte ist, dass die damit bezahlten Waren und Dienstleistungen nur einmal monatlich, also mit bis zu vier Wochen zeitverzögert, vom Girokonto abgebucht werden. Es gibt verschiedene Kreditkartentypen mit unterschiedlichen Möglichkeiten und Verfügungsrahmen.

PayPal

PayPal kann beim online einkaufen zum Bezahlen verwendet werden. Es ist eine Zahlungsmöglichkeit unter vielen, die von vielen Onlineshops und bei eBay häufig genutzt wird.

→ Starthilfe zu 6:

Beim Bezahlen im Internet und im Geschäft bieten Händler häufig die Zahlung per Kreditkarte an.

→ Starthilfe zu 7:

Beim Einkaufen im Geschäft wird die Zahlung mit EC-Karte gewünscht, das Bezahlen mit Kundenkarte ist jedoch nicht möglich.

5. ⬤ Verdeutliche tabellarisch die Vor- und Nachteile einer Bezahlung mit einer Geldkarte.

6. ⬤ Ermittle zwei Beispiele für Zahlungen mit Kreditkarte und erläutere die Vor- und Nachteile.

7. ⬤ Überprüfe, warum manche Händler die Zahlung mit Kundenkarte ablehnen, aber eine Zahlung mit EC-Karte bevorzugen.

▸ **Hinweis auf Kartenzahlung an einer** Ladentür

▸ **Karte und Lesegerät**

Electronic Cash

B   Vor Kurzem gingen wir mit Oma in die Stadt. „Junge", sagte sie zu meinem Vater, „hast du genug Bargeld eingesteckt, damit wir den Kindern was kaufen können? Es sollen ja ein paar Geschenke von mir sein. Ich hab mein Geld zu Hause gelassen. Ich geb dir das Geld auch zurück." „Kein Problem", antwortete mein Vater.

Im Jeansladen suchte ich mir eine Jeans aus. An der Kasse zog mein Vater seine EC-Karte aus der Tasche. „Junge, so zahlt man doch nicht, damit holt man nur Geld am Automaten", entsetzte sich meine Großmutter. „Du wirst dich blamieren, man muss doch Bargeld in der Tasche haben." ■

Muss man wirklich Bargeld in der Tasche haben? Nein, statt mit Bargeld, Scheck oder Kreditkarte kann man auch mit der EC-Karte bezahlen. Das Fachwort dazu lautet Electronic Cash.

Der Vorgang verläuft so: Der Kunde schiebt seine Karte in ein Lesegerät, bestätigt per Tastendruck den angezeigten Betrag und tippt seine persönliche Geheimnummer (PIN) ein.

Ein aufwendiges Verfahren, das aber nur wenige Sekunden dauert, schließt sich an: Die Daten der EC-Karte werden an einen Zentralrechner übermittelt, der eine Leitung zur Hausbank des Kunden schaltet, wo Kundendaten, PIN oder die Betragsdeckung geprüft werden. Auf umgekehrtem Wege läuft nun die Freigabe der Zahlung.

Vorteile dieser Zahlungsweise für das Geschäft: Die Überprüfung von EC-Karte und Scheckvordruck entfällt, da das Kreditinstitut mit der Freigabe die Zahlung des Betrages garantiert, die Einnahme wird dem Geschäftskonto direkt gutgeschrieben, zusätzliche Buchungsvorgänge entfallen.

Bei einer anderen Variante der Kartenzahlung wird lediglich geprüft, ob die EC-Karte gesperrt ist. Bei diesem elektronischen Zahlungsverkehr gibt es keine PIN-Eingabe am Kartenterminal. Wird die Zahlung zugelassen, bestätigt der Kunde sie durch seine Unterschrift. Es gibt hier keine Online-Überprüfung des Kundenkontos.

1.   ○ Erkundige dich bei Banken über die Höhe der jährlichen Gebühren für eine EC-Karte.

2.   ○ Erkundige dich bei der Bank nach den Kosten, die durch diese Art der Zahlung entstehen.

3.   ◐ Die bequeme Zahlungsweise per Electronic Cash birgt auch ein bestimmtes Risiko. Führt dazu eine Pro- und Kontra-Diskussion in der Klasse durch (s. nächste Seite).

Pro- und Kontra-Diskussion
Einkaufen mit Bargeld oder EC-Karte?

Ihr habt im nebenstehenden Text bereits den Vorgang von Electronic Cash kennengelernt und sollt jetzt über die Vor- und Nachteile des Einkaufens mit Bargeld oder EC-Karte diskutieren.

Schritt ❶
Vorbereitung

Bereitet euch inhaltlich auf das Thema vor:
- Viele von euch besitzen bereits eine EC-Karte und haben damit positive oder negative Erfahrungen beim Einkaufen gemacht. Vielleicht könnt ihr auch über Erfahrungen berichten, die ihr mit euren Eltern beim gemeinsamen Einkaufen und Bezahlen mit EC-Karte gemacht habt.
- Sammelt in vier Arbeitsgruppen auf Karten in zwei unterschiedlichen Farben Pro- und Kontra-Argumente.
- Wählt je einen Sprecher in den Gruppen, der eure Pro-Argumente und einen, der eure Kontra-Argumente vertritt.
- Bestimmt in der Klasse einen Diskussionsleiter, der sich bei einer Bank oder Sparkasse fachkundig macht, um interessante Fragen zu stellen und die Argumente zusammenzufassen.
- Bittet evtl. einen Bankexperten hinzu.
- Der zeitliche Rahmen muss festgelegt werden.
- Überlegt, ob die Diskussion aufgezeichnet werden soll.

Schritt ❷
2. Durchführung

- Auf dem „Podium" sitzen je vier Pro-Vertreter und vier Kontra-Vertreter sowie der Diskussionsleiter und evtl. der Experte.

- Der Diskussionsleiter stellt die Fragen
  - evtl. allgemein an den Experten,
  - an die Pro-Vertreter bzw. an die Kontra-Vertreter, die ihre Argumente und Gegenargumente vorbringen.
- Das „Publikum" sind die restlichen Schüler, die sich in einer Sitzrunde um das Podium versammeln. Sie machen sich in zwei Spalten kurze Notizen zu den Pro- und Kontra-Argumenten.

Schritt ❸
3. Auswertung

- Pro- und Kontra-Argumente werden von allen Schülern zusammengetragen und vom Diskussionsleiter in einer Übersicht an der Tafel festgehalten und zusammengefasst.
- Die Schüler überlegen, welche Argumente sie persönlich überzeugt haben.
- Die Diskussionsrunde wird gemeinsam im Klassengespräch reflektiert und Verbesserungsvorschläge gemacht.
  - Was ist gut gelaufen?
  - Worauf sollte bei der nächsten Diskussionsrunde geachtet werden?
- Abschließend kann in einem Meinungsbild festgestellt werden, wer für oder gegen das Verwenden der EC-Karte beim Einkaufen ist.

E-Commerce

Viele Jugendliche und viele Bürger kaufen im Internet – und die Zahl der Personen, die im Internet einkaufen, steigt jährlich (siehe Grafik rechts). Von Vorteil ist, dass es keine zeitliche Begrenzung zum Einkaufen gibt. Das Internet hat rund um die Uhr geöffnet. Ebenso wenig gibt es Ländergrenzen.

In diesem Zusammenhang wird von E-Commerce gesprochen. E-Commerce bezeichnet alle Arten von Geschäften, die auf elektronischem Wege abgewickelt werden. Eine Anfrage per E-Mail oder der Kauf eines Artikels im Onlineshop gehören ebenso wie Onlinebanking dazu.

Beim E-Commerce lässt sich beobachten, dass die Zahl der Nutzer ständig steigt. Es gibt auch schon Produkte, die häufiger im Internet gekauft oder online bestellt werden als andere.

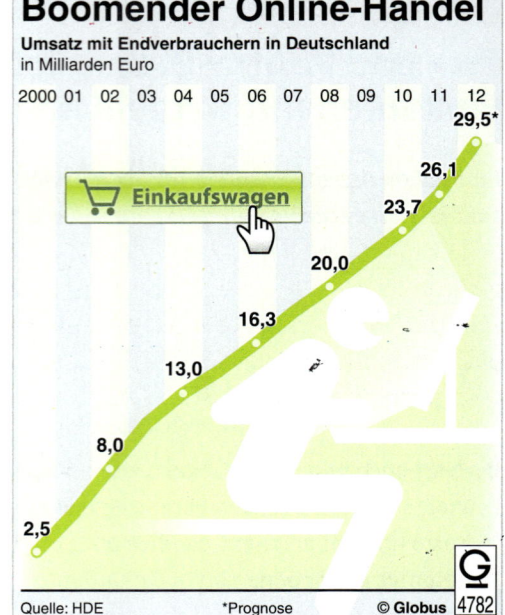

Boomender Online-Handel
Umsatz mit Endverbrauchern in Deutschland
in Milliarden Euro

2000 01 02 03 04 05 06 07 08 09 10 11 12

29,5*
26,1
23,7
20,0
16,3
13,0
8,0
2,5

Quelle: HDE   *Prognose   © Globus 4782

Hosen, Jacken und T-Shirts sind die beliebtesten Onlineartikel im Jahr 2012. Rund sechs Milliarden Euro gaben die Deutschen im Onlineversand für Bekleidung aus, so viel wie in keiner anderen Warengruppe. Den zweithöchsten Umsatz erzielten Geräte der Unterhaltungselektronik wie Fernseher. Darauf folgen Computer und Zubehör (2,3 %) und Bücher (2,2 %). Nur 1 % des Umsatzes wird online im Bereich Garten- und Heimwerkerzubehör gemacht.

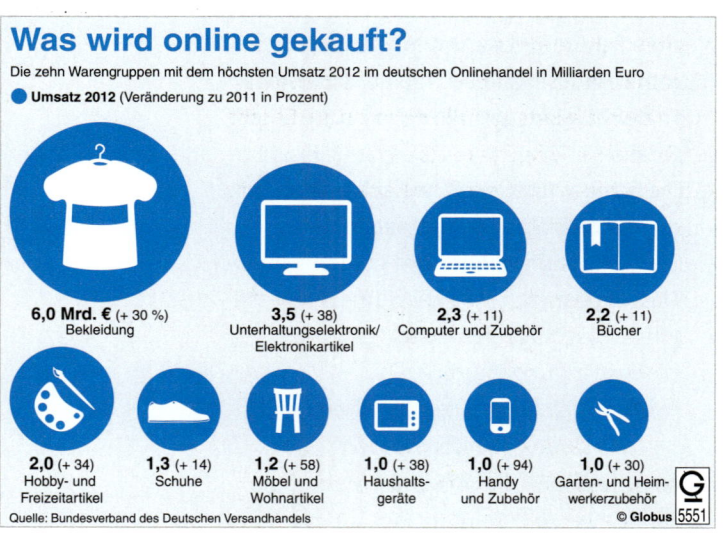

Was wird online gekauft?
Die zehn Warengruppen mit dem höchsten Umsatz 2012 im deutschen Onlinehandel in Milliarden Euro
● Umsatz 2012 (Veränderung zu 2011 in Prozent)

6,0 Mrd. € (+ 30 %)
Bekleidung

3,5 (+ 38)
Unterhaltungselektronik/
Elektronikartikel

2,3 (+ 11)
Computer und Zubehör

2,2 (+ 11)
Bücher

2,0 (+ 34)
Hobby- und
Freizeitartikel

1,3 (+ 14)
Schuhe

1,2 (+ 58)
Möbel und
Wohnartikel

1,0 (+ 38)
Haushalts-
geräte

1,0 (+ 94)
Handy
und Zubehör

1,0 (+ 30)
Garten- und Heim-
werkerzubehör

Quelle: Bundesverband des Deutschen Versandhandels   © Globus 5551

1. ○ Beschreibe mit eigenen Worten die Grafik „Boomender Online-Handel".

2. ◐ Erläutere, aus welchen Gründen der Umsatz durch das Einkaufen im Internet in den letzten Jahren gestiegen ist.

3. ◐ Finde Gründe, weshalb die Verbraucher am liebsten Bekleidung per Mausklick bzw. online bestellen.

Der Kauf im Internet bietet viele Vorteile – hat aber auch Risiken!

Für den **Käufer** ist es vorteilhaft, dass er den Kauf und die Bezahlung direkt online abwickeln kann. Damit verzichtet er auf die persönliche Beratung im Geschäft und spart sich auch den Weg zur Bank für die Bezahlung. Diese kann er ebenfalls online tätigen, beispielsweise direkt über PayPal.

Nachteilig ist, dass er das Produkt nicht direkt anschauen, anfassen oder prüfen kann. Und er hält es wegen dem Postversand erst ein paar Tage später in Händen.

Bestimmte Zahlungsarten sind für **Händler** häufig mit Zahlungsrisiken verbunden. Der Kunde ist für den Händler anonym. Bei bestimmten Zahlungsmöglichkeiten, wie z. B. mit der Lastschrift, ist die Zahlung nicht garantiert. D.h., dass der Händler schlimmstenfalls die Ware verschickt und kein Geld erhält.

Sowohl Händler als auch Käufer tragen ein Datenschutzrisiko, da sie die Informationen über das Internet schicken. Der Händler speichert personenbezogene Daten, um die Bestellung ausführen zu können. Er ist aber dazu verpflichtet, dem Käufer genau mitzuteilen, welche Daten und wie lange diese gespeichert werden.

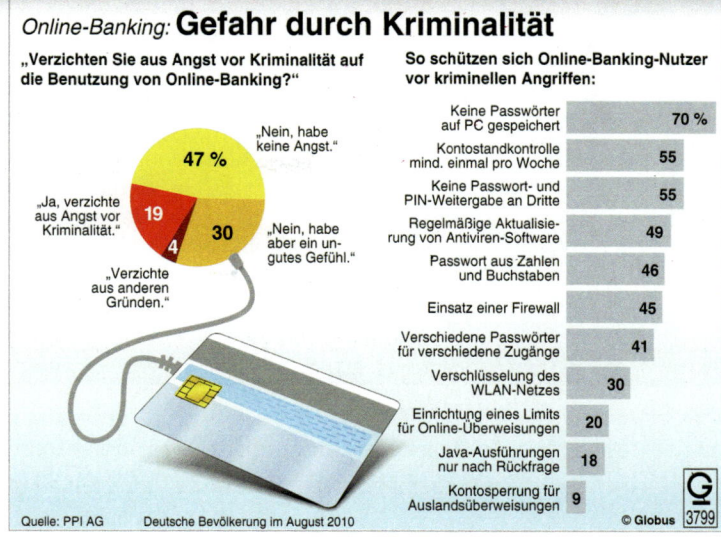

Widerrufsrecht beim E-Commerce

Zum Schutz der Käufer gibt es Regelungen zum Widerspruchs- und Verbraucherrecht. Darin ist vermerkt, dass für den Käufer in jedem Fall ein Widerspruchsrecht von 14 Tagen besteht.

Gefahren beim Onlinebanking

Neben den Risiken beim Einkaufen im Internet gibt es insbesondere beim Onlinebanking zusätzliche Gefahren, die nicht zu unterschätzen sind. Denn die Betrugsfälle nehmen zu. Es gibt verschiedene Möglichkeiten, wie Onlinebanking-Nutzer sich gegen Betrugsfälle schützen können (s. Grafik).

---

4. ◐ Stelle die Vor-und Nachteile durch den E-Commerce für Verkäufer und Käufer gegenüber.

5. ● Nimm begründet Stellung zum Kauf im Internet und dem damit verbundenen veränderten Konsumverhalten.

6. ○ Beschreibe anhand der Grafik die verschiedenen Möglichkeiten, wie Onlinebanking-Nutzer sich vor kriminellen Übergriffen schützen können.

7. ● Schaue dir die Umfrageergebnisse in der Grafik an. Begründe anschließend, ob du aus Angst vor Kriminalität auf die Benutzung von Onlinebanking verzichten würdest.

▸ Jasmin in ihrer eigenen Wohnung   ▸ Ein Autounfall kann passieren ...   ▸ ... oder eine Verletzung

Absicherung über Versicherungen

B Jasmin hat ihre Ausbildung abgeschlossen und wurde von ihrem Ausbildungsbetrieb übernommen. Während der Ausbildung wohnte sie noch bei ihren Eltern. Nun ist sie in ihre erste eigene Wohnung gezogen. Sie freut sich über ihr erstes volles Gehalt und bemerkt zugleich, was alles auf sie zukommt. ◼

Jasmin ist, wie auch andere Bürgerinnen und Bürger verschiedenen Risiken ausgesetzt: Sie kann krank werden und benötigt medizinische Hilfe, in ihre Wohnung könnte eingebrochen werden, oder sie verletzt sich und kann ihren Beruf als Gesundheits- und Krankenpflegerin nicht mehr ausüben. Diese Risiken bringen verschiedene finanzielle Folgen mit sich, wie z. B. Kosten für Arzt und Medikamente. Falls sie ihren Beruf nicht mehr ausüben kann, muss zumindest teilweise ihr fehlendes Einkommen ausgeglichen werden. Alleine kann sie daher die finanziellen Folgen, die beim Eintritt der Risiken auf sie zukommen, nicht tragen. Diese Absicherung erfolgt über Versicherungen.

Die ersten Versicherungen
Der Sinn einer Versicherung ist, die Folgen eines Risikos, das bei vielen Menschen gleich bzw. ähnlich ist, auf die Schultern vieler zu verteilen. Im 14. Jahrhundert schlossen sich Kaufleute zusammen, um ihre Handelsschiffe abzusichern. Sie vereinbarten, bei Eintritt eines

Schadens den Ausgleich auf alle umzulegen. Wenn z. B. das Schiff eines Seefahrers gesunken war, glichen die anderen den Schaden aus (Umlageverfahren). Später traten gewerbsmäßige „Risikoträger" auf den Markt. Sie schlossen Verträge mit vielen Kunden ab, die ähnlichen Risiken ausgesetzt waren. Die Einnahmen des Versicherers mussten in diesem einfachen Fall dafür ausreichen, alle eintretenden Schäden zu decken. Da es allerdings unwahrscheinlich war, dass alle Versicherten im gleichen Jahr z. B. ein Schiff verloren, konnte der Versicherer davon ausgehen, dass bei ausreichend hoher Kundenzahl mit entsprechenden Prämieneinnahmen die zu erwartenden Schäden abgedeckt werden konnten.

Individualversicherungen für private Haushalte

Die Mitglieder der privaten Haushalte sind verschiedenen Risiken ausgesetzt, gegen die sie sich absichern müssen, z. B. Kosten für eine teure Operation, die sie nicht selber tragen könnten und die sie zumindest in große finanzielle Schwierigkeiten bringen würde. Daher schließen private Haushalte und auch Unternehmen Versicherungsverträge ab, in denen genau beschrieben ist, in welchen Fällen die Versicherung zahlen muss. Im Gegenzug zahlen die Versicherungsnehmer (z. B. die privaten Haushalte) einen Versicherungsbeitrag. Die

Versicherungen

Sozialversicherungen
(gesetzliche Krankenversicherung, Rentenversicherung, Pflegeversicherung, Unfallversicherung und Arbeitslosenversicherung)

Individualversicherungen
(z. B. Hausratversicherung, Haftpflichtversicherung, Berufsunfähigkeitsversicherung)

privaten Haushalte müssen sich daher besonders auf diejenigen Versicherungen konzentrieren, die für sie notwendig sind.

Hausratversicherung

Die Hausratversicherung bietet einen Versicherungsschutz für Einrichtungs-, Gebrauchs-
und Verbrauchsgegenstände eines Haushalts.
Dazu gehören beispielsweise Möbel, Haus-
haltselektronik, Kleidung und Nahrungsmittel.
Es besteht auch Versicherungsschutz gegen
Feuer, Wasserschäden, Sturm, Hagel, Ein-
bruchdiebstahl, Raub und Vandalismus.

Privathaftpflichtversicherung

Die Absicherung gegen Schadenersatzforde-
rungen Dritter ist der Inhalt einer Haftpflichtversicherung. Wird einem Dritten ein Schaden
zugefügt, muss der Schädiger den angerichte-
ten Schaden in voller Höhe ersetzen. Das bedeutet, dass der Wert erstattet werden muss,
den eine Sache kurz vor dem Eintritt der schä-
digenden Handlung hatte. Diesen Wert nennt
man Zeitwert. Beispiel: Ist der MP3-Player bereits drei Jahre alt, kann der Geschädigte nicht
verlangen, dass ihm ein iPod der aktuellsten
Version als Ersatz gewährt wird.

Berufsunfähigkeitsversicherung

Wer z. B. aufgrund einer Erkrankung oder
eines Unfalls nicht mehr in der Lage ist, seinen Beruf auszuführen, also berufsunfähig
ist, erhält von der gesetzlichen Rentenversicherung eine Erwerbsminderungsrente. Diese
reicht allerdings nicht aus, um den gewohnten
Lebensstandard aufrecht zu halten. Daher ist
es notwendig, eine Berufsunfähigkeitsversicherung abzuschließen. Diese zahlt im Fall der
Berufsunfähigkeit eine Rente, die unabhängig
vom Einkommen ist. Die Höhe der Rente wird
im Versicherungsvertrag festgelegt.

Kfz-Haftpflicht

Diese Versicherung ist für alle Halter von
Kraftfahrzeugen eine Pflichtversicherung.
Diese Haftpflichtversicherung leistet Scha-
denersatzleistungen an Dritte, die bei einem
Autounfall geschädigt wurden.

Kfz-Kaskoversicherung

Durch diese Versicherung werden Schäden, die
am versicherten Auto entstehen können, ersetzt. Die Teilkaskoversicherung umfasst zum
Beispiel Schäden durch Brände und Diebstahl.
Die Vollkaskoversicherung ersetzt zudem z. B.
auch Schäden durch Unfälle.

---

1. ○ Beschreibe drei Risiken privater Haushalte und deren finanziellen Folgen.

2. ○ Benenne die Versicherungen, über die die Risiken, die du in Aufgabe 1 gefunden
     hast, abgesichert werden können.

3. ◉ Ermittle eine weitere Individualversicherung und beschreibe, welche Risiken diese
     absichert.

 Starthilfe zu 3:

Du kannst z. B. deine
Eltern nach ihren
Versicherungen
fragen.

▸ Krankheit   ▸ Brand des Wohnhauses   ▸ Zerbrochene Brille

Welche Risiken gibt es?

So gut wie alle Risiken könnte Jasmin über entsprechende Versicherungen absichern. Aber jede Versicherung kostet Geld. Sie muss zwischen vielen Versicherungen entscheiden und genau überlegen inwieweit sie in der Lage ist, diese zu bezahlen. Hierbei kann es helfen, die Risiken danach zu unterscheiden, wie schwerwiegend ihre Folgen für die eigene Existenz sind:

Existenzzerstörende Risiken

Ein **existenzzerstörendes Risiko** bedeutet, dass der Haushalt mit den finanziellen Folgen vollkommen überfordert wäre. Bei diesen Risiken wäre die Schadenshöhe um ein Vielfaches höher als das Jahreseinkommen. Dazu gehören Krankheit/Pflege, Unfall, Berufsunfähigkeit/Erwerbsminderung, Tod. Viele Personen- und Vermögensrisiken können existenzzerstörend sein.

Existenzgefährdende Risiken

Die Folgen von **existenzgefährdenden Risiken** sind zwar tragbar, verschlechtern allerdings nachhaltig die Einkommens- und Vermögens-situation des Haushalts. Hierbei handelt es sich vor allem um Sachrisiken, wie einen Wohnungsbrand, bei dem die möglichen finanziellen Folgen überschaubar sind. Trotzdem bedeuten sie für den Durchschnittsbürger eine deutliche Verschlechterung des Lebensstandards.

Selbst tragbare Risiken

Die finanziellen Folgen von **selbst tragbaren Risiken** können ohne größere Probleme vom Betroffenen selbst getragen werden. Ein Beispiel wäre ein gestohlener MP3-Player.

Das Lebensphasenkonzept

Auch wenn Menschen sehr unterschiedliche Berufe ausüben und verschiedene Hobbys haben, gibt es eine Reihe von gemeinsamen Risiken und einen ähnlichen Versicherungsbedarf. Das Lebensphasenmodell stellt die Risiken, die in einer bestimmten Lebensphase hinzukommen oder besonders bedeutend sind, dar. Ein Jugendlicher muss sich entsprechend gegen andere Risiken absichern, als ein Rentner.

---

1. ● Benenne die jeweilige Versicherung, durch die die Risiken (s. Bilder) abgesichert werden könnten.

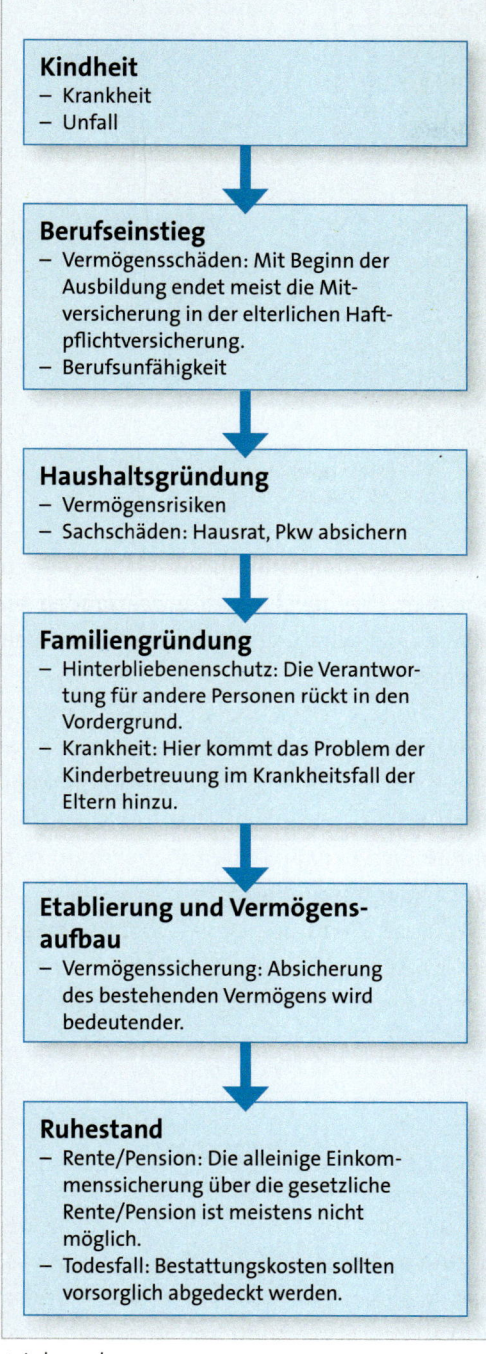

Kindheit
- Krankheit
- Unfall

Berufseinstieg
- Vermögensschäden: Mit Beginn der Ausbildung endet meist die Mitversicherung in der elterlichen Haftpflichtversicherung.
- Berufsunfähigkeit

Haushaltsgründung
- Vermögensrisiken
- Sachschäden: Hausrat, Pkw absichern

Familiengründung
- Hinterbliebenenschutz: Die Verantwortung für andere Personen rückt in den Vordergrund.
- Krankheit: Hier kommt das Problem der Kinderbetreuung im Krankheitsfall der Eltern hinzu.

Etablierung und Vermögensaufbau
- Vermögenssicherung: Absicherung des bestehenden Vermögens wird bedeutender.

Ruhestand
- Rente/Pension: Die alleinige Einkommenssicherung über die gesetzliche Rente/Pension ist meistens nicht möglich.
- Todesfall: Bestattungskosten sollten vorsorglich abgedeckt werden.

▸ Lebensphasen

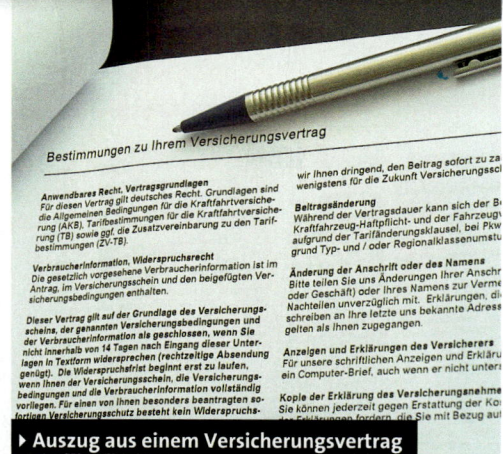

▸ Auszug aus einem Versicherungsvertrag

Der Abschluss einer Versicherung

B   Jasmin hat ermittelt, welche Versicherungen sie nach Möglichkeit auf jeden Fall abschließen sollte. Nun steht sie vor dem nächsten Problem: Es gibt unzählige unterschiedliche Angebote zu einer bestimmten Versicherung. Auch weiß sie nicht, worauf sie genau achten muss. Wie hoch sollte beispielsweise die Versicherungssumme sein? Sie überlegt sich daher, woher sie diese Informationen bekommen kann. ◼

INFO

Die **Versicherungssumme** ist der Betrag, der dem Versicherten im Schadensfall höchstens ausgezahlt wird.

Der **Versicherungsbeitrag** ist der Betrag, den der Versicherte für die Leistung des Versicherungsschutzes an die Versicherung zahlt.

---

2. ◒ Ermittle, welche Risiken Jasmin auf jeden Fall absichern sollte, und stelle ein entsprechendes Versicherungspaket zusammen.

3. ◒ Überlege, welche Versicherungen für dich infrage in kämen.

4. ⬤ Kritiker des Lebensphasenkonzepts meinen, dass hierbei nicht zwischen verzichtbaren und unverzichtbaren Versicherungen unterschieden wird. Diskutiert diese Aussage.

→] Starthilfe zu 2:

Ein Paket bedeutet, dass darin mehrere Versicherungen enthalten sind.

▶ Logo der Verbraucherzentralen

▶ Logo der Stiftung Warentest

Schritte beim Abschluss einer Versicherung

Bevor du eine Versicherung abschließt, solltest du Folgendes bedenken:

Was wird benötigt?

– Ist der angebotene Versicherungsschutz überhaupt notwendig?
– Ist der angebotene Schutz durch eine bestehende Versicherung gedeckt?

Wo kann ich mich informieren?

Versicherungsunternehmen stellen Informationen zu Versicherungen zur Verfügung. Diese dienen allerdings vor allem dazu, auch Versicherungen zu verkaufen. Daher solltest du dich auch bei unabhängigen Einrichtungen über Versicherungen informieren:

Die **Verbraucherzentralen** und die **Stiftung Warentest** (Finanztest) bieten Informationen, die unabhängig von den Versicherungsunternehmen sind. Sie testen z. B. Versicherungen, und die Ergebnisse kann man im Internet nachlesen. Somit kannst du auch Angebote von verschiedenen Versicherungen miteinander vergleichen.

Der Haushaltsplan

Es ist wichtig, sich vor dem Abschluss einer Versicherung einen genauen Überblick über die eigenen Einnahmen und Ausgaben zu machen. Hierbei solltest du überprüfen, ob du den Versicherungsbeitrag auch bezahlen kannst.

Vor dem Vertragsabschluss

Lies die Versicherungsbedingungen und das Produktinformationsblatt sorgfältig. Informiere dich bei Unklarheiten, bevor du den Vertrag unterschreibst.

INFO

Die **Verbraucherzentralen** bieten in ungefähr 200 Beratungsstellen in Deutschland Beratungen zu verschiedenen Bereichen, auch zu Finanzen, an. Sie geben auch Bücher und Informationshefte für Verbraucher heraus. Sie finanzieren sich überwiegend durch eigene Einnahmen.

Auch die **Stiftung Warentest** wird vom Staat finanziert. Sie testet Produkte aus nahezu allen Bereichen, wie z. B. Unterhaltungselektronik, Lebensmittel, Körperpflege. Auch Dienstleistungen wie Versicherungen und Kreditangebote werden getestet. Die Ergebnisse werden in Zeitschriften abgedruckt. Alles rund um Versicherungen findet ihr in der Zeitschrift „Finanztest" und auf den Internetseiten der Stiftung Warentest.

Der Versicherungsvertrag

Jasmin hat sich nach einiger Recherche zum Abschluss einer Versicherung entschlossen. Hierbei schließt sie mit dem Versicherungsunternehmen einen Versicherungsvertrag ab. In dem Vertrag ist genau festgehalten, welche Leistungen sie in welchen Fällen von der Versicherung erhält. Sie erwirbt also vom Versicherer das Versprechen, dass dieser ihr in bestimmten Schadensfällen eine bestimmte Leistung erbringt.

Der Versicherungsvertrag

Der Versicherungsschein
Diesem sind die wichtigsten vertraglichen Informationen zu entnehmen, wie z. B. die Rechte und Pflichte des Versicherten, Angaben zur Prämienhöhe und zum Beginn der Versicherung.

Die Versicherungsbedingungen
Diese umfassen die Allgemeinen Geschäftsbedingungen (AGB) des Versicherers. Sie bilden die wesentliche Rechtsgrundlage für den Vertrag zwischen dem Versicherungsunternehmen und dem Versicherten. Zudem sind bei manchen Verträgen weitere spezielle Versicherungsbedingungen enthalten.

Das Produktinformationsblatt
Dieses soll dem Versicherungsnehmer einen Überblick über die wichtigsten Punkte der Versicherung geben: u. a. das versicherte und das ausgeschlossene Risiko, Verpflichtungen im Versicherungsfall, Möglichkeiten zur Beendigung des Vertrags, Höhe der Prämie.

Rechte des Versicherten

Wenn der Versicherungsvertrag abgeschlossen ist, erhält der Versicherte dadurch verschiedene Rechte: Das wichtigste Recht ist das Recht auf Versicherungsleistungen, wie sie im Versicherungsvertrag festgehalten wurden. Der Versicherer ist des Weiteren dazu verpflichtet, den Versicherten vor Vertragsabschluss z. B. über die Auswirkungen des Vertrags zu informieren. Der Versicherungsnehmer kann sich auch z. B. bei der Bundesanstalt für Finanzdienstleistungsaufsicht (BaFin) oder beim Versicherungsombudsmann über das Versicherungsunternehmen beschweren.

Pflichten des Versicherten

Der Versicherte hat durch den Versicherungsvertrag allerdings auch einige Pflichten. Am wichtigsten ist, dass er den Beitrag wie vereinbart zahlt. Außerdem muss er vor dem Vertragsabschluss alle relevanten Angaben wahrheitsgemäß machen, z. B. Erkrankungen nennen. Änderungen müssen auch nach dem Vertragsabschluss dem Versicherer mitgeteilt werden. Im Schadensfall muss der Versicherte diesen sofort der Versicherung melden und alles tun, um den Schaden zumindest zu vermindern. Kommt der Versicherte seinen Pflichten nicht nach, kann das zum Verlust des Versicherungsschutzes führen.

Versicherungsombudsmann
unabhängiger Schlichter

---

1. ○ Recherchiere im Internet auf den Seiten der Verbraucherzentralen und der Stiftung Warentest. Nenne die Informationen zu Versicherungen, die du dort findest.

2. ◒ Erläutere, warum es notwendig ist, sich bei unabhängigen Einrichtungen über Versicherungen zu informieren.

3. ◒ Erläutere wesentliche Rechte und Pflichten eines Versicherten.

Drei Beispiele

Schülerin wird leicht verletzt

Eine 16-jährige Radfahrerin ist am Montagmorgen bei einem Unfall an der Einmündung der Oldenburger Straße in die abknickende Vorfahrt Rudolf-Königer-Straße/Oldenburger Straße leicht verletzt worden. Wie die Polizei berichtet, befuhr die Schülerin den Radweg entgegen der zugelassenen Fahrtrichtung. Ein Pkw-Fahrer, der die Oldenburger Straße in stadtauswärtiger Richtung befuhr, stieß mit der Radfahrerin zusammen und brachte sie zu Fall. Die Schülerin kam mit leichten Verletzungen ins Krankenhaus. Das Fahrrad wurde beschädigt. Am Pkw entstand ein Sachschaden.

Feuerwehr löscht Carport-Brand

Carport
überdachter Abstellplatz für Autos

In der Straße Schellenberg hat die Feuerwehr am Dienstagabend den Brand eines Doppel-Carports gelöscht. Wie es zu dem Brand kam, ist noch unklar. Als die gegen 18.30 Uhr alarmierte Feuerwehr mit ihren Löschfahrzeugen vor Ort eintraf, stand die Holzkonstruktion komplett in Flammen.

Geldbörse und Ringe gestohlen

Die Polizei meldet zwei Diebstähle vom vergangenen Wochenende. Unbekannte Täter brachen nach Polizeiangaben in der Nacht auf Sonnabend in der Waldstraße einen Pkw auf und stahlen daraus ein Portemonnaie mit Bargeld, EC-Karte und weiteren Unterlagen. Zudem wurden aus einer Schmuckschatulle zwei silberfarbene Ringe entwendet.

So wie in den Zeitungsartikeln beschrieben, können schnell und unverhofft Dinge passieren. Gegen einige Sachen kann man sich absichern, wenn im Vorfeld eine Versicherung abgeschlossen wurde. Die Versicherung zahlt dann in der Regel die vereinbarten Leistungen. Daher ist es wichtig, vor dem Abschluss genau die Leistungen zu prüfen.

1. ○ Beschreibe in eigenen Worten, was jeweils passiert ist.

2. ◔ Erkläre anhand der Fallbeispiele, welche Art von Versicherung den entstandenen Schaden reguliert.

3. ● Beurteile, wie in den einzelnen Fallbeispielen ein Schaden hätte verhindert werden können. Nimm anschließend Stellung dazu, ob die Versicherung den entstandenen Schaden in jedem Fall zahlen muss.

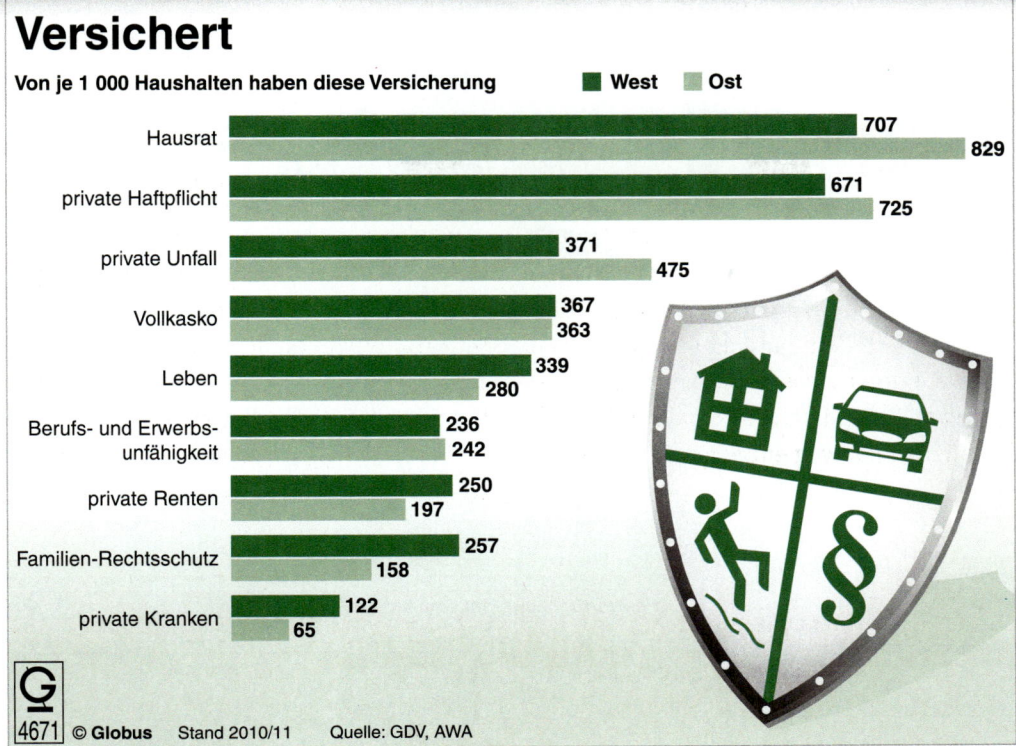

Versichert

Von je 1 000 Haushalten haben diese Versicherung ■ West ■ Ost

Versicherung	West	Ost
Hausrat	707	829
private Haftpflicht	671	725
private Unfall	371	475
Vollkasko	367	363
Leben	339	280
Berufs- und Erwerbsunfähigkeit	236	242
private Renten	250	197
Familien-Rechtsschutz	257	158
private Kranken	122	65

4671 © **Globus** Stand 2010/11 Quelle: GDV, AWA

Gut versichert?

Die meisten Individualversicherungen in Deutschland sind keine Pflichtversicherungen. Die Bürgerinnen und Bürger können also selbst entscheiden, ob sie bestimmte Versicherungen abschließen möchten oder nicht. Es gibt allerdings Ausnahmen: So muss beispielsweise der Halter eines Pkws eine Kfz-Haftpflichtversicherung abschließen.

Versicherung	abgesicherte Risiken	Wer sollte diese Versicherung abschließen?
?	?	?
?	?	?
?	?	?
?	?	?
?	?	?

1. Recherchiere im Internet und bearbeite die folgenden Aufgaben:

○ a) Ermittle, welche Risiken durch die in der Grafik genannten Versicherungen abgedeckt werden.

● b) Ermittle mithilfe des Grads der Existenzgefährdung, welche der dargestellten Versicherungen notwendig sind und diskutiere daraufhin die von den deutschen Haushalten abgeschlossenen Versicherungen mit deinen Mitschülern.

● c) Übertrage die Tabelle und fülle diese für drei Versicherungen aus. Begründe, für welche Personen du die Versicherungen für sinnvoll erachtest.

PRAXIS

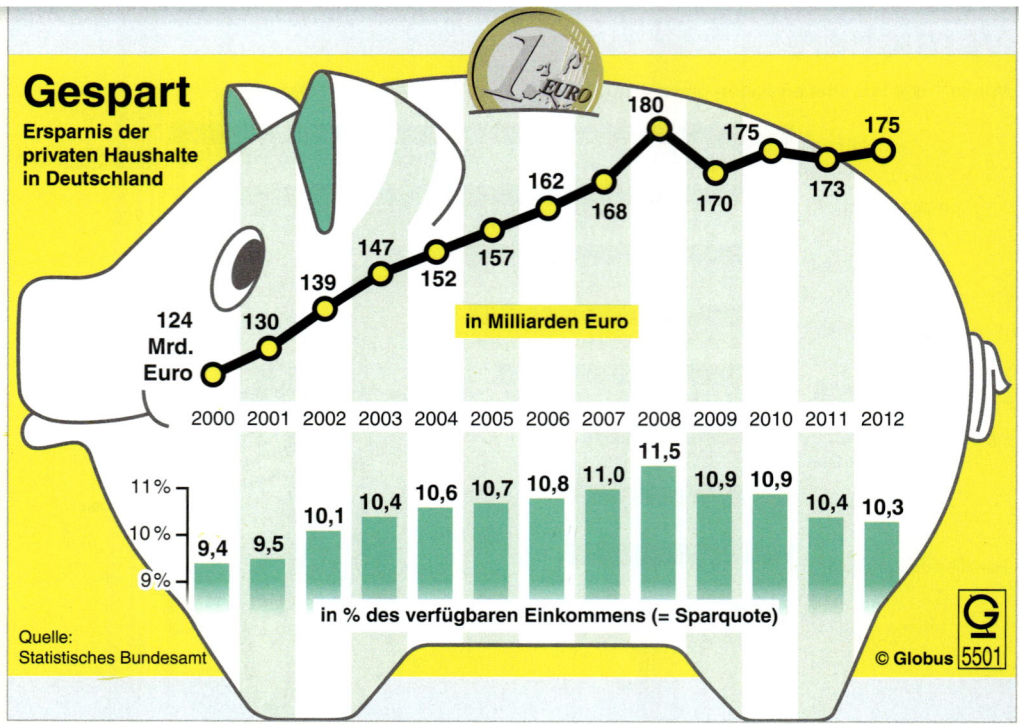

Gespart

Ersparnis der
privaten Haushalte
in Deutschland

in Milliarden Euro

124 Mrd. Euro — 130 — 139 — 147 — 152 — 157 — 162 — 168 — 180 — 175 — 170 — 173 — 175

2000 2001 2002 2003 2004 2005 2006 2007 2008 2009 2010 2011 2012

11 %
10 %
9 %

9,4 9,5 10,1 10,4 10,6 10,7 10,8 11,0 11,5 10,9 10,9 10,4 10,3

in % des verfügbaren Einkommens (= Sparquote)

Quelle:
Statistisches Bundesamt

© Globus 5501

Einkommen und Ausgaben

Arbeitnehmer bekommen in der Regel monatlich für ihre geleistete Arbeit im Büro, in der Fabrik oder bei anderen Arbeitgebern Geld auf ihr Girokonto überwiesen. Die Höhe kann natürlich sehr unterschiedlich sein. Gemeinsam ist jedoch, dass viele private Haushalte einen Teil ihres Geldes sparen. Wie viel die privaten Haushalte in Deutschland gespart haben, zeigt die Grafik oben. Gründe dafür gibt es viele, wie z. B. Reisen, Geschenke oder größere Anschaffungen.

Aber auch das Sparen ersetzt nicht die Absicherung durch Versicherungen. Denn Versicherungen zählen mit zu den Pflichtausgaben, um gegen finanzielle Risiken abgesichert zu sein. Damit man auch bei Unfällen oder für das Alter gut versorgt ist, wird ein Teil des Geldes für Versicherungsbeiträge ausgegeben.

Es gibt verschiedene Versicherungen, um sich abzusichern. Angefangen von der Haftpflichtversicherung, über die Unfallversicherung bis hin zur Hausratversicherung und noch einige mehr. Aber auch Lebens- und Rentenversicherungen zählen zu den Versicherungen, um beispielsweise im Alter gut abgesichert zu sein. Daher ist es wichtig, sich zu informieren, welche Versicherung in welchem Alter für welchen Zweck sinnvoll ist.

1. ⬭ Arbeite heraus, warum Verbraucher sparen.

2. ⬤ Überlege: Welche Auswirkungen hat das Sparen in Bezug auf die persönlichen Konsumausgaben?

3. ⬤ Viele Bürger geben monatlich ihr gesamtes Geld aus. Was haltet ihr davon? Diskutiert das Für und Wider.

4. ⬤ Erkläre, warum Versicherungen wichtig sind.

Versicherungsbetrug

Ich habe seit 15 Jahren jeden Monat meinen Versicherungsbeitrag gezahlt. Da habe ich auch das Recht, etwas zurückzubekommen. Daher ist es auch kein Betrug, wenn es um einen kleinen Betrag geht.

Ich finde es nicht in Ordnung, wenn jemand Versicherungsbetrug begeht. Schließlich führt es dazu, dass die Beiträge für alle Versicherten steigen. Dann ist der Ehrliche mal wieder der Dumme!

INFO

Schadensregulierung: Eine Versicherung reguliert einen Schaden, wenn sie zum Beispiel nach einem Unfall die Kosten für den Schaden übernimmt.

Die **Schaden- und Unfallversicherer** decken Schäden am Eigentum ab, z. B., wenn die Hauseinrichtung durch ein Feuer zerstört wurde. Zudem springen sie ein, wenn der Versicherte für einen Schaden haften muss, z. B., wenn er einen Autounfall verursacht hat. Die Unternehmen bieten außerdem Versicherungen an, die jemanden finanziell absichern, falls dieser nach einem Unfall zum Beispiel nicht mehr arbeiten kann.

Versicherungsbetrug: Betrug ist eine Straftat. Er liegt vor, wenn jemand einen anderen absichtlich täuscht, um sich einen finanziellen Vorteil zu verschaffen. Einen Versicherungsbetrug begeht zum Beispiel jemand, der seiner Versicherung einen Schaden meldet, den er frei erfunden hat.

Der Klops mit Klopps Brille

Diese Brille war zu prominent für einen Betrug. Trotzdem haben viele versucht, die öffentlich zu Bruch gegangene Brille von Dortmunds Fußballtrainer Jürgen Klopp zu Geld zu machen, wie der Versichererverband GDV berichtet. Ein kurioser Fall: Als Borussia Dortmund vergangenes Jahr das Bundesligaspiel gegen den FC Bayern in München gewann, war der Jubel der Fans und Spieler groß. Dabei wurde Klopp so ungeschickt von Spieler Nuri Sahin am Kopf getroffen, dass seine Brille zu Bruch ging. Die ist nun seit ein paar Wochen im Dortmunder Vereinsmuseum ausgestellt. Und seit kurzem erreichen die Versicherer immer wieder Fotos von Klopps Brille mit der ernst gemeinten Aufforderung zur Schadensregulierung. So amüsant der Fall auch sein mag: Den deutschen Schaden- und Unfallversicherern gehen durch Versicherungsbetrug jedes Jahr vier Milliarden Euro verloren. Jeder Zehnte, der Geld von seiner Versicherung will, hat den Schaden frei erfunden oder setzt diesen zu hoch an, lautet eine Faustformel der Branche. Besonders viele Technikgeräte gingen unter mysteriösen Umständen kaputt, wenn ein neues Modell auf den Markt kommt, berichten Versicherer. [...] „Das heißt nicht, dass der Versicherer automatisch von Betrug ausgeht. Aber man muss den Fall genau prüfen." [, sagt Stephan Schweda vom GDV.] Häufig nimmt die Versicherung dabei auch die Hilfe eines [...] Detektivs in Anspruch.

Quelle: Leitl, K., Handelsblatt, 07.09.2012

5. ○ Beschreibe, aus welchen Gründen Menschen Versicherungsbetrug begehen.

6. ● Diskutiere die beiden Meinungen zum Versicherungsbetrug und entwickle eine eigene Position. Begründe diese.

In diesem Kapitel habt ihr gelernt, ...

– *was ein Kaufvertrag ist, wann ihr geschäftsfähig seid und welche Rechte ihr als Käufer habt.*
– *was SEPA bedeutet und könnt zwischen einer SEPA-Überweisung und einer SEPA-Lastschrift unterscheiden.*
– *dass es verschiedene Zahlungsmöglichkeiten wie die Kartenzahlung mit EC- oder mit Kreditkarte gibt.*
– *welche Zahlungsmöglichkeiten es für E-Commerce gibt.*
– *welche Rechte ein Käufer/Verkäufer beim E-Commerce hat.*
– *welche Vor- und Nachteile mit dem Onlinehandel verbunden sind.*
– *welchen Risiken die Mitglieder der privaten Haushalte ausgesetzt sind.*
– *welche Versicherungen für Privatpersonen wichtig sind.*
– *was beim Abschluss eines Versicherungsvertrages zu bedenken ist und woher Verbraucher Informationen bekommen können.*

Mit den folgenden Aufgaben könnt ihr euer Wissen überprüfen.

1. ○ Beschreibe, was unter E-Commerce zu verstehen ist.

2. ◐ Unterscheide, welche Zahlungen eher per Lastschrift oder per Überweisung getätigt werden.

3. ◐ Veranschauliche die Vorteile einer bargeldlosen Zahlung.

4. ○ Beschreibe mit eigenen Worten die wesentlichen Merkmale des Lastschriftverfahrens.

5. ◐ Stelle tabellarisch die Vor- und Nachteile des Lastschriftverfahrens für Kunden und Händler gegenüber.

6. ◐ Erkläre, warum beim Lastschriftverfahren auch von der „Umkehrung der Überweisung" gesprochen wird.

7. ● Diskutiere in der Klasse, für welche Zahlungen beispielhaft die Lastschrift und für welche die Zahlung mit Kreditkarte geeignet erscheint. Nimm anschließend begründet Stellung dazu, warum die eine Zahlungsmöglichkeit für bestimmte Zusammenhänge geeigneter ist als eine andere.

8.   Petra zieht in ihre erste eigene Wohnung. Voller Schrecken stellt sie fest, dass nun laufend unterschiedliche Zahlungen auf sie zukommen. Und diese muss sie alle managen. Zum Glück hat sie ein Girokonto, über das sie die Zahlungen abwickeln kann. Doch welche Zahlungsmöglichkeit ist jeweils geeignet? Ist ein Dauerauftrag oder eine Einzugsermächtigung sinnvoll?
    ◐ Ordne die Zahlungsart „Dauerauftrag" oder „Einzugsermächtigung" zu.
    ● Nenne für die folgenden Beispiele die Zahlungsart, die du anwenden würdest, und begründe deine Meinung.
    a) Zahlung von 350 Euro Miete monatlich,
    b) monatliche Telefonrechnung,
    c) jährlicher Beitrag für die Haftpflichtversicherung,

d) monatliche Kreditrate in Höhe von 130 Euro,

e) monatliche Sparrate auf das eigene Sparkonto.

9. ● Problematisiere die Bedeutung des Datenschutzes bei einer Bestellung im Internet.

10. ● Begründe, warum E-Commerce in den letzten Jahren zunehmend an Bedeutung gewonnen hat. Problematisiere mögliche Vor- und Nachteile für Kunden und Händler.

11. ○ Benenne drei Risiken, die einen Auszubildenden betreffen und benenne die Versicherungen, mit denen diese Risiken abgesichert werden können.

12. ● Nimm Stellung zu Jens' Absicht.

B Jens möchte eine Berufsunfähigkeitsversicherung abschließen. Im Internet hat er gelesen, dass viele Vorerkrankungen zu höheren Versicherungsbeiträgen führen können. Nun möchte er seine Knieverletzung, die er sich vor zwei Jahren beim Sport zugezogen hat, lieber nicht angeben. Es ist schon lange her, und er hat seitdem keine Probleme mehr mit dem Knie gehabt. ■

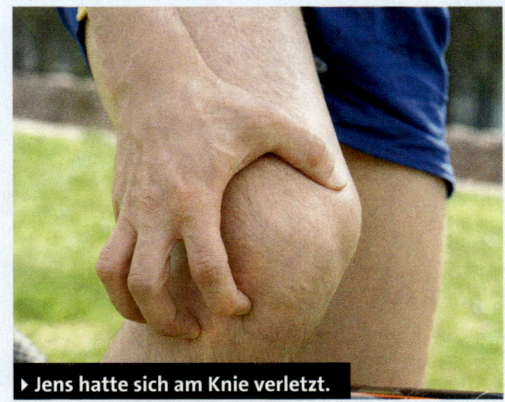

▸ **Jens hatte sich am Knie verletzt.**

13. ○ Anne möchte für ihr neues Auto eine Kasko-Versicherung abschließen. Sie informiert sich und liest, dass es bei vielen Versicherungen eine Selbstbeteiligung gibt. Ermittle, was darunter verstanden wird.

14. ● a) Benenne die Risiken, denen die Menschen in den beiden folgenden Beispielen ausgesetzt sind, und die Versicherungen, die diese absichern.

b) Entwickle ein Versicherungspaket für die jeweiligen Haushalte.

c) Begründe die Auswahl der Versicherungen. Bedenke das Ausmaß der Existenzgründungen und das Lebensphasenkonzept.

B FALL 1

Die Familie Müller mit drei Kindern hat ein monatliches Nettoeinkommen von 4.500 Euro. Beide Ehepartner arbeiten, die Kinder sind 10, 14 und 16 Jahre alt. Neben dem eigenen Zweifamilienhaus im Wert von etwa 250.000 Euro besitzt die Familie zwei Autos (einen Golf und einen 5er BMW). Für Versicherungen stehen im Jahr 5.500 Euro zur Verfügung. ■

B FALL 2

Der 20 Jahre alte Jan hat seine Ausbildung gerade beendet. Er lebt allein. Sein Hausrat wird auf 35.000 Euro geschätzt. Das erste Gehalt beträgt 1.100 Euro netto monatlich. Für Miete und Lebenshaltung zahlt er 730 Euro im Monat. Dazu kommen noch 150 Euro für Benzin und Fortbildungskosten in Höhe von 55 Euro. ■

In diesem Kapitel lernt ihr, ...

> wie Mitarbeiter im Unternehmen entlohnt werden und wie die Regeln zur Entlohnung zwischen den Tarifparteien ausgehandelt werden.

> dass neue Technologien den Berufsalltag verändern und Arbeitnehmer diesen neuen Herausforderungen durch lebenslanges Lernen begegnen können.

LOHN, TARIF UND LEBENSLANGES LERNEN

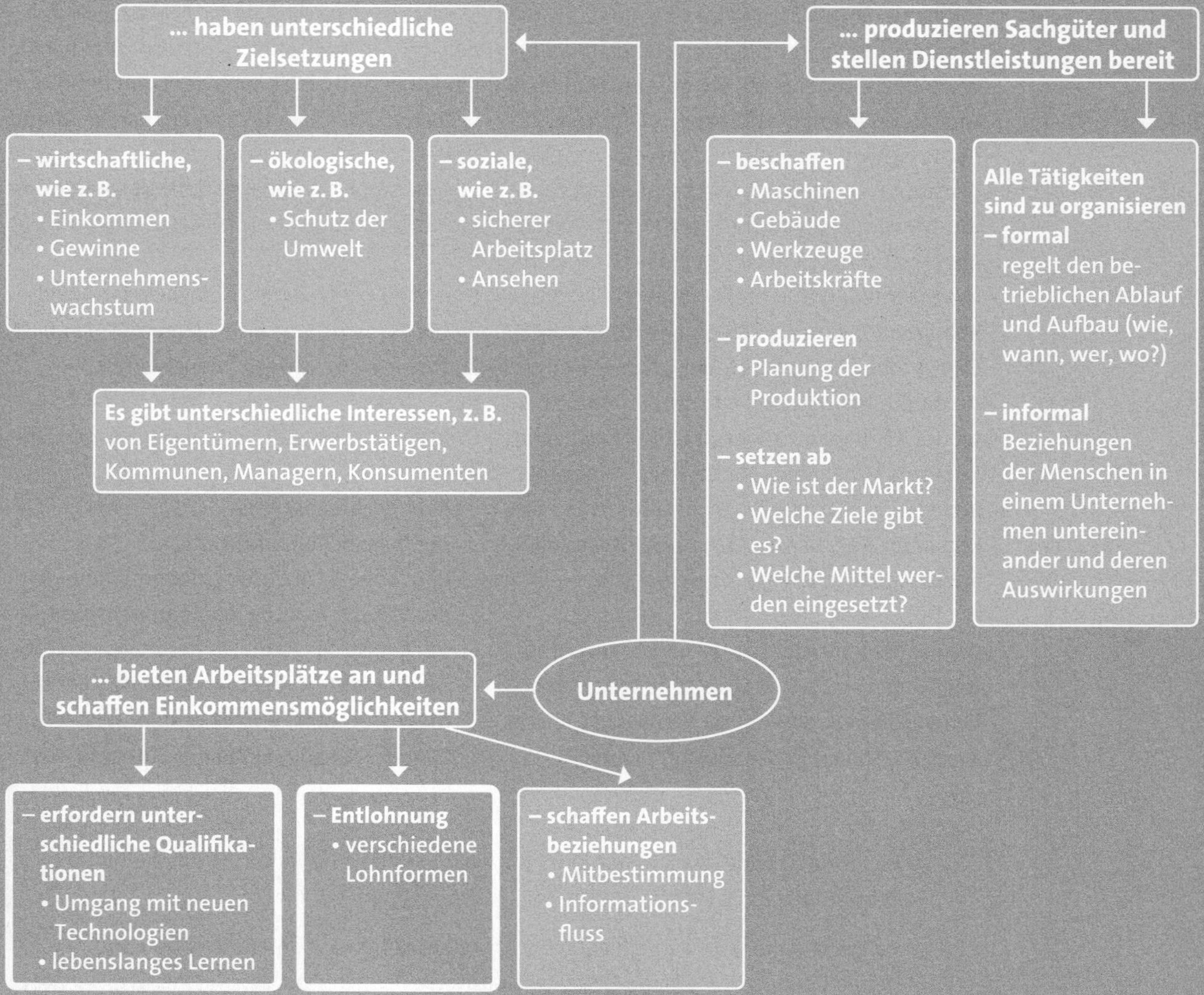

... haben unterschiedliche Zielsetzungen

- **wirtschaftliche,** wie z. B.
  • Einkommen
  • Gewinne
  • Unternehmenswachstum

- **ökologische,** wie z. B.
  • Schutz der Umwelt

- **soziale,** wie z. B.
  • sicherer Arbeitsplatz
  • Ansehen

Es gibt unterschiedliche Interessen, z. B. von Eigentümern, Erwerbstätigen, Kommunen, Managern, Konsumenten

... produzieren Sachgüter und stellen Dienstleistungen bereit

- **beschaffen**
  • Maschinen
  • Gebäude
  • Werkzeuge
  • Arbeitskräfte

- **produzieren**
  • Planung der Produktion

- **setzen ab**
  • Wie ist der Markt?
  • Welche Ziele gibt es?
  • Welche Mittel werden eingesetzt?

Alle Tätigkeiten sind zu organisieren
- **formal** regelt den betrieblichen Ablauf und Aufbau (wie, wann, wer, wo?)

- **informal** Beziehungen der Menschen in einem Unternehmen untereinander und deren Auswirkungen

Unternehmen

... bieten Arbeitsplätze an und schaffen Einkommensmöglichkeiten

- **erfordern unterschiedliche Qualifikationen**
  • Umgang mit neuen Technologien
  • lebenslanges Lernen

- **Entlohnung**
  • verschiedene Lohnformen

- **schaffen Arbeitsbeziehungen**
  • Mitbestimmung
  • Informationsfluss

18.000.000 €	265.000 €	17.000.000 €	15.000.000 €
Sebastian Vettel	Dr. Angela Merkel	Dr. Martin Winterkorn	Heidi Klum
Formel 1 Weltmeister	Bundeskanzlerin	Vorstandsvorsitzender	Model, Moderatorin
		Volkswagen AG	

▸ Wer verdient wie viel pro Jahr?

Quelle: nach: www.
wofam.de/ratgeber/
topverdiener und
www.wiwo.de/
politik/deutschland/
kanzlerin-gehalt-an-
gela-merkel-verdient-
mehr/6365132.html

Wer bekommt wie viel Lohn und warum?

B Beim ersten Klassentreffen nach zehn Jahren sehen sich David und Robert nach langer Zeit wieder. Beide hatten gemeinsam den Hauptschulabschluss gemacht und die 2-jährige Berufsfachschule besucht. Nachdem sie dort ihren Realschulabschluss erworben hatten, haben sie gemeinsam eine Ausbildung zum Metallbauer in der Maschinenfabrik vor Ort gemacht und die Gesellenprüfung mit gutem Erfolg bestanden. Auch die Meisterprüfung haben sie zusammen abgelegt. Danach arbeiteten sie zwar schon in verschiedenen Unternehmen, besuchten aber gemeinsam noch einige Fortbildungen. David arbeitet heute immer noch bei seiner Ausbildungsfirma und ist zum Abteilungsleiter der Kfz-Reparaturwerkstätte aufgestiegen. Robert war nach einiger Zeit nach Hannover gezogen, wo er einen gut bezahlten Job bekommen hat. In seiner neuen Firma leitet auch er die Kfz-Reparaturwerkstätte.

Als die beiden sich über ihren Lohn unterhalten, stellen sie fest, dass sie ganz unterschiedlich verdienen, obwohl sie beide das Gleiche machen. Sodass David feststellt: „Im Grunde machst du ja nichts anderes als ich auch, nur dass du monatlich satte 500 Euro mehr hast. Eigentlich ist das nicht gerecht …" ■

Die Geschichte zeigt, wie unterschiedlich Arbeit oftmals entlohnt wird, und dass häufig die Frage auftaucht, welcher Lohn denn nun „gerecht" ist. Eigentlich müssten David und Robert gleich viel verdienen, sie haben die gleiche Qualifikation und betreuen beide den gleichen Aufgabenbereich.

Die Frage, ob Robert nun zu viel oder David zu wenig verdient, was also „gerechter" Lohn ist, lässt sich nicht einfach beantworten.

Die Lohnhöhe hängt von verschiedenen Dingen ab, wie z. B.
- dem Berufsabschluss,
- der beruflichen Erfahrung,
- der Länge der Betriebszugehörigkeit,
- der Verantwortung, die man übernimmt,
- der Größe der Firma, in der man arbeitet,
- der Branche, in der man tätig ist (hier sind die Automobil- und Chemiebranche Spitzenreiter bei der Höhe des Einkommens).

1. ○ Benenne Gründe, warum das Einkommen von Robert höher ist als das seines Schulfreundes David.

2. ◐ Vergleiche die unterschiedlichen Einkommenshöhen auf den Fotos oben und nenne Gründe, warum die Gehälter so unterschiedlich sind.

▸ Ein Tanklaster   ▸ Herr Droste   ▸ Herr Nolte

B Ein neuer Abteilungsleiter ist in Davids Unternehmen für den Entwicklungsbereich eingestellt worden. Wer neu in eine Firma kommt und gleich als Abteilungsleiter eingestellt wird, muss schon etwas „auf dem Kasten" haben. Und so wird Davids neuer Kollege F. Kuhn genauso hoch entlohnt wie David, obwohl er noch nicht so lange in dem Unternehmen arbeitet. Seine Leistung und die hohe Verantwortung werden gut bezahlt **(Leistungsprinzip)**. ■

Aber darf Leistung der einzige Bewertungsmaßstab für Einkommen sein? Falls ja, was geschähe mit solchen Menschen, die nicht am Erwerbsleben teilnehmen können, weil sie z. B. krank oder unfreiwillig arbeitslos sind? Sie blieben ohne Einkommen, müssten vielleicht auf ihre Ersparnisse zurückgreifen oder schlimmstenfalls sogar betteln gehen.

Aber auch Menschen, die arbeiten, können häufig größere finanzielle Belastungen haben als andere. Georg K. z. B., ein allein verdienender Familienvater, muss für fünf Personen sor-

gen. Hier entlastet der Staat Herrn K., indem er weniger Steuern zahlen muss als ein Junggeselle und er Kindergeld bekommt, somit also mehr Lohn als ein Junggeselle erhält **(Sozialprinzip)**.

B Herr Arndt arbeitet als ungelernter Arbeiter in einer Raffinerie. Er sorgt als Verlader dafür, dass die Tanklastzüge ordnungsgemäß abgefertigt werden. Er hat darauf zu achten, welche Firmen bedient werden, damit später bei den Rechnungen kein Irrtum auftritt.

Herr Droste ist Elektroschweißer. Sein Team muss die notwendigen Reparaturen sofort ausführen. Da die Anlage rund um die Uhr läuft, muss er im Schichtdienst, d. h. auch nachts arbeiten.

Herr Nolte arbeitet in der Telefonzentrale der Raffinerie. Er vermittelt die ein- und ausgehenden Telefongespräche, meldet Besucher weiter und ist für die Frankierung der Post zuständig. ■

3. ● Nach dem Leistungsprinzip soll die Höhe des Einkommens der Leistung des Arbeitnehmers entsprechen. Lässt sich das Leistungsprinzip auch auf die Tätigkeiten von Herrn Arndt, Herrn Droste und Herrn Nolte anwenden? Begründe deine Meinung.

4. ● Warum müssen Familien mit Kindern weniger Steuern zahlen? Begründe.

5. ◐ Erläutere, inwieweit die Qualität der Ausbildung, die Arbeitsbedingungen, die Situation auf dem Arbeitsmarkt Einfluss auf die Lohnhöhe haben.

▸ Büroarbeit

▸ Fliesenlegen

Wie werden Arbeitnehmer entlohnt?

Arbeitseinkommen werden je nach Berufen unterschiedlich bezeichnet (siehe Tabelle). Bei der Entlohnung von Arbeitern werden im Wesentlichen die Lohnformen Zeit-, Leistungs- und Prämienlohn unterschieden.

Bezeichnung	Empfänger
Lohn	Arbeiter
Gehalt	Angestellte und Beamte
Honorar	Ärzte, Rechtsanwälte, Architekten …
Provision	Versicherungsvertreter
Sold	Soldaten
Ausbildungs-vergütung	Auszubildende

▸ Arbeitseinkommen

Der Zeitlohn

Frau Malek ist Bürokauffrau in einer Speditionsfirma. Sie erhält ein Monatsgehalt von 2 100 Euro brutto. Herr Kemper ist als Lagerarbeiter bei der Spedition angestellt. Er erhält einen Stundenlohn von 12 Euro. Beide erhalten Zeitlohn.

Zeitlöhne beziehen sich auf die Anwesenheit am Arbeitsplatz und werden gezahlt, wenn
- der Arbeitnehmer das Arbeitstempo nicht bestimmen kann. So weiß z. B. Frau Malek nicht sicher, wie viele Lkws sie an einem Tag abzufertigen hat.
- es bei der Arbeit auf Qualität, Sorgfalt, Genauigkeit ankommt.
- die geleistete Arbeit nur schwer oder gar nicht messbar ist.

Leistungslohn (Akkord- und Prämienlohn)
Der Akkordlohn

Frau Böttner ist Fliesenlegerin. Pro Quadratmeter verlegter Fliesen erhält sie 15 Euro. Herr Lummer ist Maler. Für den Außenanstrich eines Hauses wird ihm eine Zeit von drei Minuten pro Quadratmeter vorgegeben, d. h. in der Zeit sollte er den Quadratmeter schaffen (Vorgabezeit). Pro Minute erhält er 18 Cent Lohn. Beide erhalten Akkordlohn.

Frau Böttner erhält **Stückgeldakkord**. Die Höhe ihres Lohnes ist nur abhängig von der messbar erbrachten Arbeitsleistung. Je mehr Quadratmeter sie an einem Tag fliest, desto mehr verdient sie.

Herr Lummer erhält **Stückzeitakkord**. Abgerechnet wird ebenfalls die messbare Arbeitsleistung. Unterschreitet er die Vorgabezeit (Arbeitszeit bei normaler Leistung), schafft er eine größere Quadratmeterfläche und erhält auch mehr Lohn. Kann er allerdings den Quadratmeter nicht in den 3 Minuten schaffen, so erhält er einen Grundlohn. Akkordlöhne werden auch an Arbeitsteams gezahlt (Gruppenakkord).

> **INFO**
>
> Beispiel für die Berechnung des Akkordlohnes: Schafft Herr Lummer 160 m² am Tag so erhält er 160 m² x 3 Min/m² = 480 Min x 18 Ct. = 86,40 €

▸ Autoverkauf

▸ Ein Abteilungsleiter im Personalwesen

Der Prämienlohn

Herr Pahl ist Autoverkäufer für Neuwagen beim Autohaus Thiel. Er erhält einen monatlichen Grundlohn und für jedes verkaufte Auto zusätzlich eine Prämie. Sein Verdienst kann von Monat zu Monat unterschiedlich sein: Je mehr Autos er absetzt, desto höher ist sein Verdienst.

– Auch in Produktionsbetrieben kann eine zusätzliche Entlohnung durch Zahlung einer Prämie zwischen Betrieb und Mitarbeitern vereinbart werden.

Der Beteiligungslohn

Herr S. Berg arbeitet als Schichtführer in einem Industrieunternehmen. Das Unternehmen beteiligt seine Mitarbeiter am Unternehmensgewinn. Herr Berg erhält Beteiligungslohn. Der Beteiligungslohn wird zusätzlich zum Lohn und Gehalt gezahlt und hängt vom Erfolg des Unternehmens ab. Die Arbeitnehmer fühlen sich „ihrem" Unternehmen stärker verbunden und sie sind eher bereit, hohe Leistungen zu erbringen.

Die gebräuchlichsten Beteiligungsmodelle sind:

1. die **reine Gewinnbeteiligung**: Der Gewinnanteil wird ausgezahlt und steht zur freien Verfügung.
2. die **Kapitalbeteiligung**: Der Arbeitnehmer bekommt das Geld nicht bar ausgezahlt, sondern er wird am Kapital des Unternehmens beteiligt, z. B. durch Personalaktien oder er erwirbt Ansprüche an einer Betriebsrente.

Prämie
Als Prämie bezeichnet man eine als Auszeichnung oder Anerkennung gewährte Leistung.

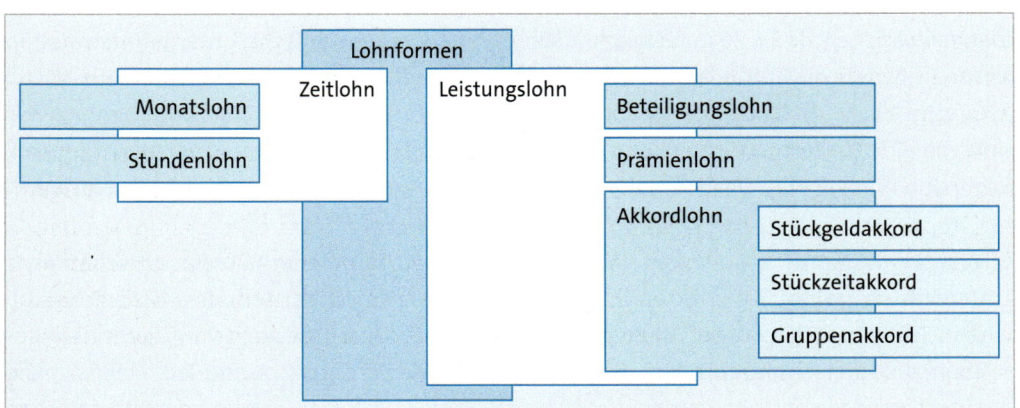

1. ⊖ Ordne die Lohnformen den Fotos auf diesen beiden Seiten zu.

2. ⊖ Lege eine Tabelle an und ermittle die Vor- und Nachteile der Lohnformen einmal aus Sicht der Arbeitnehmer und einmal aus Sicht der Arbeitgeber.

3. ● Begründe, warum einer Erzieherin kein Akkordlohn gezahlt werden kann.

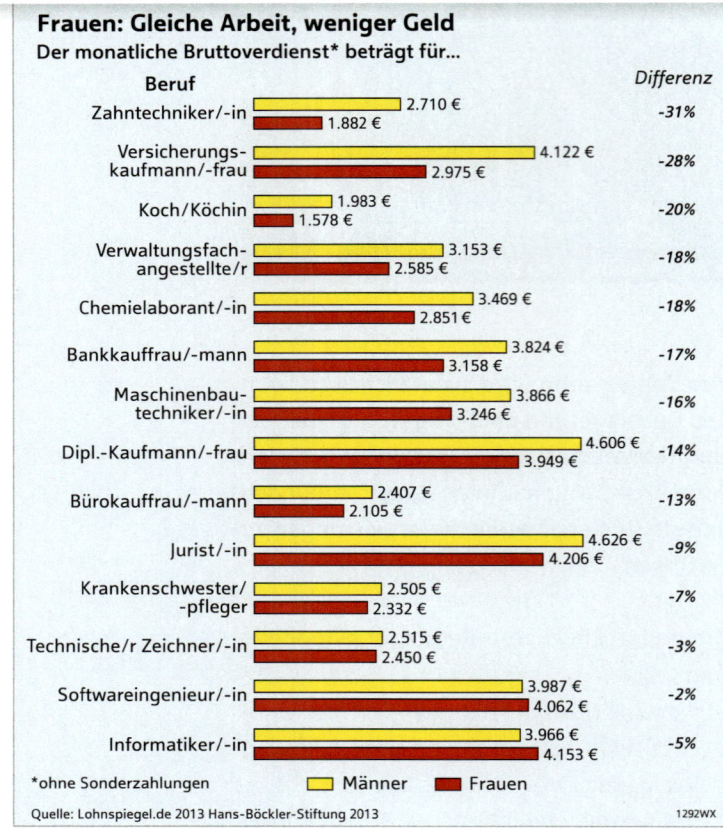

Frauen: Gleiche Arbeit, weniger Geld
Der monatliche Bruttoverdienst* beträgt für...

Beruf	Männer	Frauen	Differenz
Zahntechniker/-in	2.710 €	1.882 €	-31%
Versicherungskaufmann/-frau	4.122 €	2.975 €	-28%
Koch/Köchin	1.983 €	1.578 €	-20%
Verwaltungsfachangestellte/r	3.153 €	2.585 €	-18%
Chemielaborant/-in	3.469 €	2.851 €	-18%
Bankkauffrau/-mann	3.824 €	3.158 €	-17%
Maschinenbautechniker/-in	3.866 €	3.246 €	-16%
Dipl.-Kaufmann/-frau	4.606 €	3.949 €	-14%
Bürokauffrau/-mann	2.407 €	2.105 €	-13%
Jurist/-in	4.626 €	4.206 €	-9%
Krankenschwester/-pfleger	2.505 €	2.332 €	-7%
Technische/r Zeichner/-in	2.515 €	2.450 €	-3%
Softwareingenieur/-in	3.987 €	4.062 €	-2%
Informatiker/-in	3.966 €	4.153 €	-5%

*ohne Sonderzahlungen   ■ Männer ■ Frauen

Quelle: Lohnspiegel.de 2013 Hans-Böckler-Stiftung 2013   1292WX

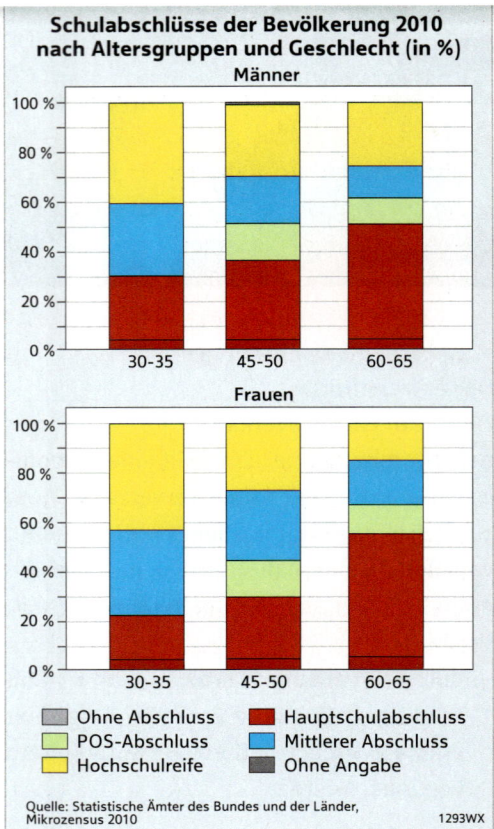

Schulabschlüsse der Bevölkerung 2010 nach Altersgruppen und Geschlecht (in %)

Männer

Frauen

■ Ohne Abschluss ■ Hauptschulabschluss
■ POS-Abschluss ■ Mittlerer Abschluss
■ Hochschulreife ■ Ohne Angabe

Quelle: Statistische Ämter des Bundes und der Länder, Mikrozensus 2010   1293WX

Lohngerechtigkeit: gleicher Lohn für gleiche Arbeit

Ein allgemein als gerecht empfundener Lohn lässt sich nicht festlegen. Im besten Fall kann Lohngerechtigkeit als ein Zustand beschrieben werden, bei dem die Zufriedenheit der Belegschaft am höchsten ist. Bei der Bestimmung einer möglichst gerechten Entlohnung sind die folgenden Prinzipien zu beachten:

1. Werden die Anforderungen an die Arbeit gerecht entlohnt? Die Entlohnung sollte dem Schwierigkeitsgrad der Arbeit entsprechen, d. h. den Anforderungen, die an die Mitarbeitenden gestellt werden.
2. Wird die Arbeitsleistung gerecht entlohnt? Die Lohnhöhe muss in einem angemessenen Verhältnis zur Arbeitsleistung stehen. Beim Akkordlohn lässt sich dies am einfachsten messen.
3. Ist der Lohn sozial gerecht? Besondere Belastungen und Gesundheitsrisiken soll-

ten im Lohn berücksichtigt werden. Hinzu kommt die persönliche Situation des Mitarbeitenden, z. B. das Alter, die familiären Belastungen oder Behinderungen.
4. Ist der Lohn im Vergleich zu anderen Arbeitgebern gerecht? Die Unternehmen stehen über die Lohnhöhe im Wettbewerb. Mitarbeitende, die in anderen Unternehmen mit der gleichen Arbeit mehr verdienen können, neigen eher dazu, den Arbeitgeber zu wechseln.
5. Ist der Lohn innerhalb des Unternehmens gerecht? Hierbei geht es um die Frage, ob die Belegschaft auch von Gewinnsteigerungen profitiert. Außerdem stellt sich die Frage nach den Entlohnungsunterschieden innerhalb des Unternehmens, insbesondere zwischen der Unternehmensleitung (den sogenannten Managergehältern), den Facharbeitern, den Hilfskräften usw.

B Ich bin jetzt 35 Jahre und arbeite seit 18 Jahren als Metallarbeiter. Damals, als es noch mehr Aufträge gab, habe ich fast 30 % mehr Lohn erhalten als heute. Nun arbeite ich pro Woche sogar fast 2 Stunden länger. Im Endeffekt muss ich meine Familie mit viel weniger Lohn durchbringen. Aber bei der Arbeitslosigkeit heutzutage bin ich froh, überhaupt einen Job zu haben. ■

B Ich bin Sekretärin in einem großen Unternehmen. Im Gegensatz zu den anderen Sekretärinnen, die ich kenne, verdiene ich sehr viel. Das liegt daran, dass ich vier verschiedene Sprachen fließend beherrsche. Außerdem bilde ich meine Computerkenntnisse und Organisationsstrategien regelmäßig in Fortbildungen weiter. Ich habe bislang noch keine Kinder und bin jederzeit einsatzbereit. ■

▶ Konditorei

Die Frage nach der Lohngerechtigkeit ist auch zwischen den Geschlechtern zu stellen. Frauen werden in Deutschland schlechter bezahlt als Männer. Dabei liegt der durchschnittliche Stundenlohn von Frauen um rund 22 Prozent unter dem der Männer. Zwar verdienen Frauen in Deutschland im Vergleich mit anderen Ländern viel, jedoch gehört Deutschland zu den Staaten mit der größten Ungleichheit bei der Bezahlung von Männern und Frauen. Dafür gibt es verschiedene Gründe, wie z. B.:
– Frauen arbeiten in schlechter bezahlten Branchen.
– Frauen arbeiten häufig in Teilzeit, da sie der Doppelbelastung Beruf und Familie ausgesetzt sind.
– Teilzeitarbeit wird schlechter bezahlt und hat weniger Aufstiegschancen.
– Frauen bekommen Kinder und scheiden dann öfter und länger aus als Väter; das entwertet die Berufserfahrung.
– Frauen arbeiten häufiger als Männer in Leichtlohngruppen, die schlechter bezahlt werden.

Sicher gibt es kein „gerechtes Entgelt", aber es ist ungerecht, wenn Frauen bei gleicher Arbeit benachteiligt werden.

1. ○ Fasse die Informationen der beiden Statistiken auf S. 150 zusammen und stelle die Aussagen mit eigenen Worten dar.

2. ◐ Erkläre, warum Frauen, obwohl sie im gleichen Beruf tätig sind, weniger verdienen als Männer in der gleichen Stellung.

3. ● Zwischen den beiden Statistiken auf S. 150 scheint ein Widerspruch zu bestehen. Begründe, warum es die Gleichung „Gleiche oder bessere Schulausbildung = gleicher oder besserer Verdienst" nicht gibt.

4. ◐ Analysiere die beiden Aussagen zur Entlohnung. Welche Prinzipien der Lohngerechtigkeit lassen sich auf die Aussagen anwenden?

Tarifverträge und Tarifautonomie

Die Tarifvertragsparteien und die Rolle des Staates

Ob einer zuviel oder der andere zu wenig verdient, lässt sich kaum sachgemäß beantworten. Für Unternehmen besteht jedoch die Notwendigkeit, Lohnhöhen festzusetzen. Dazu wird zwischen Arbeitgebern und Arbeitnehmern ein Kompromiss über die Lohnhöhe durch Verhandlungen herbeigeführt. Für den überwiegenden Teil der Arbeitnehmer geschieht dies in Tarifverhandlungen, bei denen die Tarifvertragsparteien (Arbeitgeberverbände und Gewerkschaften) in regelmäßigen Abständen aufs Neue über Lohnhöhen verhandeln.

Die beiden Parteien verhandeln nach den „Spielregeln" des Tarifvertragsgesetzes (TVG) über Arbeitsbedingungen, insbesondere aber über Löhne und Gehälter. Das Ergebnis der Verhandlungen wird dann in einem Tarifvertrag festgelegt, an den sich beide Verhandlungsparteien halten müssen. Er gilt dann für einen bestimmten Zeitraum.

Die Gewerkschaften

Die Gewerkschaften sind Zusammenschlüsse von Arbeitnehmern zur Vertretung ihrer Interessen gegenüber Arbeitgebern und Staat. Das Recht, solche Interessenverbände zu schaffen, ist im Grundgesetz Artikel 9 verankert. In der Bundesrepublik Deutschland haben sich Einzelgewerkschaften in einem Dachverband, dem Deutschen Gewerkschaftsbund (DGB), organisiert. Ihm gehören acht Mitgliedsgewerkschaften an: IG Metall, Vereinte Dienstleistungsgewerkschaft (ver.di), IG Bergbau, Chemie, Energie (IGBCE), IG Bauen-Agrar-Umwelt (IG BAU), Gewerkschaft Nahrung-Genuss-Gaststätten (NGG), Transnet – Gewerkschaft der Eisenbahner Deutschlands (Transnet), Gewerkschaft Erziehung und Wissenschaft (GEW) und die Gewerkschaft der Polizei (GdP).

Gewerkschaftlich organisiert sind in Deutschland rund 40 % der Arbeitnehmer. Gewerk-

Kompromiss
Ein Kompromiss ist die Lösung eines Streites durch Verzicht beider Seiten auf einige der gestellten Forderungen.

▶ „Bringen Sie mir keinen Unfrieden in den Betrieb."

INFO

Gewerkschaften

Die rechtlichen Grundlagen

- für das Bilden von Gewerkschaften und Arbeitgeberverbänden,
- für das Führen von Tarifverhandlungen und
- für die Sicherung der Tarifautonomie der Tarifparteien ergeben sich aus Artikel 9 des Grundgesetzes.

INFO

Grundgesetz Artikel 9

(1) Alle Deutschen haben das Recht, Vereine und Gesellschaften zu bilden.

[...]

(3) das Recht, zur Wahrung und Förderung der Arbeits- und Wirtschaftsbedingungen Vereinigungen zu bilden, ist für jedermann und alle Berufe gewährleistet. [...]

---

1. ● Nimm Stellung zur Karikatur oben rechts.

▶ Arbeitgeber- und Arbeitnehmervertreter bei Tarifverhandlungen

schaften finanzieren sich durch Mitgliedsbeiträge (durchschnittlich 1% des Bruttolohns). Im Falle von Streiks zahlen sie an ihre Mitglieder Streikgeld als Ausgleich für den Verdienstausfall.

Arbeitgeberverbände

Auch die Arbeitgeber haben sich zur Wahrung ihrer Interessen zusammengeschlossen, in sog. Arbeitgeberverbänden. Mehrere regionale Verbände sind häufig zu einem Dachverband zusammengeschlossen. Bundesweiter und branchenübergreifender Dachverband der Arbeitgeber ist die Bundesvereinigung der Deutschen Arbeitgeberverbände (BDA).

Selbstverständlich kann ein einzelner Arbeitnehmer mit einem Arbeitgeber seinen Arbeitsvertrag abschließen, dann aber handelt es sich um einen Einzelvertrag und nicht um einen Tarifvertrag, der immer für eine Gruppe gilt. Tarifverträge regeln die Höhe der Löhne, Gehälter und Ausbildungsvergütungen, die Arbeits- und Pausenzeit und den Urlaub.

Welche Rolle spielt nun der Staat selbst bei Tarifauseinandersetzungen? Zum einen tritt der Staat auch als Arbeitgeber im öffentlichen Dienst auf und ist dann auch eine Tarifpartei. Um diese Rolle geht es hier aber nicht, sondern es geht darum, wie der Staat im Allgemeinen Einfluss nehmen kann.
Die sog. „Tarifautonomie" ist in Artikel 9, Absatz 3 des Grundgesetzes festgeschrieben. Das heißt, Gewerkschaften und Arbeitgeber sind für den Abschluss von Tarifverträgen allein verantwortlich, jeder staatliche Eingriff ist

unzulässig. Ausgeschlossen ist deshalb eine direkte Beeinflussung der Verhandlungen durch den Staat durch Gebote oder Verbote. Die Bundesregierung veröffentlicht „Orientierungsdaten". Sie enthalten Empfehlungen für die Tarifverhandlungen, die nicht überschritten werden sollten.

INFO

Das Tarifvertragsgesetz vom 25.08.1969

§ 1 Inhalt und Form des Tarifvertrages

(1) Der Tarifvertrag regelt die Rechte und Pflichten der Tarifvertragsparteien und enthält Rechtsnormen, die den Inhalt, den Abschluss und die Beendigung von Arbeitsverhältnissen sowie betriebliche und betriebsverfassungsrechtliche Fragen ordnen können. [...]

§ 2 Tarifvertragsparteien

(1) Tarifvertragsparteien sind Gewerkschaften, einzelne Arbeitgeber sowie Vereinigungen von Arbeitgebern.

2. ⊖ Erkläre, warum die Mitgliedsbeiträge für Gewerkschaften ca. 1% vom Bruttolohn und nicht vom Nettolohn betragen.

3. ○ Finde mithilfe des Internets heraus, welche Berufe von den Gewerkschaften ver.di und der Gewerkschaft Erziehung und Wissenschaft (GEW) vertreten werden.

4. ⊖ Erläutere mithilfe des Auszugs aus dem Tarifvertragsgesetz, für wen und wie lange die ausgehandelten Tarifverträge gelten.

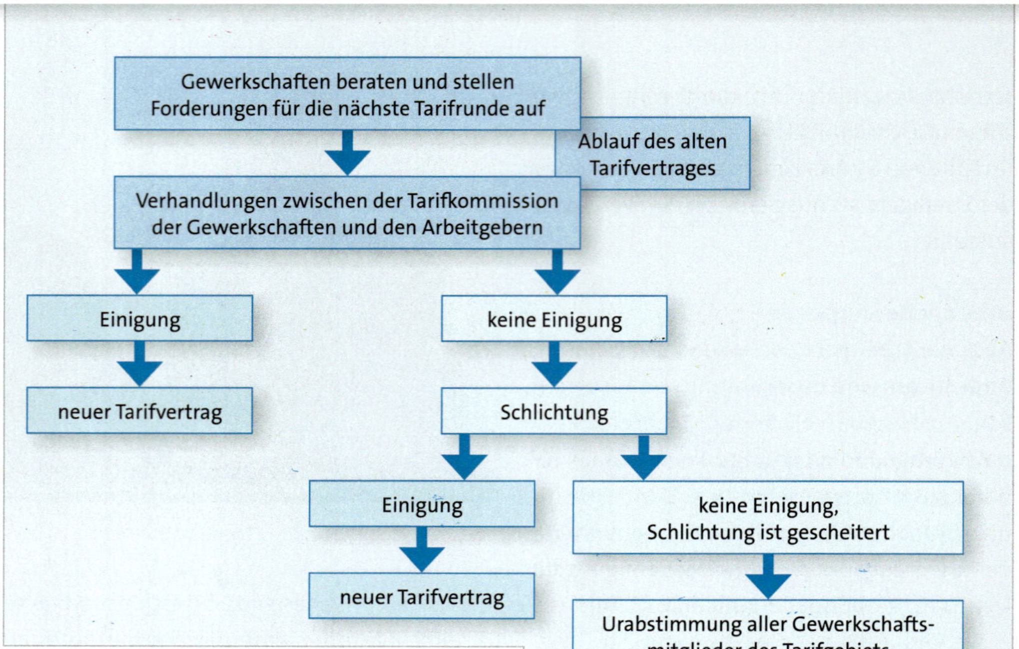

```
Gewerkschaften beraten und stellen
Forderungen für die nächste Tarifrunde auf
                                              Ablauf des alten
                                              Tarifvertrages
Verhandlungen zwischen der Tarifkommission
der Gewerkschaften und den Arbeitgebern

Einigung                         keine Einigung

neuer Tarifvertrag               Schlichtung

                    Einigung        keine Einigung,
                                    Schlichtung ist gescheitert

                    neuer Tarifvertrag
                                    Urabstimmung aller Gewerkschafts-
                                    mitglieder des Tarifgebiets

                                    ... wenn mindestens 75 % für Streik
                                    sind: STREIK – Arbeitgeber reagieren
                                    evtl. mit Aussperrung

                                    neue Verhandlungen

                                    Einigung in den Tarifkommissionen

                                    Abstimmung aller am Streik
                                    beteiligten Gewerkschaftsmitglieder –
                                    mind. 25 % müssen zustimmen

                                    neuer Tarifvertrag
```

Quelle: http://jugend.
verdi.de/community/
service/ver.di_school/
unterrichtsthemen/
ue_2_6/data/UE_2_6_
folien.pdf

▸ So entsteht ein Tarifvertrag.

Der Ablauf der Tarifverhandlungen

Die Interessen sind klar: Für den **Arbeitnehmer** ist Lohn Einkommen, das seine Existenz sichert und das er gern erhöhen möchte. Für den Arbeitgeber sind Löhne Kosten, die er möglichst niedrig halten möchte.

Bevor sich die beiden Tarifparteien zur ersten Verhandlungsrunde treffen, werden sie die Begründungen für ihre Forderungen gut überlegen. Dabei werden beide die Orientierungsdaten der Bundesregierung und die wirtschaftliche Lage berücksichtigen. Jeder wird sich aber aus den vorliegenden Daten das heraussuchen, was seine Position stärkt.

Dabei verfolgen die Gewerkschaften hauptsächlich drei Ziele:

1. Die Arbeitnehmer müssen am wirtschaftlichen Fortschritt von Unternehmen teilhaben, denn ihnen steht ein Teil dessen zu, was durch Kapital **und** Arbeit erwirtschaftet wurde.

2. Lohnsteigerungen sollten stärker steigen als die Preise. 2,5 % Lohnerhöhung bringen nämlich nichts, wenn das Preisniveau um 5 % steigen würde.

3. Auch schwächer Verdienende dürfen nicht benachteiligt werden. Für sie werden oft sog. **Sockelbeträge** (Grundbeträge) ausgehandelt.

Die Arbeitgeber argumentieren meist so: Lohnnebenkosten (Arbeitgeberbeiträge zur gesetzlichen Sozialversicherung) verteuern die Produkte derart, dass sie national und international nicht mehr wettbewerbsfähig sind. In Deutschland kann dann weniger produziert werden, Arbeitsplätze sind bedroht, sie werden in Länder mit geringeren Lohnkosten verlagert.

Wie Tarifverhandlungen ablaufen, zeigt das Schaubild auf Seite 154. Dazu noch einige zusätzliche Anmerkungen.

1. Ausgangspunkt ist in der Regel ein bestehender Tarifvertrag, der von der zuständigen Gewerkschaft fristgerecht gekündigt wird. Ziel ist es dann, höhere Löhne oder bessere Arbeitsbedingungen zu erreichen. Die Verhandlungen werden von den Tarifkommissionen beider Seiten geführt. Sie laufen meist über mehrere Runden.

2. Wenn sich in diesen Tarifrunden keine Einigung erzielen lässt, bleibt als letzte Möglichkeit vor einem Arbeitskampf die Schlichtung durch einen neutralen Vermittler. Sie ist nicht zwingend im Tarifgesetz vorgeschrieben, sondern den Verhandlungsparteien freigestellt.

3. Gelingt es dem Schlichter nicht, die Tarifparteien durch einen Kompromiss zu einer Einigung zu bewegen, werden die Verhandlungen für gescheitert erklärt. Die sog. Friedenspflicht endet damit. Die Gewerkschaften stimmen nun darüber ab, ob gestreikt werden soll oder nicht. Stimmen 75 % der gewerkschaftlich organisierten Arbeitnehmer für einen Streik, dann wird gestreikt.

4. Mittel des Arbeitskampfes ist aufseiten der Arbeitgeber dagegen die Aussperrung

▶ **Warnstreik der Gewerkschaft GEW**

der Streikenden und teilweise auch nichtstreikenden Arbeitnehmern. Streik und Aussperrung haben Auswirkungen auf die wirtschaftliche Situation des anderen; die Arbeitnehmer bekommen keine Löhne bzw. keine Gehälter, bei den Unternehmen entstehen Ausfälle in der Produktion.

Durch diese Kampfmaßnahmen soll die Kompromissbereitschaft der jeweils anderen Partei erzwungen werden.

Schlichtung
Ein neutraler Vermittler, der hinzugezogen wird, wenn sich Arbeitgeber und Gewerkschaften in Verhandlungen nicht einigen können.

INFO

Tarifverträge gab's nicht schon immer	
1848	Erster Tarifvertrag in Deutschland (für Buchdrucker)
1869	Erstmals gibt es – eingeschränkte – Koalitionsfreiheit
1918	Nach der Novemberrevolution werden Tarifverträge Standard
1933–1945	Bei den Nazis bestimmt der Betriebsführer die Löhne
ab 1949	gibt es in Westdeutschland in Grundzügen das noch heute gültige Tarifvertragsrecht

Quelle: http://jugend. verdi.de/community/ service/ver.di_school/ unterrichtsthemen/ ue_2_6/data/UE_2_6_ folien.pdf

1. ○ Untersuche mithilfe des Internets den Ablauf eines Tarifkonfliktes, der erst kürzlich beendet worden ist. Berichte in der Klasse über den Ablauf und diskutiere das Ergebnis.

2. ◑ Erläutere, welche Auswirkungen durch Streik verursachte Produktionsausfälle haben können.

▶ „Moderne Zeiten"

Neue Technologien in Unternehmen und Arbeitswelt

In Zusammenhang mit der Veränderung der Arbeitswelt hört man immer wieder den Begriff „neue Technologien". Aber was bedeutet eigentlich der Begriff „neue Technologien"? Das Wort Technologie wird heute vielfach anstelle des Wortes Technik benutzt und „neue" Technologien, sind z. B. das Internet, neue Computersysteme usw. Und was ist das Neue, das soviel Einfluss hat auf die Unternehmen und damit auch die Arbeitswelt?

Vor allem zwei Dinge sind hierbei von Bedeutung:

1. Mithilfe der neuen Technologien lassen sich alle Abläufe im Unternehmen besser und schneller regeln. Die drei Grundaufgaben **Beschaffung, Produktion, Absatz** lassen sich besser miteinander verbinden, indem z. B. die Informationen zwischen den Bereichen mithilfe von Computersystemen schneller fließen können.

2. Durch den Einsatz der neuen Technologien kann sich ein Unternehmen schneller auf neue Situationen einstellen, da wichtige Informationen schneller ankommen oder weitergegeben werden. Es ist z. B. möglich, Kundenaufträge, die per E-Mail eintreffen, sofort zu erledigen. Man braucht keine großen Lagerbestände anzulegen. Dies spart Kosten. Das Unternehmen kann aber auch nach den Wünschen des Kunden ein Produkt schnell abändern, da durch die Neuen Technologien die Fertigungsanlagen schneller umgebaut werden können.

> **INFO**
>
> **Informations- und Kommunikationstechnologien**
>
> - verbessern den Informationsfluss zwischen den Mitarbeitern,
> - verbessern Arbeitsabläufe,
> - verbessern die Produkte,
> - erfordern ständige Weiterbildung (lebenslanges Lernen).

1. ● Moderne Technik hat häufig nicht nur Vorteile. Betrachte dazu die Karikatur und nimm Stellung.

2. ● Zwei Aussagen: „Die ‚neuen Technologien' sind dafür verantwortlich, dass unser Betrieb die Belegschaft um 300 Personen verringert hat." „Der Einsatz der ‚neuen Technologien' hat uns gerade noch davor retten können, dass wir nicht pleitegegangen sind." Nimm dazu Stellung und diskutiere die Ergebnisse in der Klasse.

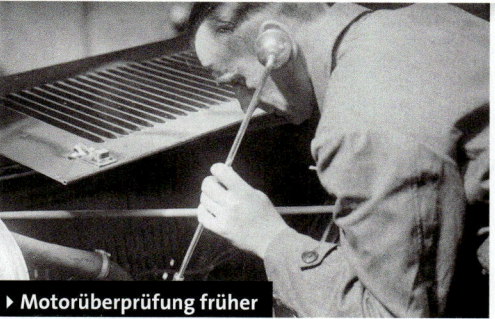

▸ Motorüberprüfung früher

▸ Motorüberprüfung heute

Berufe und Berufsausbildung verändern sich

Arbeitsteilung ist ein Grund für die Entstehung, Entwicklung und Veränderung von Berufen. Ein weiterer Grund ist der technische Fortschritt und der damit verbundene Strukturwandel in der Wirtschaft und Gesellschaft. Arbeitsteilung, technischer Fortschritt und Strukturwandel beeinflussen sich auch gegenseitig.

Verfolgen wir einmal wie sich die Berufe im Kfz-Handwerk in den letzten Jahrzehnten verändert haben:

Nach dem ersten Weltkrieg stieg der Bestand an Autos rasch an, und die Autotechnik schritt immer weiter fort. So entstanden im Laufe der Zeit die Berufe „Kfz-Mechaniker" und „Kfz-Elektriker". Diese Berufe entwickelten sich aus dem Schmiedehandwerk, weil viele Ersatzteile erst einmal selbst hergestellt werden mussten. Das hat sich dann aber grundlegend geändert. Die Fehlersuche und der Austausch von Ersatzteilen bei Autos wurden immer wichtiger und komplizierter, sodass 1973 eine Aus-

bildung für die Berufe „Kfz-Mechaniker/-in" und „Kfz-Elektriker/-in" entstand. Die technische Entwicklung ging immer weiter, und es setzten sich mehr und mehr elektronische Bauteile durch. Sogenannte „mechatronische Systeme" sind mittlerweile Standard: Es gibt kaum einen Pkw, der nicht mit ABS, Katalysator, Airbag, Zentralverriegelung oder Pneumatik ausgerüstet ist.

Aus diesem Grund wurden im Jahr 2003 die Ausbildungsberufe „Kfz-Mechaniker/-in" und „Kfz-Elektriker/-in" und „Automobilmechaniker/-in" zum neu geschaffenen Beruf „Kfz-Mechatroniker/-in" zusammengeschlossen. Die klassischen Reparaturarbeiten gibt es zwar immer noch, z. B. Bremsen, Kupplungen, Auspufftöpfe erneuern. Jedoch ist der Mechatroniker zunehmend in der Wartung, Prüfung und Aus- und Umrüstung von Autos tätig. Der Beruf ist interessanter, aber auch anspruchsvoller geworden. Es gilt z. B., mithilfe von automatischen Mess- und Prüfgeräten selbstständig Fehler zu finden und nach Lösungen für ihre Beseitigung zu suchen. Auch auf eine gute Kundenbetreuung wird immer mehr Wert gelegt.

Pneumatik
(gr. Pneuma = Wind, Atem) bezeichnet den Einsatz von Druckluft in der Technik.

---

1. ○ Nenne weitere Berufe, die sich durch die Entwicklung der Autoindustrie entwickelt haben.

2. ◒ Beschreibe mithilfe von „Beruf aktuell" oder „BerufeNet" die Tätigkeiten, die ein Kfz-Mechatroniker heute ausübt und welche Interessen und Fähigkeiten man dafür mitbringen sollte.

3. ◒ Erschließe mithilfe einer Recherche weitere Bereiche aus dem Handwerk, in denen sich Berufe aufgrund des technischen Fortschritts verändert haben.

▶ **Kontrolle des Falzens von Prospekten**

▶ **Kontrollzentrum einer Werft**

Ausbildungsberufe im Wandel

An immer mehr Arbeitsplätzen stehen Computer, ohne die die Arbeiten nicht mehr ausgeführt werden können. Zugleich sind neue Berufe entstanden, die auf der Handhabung der Computertechnologie beruhen. Wie bereits am Beispiel des Kfz-Mechatronikers aufgezeigt wurde, gewinnt das Zusammenwirken von Mechanik und Elektronik in zahlreichen technischen Berufen an Bedeutung. Neben der Arbeit mit dem Computer ist der Umgang mit ausländischen Geschäftspartnern in vielen Berufen an der Tagesordnung. Die Beherrschung von Fremdsprachen wird deshalb immer wichtiger. Insgesamt haben sich die Anforderungen in den meisten Berufen deutlich erhöht.

Neue und geänderte Ausbildungsberufe mit Zukunft

Angesichts des beruflichen Wandels kommt es auch zur Anpassung bestehender oder der Entwicklung neuer Ausbildungsberufe. Zwei Beispiele.

B   **BEISPIEL 1:**

Der Ausbildungsberuf des **Buchbinders/der Buchbinderin** hat eine jahrhundertalte Tradition. Die Buchbinderinnen und Buchbinder produzieren auf den individuellen Kunden-

geschmack zugeschnitten Papierwaren wie Karten, Mappen in kleinen Auflagen und restaurieren Bücher.

Im Jahr 2011 wurde zusätzlich der neue Ausbildungsberuf **Medientechnologe/-technologin Druckverarbeitung** eingeführt. Medientechnologen steuern den Druckprozess von Zeitungen, Katalogen und anderen Printprodukten. Hierfür richten sie die Druckmaschinen ein und bearbeiten die Daten für den Druckprozess. ■

B   **BEISPIEL 2:**

Der/die **Speditionskaufmann/-frau** organisiert den weltweiten Transport, den Umschlag sowie die Lagerung von Gütern. Hierbei kommen unterschiedliche Transportmittel zum Einsatz (Lkw, Bahn, Flugzeug, Schiff). Zugleich sind umfangreiche Kenntnisse von Zollvorschriften und Gesetzen zum internationalen Kaufvertragsrecht notwendig.

Technische Entwicklungen wie die Satellitennavigation und automatisierte Versandsysteme haben die beruflichen Anforderungen verändert. Ebenso sind die Anforderungen an die Kundenorientierung und Fremdsprachenkompetenz gestiegen. Deshalb wurde der Ausbildungsberuf Speditionskaufmann/-frau 2004 durch den Beruf **Kaufmann/-frau für Spedition und Logistikdienstleistung** ersetzt. ■

---

1. ○ Nenne und beschreibe knapp drei für dich interessante Ausbildungsberufe, die in den letzten Jahren geändert oder neu eingeführt worden sind. Verwende für die Recherchen das Internet (z. B. www.bibb.de, berufenet.de).

▸ Lagerarbeiter in einer Weiterbildungmaßnahme

▸ Weiterbildungsmaßnahme für Lehrerinnen

Weiterbildung – Lernen ein Leben lang

Wenn man sich heute für einen Beruf entscheidet, muss man sich auf die Veränderungen in der Arbeitswelt einstellen. Gerade jüngere Arbeitnehmer müssen sich mit unterschiedlichen Anforderungen auseinandersetzen. Häufig müssen sie sich nicht nur an die neuen Technologien, sondern auch an die Veränderungen des Arbeitsmarktes anpassen. Das heißt z. B., dass sie teilweise nur Teilzeitbeschäftigungen ausüben können, befristete Arbeitsverträge haben oder Zeitarbeit ausüben. Auch Selbstständigkeit wird den zukünftigen Arbeitnehmern immer mehr abverlangt.

Um mit diesen Anforderungen zurechtzukommen, müsst ihr euch darauf einstellen, in eurer beruflichen Laufbahn beweglich zu sein. Ihr solltet nicht darauf hoffen, den einmal gelernten Beruf ohne Veränderungen bis zur Rente ausüben zu können. Was kann euch dabei helfen?

Zunächst stehen bei der Wahl eures Erstberufes sicherlich eure Interessen und Fähigkeiten im Vordergrund. Ihr solltet euch aber auch fragen, welche Chancen euch der Beruf für eine sichere berufliche Zukunft bietet.

Denn inzwischen wissen wir: Den Beruf fürs Leben gibt es nicht. Manche Berufe verändern sich oder sterben sogar aus. Auch in eurem Ausbildungsberuf müsst ihr damit rechnen. Daher ist es ratsam, sich bereits frühzeitig über Möglichkeiten der Weiterbildung zu informieren. Vielfältige Angebote bieten dazu auch die beruflichen Schulen. Aber auch in anderen Einrichtungen und Institutionen gibt es in fast allen Berufsrichtungen Aufstiegsfortbildungen in Form von Kursen, die mit einer staatlich anerkannten Prüfung abschließen.

INFO

Träger beruflicher Weiterbildung sind zum Beispiel:

Abendschulen	Fachhochschulen
Akademien	Fachoberschulen
Anbieter für E-Learning	Fachschulen
Anbieter für Fernunterricht	Gewerkschaftliche Einrich-
(Berufs-)Kollegs	tungen
Berufsverbände	Hochschulen
Bildungswerke	Kirchliche Einrichtungen
Bildungszentren der	Private Bildungseinrichtun-
Kammern (Industrie- und	gen
Handelskammer, Hand-	Unabhängige, nichtkommer-
werkskammer)	zielle Träger

Quelle: http://infobub.
arbeitsagentur.de/
bbz/hefte/BBZ_01_
Weiterbildung.pdf

2. ◯ Nenne die Herausforderungen, vor denen Arbeitnehmer heute im Arbeitsleben stehen.

3. ◖ Erläutere die Bedeutung der Weiterbildung in Berufslaufbahnen. Nimm die Angaben im Infokasten zu Hilfe.

▶ Videokonferenz beim DFB

▶ Digitaler Schulunterricht

Informationstechnologien ändern auch das Lernen

Das Lernen mithilfe der Informationstechnologien hat in der beruflichen Weiterbildung einen deutlich größeren Stellwert als in der Schule, wo sich die Lernenden und Lehrenden jeden Tag sehen.

Immer häufiger begegnet man in diesem Zusammenhang dem Begriff E-Learning. Das bedeutet das Lernen mit den Informationstechnologien, z. B. im Computerraum der Schule, aber auch die Weiterentwicklung des Fernunterrichts (sogenanntes Onlinelernen).

E-Learning boomt weltweit. Unternehmen müssen ihre Beschäftigten vermehrt kurzfristig auf neue Produkte und Dienstleistungen qualifizieren. Zugleich sind die betroffenen Mitarbeiterinnen und Mitarbeiter häufig auf verschiedenen Kontinenten beschäftigt.

Die Gründe für die vermehrte Nutzung von E-Learning liegen auf der Hand:
– Es kann flexibel am Arbeitsplatz oder anderen Orten gelernt werden. Durch die Nutzung mobiler Endgeräte wie z. B. Tablet-PCs haben Entfernungen nicht mehr so eine große Bedeutung wie in früheren Zeiten.
– Man kann sich fortbilden, ohne seinen Arbeitsplatz zu verlassen oder gar seine Anstellung aufgeben zu müssen.
– Man kann sich mit anderen Lernenden in der ganzen Welt austauschen.
– Die Fahrt- und Hotelkosten entfallen oder werden zumindest reduziert.

Wie ihr sicherlich aus eigener Erfahrung wisst, kann die Kommunikation per Mobiltelefon oder Computer das persönliche Gespräch nicht immer ersetzen. Die Mischung aus Onlinelernen und zwischenzeitlichem Treffen der Lerngruppe wird auch als Blended Learning bezeichnet.

→] Starthilfe zu 1:

Überlege, welche Internetangebote dir besonders helfen können.

1. ○ Nenne Beispiele, wie du bereits heute die Informationstechnologien zum Lernen nutzt.

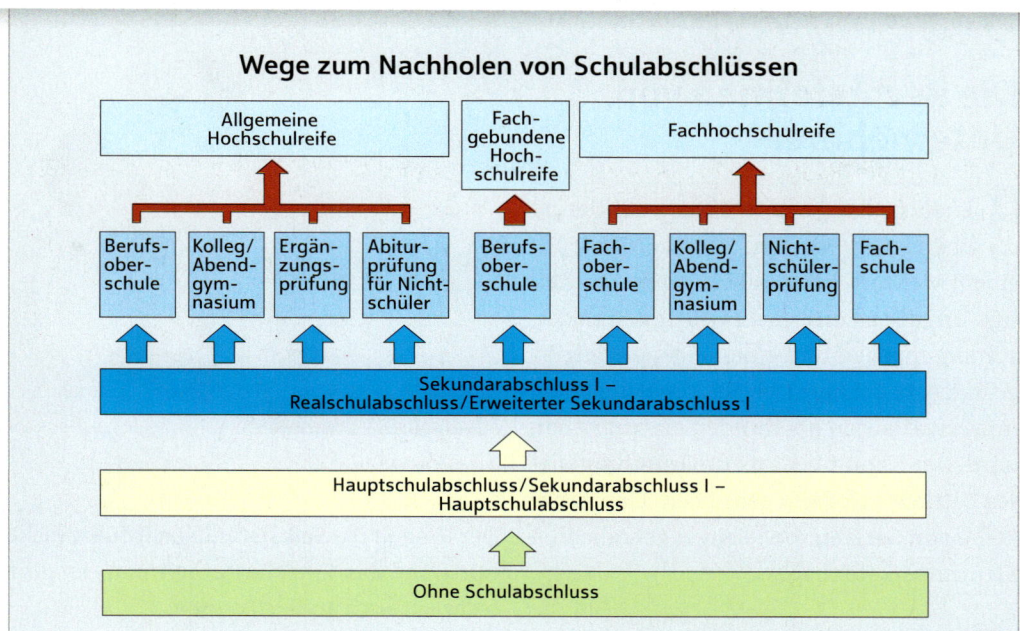

Weiterbildung und Studium

Welche Möglichkeiten aber habt ihr, lebenslanges Lernen in die Tat umzusetzen, und wie findet ihr eine geeignete Weiterbildung?

Q WEITERBILDUNG – WAS IST DAS EIGENTLICH?

Im Sinne des Berufsbildungsgesetzes (BBiG) wird die berufliche Weiterbildung auch als Fortbildung bezeichnet und ist eine Form der Erwachsenenbildung, die dazu dient, berufliche Fähigkeiten von Arbeitnehmern, aber auch Arbeitslosen zu erhalten und zu erweitern. ■

Um bei den vielen Angeboten zur Weiterbildung nicht den Überblick zu verlieren, solltet ihr eure Schritte genau planen.
Zunächst solltet ihr euch Folgendes fragen:

1. In welcher Situation befinde ich mich? (Hier helfen z. B. Selbsttests, den Weiterbildungsbedarf festzustellen.)

2. Welches Ziel möchte ich erreichen? (Berufliche Verbesserung, Mithalten mit neuen Anforderungen, berufliche Umorientierung.)

3. Welche Möglichkeiten gibt es, dorthin zu kommen? (Welche Weiterbildungsangebote gibt es? Wo gibt es sie? Wer kann mich beraten?)

Ihr habt ganz unterschiedliche Möglichkeiten, euch weiterzubilden. Es gibt berufliche Fortbildungen, um z. B. eine zusätzliche Qualifikation zu erwerben, um seinen Beruf weiter ausüben zu können oder auch um beruflich aufzusteigen. Und dann kann es auch sein, dass man seinen gelernten Beruf nicht mehr ausüben kann und eine Umschulung für einen anderen Beruf notwendig wird.

Daneben gibt es auch noch betriebliche Weiterbildungen. Die Unternehmen haben Interesse, dass sich die Arbeitnehmer weiterbilden, damit diese immer auf dem neuesten Stand sind. Diese Weiterbildungen finden dann in den Unternehmen selbst statt.

Und dann kann es sein, dass man für sein berufliches Fortkommen einen höheren Schulabschluss braucht. In diesem Fall besteht die Möglichkeit, noch einmal die Schulbank zu drücken, um den fehlenden Schulabschluss nachzuholen (s. Grafik).

Quelle: http://infobub.
arbeitsagentur.de/
bbz/hefte/BBZ_01_
Weiterbildung.pdf

Die Rechtsformen von Unternehmen

B Endlich mein eigener Herr sein! Das ist die Überlegung, die Herr Krüger, Meister in einem Malereibetrieb, seit Längerem beschäftigt. Um das zu erreichen, will er sich selbstständig machen und einen eigenen Betrieb gründen. Er überlegt sich, dass er es vor allem mit Privatleuten als Kunden zu tun haben wird. Der Kapitalbedarf zur Gründung dieses Betriebes ist nicht sehr hoch. Eine ganze Reihe von Geräten sowie einen gebrauchten Kleintransporter hat er.

Herr Krüger entschließt sich zum Schritt in die Selbstständigkeit, obwohl er im Falle einer Zahlungsunfähigkeit mit seinem gesamten Privatvermögen haftet. Dieses Risiko will er auf sich nehmen, weil er in der Selbstständigkeit einen höheren Nutzen sieht. Er will deshalb eine **Einzelunternehmung** gründen. ■

▸ Malermeister Krüger

Der Weg in die Selbstständigkeit führt nicht nur über das Einzelunternehmen, es gibt rechtlich auch andere Formen.

Personengesellschaften

B Nach einiger Zeit will Herr Krüger den Betrieb erweitern, weil er einen großen Auftrag erhält. Dafür sind eine Aufstockung des Personals, eine Erweiterung der Geschäftsräume, die Vergrößerung des Fuhrparks und die Ausweitung des Material-, Geräte- und Werkzeugbestandes notwendig. Keine Bank ist bereit, ihm den dafür notwendigen Kredit zur Verfügung zu stellen.
Herr Krüger beschließt, sich mit einem Partner zusammenzutun. Damit wird eine andere Rechtsform für das Unternehmen notwendig. ■

> **INFO**
>
> ### Einzelunternehmungen
>
> Einzelunternehmungen sind die weitaus häufigste Unternehmensform.
>
> Über 70 % aller Unternehmen sind Einzelunternehmen. Sie herrschen vor im Einzelhandel, im Handwerk und in der Landwirtschaft.

Die Vorteile bei einer Entscheidung für ein Einzelunternehmen können beispielsweise die größere unternehmerische Freiheit und der relativ geringe Kapitalaufwand sein. Nachteile können die Haftung, auch mit dem privaten Kapital, und die beschränkte Kreditbasis sein.

> **INFO**
>
> Die Einzelunternehmung weist große Ähnlichkeiten mit der **Personengesellschaft** auf. Neben der OHG gibt es noch die KG (Kommanditgesellschaft) und andere wie die Stiftung privaten Rechts, die Gesellschaft bürgerlichen Rechts sowie die stille Gesellschaft als Personengesellschaften.

1. ◯ Worauf kommt es Herrn Krüger bei der Wahl der Rechtsform für sein Unternehmen an? Vergleiche die Überlegungen von Herrn Krüger mit der Darstellung der Vor- und Nachteile der Rechtsform der Einzelunternehmung.

Der neue Betrieb wird nun als **OHG** (offene Handelsgesellschaft) geführt. Die beiden Einzelunternehmer sind Gesellschafter der OHG.

Die Gesellschafter haben im Gesellschaftsvertrag festgelegt, dass sich der eine um den technischen Betriebsablauf kümmern will und der andere die kaufmännische Verantwortung für den Betrieb trägt. Bei der OHG haften beide mit ihren gesamten Vermögen. Keiner von beiden hat seine Selbstständigkeit aufgegeben, aber die Entscheidungsspielräume des Einzelnen sind geringer geworden. Die Gründung der neuen Gesellschaft mit diesen Regelungen wird im Handelsregister veröffentlicht, damit Kunden und Lieferanten über die Geschäftsverteilung informiert sind.

▸ **Unternehmerin Siegel**

> **INFO**
>
> **Vorteile** der Personengesellschaft:
>
> - große unternehmerische Freiheit
> - Fremdkapital kann leichter beschafft werden
>
> **Nachteile** der Personengesellschaft
>
> - unbeschränkte Haftung
> - evtl. Abstimmungsprobleme zwischen den Gesellschaftern

Die Gründung einer Kapitalgesellschaft

 Frau Siegel will sich in der Möbel- und Fensterherstellung betätigen. Sie erwartet größere Aufträge von Baufirmen und Möbelhäusern. Es liegt auf der Hand, dass sie für solch ein Unternehmen viel Personal, viele Geräte, Maschinen und entsprechende Geschäfts- und Produktionsräume braucht. Mit anderen Worten: Der Kapitalbedarf dieses Unternehmens ist, verglichen mit dem des Einzelunternehmens, sehr viel höher. Bei der Höhe der Aufträge möchte Frau Siegel für sich auch das Risiko der Haftung beschränken.

Sie entschließt sich, eine **GmbH** (Gesellschaft mit beschränkter Haftung) zu gründen. Eine Erbschaft von 25.000 € will sie als Stammkapital in die Unternehmung einbringen. Zudem hat sie einige Bekannte als Gesellschafter für die neue Firma gewonnen. Da sie die Fachfrau ist, wird sie im Gesellschaftervertrag zur Geschäftsführerin bestimmt. Der Vorteil der GmbH ist, dass die Haftung auf die Gesellschafteranteile beschränkt ist. ■

Die **GmbH** ist eine sehr häufige Unternehmensform. Sie beschränkt das Risiko des Unternehmers, da er nicht mit seinem gesamten Privatvermögen haftet, sondern lediglich mit dem Gesellschaftsvermögen.

> **INFO**
>
> **Aktiengesellschaft**
>
> Nicht vorgestellt ist die Aktiengesellschaft. Dies ist eine Kapitalgesellschaft mit einem Grundkapital von mindestens 50.000 €.
>
> Die Kapitalanteile werden frei an der Börse gehandelt. Kapitalgeber und Geschäftsführung sind streng getrennt. Die Aktionäre haften nicht persönlich.

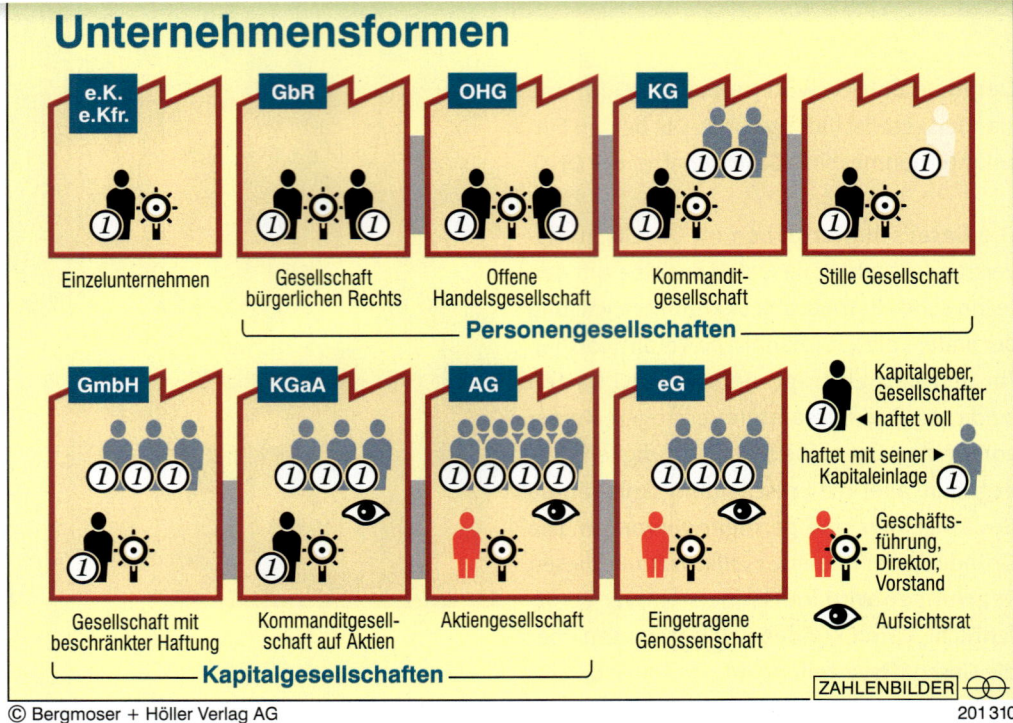

© Bergmoser + Höller Verlag AG

ZAHLENBILDER

201 310

Genossenschaften

Die Genossenschaften entstanden im 19. Jahrhundert. Sie wurden vor allem von Handwerkern und Landwirten gegründet, um sich gegenüber den Großbetrieben zu behaupten. Ihr Zweck war der günstige Einkauf von Rohstoffen und Werkzeugen sowie der Verkauf der Produkte. Seit damals haben sich ganz unterschiedliche Arten herausgebildet:

- Kreditgenossenschaften wie die Volks- und Raiffeisenbanken,
- Einkaufsgenossenschaften für den Großeinkauf von Rohstoffen, Maschinen und Waren, z. B. für Friseure,
- Produktionsgenossenschaften zur Verarbeitung der von den Mitgliedern erzeugten Produkte, z. B. Molkereien, Winzergenossenschaften,
- Wohnungsgenossenschaften zum Bau und zur Bewirtschaftung günstiger Wohnungen für ihre Mitglieder,

- Agrargenossenschaften zur gemeinsamen Bewirtschaftung von landwirtschaftlichen Nutzflächen. Diese Form gibt es vor allem in den neuen Bundesländern. Sie sind aus den Landwirtschaftlichen Produktionsgenossenschaften (LPG) aus der Zeit der DDR entstanden.

Genossenschaften sind auch wie Kapitalgesellschaften juristische Personen. Grundlage für die Arbeit einer Genossenschaft ist das Statut.

INFO

Natürliche Personen sind alle Menschen, sie haben Rechte und Pflichten. Eine **juristische Person** ist eine Personenvereinigung. Sie hat durch die gesetzliche Anerkennung ebenfalls Rechte und Pflichten.

---

1. ○ Ermittle drei Arten von Genossenschaften in deiner Region.

2. ◑ Worin bestehen die Besonderheiten der Agrargenossenschaften? Erforsche die Entwicklungsgeschichte einer Agrargenossenschaft in deiner Region.

▸ Schüler betreiben eine Kunstagentur.

Gründung einer Schülerfirma

Mit einer Schülerfirma lässt sich gut zeigen, was ein Unternehmen für grundsätzliche Aufgaben zu bewältigen hat, welche Produkte oder Dienstleistungen angeboten oder hergestellt werden. Die Arbeit der Schülerfirma könnte in die Betriebs- und Praxistage gelegt werden.

Dabei könnt ihr euch z. B. mit folgenden Fragen auseinandersetzen:
- Was sind die immer wiederkehrenden Aufgaben eines Unternehmens?
- Welche Ziele streben Unternehmen an?
- Wie wird ein Unternehmen organisiert?
- Wie wirbt man für seine Produkte bzw. seine Dienstleistungen?
- Wie untersucht man einen Markt, und wie kommt man an Informationen über Verbraucher und Konkurrenten?
- Wie plant man die Zukunft eines Unternehmens?

Eine Schülerfirma ist also ein sehr gutes Trainingsfeld für die Zukunft. Man erwirbt ökonomische Kenntnisse, lernt sein Wissen anzuwenden, Arbeitstechniken und Verhaltensweisen einzuüben. Damit lernt man auch, sich auf die spätere Berufstätigkeit vorzubereiten.

Schritt ❶
Notwendige Schritte bei der Planung

Schülerunternehmen planen, produzieren und verkaufen Produkte und/oder bieten Dienstleistungen an. Eurer Fantasie sind hierbei keine Grenzen gesetzt. Aber egal, welche Produkte oder Dienstleistungen ihr mit eurer Schülerfirma anbietet, die einzelnen Schritte zur Planung und Durchführung sind im Grunde immer dieselben.

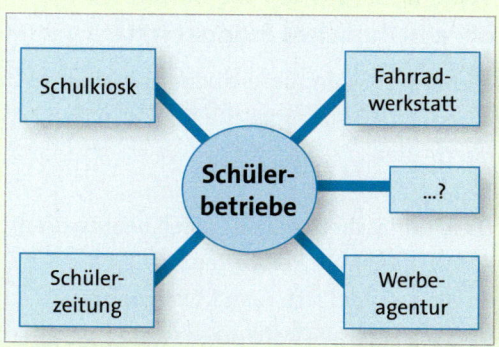
▸ Beispiele für Ideen, die mithilfe einer Schülerfirma realisiert werden könnten.

Welche Geschäftsidee wird bevorzugt?

Zunächst müsst ihr euch Gedanken machen, worin eure Geschäftsidee bestehen soll. Wollt ihr ein Produkt herstellen und verkaufen oder wollt ihr eine Dienstleistung anbieten? Der erste Schritt bei der Entwicklung einer Idee ist es, zu ermitteln, ob es dafür einen Markt gibt. Das heißt konkret: Was fehlt? Was wird gebraucht? Was könnt ihr Besonderes anbieten? Hilfreich ist es, eine Ideenliste zusammenzustellen, was für eure Schule infrage käme. Hier einige Vorschläge: Papiershop/Kiosk, Literaturcafé, Disco, Veranstaltungsagentur, Vermietung von Schülerkunst, Organisation von Klassen- und Tagesfahrten usw.

Wer macht mit?

Sprecht mit eurem Wirtschaftslehrer/eurer Wirtschaftslehrerin. Stellt eine Schülergruppe zusammen und entscheidet, ob eure Schülerfirma aus eurer Klasse bestehen soll. Ihr könnt auch eine Arbeitsgemeinschaft bilden, die sich aus Schülerinnen und Schülern mehrerer Klassen zusammensetzt.

Wichtig ist es, zu überlegen, ob eure Geschäftsidee überhaupt innerhalb eurer Klasse und/oder Schule umsetzbar ist, bzw. wo es Probleme geben könnte. Sprecht dazu mit der Schulleitung, mit Lehrerinnen und Lehrern, dem Hausmeister u. a. über den Standort der Schülerfirma, die Verantwortlichkeiten, die Aufsicht, die Versicherung, die technische Ausstattung.

Wie beurteilt man die Konkurrenz, die ein ähnliches Produkt hat?

Im Anschluss an diese Überlegungen müsst ihr eure Idee auf mögliche Konkurrenten hin überprüfen.

Dazu solltet ihr folgende Fragen beantworten:
– Wer sind eure Konkurrenten?
– Wo befindet sich eure Konkurrenz?
– Was bietet die Konkurrenz an?
– Zu welchen Preisen?

– Wie groß ist das Angebot, und was ist das Besondere daran?
– Wie ist die Qualität der Produkte?
– Wodurch macht die Konkurrenz auf sich aufmerksam?

Welcher Standort kommt infrage?

Im Fall einer Schülerfirma ist der Standort vorgegeben: eure Schule. Normalerweise geht man bei der Standortsuche aber nach bestimmten Gesichtspunkten vor (siehe „Fragen zum Standort")

Fragen zum Standort

– Kundennähe: Gibt es genügend Kundschaft?

– Konkurrenz: Wie viele andere Unternehmen gibt es, die gleiche oder ähnliche Produkte oder Dienstleistungen anbieten?

– Verkehr: Können uns Kunden und Lieferanten problemlos erreichen, können sie hier parken?

– Versorgung: Wie ist die Versorgung mit Waren, Verbrauchsgütern, Energie?

– Arbeitskräfte: Gibt es in der Nähe geeignetes Personal?

– Kosten: Wie hoch sind Mieten und Steuern?

– Behördliche Auflagen

– Technologie-/Gründerzentren: Besteht die Möglichkeit, sich dort niederzulassen?

– Liegt der Standort im Gewerbegebiet oder im Wohn- oder in einem Mischgebiet?

Wie viel Geld braucht man und woher bekommt man es?

Wenn man ein Unternehmen gründen möchte, braucht man eine Menge Geld, also Kapital. Viele Anschaffungen wie z. B. Grundstück, Gebäude, Maschinen, Geräte, Einrichtung, Fahrzeuge, Rohstoffe usw. müssen bezahlt werden.

Dazu benötigt man eine sehr genaue Planung, da sonst die ganze Existenz scheitern kann. Auch wenn eine Schülerfirma weniger umfangreiche Anschaffungen tätigen muss, ist es dennoch erforderlich, einen Kapitalbedarfsplan zu erstellen.

Um die im Kapitalbedarfsplan ermittelten Ausgaben tätigen zu können, reicht in den meisten Fällen das Eigenkapital des Unternehmensgründers nicht aus, er benötigt einen Kredit.

Auch bei einer Schülerfirma besteht die Möglichkeit, bei einer örtlichen Bank ein Startkapital in Form eines Kredites zu bekommen. Die Banken erwarten ein schlüssiges Konzept, aus dem der Geldbedarf zu ersehen ist. Darin muss auch beschrieben werden, wie die zukünftige finanzielle Entwicklung des Betriebes aussehen wird, und inwieweit die Bank sicher sein kann, dass sie ihr Geld auch zurückbekommt.

▶ Schülerfirma zur Restaurierung landwirtschaftlicher Maschinen

Ist eine Unternehmensgründung an einen rechtlichen Rahmen gebunden?

Eine Schülerfirma fällt unter eine Ausnahmeregelung und ist an keinen besonderen rechtlichen Rahmen gebunden, solange die Einnahmen einen bestimmten Betrag nicht übersteigen. Die Schülerfirma muss sich verpflichten, mit den Gewinnen und Umsätzen unterhalb der Geringwertigkeitsschwellen (weniger als 16.620 Euro Umsatz und 3.835 Euro Gewinn) im Jahr zu bleiben. Erkundigt euch bei der zuständigen IHK nach der genauen Höchstgrenze, die für eure Region gilt. Ihr könnt auch Kontakt zu anderen Schülerfirmen über das Internet aufnehmen und euch in rechtlichen Fragen austauschen.

Wie macht ein Unternehmen auf seine Produkte, seine Dienstleistungen aufmerksam?

Wer etwas verkaufen will, muss seine Produkte oder Dienstleistungen bekannt machen. Andere müssen wissen, dass es einen gibt und was man anbietet. Dazu ist ein Marketingkonzept erforderlich. Dieses enthält Informationen zum Produkt, Preis, Absatzweg und zur Werbung.

1. ● In einer Straße gibt es zwei Blumenläden. Entwickle eine Idee, welche besonderen Angebote ein Blumenladen machen könnte, um sich von dem anderen abzuheben.

2. ◒ Ermittle mithilfe der Gelben Seiten alle Buchhandlungen eurer Stadt und markiert ihre Standorte in einem Stadtplan. Erläutere, welche Folgen das Ergebnis für die Wahl des Standortes einer neuen Buchhandlung hätte.

3. ● Bewerte den Standort anhand der Fragen zum Standort.

▶ Ein Werbe-Logo

▶ Ein Firmenname

Die Werbung hat eine wichtige Bedeutung, da durch sie das Unternehmen in der Schule und evtl. auch außerhalb bekannt gemacht wird. Beachtet dabei Folgendes:
– Gestaltet eure Werbung zielgruppengerecht. Werbung für 15-Jährige ist anders als Werbung für 70-Jährige.
– Untersucht die Werbung eurer Konkurrenten.
– Beachtet ein einheitliches Erscheinungsbild.
– Legt fest, welche Werbebotschaft rübergebracht werden soll.
– Wählt Werbemittel und Werbeträger aus (Schülerzeitung, Handzettel, Plakate, Internetseite der Schule).

Schritt ❷

Jetzt wird es ernst!

Nachdem ihr wisst, wie die wichtigen Schritte bei der Planung einer Unternehmensgründung aussehen, könnt ihr nun in die konkrete Planung einer Schülerfirma einsteigen.

Wie soll die Schülerfirma heißen?

Der Name eurer Schülerfirma sollte immer deutlich zeigen, dass es sich um eine Schülerfirma handelt und nicht um eine echte Firma. Weiterhin sollte der Name der Schülerfirma nicht von einem anderen realen Unternehmen verwendet werden. Ob der Name, den ihr euch ausgedacht habt, schon von einem realen Unternehmen genutzt wird, könnt ihr mithilfe des Internets herausbekommen. Orientiert euch bei der Namensgebung an den folgenden Hinweisen:
– Der Name sollte kurz und einfach sein.
– Der Bezug des Firmennamens zu eurer Geschäftsidee sollte deutlich werden.
– Es sollte ein zum Namen passendes Logo gefunden werden.
– Der Name sollte sich gut merken lassen.

INFO

Hier noch einmal die Fragen, die bei der Gründung einer Schülerfirma zu beachten sind:

▪ Wie viel Gründungskapital benötigt ihr?

▪ Wer macht mit?

▪ Wie soll die Firma heißen?

▪ Für welche Geschäftsidee wollt ihr euch entscheiden?

▪ Welche Umsetzungsmöglichkeiten für eure Geschäftsidee sind in der Schule gegeben?

1. ● Überlege, mit welchen Werbemitteln eine Werbeagentur in der Schule für sich werben sollte. Begründe deine Auswahl mit Beispielen.

2. ◐ Suche aus einer Jugendzeitschrift Anzeigen heraus und erkläre, inwiefern die Gestaltung auf Jugendliche zugeschnitten ist.

Die Organisation der Schülerfirma

Welche Tätigkeiten im Alltag einer Schülerfirma sind zu organisieren (**Ablauforganisation**)?

Folgende Fragen helfen euch bei der Organisation der Arbeitsabläufe:

– Welche Arbeitsschritte sind nötig, damit ihr
  euer Produkt erstellen oder eure Dienstleistung anbieten könnt?
– Welche Arbeitsschritte gehören zusammen? Welche Reihenfolge gibt es hierbei?
– Erstellt ein Ablaufdiagramm, indem ihr die
  Arbeitsschritte in je einem Kästchen darstellt, die Kästchen dann in eine Reihenfolge bringt und ihre Zusammenhänge in
  einem Ablaufschema darstellt (siehe Seite
  33 „Ablauf eines Telefongesprächs").

Wer arbeitet wo? (Aufbauorganisation)

Die Aufbauorganisation der Schülerfirma regelt, wer wo und mit welchen Mitteln etwas
tun soll. Die arbeitsteiligen Tätigkeiten müssen wiederum abgestimmt, koordiniert werden. Auch die Organisation einer Schülerfirma
hat zum Ziel, dass die Aufgaben sinnvoll erledigt, Zuständigkeiten festgelegt und Arbeitsabläufe geregelt werden.

Folgende Aufgaben müssen dazu gelöst werden:

– Welche Abteilungen ergeben sich aus
  eurer Ablauforganisation? Gebt diesen
  Abteilungen Namen.
– Überlegt, welche von euren Mitschülerin-
  nen und Mitschülern den einzelnen Abteilungen zugeordnet werden sollen.
– Wer soll für was verantwortlich sein? Wer
  hat das Sagen?
– Zeichnet auf, welche Abteilungen eure
  Schülerfirma hat. Tragt die Namen der
  Mitarbeiterinnen und Mitarbeiter ein und
  hängt die Aufbauorganisation an geeigneter Stelle für alle zur Einsicht aus.
– Legt eure Aufbauorganisation einem Experten aus einem Unternehmen vor und

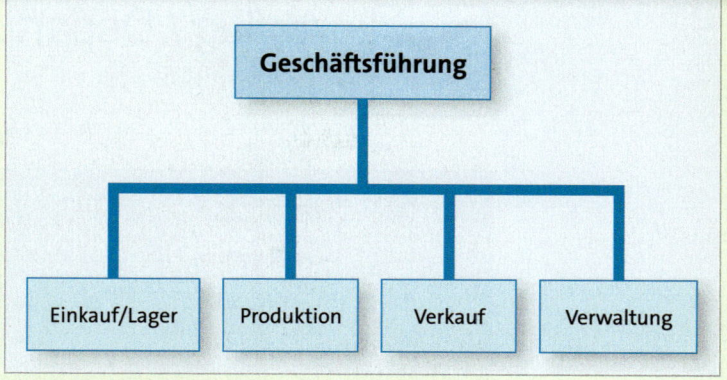

▸ Aufbauorganisation

lasst euch von ihm beraten. Hierzu könnt
ihr eine Expertenbefragung durchführen.

Die **Geschäftsführung** übernimmt alle Aufgabenbereiche, die der Steuerung und Lenkung
des Unternehmens dienen. Dabei lassen sich
zwei große Aufgabenbereiche unterscheiden:

– Aufgaben, die nach außen, auf das Umfeld
  des Unternehmens gerichtet sind und
– die internen Aufgaben.

In einer Schülerfirma setzt sich die Geschäfts-
leitung u.a. mit folgenden Fragen auseinander:

– Welches sind die kurz- und mittelfristigen
  Ziele unserer Firma?
– Mit welcher Zielgruppe haben wir es zu
  tun? Wem wollen wir etwas verkaufen?
– Welche Produkte, welche Dienstleistun-
  gen wollen wir anbieten?
– Wie organisieren wir die Struktur und die
  Arbeitsabläufe der Schülerfirma?
– Welche Instrumente können bei der Or-
  ganisation der Arbeitsabläufe unserer
  Schülerfirma hilfreich sein (Zeitpläne,
  Organigramme, regelmäßige Treffen aller
  Abteilungen etc.)?
– Welches sind die richtigen Mitarbeiter für
  die verschiedenen Aufgaben in den Abtei-
  lungen unserer Schülerfirma? Wie wählen
  wir die Mitarbeiter aus?
– Wie wird der Informationsaustausch in-
  nerhalb der Schülerfirma (Abteilungen,
  Mitarbeiter) organisiert?

Abflug / Departure

Planmäßig Scheduled	Flugnummer Flight-Number	Nach To	Gate	Bemerkungen Remarks
12:30	FA353	AMSTERDAM	A6	STREIK
12:35	AD52	MUNICH	C2	STREIK
12:35	FA322	PARIS	C4	STREIK
12:40	AA872	DALLAS	B5	STREIK
12:55	DF67	ROM	A7	STREIK
13:20	AA072	PARIS	A5	STREIK
13:35	KT222	OSLO	C3	STREIK
13:50	LT522	HONG KONG	B9	STREIK
14:30	RI724	DUBAI	C3	STREIK

▸ Arbeitskämpfe betreffen nicht nur die Arbeitgeber- und die Arbeitnehmerseite, sondern oftmals auch die „normale" Bevölkerung.

Neue Streiks an NRW-Großflughäfen

Das Sicherheitspersonal an den großen Flughäfen in Nordrhein-Westfalen streikt weiter. Auch am Freitag mussten sich Passagiere auf Verspätungen und Flugausfälle einstellen. Die Gewerkschaft Ver.di hatte die Sicherheitskräfte aufgerufen, ihren Ausstand bis zum Abend fortzusetzen. [...] Bereits am Donnerstag wurden wegen des Arbeitskampfs an beiden Flughäfen mehr als 200 Flüge gestrichen und zahlreiche Starts verschoben. In den Kontrollbereichen bildeten sich lange Warteschlangen.

Die Gewerkschaft kämpft mit den Streiks vor allem für höhere Löhne im nordrheinwestfälischen Wach- und Sicherheitsgewerbe. Die Tarifverhandlungen mit den Arbeitgebern waren zuvor gescheitert. [...]

Quelle:
www.t-online.de
→ wirtschaft
→ jobs
→ Streik an Flughafen Düsseldorf geht weiter Ausfälle auch in Köln-Bonn
(25.01.2013)

1. ○ Nenne Beispiele von weiteren Arbeitskämpfen, deren Konsequenzen im täglichen Leben sofort zu spüren sind.

2. ◐ Oftmals führen Streiks, wie in dem dargestellten Beispiel, zu einem Unmut in der Bevölkerung. Stelle die Gründe dar, warum gleichwohl in Deutschland
   a) die Löhne normalerweise nicht vom Staat festgesetzt, sondern von den Tarifparteien ausgehandelt werden.
   b) die Tarifverhandlungen einem vorgegebenen Verlauf folgen müssen.
   c) warum starke Gewerkschaften und Arbeitgeberverbände für die soziale Marktwirtschaft wichtig sind.

B

PRAXIS

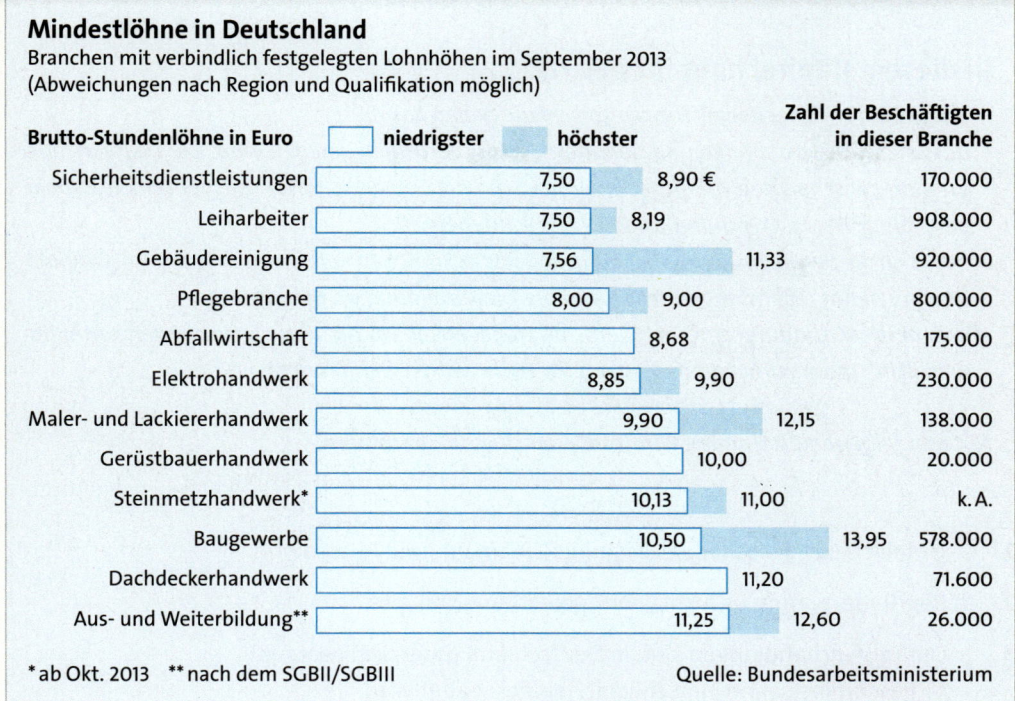

Mindestlöhne in Deutschland
Branchen mit verbindlich festgelegten Lohnhöhen im September 2013
(Abweichungen nach Region und Qualifikation möglich)

Brutto-Stundenlöhne in Euro	niedrigster	höchster	Zahl der Beschäftigten in dieser Branche
Sicherheitsdienstleistungen	7,50	8,90 €	170.000
Leiharbeiter	7,50	8,19	908.000
Gebäudereinigung	7,56	11,33	920.000
Pflegebranche	8,00	9,00	800.000
Abfallwirtschaft		8,68	175.000
Elektrohandwerk	8,85	9,90	230.000
Maler- und Lackiererhandwerk	9,90	12,15	138.000
Gerüstbauerhandwerk		10,00	20.000
Steinmetzhandwerk*	10,13	11,00	k. A.
Baugewerbe	10,50	13,95	578.000
Dachdeckerhandwerk		11,20	71.600
Aus- und Weiterbildung**	11,25	12,60	26.000

*ab Okt. 2013   **nach dem SGBII/SGBIII   Quelle: Bundesarbeitsministerium

Genereller Mindestlohn – Pro und Kontra

In dem Koalitionsvertrag von CDU und SPD (November 2013) wurde die Einführung eines flächendeckenden Mindestlohns von 8,50 Euro pro Stunde beschlossen. Zuvor konnten die Tarifpartner in den einzelnen Branchen die die Mindestlöhne vereinbaren.

3. ○ Diskutiert die Vor- und Nachteile eines einheitlichen Mindestlohns.
    a) Vorbereitung:
       – Bildet zwei Gruppen mit Gegnern und Befürwortern. Bestimmt eine Diskussionsleitung.
       – Informiert euch vor der Diskussion
         • zu den Vor- und Nachteilen des flächendeckenden Mindestlohns.
         • zu den Ausnahme- und Übergangsregelungen.
       – Bestimmt aus jeder Gruppe zwei Personen, die die Position der Befürworter bzw. der Gegner vertreten.
    b) Durchführung:
       – Die Diskussion sollte rund 15 Minuten dauern.
       – Die Diskussionsleitung hat sicherzustellen, dass die Diskutanten sachlich argumentieren und sich gegenseitig ausreden lassen.
    c) Die weiteren Schülerinnen und Schüler analysieren den Verlauf der Diskussion.
       – Welche Argumente wurden für oder gegen einen einheitlichen Mindestlohn vorgebracht?
       – Wie stichhaltig waren die Argumente?
    d) Auswertung:
       Welche neuen Erkenntnisse konnten aus der Diskussion gewonnen werden?

In diesem Kapitel habt ihr gelernt, ...

– *dass es bei gleicher Arbeit Lohnunterschiede geben kann.*
– *dass die Höhe von Löhnen und Gehältern in Tarifverträgen geregelt wird. Die Tarifverträge werden zwischen den Arbeitgeberverbänden und Gewerkschaften ausgehandelt, wobei der Ablauf der Tarifverhandlungen vorgeschrieben ist.*
– *dass sich die Berufe insbesondere aufgrund des technischen Fortschritts verändern. Deshalb gewinnen das lebenslange Lernen und die Weiterbildung an Bedeutung.*
– *was bei der Gründung einer Schülerfirma zu bedenken ist. Auf diese Erfahrungen könnt ihr vielleicht später zurückgreifen, wenn ihr euch selbstständig macht.*

Mit den folgenden Aufgaben könnt ihr euer Wissen überprüfen.

1. ◒ Unterscheide zwischen Beteiligungs-, Prämien- und Akkordlohn.

2. ● Begründe, warum es nicht „den" gerechten Lohn gibt.

3. ○ Die Tarifverhandlungen sind in Deutschland gesetzlich geregelt.
   a) Beschreibe, wann ein Schlichter eingeschaltet wird.
   b) Benenne, welches zentrale Kriterium bei der Auswahl des Schlichters zu beachten ist.

4. ○ Das Berufsleben ändert sich. Fasse wichtigsten Entwicklungen zusammen. Betrachte dazu auch die unten stehenden Fotos.

▸ Ein Serverraum

▸ Hafen – ein Umschlagplatz für Waren

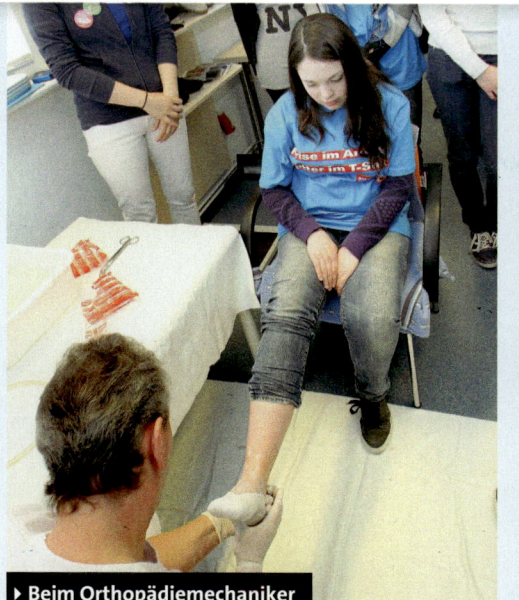

▸ **Beim Orthopädiemechaniker**

▸ **Kfz-Mechatronikerinnen**

5. ○ Beschreibe, welche Bedeutung die Rechtsform für ein Unternehmen hat.

6. ◐ Unterscheide zwischen Personen- und Kapitalgesellschaften und stelle die wichtigsten Merkmale zusammen.

7. ○ Fasse zusammen, was für die erfolgreiche Gründung einer (Schüler-)firma zu beachten ist.

Allein in den Jahren 2013 und 2014 werden 29 der über 340 Ausbildungsberufe überarbeitet; drei Ausbildungsberufe kommen neu hinzu. Überarbeitung bedeutet, dass in der sogenannten Ausbildungsordnung die Grundlagen der Ausbildung in dem jeweiligen Beruf neu festgelegt werden, z. B. für Orthopädiemechaniker und Kfz-Mechatroniker.

Die Ausbildungsordnungen sind auf den Seiten des Bundesinstituts für Berufsbildung (www.bibb.de) und der Bundesagentur für Arbeit (www.berufenet.de) verfügbar.

8. ○ Nenne fünf für dich interessante Ausbildungsberufe, die neu entstanden oder überarbeitet worden sind.

9. ◐ Recherchiere, welche Punkte in der Ausbildungsordnung geregelt werden.

10. ○ Fasse die wichtigsten Punkte der Ausbildungsordnung eines Berufes, der dich interessiert, auf ca. einer Seite zusammen. Wähle hierfür einen Ausbildungsberuf aus, dessen Ausbildungsordnung seit 2010 geändert worden ist.

11. ○ Stelle die wichtigsten Änderungen der Ausbildungsordnung und deren Gründe dar.

In diesem Kapitel lernt ihr, ...

> dass jede Wirtschaftsordnung mit aktuellen Problemen und Herausforderungen zu kämpfen hat.

HERAUSFORDERUNGEN FÜR DIE SOZIALE MARKTWIRTSCHAFT

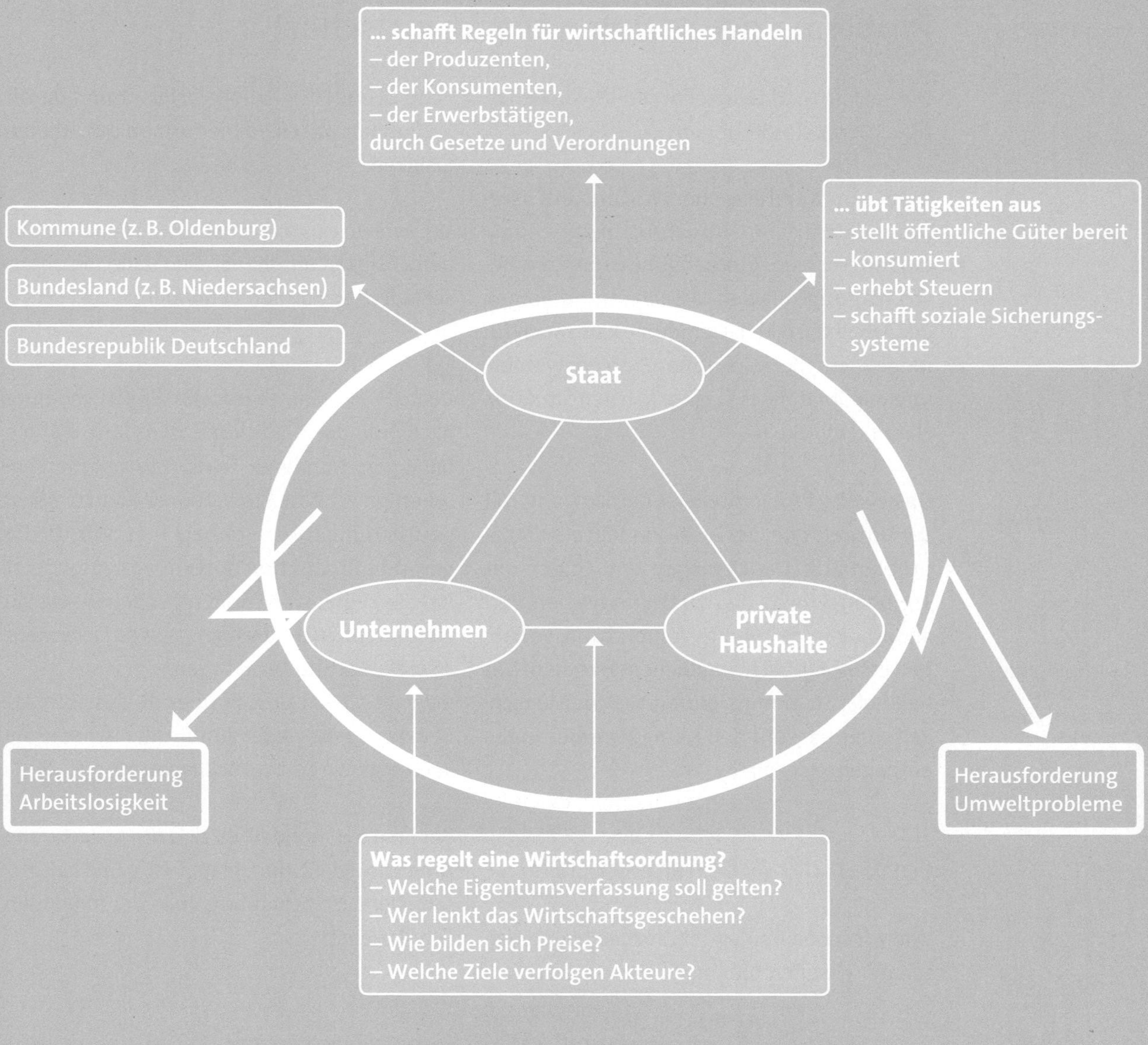

... schafft Regeln für wirtschaftliches Handeln
– der Produzenten,
– der Konsumenten,
– der Erwerbstätigen,
durch Gesetze und Verordnungen

Kommune (z. B. Oldenburg)

Bundesland (z. B. Niedersachsen)

Bundesrepublik Deutschland

... übt Tätigkeiten aus
– stellt öffentliche Güter bereit
– konsumiert
– erhebt Steuern
– schafft soziale Sicherungssysteme

Staat

Unternehmen

private Haushalte

Herausforderung Arbeitslosigkeit

Herausforderung Umweltprobleme

Was regelt eine Wirtschaftsordnung?
– Welche Eigentumsverfassung soll gelten?
– Wer lenkt das Wirtschaftsgeschehen?
– Wie bilden sich Preise?
– Welche Ziele verfolgen Akteure?

▸ Bei der Arbeitsagentur

Gerechtigkeit ist zentrales Thema im Wahlkampf

Bundesregierung beschließt Konjunkturpaket

Arbeitslosigkeit steigt leicht an

Verbände fordern stärkere Maßnahmen für Umweltschutz

Probleme der sozialen Marktwirtschaft

Die soziale Marktwirtschaft steht vor vielfältigen Herausforderungen:

In diesem Kapitel wollen wir uns mit zwei besonderen Herausforderungen näher auseinandersetzen. Einmal geht es um die Beschäftigung mit den Ursachen und Folgen der **Arbeitslosigkeit**. Gerade sie kann auch für junge Menschen ein großes Problem werden, und der Staat muss in einer solchen Situation Hilfen entwickeln.

Das zweite Problemfeld ist der Umgang mit der **Umwelt** und hier insbesondere die Klimaproblematik. Die Ursachen und Folgen des Treibhauseffekts, der zu dramatischen Veränderungen des Klimas führen kann, verlangen ebenfalls nach staatlichem Handeln. Das heißt, der Staat muss prüfen, welche Möglichkeiten er hat, um den Klimaveränderungen entgegenzuwirken.

Quelle: nach: http://material.lo-net2.de/europa/.ws_gen/?21 (21.10.2013)

Formen der Arbeitslosigkeit

Wie wir schon im Kapitel „Soziale Marktwirtschaft" gesehen haben, gibt es unterschied-liche Gründe für Arbeitslosigkeit und damit verbunden verschiedene Formen der Arbeitslosigkeit.

Wir wollen uns zunächst einige Fälle von Arbeitslosigkeit anschauen und dann die unterschiedlichen Formen benennen:

Q **FALL 1:**

Beate H. hat eine abgeschlossene Ausbildung als Schneiderin. Bis vor einem Jahr war sie bei einem Mindener Textilunternehmen beschäftigt. Weil die Produktionskosten in Asien deutlich niedriger sind als hier, wurde die gesamte Produktion dorthin verlagert. Jetzt hat sie keine Arbeit und muss sehen, wo sie bleibt, denn in Deutschland gibt es nicht mehr so viele Textilunternehmen.

Sie sagt: „Man liest ja überall, dass die Arbeitslosigkeit wieder zunimmt, nachdem sie ja eine ganze Zeit zurückgegangen ist." ■

Bei Beate H. handelt es sich um **strukturelle Arbeitslosigkeit**. Sie ist langfristig und hat verschiedene Ursachen, wie du in der folgenden Grafik siehst:

Strukturveränderungen der Wirtschaft

Technologische Änderungen:
Wenn z. B. die menschliche Arbeitskraft durch moderne Technologien ersetzt wird. Das wird Rationalisierung genannt.

Veränderungen des Wirtschaftsraums:
Z. B. in wirtschaftlich schwächer entwickelten Gebieten, wie etwa in den neuen Bundesländern oder im Bayerischen Wald.

Fehlende Qualifikation der Arbeitskräfte:
Wenn Arbeitsplätze vorhanden sind, die Arbeitsuchenden aber nicht entsprechend qualifiziert sind, d. h., wenn die Qualifikationen von Arbeitskräften und die Anforderungen der offenen Stellen nicht übereinstimmen.

Veränderungen durch Kosteneinsparungen:
Wenn z. B. die Textilproduktion oder die Automobilproduktion aus Kostengründen an andere Standorte, z. B. ins Ausland, verlagert oder aber Mitarbeiter entlassen werden.

▸ Ursachen für strukturelle Arbeitslosigkeit

Q FALL 2:

Martin K. ist Maurer. Auf dem Bau läuft aber in den Wintermonaten nicht viel. Deshalb hat er seit November keinen Job mehr. Er sagt: „Man kann echt froh sein, wenn man Arbeit hat. Ich hoffe, dass ich im Frühjahr wieder eine Stelle auf dem Bau finde." ■

Bei Martin K. liegt **saisonale Arbeitslosigkeit** vor. Die saisonale Arbeitslosigkeit hat ihre Ursache z. B. in jahreszeitlich bedingten Witterungsänderungen oder in der saisonal bedingten Nachfrage. Sie ist kurzfristiger Natur. Diese Form der Arbeitslosigkeit ergibt sich vor allem in Branchen, deren Tätigkeiten stark von jahreszeitlichen Schwankungen abhängen, wie z. B. in der Landwirtschaft, dem Gaststättengewerbe, der Touristikindustrie oder dem Baugewerbe.

Quelle: nach: http://material.lo-net2.de/europa/.ws_gen/?21 (21.10.2013)

Vielleicht finde ich in den Wintermonaten einen anderen Job.

▸ Martin K. auf dem Bau

▸ Die Beschäftigung im Baugewerbe hängt stark von der Jahreszeit ab.

Ich bin auf die neuen Kolleginnen und Kollegen gespannt.

▸ Sara L.

Und jetzt Arbeitslosengeld I und II, wie war das noch?

▸ Mehmet B.

Q FALL 3:

Sara L. war in einem Chemiekonzern in Leverkusen als Chemikantin beschäftigt. Da sie geheiratet hat und ihr Mann in Hannover arbeitet, hat sie ihr Arbeitsverhältnis in Leverkusen zum 31.12.2013 gekündigt. Am 01.02.2014 wird bei einem Chemieunternehmen in Hannover eine Stelle in der Produktion von Lösungsmitteln frei, die sie antreten wird. Frau L. hat sich von ihrem Sachbearbeiter im Job-Center verabschiedet. ■

Sara L. ist von sogenannter **friktioneller Arbeitslosigkeit** betroffen. Hiervon spricht man, wenn bei einem Arbeitsplatzwechsel zwischen dem bisherigen und dem neuen Arbeitsplatz nur ein kurzfristiger Zeitraum liegt.

Quelle für Fall 3 und 4: nach http://material. lo-net2.de/europa/ .ws_gen/?21 (21.10.2013)

Q FALL 4:

Mehmet B. hat bis Juli letzten Jahres in einem Betrieb, der Möbel herstellt, gearbeitet. Aufgrund der schlechten wirtschaftlichen Lage in Deutschland wurden immer weniger Möbel nachgefragt. Die Produktion wurde daraufhin reduziert und einem Teil der Belegschaft, so auch Herrn B., gekündigt. Er hofft nun, dass sich die Situation in Deutschland mittelfristig wieder verbessert und verstärkt Möbel nachgefragt werden. Dann sieht er für sich auch wieder Chancen für eine Anstellung. ■

Bei Mehmet B. liegt **konjunkturelle Arbeitslosigkeit** vor. Die konjunkturelle Arbeitslosigkeit hat ihre Ursache in der allgemeinen Abschwächung der wirtschaftlichen Tätigkeit. Die Nachfrage in einem Land nach Produkten und Dienstleistungen geht zurück. Dies führt dazu, dass auch die Produktion verringert wird und Arbeitskräfte entlassen werden. Die konjunkturelle Arbeitslosigkeit ist in der Regel von mittlerer Dauer.

INFO

Die **Arbeitslosenquote** ist der Anteil der Arbeitslosen an der Gesamtzahl der Erwerbspersonen. Sie zeigt an, wie die Situation auf dem Arbeitsmarkt ist.

1. ⊖ Stelle fest, wie hoch die Arbeitslosenquote derzeit in Niedersachsen ist. Suche bei http://statistik.arbeitsagentur.de/statistik/index.php.

2. ⊖ Ermittle unter der in Aufgabe 1 angegebenen Adresse, wie sich die Arbeitslosigkeit in den letzten Jahren in der Bundesrepublik entwickelt hat.

3. ⊖ Arbeite die Formen der Arbeitslosigkeit mithilfe der Beispiele durch und nenne weitere Beispiele, die du kennst oder die du dir vorstellen kannst.

4. ● Hilf Mehmet B.: Wie war das noch mit Arbeitslosengeld I und II?

5. ○ Beschreibe, wodurch sich die konjunkturelle von der strukturellen Arbeitslosigkeit unterscheidet.

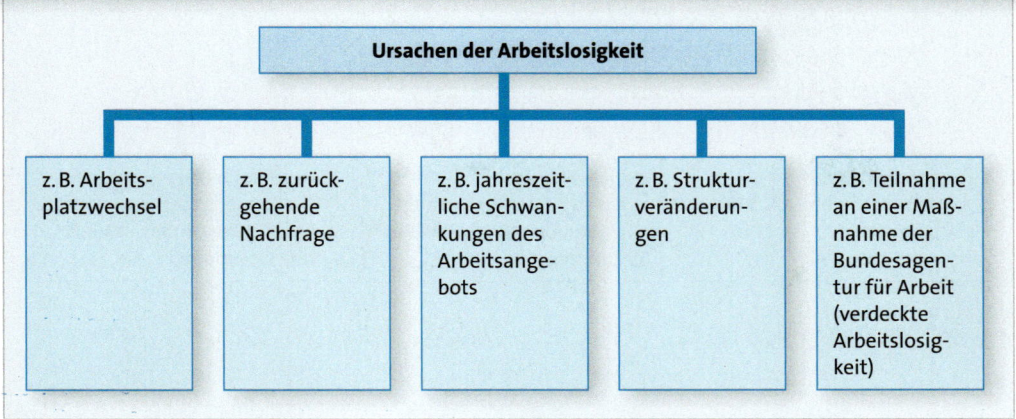

Ursachen der Arbeitslosigkeit				
z. B. Arbeits-platzwechsel	z. B. zurück-gehende Nachfrage	z. B. jahreszeit-liche Schwan-kungen des Arbeitsange-bots	z. B. Struktur-veränderun-gen	z. B. Teilnahme an einer Maß-nahme der Bundesagen-tur für Arbeit (verdeckte Arbeitslosig-keit)

▸ Ursachen der Arbeitslosigkeit

Die bisher beschriebenen Formen nennt man offene Arbeitslosigkeit. Eine **verdeckte Arbeitslosigkeit** liegt vor, wenn sie nicht gemeldet wird oder sich die Arbeitslosen in einer Maßnahme der Bundesagentur für Arbeit befinden.

▸ Sven

B Sven hatte in der 8. Klasse völlig den Anschluss verpasst. Die Scheidung seiner Eltern bereitete ihm große Probleme und er versuchte sich mit allem Möglichem abzulenken. Nur spielten die Schule und ein erfolgreicher Abschluss keine Rolle mehr bei ihm. Er brach am Ende der 9. die Hauptschule ohne Abschluss ab. Nun stand er ohne Abschluss da. Er hatte seine Schulpflicht aber auch noch nicht erfüllt, sodass er zunächst in eine Fördermaßnahme der Arbeitsagentur kam und danach in das Berufsvorbereitungsjahr.

Da er im Anschluss daran keinen Ausbildungsplatz bekam und auch eigentlich gar keinen wollte, machte er wieder einen Förderlehrgang und kam, da er auch jetzt keinen

Ausbildungsplatz im dualen System fand, in eine außerbetriebliche Ausbildung. Diese Ausbildung schloss er ab, bekam allerdings danach keinen Arbeitsplatz und war längere Zeit arbeitslos. ∎

INFO

Außerbetrieblich sind die Ausbildungsverhältnisse, die mit öffentlichen Mitteln, z. B. von der Bundesagentur für Arbeit, finanziert werden. Als **betrieblich** gelten Ausbildungsverhältnisse, bei denen die Finanzierung (des betrieblichen Teils der dualen Ausbildung) durch die Ausbildungsbetriebe erfolgt.

6. ○ Stelle dar, welche Formen der Arbeitslosigkeit eher Ursachen haben, die in der Person liegen, und welche eher wirtschaftliche Ursachen haben, die einzelne Personen nicht beeinflussen können.

7. ◐ Erkläre, wann man von verdeckter Arbeitslosigkeit spricht.

8. ● Es gibt Regionen mit hoher und solche mit niedriger Arbeitslosenquote. Diskutiert, welche Ursachen hierfür verantwortlich sein könnten.

→ Starthilfe zu 8:

Denk darüber nach, welche Formen der Arbeitslosigkeit bedeutsam sein dürften, wenn viele Menschen gleichzeitig betroffen sind.

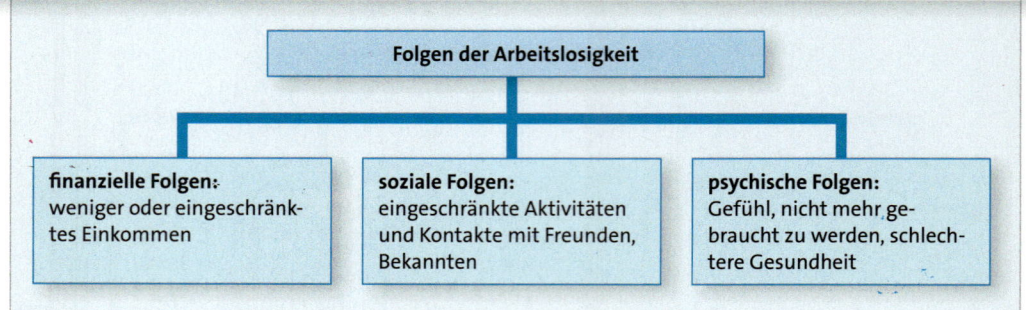

▶ Folgen der Arbeitslosigkeit

Folgen der Arbeitslosigkeit

Arbeitslosigkeit kann für die Betroffenen zum Teil erhebliche Folgen haben:

Frau K.: „Die Arbeitslosigkeit zwingt uns zum Sparen. Eine Urlaubsreise ist im Moment nicht drin."

Herr F.: „Wenn meine Freunde von ihrer Arbeit berichten, sitze ich nur stumm dabei. Das ist deprimierend."

Herr M.: „Vor zwei Jahren haben wir uns mithilfe eines Bankkredits ein Haus gekauft. Jetzt bin ich arbeitslos und weiß nicht, wie wir die Raten bezahlen sollen."

Frau P.: „An manchen Tagen fühlt man sich wirklich einsam, wenn alle Freunde bei der Arbeit sind und man alleine zuhause sitzt."

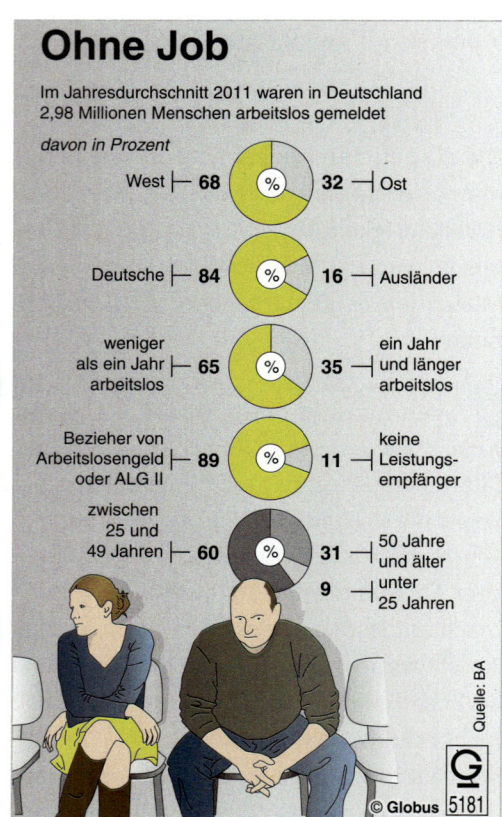

Die finanziellen und die sozialen und psychischen Probleme sind bei den sogenannten Langzeitarbeitslosen – das heißt, Personen, die schon länger als ein Jahr nach einer neuen Beschäftigung suchen – noch stärker ausgeprägt als bei den kurzfristig Arbeitslosen. Je älter die Langzeitarbeitslosen sind, desto ausgeprägter können die Begleitprobleme werden.

Zudem ist der durchschnittliche Gesundheitszustand von Langzeitarbeitslosen nach Untersuchungen nicht nur schlecht, sondern er verschlechtert sich häufig im Verlauf der Arbeitslosigkeit.

→ Starthilfe zu 1:

Sieh dir hierzu noch einmal die Beispiele auf den Seiten 176–179 an.

1. ● Arbeitslose können in zwei Gruppen eingeteilt werden: Jene, die nach dem Jobverlust rasch wieder eine neue Stelle finden, und jene, die lange keinen neuen Arbeitsplatz mehr finden. Das sind die Langzeitarbeitslosen.
Begründe: Aus welcher Form der Arbeitslosigkeit entsteht am ehesten Langzeitarbeitslosigkeit?

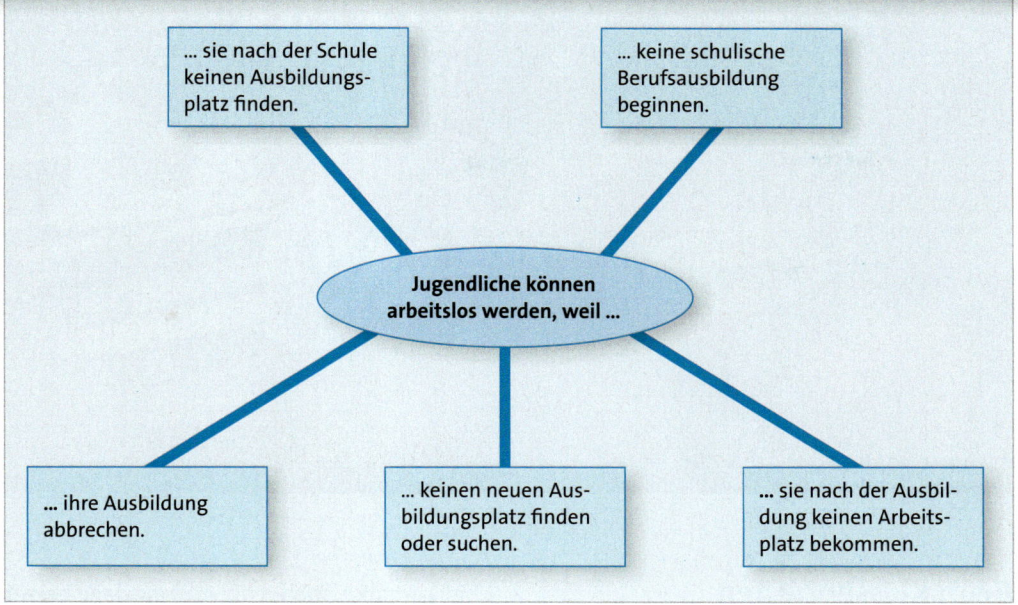

▸ Gründe für Arbeitslosigkeit bei Jugendlichen

Was macht der Staat, um Jugendliche vor Arbeitslosigkeit zu schützen?

Viele Unternehmen haben Probleme ihre Ausbildungsplätze mit den „richtigen" Personen zu besetzen. Sie berichten aus Einstellverfahren, dass viele Schulabgänger nicht über die erforderlichen Qualifikationen verfügen. Deshalb bleiben immer wieder zur Verfügung stehende Ausbildungsplätze unbesetzt.

Wie sich der Arbeitsmarkt entwickelt, kann heute mit Gewissheit niemand sagen. Da eine gute Ausbildung aber immer noch der beste Schutz vor Arbeitslosigkeit ist, wird der Staat zusammen mit Unternehmen immer versuchen müssen, dafür Sorge zu tragen, wie Jugendlichen ein Ausbildungsplatz gesichert werden kann.

Der Staat unterstützt aber natürlich nicht nur Jugendliche sondern alle Arbeitslosen, wie schon im Kapitel „Soziale Marktwirtschaft" zu sehen war.

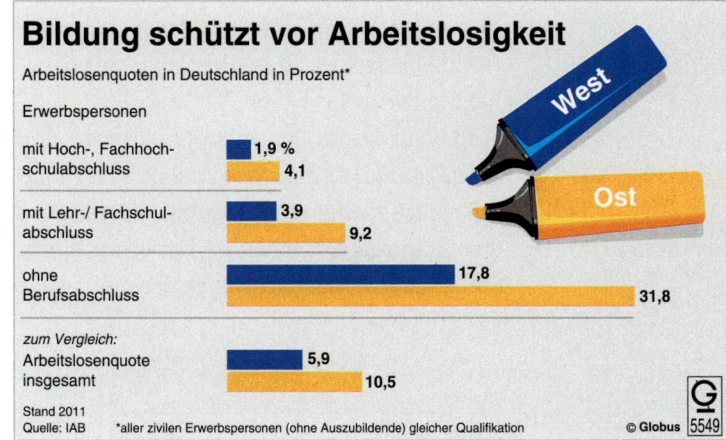

Bildung schützt vor Arbeitslosigkeit

Arbeitslosenquoten in Deutschland in Prozent*

Erwerbspersonen

	West	Ost
mit Hoch-, Fachhochschulabschluss	1,9 %	4,1
mit Lehr-/ Fachschulabschluss	3,9	9,2
ohne Berufsabschluss	17,8	31,8
zum Vergleich: Arbeitslosenquote insgesamt	5,9	10,5

Stand 2011
Quelle: IAB   *aller zivilen Erwerbspersonen (ohne Auszubildende) gleicher Qualifikation

© Globus 5549

2. ● Erläutere den Zusammenhang zwischen dem Schulabschluss, den ein Jugendlicher macht, und seinen Chancen auf dem Ausbildungsmarkt.

3. ● Analysiere die untere Grafik und arbeite heraus, inwiefern sie Auskunft über die Beziehung von Bildungsabschlüssen und Arbeitsmarktchancen gibt. Fasse die wesentlichen Erkenntnisse in eigenen Worten zusammen.

▸ Beim Klassentreffen

Beim Klassentreffen

Q Anlässlich eines Klassentreffens begegnen sich die vier ehemaligen Klassenkameraden Fred, Lisa, Boris und Claudia. Im Laufe des Abends entwickelt sich das folgende Gespräch:

Tina: „So, ich glaube ich werde dann auch bald mal nach Hause fahren. Ich habe morgen früh einen Termin bei der Arbeitsagentur."
Fred: „Ist dir etwa gekündigt worden?"
Tina: „Nein, ich habe meinen Job als Informatikerin gekündigt und suche eine neue Herausforderung. Mal sehen, was mir so angeboten wird."
Fred: „Mit deiner Qualifikation wirst du ganz schnell einen neuen Arbeitsplatz finden. Bei mir sieht es leider nicht so rosig aus. Aufgrund der sinkenden Nachfrage habe ich meine Stelle als Kfz-Mechatroniker verloren. Mein

Chef sagt aber, sobald die Auftragslage besser wird, wird er mich wieder einstellen."
Claudia: „Bei mir ist es ja auch jedes Jahr das Gleiche. Als Kellnerin im Biergarten muss ich mir über den Winter einen neuen Job suchen."
Boris: „Naja Claudia, dann wirst du aber spätestens im Frühling wieder eine neue Anstellung finden."
Claudia: „Stimmt, das ist bei dem Beruf im Sommer kein Problem."
Boris: „Ich bin da schon schlimmer dran. Mein Chef hat mir gekündigt. Die Lohnkosten seien zu hoch. Jetzt produziert das Unternehmen im Ausland. Vielleicht sollte ich mich weiterbilden."
Claudia: „Mensch, Boris, lass den Kopf nicht hängen. Die Zeiten haben sich einfach geändert und es ist eben heutzutage nicht mehr unbedingt so, dass man mit dem Job in Rente geht, den man mal gelernt hat. Man muss halt flexibel sein." ■

Quelle: Schulz, Jan-Peter: Welche Formen der Arbeitslosigkeit gibt es? Wigy e. V., Oldenburg, 2007

	Tina	Fred	Claudia	Boris
Ursache der Arbeitslosigkeit				
Form der Arbeitslosigkeit				

⇥ **Starthilfe zu 1:**

Versuch, die Aufgabe in einem ersten Schritt ohne Hilfe zu lösen. Falls du nicht weiterkommst, kannst du auf den Seiten 176 ff. die Formen der Arbeitslosigkeit noch einmal nachlesen.

1. ● Lies den Dialog und übertrage die Tabelle in dein Heft. Fülle sie anschließend aus und vergleiche die Ergebnisse mit deinem Sitznachbarn.

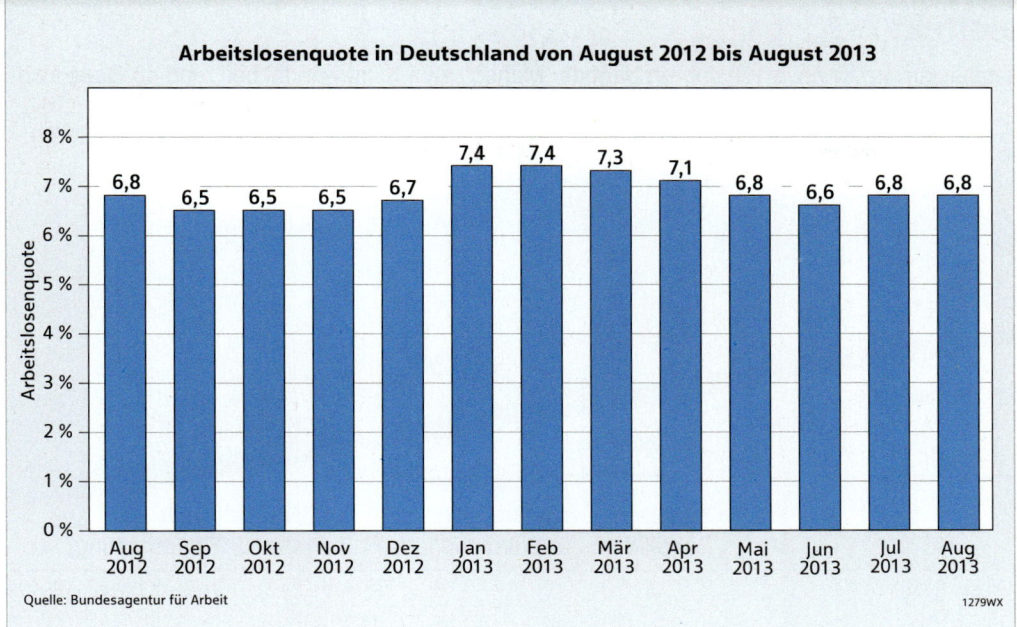

Arbeitslosenquote in Deutschland von August 2012 bis August 2013

Quelle: Bundesagentur für Arbeit

1279WX

Die Arbeitslosenquote

Die Statistik zeigt die Arbeitslosenquote in Deutschland von August 2012 bis August 2013. Im August 2013 betrug die Arbeitslosenquote in Deutschland 6,8 Prozent. Die Arbeitslosenquote gibt an, wie groß der Anteil der Arbeitslosen an allen potenziellen Arbeitnehmern ist, die für den Arbeitsmarkt zur Verfügung stehen.

Eine sich verändernde Arbeitslosenquote ist damit rechnerisch sowohl von der Entwicklung der Anzahl der Arbeitslosen als auch der Anzahl der Erwerbstätigen abhängig. Zur Einschätzung der Entwicklung des Arbeitsmarktes in Deutschland sollten daher neben der Arbeitslosenquote die Anzahl der Arbeitslosen und die Anzahl der Erwerbstätigen als weitere wichtige Kennzahlen beachtet werden. Die maximale Anzahl aller erwerbsfähigen Personen in Deutschland ergibt sich aus den erwerbsfähigen arbeitslosen und erwerbstätigen Personen.

$$\text{Arbeitslosenquote (in \%)} = \frac{\text{Anzahl der Arbeitslosen}}{\text{Anzahl der Arbeitslosen} + \text{Anzahl der Erwerbstätigen}} \cdot 100$$

▸ Die Formel zur Berechnung der Arbeitslosenquote

1. ○ Beschreibe in eigenen Worten, was die Arbeitslosenquote und damit die obige Grafik genau darstellt.

2. ◐ Erkläre, weshalb zur richtigen Analyse die Zahlen der Arbeitslosen und der Erwerbstätigen benötigt werden.

3. ● Nimm Stellung zu folgender Aussage: „Die Arbeitslosenquote ist im letzten Jahr um 0,5 % gestiegen. Also sind heute mehr Menschen ohne Arbeit als vor einem Jahr."

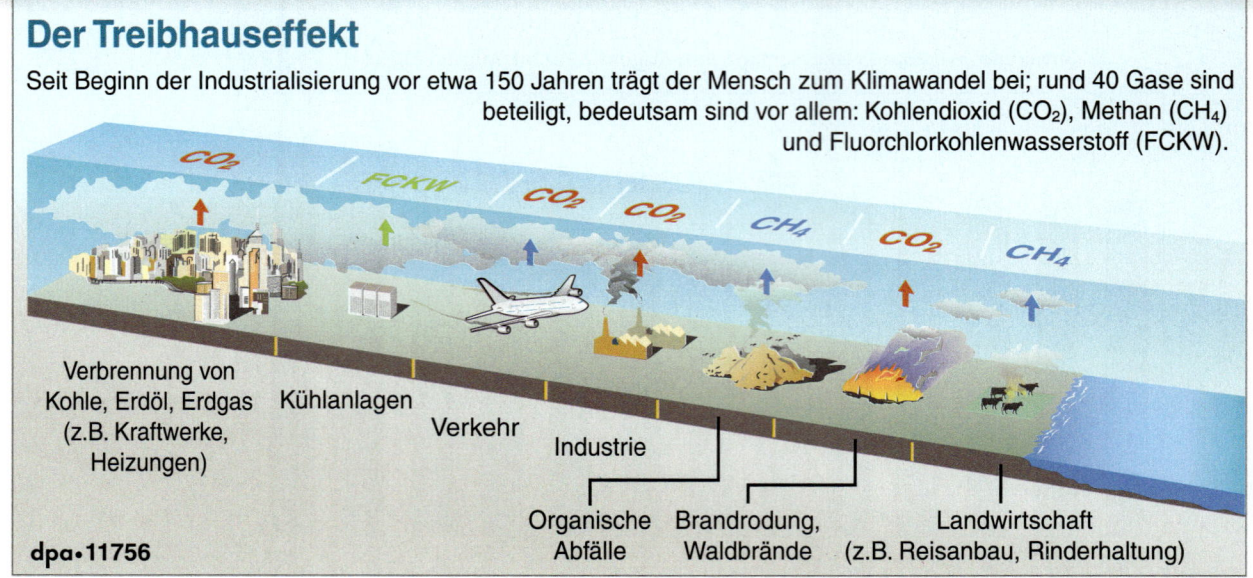

Der Treibhauseffekt

Seit Beginn der Industrialisierung vor etwa 150 Jahren trägt der Mensch zum Klimawandel bei; rund 40 Gase sind beteiligt, bedeutsam sind vor allem: Kohlendioxid (CO_2), Methan (CH_4) und Fluorchlorkohlenwasserstoff (FCKW).

Verbrennung von Kohle, Erdöl, Erdgas (z.B. Kraftwerke, Heizungen)

Kühlanlagen

Verkehr

Industrie

Organische Abfälle

Brandrodung, Waldbrände

Landwirtschaft (z.B. Reisanbau, Rinderhaltung)

dpa·11756

Umwelt und Energie

Q Täglich hören oder lesen wir neue Meldungen über die zunehmende Verschmutzung und Zerstörung unserer Umwelt. Besonders häufig ist dabei vom Klimawandel und dem sogenannten Treibhauseffekt die Rede.

Es gibt allerdings einen natürlichen Treibhauseffekt, ohne den ein Leben auf der Erde nicht möglich wäre. Die Erde ist von einer Lufthülle umgeben, der Atmosphäre, die eine Höhe von bis zu 800 km erreicht. Die Sonnenstrahlung kann die Atmosphäre fast ungehindert durchdringen und sorgt dafür, dass es auf der Erde warm ist. Die Wärmestrahlung, die auf die Erdoberfläche gelangt, wird jedoch zurückgestrahlt. Nun sorgen verschiedene Gase (z.B. Methan, Ozon, Wasserdampf, Kohlendioxid (CO_2)) in der Atmosphäre dafür, dass nicht alle Wärme sofort ins Weltall entweichen kann. Ohne sie wäre es auf der Erde sehr kalt, im Durchschnitt nur etwa –18 °C.

Quelle: Wirtschaft und Energie, hrsg. v. Institut für Ökonomische Bildung, Oldenburg, 2011

Verschiedene natürliche Quellen und Kreisläufe sorgen dafür, dass Treibhausgase in der Atmosphäre vorhanden sind. Ein Beispiel ist das Laub im Wald. Wenn es verrottet, strömt dabei Kohlendioxid aus, das zuvor mithilfe der Fotosynthese aus der Luft aufgenommen wurde.

Man kann sich nun leicht vorstellen, was passiert, wenn sich die Zusammensetzung der Gase in der Atmosphäre ändert. Das empfindliche Gleichgewicht gerät durcheinander. Wenn die Unternehmen mit ihren Emissionen CO_2 freisetzen und die privaten Haushalte dies mit ihren Autos und Heizungen ebenfalls tun, wird es auf der Erde wärmer und das Klima verändert sich. Die Folge können Dürreperioden, vermehrte Hurrikanes, die Versteppung von Landschaften und vieles mehr auf der ganzen Welt sein. ■

1. ○ Ermittle Informationen, die du bislang zum Klimawandel, seinen Ursachen und Folgen aufgenommen hast. Sammle diese an der Tafel.

2. ○ Beschreibe drei Handlungen aus dem Alltag deiner Familie, die Einfluss auf den Treibhauseffekt haben.

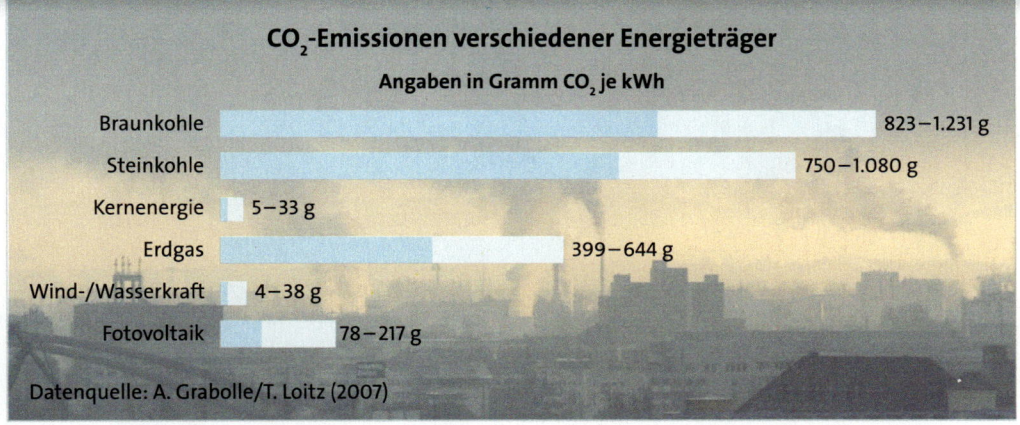

CO$_2$-Emissionen verschiedener Energieträger

Angaben in Gramm CO$_2$ je kWh

Energieträger	
Braunkohle	823–1.231 g
Steinkohle	750–1.080 g
Kernenergie	5–33 g
Erdgas	399–644 g
Wind-/Wasserkraft	4–38 g
Fotovoltaik	78–217 g

Datenquelle: A. Grabolle/T. Loitz (2007)

Q Das moderne Leben beschert uns viele Annehmlichkeiten: Autofahren, eine warme Wohnung, regelmäßige Flugreisen, verschiedenste Elektrogeräte, eine große Auswahl an Lebensmitteln usw. Dabei werden jedoch große Mengen Treibhausgase, insbesondere CO$_2$, in die Atmosphäre gepustet.

Die Menge an Treibhausgasen, die der Einzelne verursacht, unterscheidet sich von Land zu Land. So gehen auf das Konto eines jeden US-Amerikaners im Durchschnitt 20 Tonnen klimaschädliche Gase pro Jahr, während es bei einem Afrikaner nur 1,3 Tonnen sind.

Fast ein Viertel der Treibhausgase entsteht durch die Verbrennung fossiler Energieträger wie Kohle, Erdöl und Erdgas. Der natürliche Treibhauseffekt wird dadurch verstärkt.

Auch die Landwirtschaft trägt durch viel Dünger, Pflanzenschutzmittel und intensive Massentierhaltung zum Klimawandel bei. Gerade bei der Nutztierhaltung (z. B. Rinder, Schafe) entsteht sehr viel Methan, das sich auf die Erderwärmung auswirkt. Ein anderer großer Verursacher sind die vielen industriellen Prozesse, die ohne Energie undenkbar wären.

Schließlich spielt auch der Verkehr eine wichtige Rolle. Ob Flugzeug, Motorrad, Lkw oder Auto – alle verursachen bei ihrem Gebrauch CO$_2$-Emissionen. Allein in Deutschland stammen über 20 Prozent aus dem Autoverkehr. Besonders viele Treibhausgase produzieren Flugzeuge: Ein Karibikflug hin und zurück verursacht beispielsweise vier Tonnen CO$_2$ und damit doppelt so viel wie ein Auto, das ein Jahr jeden Tag 35 Kilometer fährt. ■

Quelle: Wirtschaft und Energie, hrsg. v. Institut für Ökonomische Bildung, Oldenburg, 2011

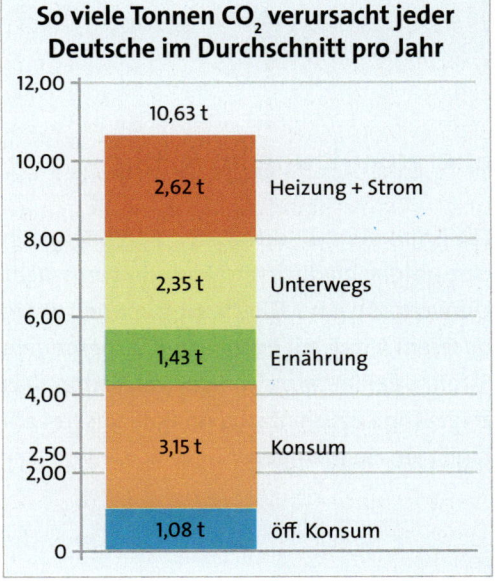

So viele Tonnen CO$_2$ verursacht jeder Deutsche im Durchschnitt pro Jahr

	10,63 t
2,62 t	Heizung + Strom
2,35 t	Unterwegs
1,43 t	Ernährung
3,15 t	Konsum
1,08 t	öff. Konsum

Quelle: http://uba.klimaktiv-co2-rechner.de/de_DE/page (12.11.2013)

3. ○ Arbeite heraus, inwieweit es sich bei der Bekämpfung des Klimawandels um eine gesamtgesellschaftliche Aufgabe handelt.

4. ● Diskutiert, ob es sinnvoll ist, sich allein auf deutscher Ebene mit den Problemen zu befassen. Begründet eure Einschätzungen.

▸ Sara nutzt verschiedene elektrische Geräte.

Energienutzung im Alltag

Die Produktion und Nutzung von Energie in den unterschiedlichsten Formen verursacht Umweltprobleme. Gleichzeitig können wir in unserem Alltag auf Energie und insbesondere Strom überhaupt nicht mehr verzichten. Das zeigt schon eine einfache Analyse unserer alltäglichen Handlungen.

B Sara ist 15 Jahre alt und besucht die 9. Klasse der Oberschule. Wenn keine Ferien sind, weckt der Wecker sie um 6:30 Uhr mit den aktuellen Hits aus dem Radio. Sie schaltet dann das Licht und die Heizung ein und geht ins Badezimmer, um heiß zu duschen. Nach dem Zähneputzen und dem Föhnen der Haare geht sie in die Küche, wo ihre Mutter schon das Teewasser heiß macht und den Toaster anschmeißt. Aus dem Kühlschrank nimmt sich Sara das, was sie essen möchte ... ■

1. ● Übertrage die Tabelle der nächsten Seite in dein Heft oder kopiere sie. Fülle die Zeilen aus, indem du überlegst, bei welchen Handlungen im weiteren Tagesverlauf Sara Energie nutzt. Denke dabei nicht nur die Handlungen auf den Fotos.

2. ● Stelle Vermutungen an, welche die Handlungen besonders viel Energie benötigen bzw. umweltschädlich sind. Vergleiche die Ergebnisse mit deinen Mitschülern.

Tageszeit	Aktivitäten (jeweils mindestens zwei)	Form des Energieverbrauches
7.15 – 7.45	Sara fährt mit dem Bus zur Schule.	Benzinverbrauch des Busses; CO_2-Ausstoß
8:00 – 13:15	?	?
13:15 – 15:00	?	?
15:00 – 18:00	?	?
18:00 – 21:00	?	?
21:00 – 6:30	?	?

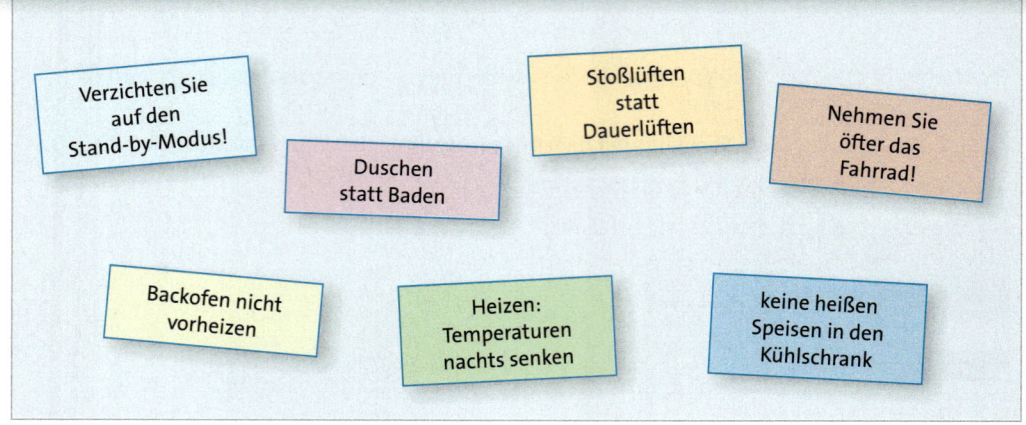

▸ Verschiedene Möglichkeiten, Energie zu sparen

Energiesparen

Um die Umwelt- und Klimaprobleme zu lösen, gibt es verschiedene Möglichkeiten und Ansätze. Beispielsweise ist es sinnvoll, die privaten Haushalte dazu zu bringen, im Alltag Energie einzusparen.

Experten gehen davon aus, dass in den privaten Haushalten und im Verkehr etwa ein Drittel der heute genutzten Energie gespart werden könnte. Und das, ohne auf Komfort wie heißes Duschen, warme Räume oder Internet zu verzichten. Sicherlich kennt jeder von euch auch Situationen, in denen er Energiespar-Ratschläge (trotz besseren Wissens) nicht beherzigt. Es stellt sich also die Frage, warum nicht so viel gespart wird, wie es eigentlich sinnvoll wäre – sowohl für das Portemonnaie als auch für das Klima.

Offensichtlich ist manchmal der Anreiz, Energie zu sparen, einfach nicht hoch genug. Und das, obwohl die meisten Menschen für Umweltschutz und gegen Klimawandel sind. Eine wichtige Erklärung hierfür sind sogenannte Dilemma-Situationen. Was heißt das?

Dilemma
Zwangslage, Situation, in der sich jemand befindet, wenn er zwischen zwei gleich schwierigen oder unangenehmen Dingen wählen soll.

B   DILEMMA-SITUATIONEN IM ALLTAG
Die häufigere Nutzung von Bus, Bahn und Fahrrad wäre ein wichtiger Beitrag zum Umweltschutz. Und trotzdem nutzen die meisten Menschen z. B. auch für kurze Strecken das Auto. Für die öffentlichen Verkehrsmittel würde man in der Regel höhere Kosten in Form von Zeit, Unbequemlichkeit oder Geld aufwenden. Zudem ist der Beitrag des Einzelnen für eine saubere Umwelt nur gering. Solange nicht sicher ist, dass die anderen auch öffentliche Verkehrsmittel oder das Fahrrad nutzen und höhere Kosten aufwenden, hat der Einzelne wenig Grund, das schädigende Verhalten zu unterlassen. In der Folge nimmt die Umweltverschmutzung zu.

Man kann auch sagen, dass man es hier mit einer Dilemma-Situation zu tun hat, einer Art Zwickmühle. Der individuelle Nutzen (z. B. in Form von Zeit, Spaß, Bequemlichkeit, Geld) und der gemeinschaftliche Nutzen (z. B. der Umweltschutz) stehen in Konflikt zueinander. ∎

1. ○ Ermittle eigene Beispiele für Dilemma-Situationen.

2. ● Diskutiert in der Klasse, wie eurer Meinung nach das Energiesparverhalten der Bürger verbessert werden könnte. Analysiert dabei den Nutzen einfacher Appelle wie der oben auf dieser Seite Genannten.

Veränderung des Energiemixes

Eine andere Möglichkeit der Lösungssuche besteht darin, den Energiebedarf zunehmend aus erneuerbaren und weniger aus fossilen Quellen zu speisen. Die Grafik zeigt die Quellen der Stromerzeugung für das Jahr 2012.

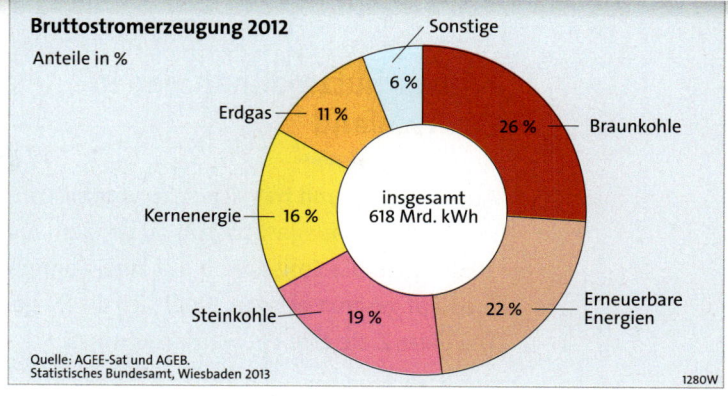

Bruttostromerzeugung 2012
Anteile in %

insgesamt 618 Mrd. kWh

Sonstige 6 %
Braunkohle 26 %
Erneuerbare Energien 22 %
Steinkohle 19 %
Kernenergie 16 %
Erdgas 11 %

Quelle: AGEE-Sat und AGEB.
Statistisches Bundesamt, Wiesbaden 2013
1280W

Der lange Weg zu grünem Strom

[...] Ohne diese sogenannten fossilen Energieträger würde sich wenig bewegen in Deutschland. Doch ihre starke Rolle bringt Probleme mit sich: Wir sind angewiesen auf Importe aus anderen Ländern, und die Vorräte an fossilen Brennstoffen sind begrenzt. Weil die Verbrennung von Öl, Kohle und Gas große Mengen Kohlendioxid freisetzt, wird außerdem das Klima stark belastet.

[...] Langfristiges Ziel ist es, ganz auf erneuerbare Energiequellen – Wind, Sonne, Wasserkraft, Biomasse und Erdwärme – umzustellen. Auf dem Weg dorthin ist schon einiges erreicht worden: So kommen mittlerweile [mehr als 20] Prozent unseres Stroms aus erneuerbaren Quellen.

Damit dieser Strom künftig die tragende Rolle spielen kann, müssen allerdings noch die Voraussetzungen dafür geschaffen werden. Was ist zum Beispiel, wenn der Wind nicht weht und auch die Sonne nicht scheint? In solchen Phasen kann man im Moment noch auf andere Kraftwerke zurückgreifen. Doch für später muss eine andere Lösung her. Eine Möglichkeit: Wenn Windräder oder Fotovoltaikanlagen gerade einmal mehr Strom produzieren, als akut benötigt wird, kann man den Stromüberschuss speichern – in großen Batterien oder in Pumpspeichern. Dabei wird in Zeiten von Stromüberfluss Wasser in ein hochgelegenes Becken gepumpt. Wird dann kurzfristig wieder Strom gebraucht, schießt das Wasser talwärts und treibt eine Turbine zur Stromerzeugung an.

Ein weiteres Problem bei der Umstellung auf die erneuerbaren Energien: Stromproduktion und -verbrauch klaffen dann räumlich weit auseinander. [...] Windstrom [...] wird meist im Norden [...] Deutschlands produziert, weil dort der Wind stärker weht. Der Strom muss dann in die Ballungszentren geleitet werden. Das macht den Bau neuer Stromleitungen erforderlich. So etwas kostet Geld und Zeit.

Quelle: Handelsblatt Newcomer, Klaus Stratmann, Ausgabe 11, November 2010

3. Analysiere den aktuellen Energiemix Deutschlands und benenne die größten Probleme.

4. Beschreibe die Vorteile eines Mixes aus erneuerbaren Energien.

5. Ermittle die beim Umbau des Energiemixes auftretenden Herausforderungen und Risiken.

Klimaschutzmaßnahmen in Deutschland

Auch Deutschland hat sich dazu verpflichtet, seinen Treibhausgasausstoß zu senken. Bis 2050 sollen die Emissionen auf zwei Tonnen pro Kopf gesenkt werden. Stellt sich die Frage, wie diese Ziele erreicht werden können?

Grundsätzlich kann Klimaschutz an drei Punkten ansetzen:

▶ **Energiesparlampe**

Energiesparen ...	Energieeffizienz ...	erneuerbare Energien ...
... gemeint ist, dass unnötiger Energieverbrauch vermieden wird (z. B. Heizen bei geöffnetem Fenster).	... meint, durch moderne Technik weniger Energie als zuvor zu verbrauchen (z. B. Austausch der alten Heizung durch ein energiearmes Modell).	... gemeint ist, dass die erneuerbaren Energieträger einen größeren Anteil am Energiemix ausmachen.

Um die Menschen zu energiesparendem und damit klimafreundlichem Verhalten zu bewegen, kann der Staat zu unterschiedlichen Maßnahmen greifen. Sie lassen sich grob in drei Kategorien unterscheiden:

Überzeugungsarbeit

Mithilfe von Kampagnen, Informationsbroschüren und Ähnlichem kann der Staat die Menschen auffordern, klimaschädliches Verhalten zu unterlassen. Diese Strategie verspricht jedoch wenig Erfolg. Jeder Einzelne wird sich fragen: „Lohnt sich der Aufwand für mich?"

Staatliche Auflagen

Eine andere, erfolgversprechendere Möglichkeit sind staatliche Auflagen. Hier zwingt der Staat die Bürger per Gesetz zur Einhaltung gewisser Umweltstandards. Beispiele sind die Katalysatorpflicht bei Autos und die Umweltzonen in vielen deutschen Großstädten.

Marktwirtschaftliche Anreize

Schließlich können auch Maßnahmen eingesetzt werden, die es für Unternehmen oder private Haushalte lohnend machen, die Umwelt und das Klima zu schützen. Ein Beispiel hierfür sind Zuschüsse, die Bauherren bekommen können, wenn sie ihr Haus so bauen, dass es später mit wenig Energie auskommt.

---

1. ⊖ Ordne die Instrumente den folgenden Maßnehmen zu und begründe deine Entscheidung:

    a) Der Staat unterstützt den Kauf von Elektroautos mit 2.000 Euro.

    b) Der Bundesumweltminister startet die Kampagne „Licht aus".

    c) Die EU schreibt den Produzenten von Autos Grenzwerte für CO_2 vor.

2. ● Beurteile, welche Maßnahme am ehesten Wirkung zeigen wird.

▸ UN-Klimakonferenz in Katar

Die Welt verhandelt

Q Treibhausgase machen an den Grenzen der Länder nicht halt. Und auch die Erderwärmung beschränkt sich nicht nur auf einzelne Regionen. Deshalb macht es wenig Sinn, wenn nur einzelne Staaten sehr viel CO_2 einsparen, während andere Staaten weitermachen wie bisher. Deshalb treffen sich regelmäßig Politiker aus allen Ländern, um gemeinsam über den Klimaschutz zu beraten. Sie werden dabei von Klimawissenschaftlern unterstützt.

DAS KYOTO-PROTOKOLL

In der japanischen Stadt Kyoto wurde 1997 das erste internationale Abkommen zum Klimaschutz beschlossen. Darin verpflichteten sich große Industrienationen wie Japan und Deutschland, ihren jeweiligen Treibhausgasausstoß zu reduzieren. Für weniger entwickelte Länder wie Indien und Brasilien wurden keine Beschränkungen vorgesehen. Dem Kyoto-Protokoll gingen jahrelange Verhandlungen zwischen den Politikern der Länder voraus. 2012 wird es auslaufen, sodass ein neues Abkommen geschlossen werden muss,

über das auch schon verhandelt wurde. Fest steht, dass mehr Länder als bislang einen Beitrag zum Klimaschutz leisten müssen.

Bei den Klimakonferenzen wird sehr intensiv über den Beitrag diskutiert, den jedes Land zum Klimaschutz zu leisten hat. Die Meinungen darüber, wie hoch dieser ausfallen soll, gehen oft weit auseinander. Dafür gibt es im Wesentlichen zwei Gründe:

– Zum einen möchten gerade Länder, in denen immer noch viele Menschen arm sind und keinen Zugang zu einer gesicherten Energieversorgung haben, einen besseren Lebensstandard erreichen. Dazu gehören insbesondere elektrischer Strom, ein Auto sowie eine große und warme Wohnung.

– Zum anderen ist Umwelt- und Klimaschutz teuer. So wird neue Technik benötigt, damit beispielsweise die Autos weniger Kraftstoff brauchen. Soll der Strom nicht mehr aus Kohlekraftwerken, sondern aus Windenergie- und Fotovoltaikanlagen kommen, müssen diese in großer Zahl gebaut werden. Die alten Kraftwerke gibt es jedoch schon. ■

Quelle: nach Wirtschaft und Energie, hrsg. v. Institut für Ökonomische Bildung, Oldenburg, 2011

3. ⊜ Erkläre, warum die Suche nach Lösungen nur auf internationaler Ebene sinnvoll ist.

4. ● Arbeite heraus, warum sich Lösungen nur schwer finden lassen.

5. ⊜ Überprüfe, inwieweit auch hier eine Dilemma-Situation zu verzeichnen ist.

Arbeitslosigkeit

Wie gesehen, stellt die Arbeitslosigkeit in unserer Gesellschaft eine wesentliche Herausforderung dar – für den einzelnen Betroffenen wie für die gesellschaftliche Gemeinschaft und für den Staat. Dabei gibt es vielfältige Beziehungen, die es zum Abschluss des Kapitels noch einmal genauer zu untersuchen gilt:

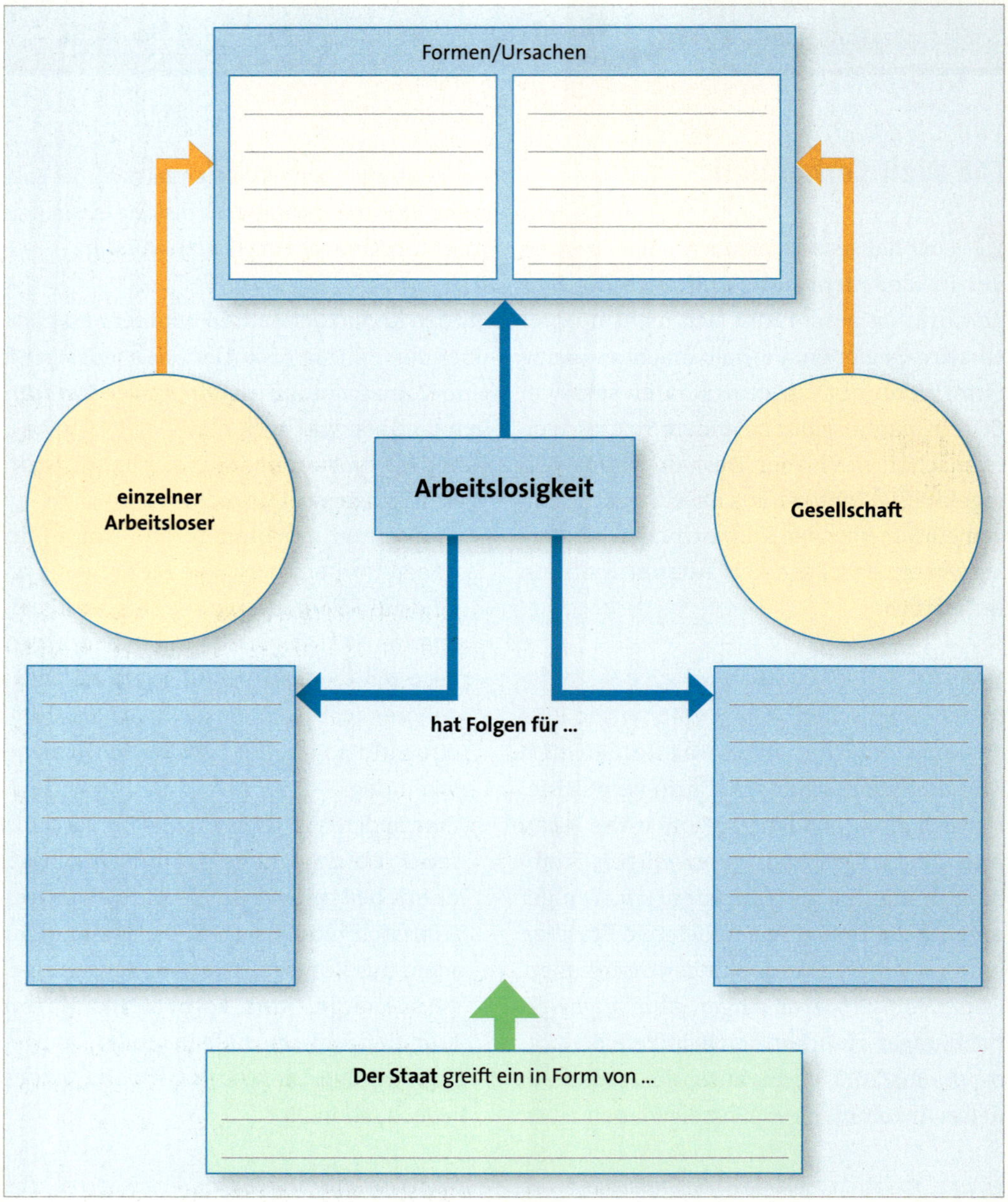

```
                        Formen/Ursachen
    ┌──────────────────────────────────────────────┐
    │  _____      _____       │
    │  _____      _____       │
    │  _____      _____       │
    │  _____      _____       │
    └──────────────────────────────────────────────┘

  ( einzelner          [ Arbeitslosigkeit ]          ( Gesellschaft )
    Arbeitsloser )

  ┌──────────────┐      hat Folgen für ...      ┌──────────────┐
  │ _____ │                              │ _____ │
  │ _____ │                              │ _____ │
  │ _____ │                              │ _____ │
  │ _____ │                              │ _____ │
  │ _____ │                              │ _____ │
  └──────────────┘                              └──────────────┘

              ┌──────────────────────────────────┐
              │ Der Staat greift ein in Form von ... │
              │ _____ │
              │ _____ │
              └──────────────────────────────────┘
```

1. ⬤ Übertrage die Grafik in dein Heft und fülle Sie aus. Versuche es in einem ersten Schritt selbstständig und greife nur auf die Kapitel zurück, wenn du nicht weiter kommst. Vergleiche und diskutiere die Ergebnisse anschließend in der Klasse.

Klimawandel in Karikaturen

Der Klimawandel beschäftigt die Menschen wie auch die Politik. Und auch Karikaturisten machen sich Gedanken über die Ursachen und Folgen der zu beobachtenden Veränderungen.

2. Analysiere die drei Karikaturen und beschreibe den Sachverhalt, der dargestellt wird.

3. Erläutere, welche der Karikaturen sich mit den Ursachen, den Folgen und den Lösungsansätzen auseinandersetzen.

4. Ermittle, in welcher der vorliegenden Darstellungen eine Dilemma-Situation zu finden ist. Begründe deine Einschätzung.

In diesem Kapitel habt ihr gelernt, …

– *dass es zwei besondere Herausforderungen für die soziale Marktwirtschaft gibt. Zum einen kennt ihr jetzt Ursachen und Folgen der Arbeitslosigkeit, kennt die unterschiedlichen Formen der Arbeitslosigkeit und habt Jugendarbeitslosigkeit als ein für junge Leute schwerwiegendes Problem erkannt. Ihr könnt außerdem Maßnahmen des Staates benennen und beschreiben, mit denen er dem Problem der Arbeitslosigkeit entgegentritt.*

– *Zum anderen wisst ihr um den Zusammenhang von Umwelt, Energie und Wirtschaft sowie Erderwärmung/Klimawandel und könnt begründen, warum Energiesparen heute notwendig ist. Ihr kennt Möglichkeiten der Politik und könnt erläutern, wie auf die in diesem Kapitel dargestellten Probleme reagiert wird.*

Mit den folgenden Aufgaben könnt ihr euer Wissen überprüfen:

1. ◕ Erläutere mit eigenen Worten, welche Formen der Arbeitslosigkeit es gibt und was sie beinhalten.

2. ◕ Erläutert, welche Folgen Arbeitslosigkeit für die betroffenen Personen haben kann.

3. ○ Benenne Beispiele für friktionelle, saisonale und strukturelle Arbeitslosigkeit.

4. ● Begründe, warum Arbeitslosigkeit nicht nur ein finanzielles Problem für die Betroffenen ist.

5. ◕ Diskutiert, welche Bedeutung die Berufsausbildung für den einzelnen Menschen und für die Unternehmen hat.

6. ● Beurteile und erläutere: Die Gründe für Jugendarbeitslosigkeit können in der Person liegen. Es gibt aber auch Gründe, die nicht in der Person der Arbeitslosen liegen.

7. ○ Beschreibe: Welche Maßnahmen gibt es, um Jugendlichen zu einer Berufsausausbildung zu verhelfen. Was wird in den Maßnahmen gemacht und an wen wenden sie sich?

8. ◕ Erkläre, wie sich Jugendliche vor Arbeitslosigkeit und vor allem vor Langzeitarbeitslosigkeit selbst schützen können.

9. ○ Beschreibe, welche Bedeutung der natürliche Treibhauseffekt für das Leben auf der Erde hat. Was wäre, wenn es ihn nicht gäbe? Betrachte dazu auch die folgenden Fotos (Gletscherschmelze und Überflutung).

10. Erläutere die Aussage der Karikatur und wie sie sich auf den Klimawandel beziehen lässt.

11. Du hast gelernt, dass Kohlenstoffdioxid (CO_2) für den Treibhauseffekt von großer Bedeutung ist. Der Eintrag in die Atmosphäre durch die Nutzung fossiler Brennstoffe beträgt 6,3 Mrd. t/Jahr. Der Eintrag in die Atmosphäre durch Verbrennen von Biomasse (z. B. ein Waldbrand) beträgt 1,7 Mrd. t/Jahr. Die Speicherung in lebender Biomasse beträgt 2,4 Mrd. t/Jahr. Die Weltmeere nehmen pro Jahr 2,3 Mrd. Tonnen auf.
Stelle diesen Sachverhalt in einem Kreislaufschema dar. Rechne aus, wie viel Kohlenstoffdioxid in diesem Kreislauf „übrig" bleibt, also in die Atmosphäre abgegeben wird.

Quelle: Die Aufgabe 10 ist angeregt durch die BMU-Bildungsmaterialien: Klimaschutz und Klimapolitik

12. Benenne die drei zentralen Gruppen von umweltpolitischen Maßnahmen.

13. Im Rahmen von Umweltproblemen sind häufig Dilemma-Situationen zu beobachten. Erkläre, was man hierunter versteht und beschreibe ein Beispiel.

In diesem Kapitel lernt ihr, ...

> was die Europäische Union für jeden Einzelnen von uns bedeutet und warum die Wirtschaft die ganze Welt umfasst.

WIRTSCHAFTEN IST INTERNATIONAL

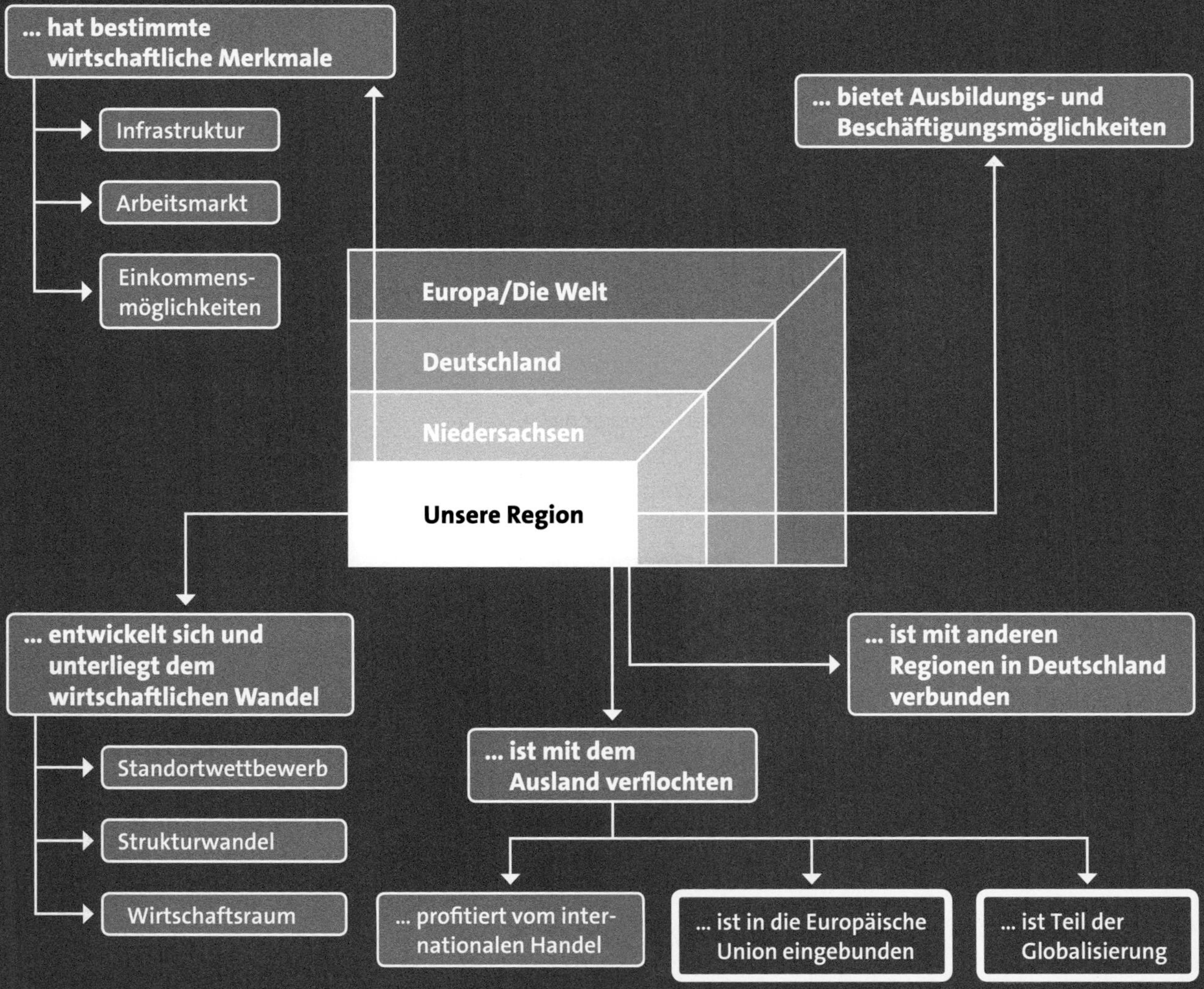

... hat bestimmte wirtschaftliche Merkmale

- Infrastruktur
- Arbeitsmarkt
- Einkommensmöglichkeiten

... bietet Ausbildungs- und Beschäftigungsmöglichkeiten

Europa/Die Welt

Deutschland

Niedersachsen

Unsere Region

... entwickelt sich und unterliegt dem wirtschaftlichen Wandel

- Standortwettbewerb
- Strukturwandel
- Wirtschaftsraum

... ist mit anderen Regionen in Deutschland verbunden

... ist mit dem Ausland verflochten

... profitiert vom internationalen Handel

... ist in die Europäische Union eingebunden

... ist Teil der Globalisierung

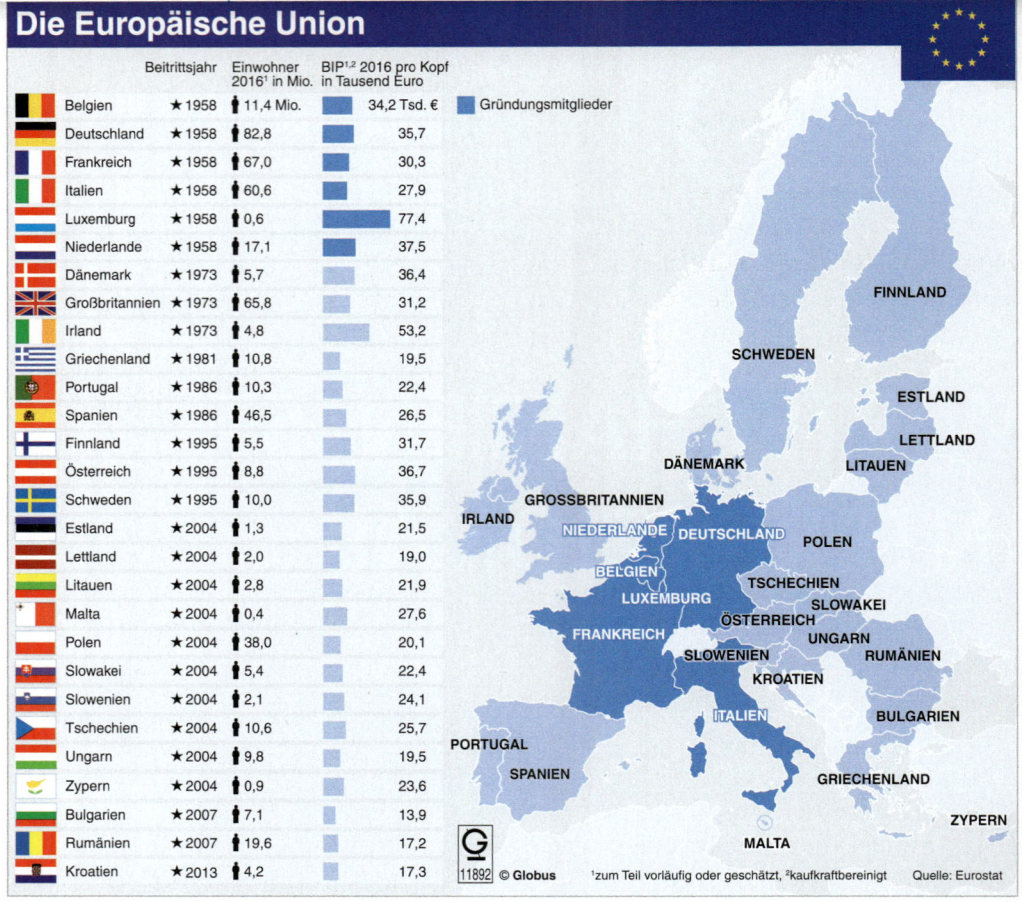

Die Europäische Union

		Beitrittsjahr	Einwohner 2016[1] in Mio.	BIP[1,2] 2016 pro Kopf in Tausend Euro
	Belgien	★ 1958	11,4 Mio.	34,2 Tsd. €
	Deutschland	★ 1958	82,8	35,7
	Frankreich	★ 1958	67,0	30,3
	Italien	★ 1958	60,6	27,9
	Luxemburg	★ 1958	0,6	77,4
	Niederlande	★ 1958	17,1	37,5
	Dänemark	★ 1973	5,7	36,4
	Großbritannien	★ 1973	65,8	31,2
	Irland	★ 1973	4,8	53,2
	Griechenland	★ 1981	10,8	19,5
	Portugal	★ 1986	10,3	22,4
	Spanien	★ 1986	46,5	26,5
	Finnland	★ 1995	5,5	31,7
	Österreich	★ 1995	8,8	36,7
	Schweden	★ 1995	10,0	35,9
	Estland	★ 2004	1,3	21,5
	Lettland	★ 2004	2,0	19,0
	Litauen	★ 2004	2,8	21,9
	Malta	★ 2004	0,4	27,6
	Polen	★ 2004	38,0	20,1
	Slowakei	★ 2004	5,4	22,4
	Slowenien	★ 2004	2,1	24,1
	Tschechien	★ 2004	10,6	25,7
	Ungarn	★ 2004	9,8	19,5
	Zypern	★ 2004	0,9	23,6
	Bulgarien	★ 2007	7,1	13,9
	Rumänien	★ 2007	19,6	17,2
	Kroatien	★ 2013	4,2	17,3

Gründungsmitglieder

11892 © Globus　[1]zum Teil vorläufig oder geschätzt, [2]kaufkraftbereinigt　Quelle: Eurostat

Die Europäische Union

Die EU im Überblick

28 europäische Staaten bilden zurzeit die Europäische Union (EU). In der EU arbeitet man auf vielen Gebieten (Politik, Wirtschaft, Kultur, Justiz usw.) zusammen. In Europa hat es in der Geschichte viele Kriege gegeben. Die EU trägt seit dem Ende des Zweiten Weltkriegs wesentlich zum Frieden in Europa bei.

INFO

Bruttoinlandsprodukt (BIP)

Gesamtwert aller Güter (Waren und Dienstleistungen), die innerhalb eines Jahres innerhalb der Landesgrenzen einer Volkswirtschaft hergestellt wurden.

INFO

Das Wort „Europa" entstammt der griechischen Mythologie: Danach hat Zeus die schöne Jungfrau Europa am Strand gesehen, sich in einen Stier verwandelt und sie über das Meer nach Kreta entführt. Dort verwandelte er sich in einen Mann und heiratete sie.

▸ Europa auf dem Stier

Die EU ist heute der größte Wirtschaftsraum der Welt, fast 500 Millionen Menschen leben und arbeiten in ihr. Der politische und wirtschaftliche Zusammenschluss bestimmt sehr stark, wie die Bürgerinnen und Bürger in den Mitgliedstaaten leben und arbeiten. Nicht immer ist uns diese Tatsache bewusst. Schaut man aber genauer hin, etwa beim täglichen Einkauf, sieht man viele Hinweise auf die EU.

Die Geschichte der EU begann 1957 mit der „Europäischen Wirtschaftsgemeinschaft" (EWG). Diese bestand aus nur sechs Staaten: Italien, Luxemburg, Frankreich, Belgien, Niederlande und Deutschland.

Seitdem wächst die EU stetig, die Zusammenarbeit wird immer enger. Die Grenzen sind offen für den Warenaustausch, eine gemeinsame Währung, der EURO, erleichtert seit 2002 den Zahlungsverkehr. Auf der Karte am Ende dieses Buches könnt ihr sehen, welche Länder in der EU den Euro haben.

Die EU setzt sich für sichere Nahrungsmittel und einen besseren Umweltschutz ein und kämpft gemeinsam gegen Kriminalität. So gibt es z. B. „Europol" als europäische Polizeibehörde.

Und in einer starken Gemeinschaft sorgt man auch dafür, dass die reicheren Staaten die weniger reichen Regionen unterstützen.

Aber die EU ist natürlich nicht vollkommen. Wenn so viele Staaten zusammenarbeiten,

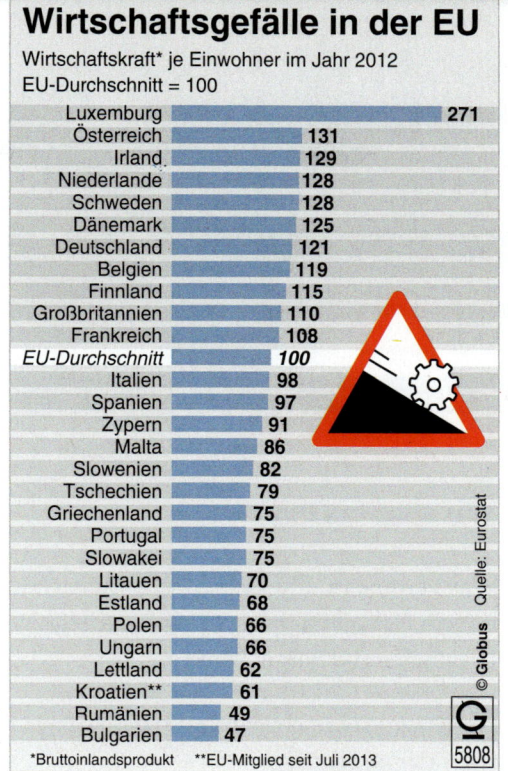

gibt es auch viele Probleme. Es ist für die Länder nicht immer leicht, sich zu einigen. Dies liegt z. B. daran, dass alle Länder immer auch ihre eigenen, nationalen Interessen verfolgen (und nicht zuerst an das Wohl der EU denken). Die Politiker wollen z. B. in ihrem jeweiligen Land wiedergewählt werden.

Weiterhin ist es ein Problem, dass es den EU-Politikern nicht immer gelingt, zu erläutern, was und warum sie etwas tun.

---

1. ○ Was weißt du bereits über die Europäische Union? Stelle deine Kenntnisse deinen Mitschülern vor.

2. ◐ Zähle die Länder auf, die der EU erst 2004, 2007 und 2013 beigetreten sind. Überlege, welche Gemeinsamkeit diese Länder haben.

3. ◐ Ordne die Informationen in der Karte „Die Europäische Union" nach den Rangfolgen der Länder. Stelle die Ergebnisse in Tabellen oder grafisch dar.

4. ● Werte die Abbildung „Wirtschaftsgefälle in der EU" aus.

▶ Hinweisschild für EU-Bürger am Flughafen

▶ EU-Parlament in Brüssel

Wir sind Europäer!

Was verbinden unterschiedliche Menschen mit der EU? Lest selbst, was Verbraucher, Unternehmer und Bürger denken.

B DIE SICHT DER VERBRAUCHERINNEN UND VERBRAUCHER

Susanna, 16 Jahre, Schülerin:

„In den Sommerferien möchte ich mit dem Zug nach Spanien fahren, um meine Verwandten zu besuchen. Zum Glück brauche ich keine Visa, und in Spanien zahlt man mit der gleichen Währung wie hier: dem Euro. Ich muss also kein Geld wechseln und dafür Gebühren zahlen."

Tom, 16 Jahre, Auszubildender:

„Wenn wir meinen Onkel in Amsterdam besuchen, kaufen wir immer auch Dinge ein, die dort viel günstiger sind als bei uns. Als Azubi verdiene ich ja nicht so viel."

Frau Schmitz, 39 Jahre, Bankangestellte:

„Mir gefällt die große Auswahl an Produkten, z. B. im Supermarkt oder bei der Kleidung. Ohne die EU hätten wir nicht so eine große Vielfalt! Und als Verbraucherin bin ich auch froh, dass die EU viel tut, um Verbraucherinnen und Verbraucher zu schützen." ■

B DIE SICHT DER UNTERNEHMERINNEN UND UNTERNEHMER

Herr Holle, 65 Jahre, Kaufmann für Autoersatzteile:

„Als es den Euro noch nicht gab, also bis 2001, waren wir abhängig von den Wechselkursen. Denn die Autoteile, die wir in Taiwan gekauft haben, wurden in US-Dollar bezahlt. Die Ware wurde dann in ganz Europa, vor allem in Skandinavien verkauft. Aufgrund der Wechselkursschwankungen hatten wir manchmal große Verluste".

Frau Sonnig, 50 Jahre, Geschäftsführerin eines Möbelherstellers:

„Wir machen viele Geschäfte mit Polen. Seitdem die Grenzen offen sind, können wir unsere Möbel ohne lange Wartezeiten und Kontrollen ins Land verkaufen. Früher haben unsere Spediteure oft stundenlang warten müssen auf die Abfertigung, das war dann teuer für uns! Also, dass es in der EU keine Zölle gibt und eben keine Warterei an den Grenzen, das ist gut fürs Geschäft. Da wir fast alle unsere Produkte ins europäische Ausland verkaufen, nützen uns der Euro und die offenen Grenzen sehr." ■

---

1. ◯ Untersuche die Texte daraufhin, welche Vorteile die Europäische Union für Verbraucher, Unternehmer und Bürger (s. nächste Seite) bringt.

▸ **Deutsch-belgische Grenze bei Aachen**

B DIE SICHT DER BÜRGERINNEN UND BÜRGER

Maja, 15 Jahre, Schülerin:

„2009 war bei uns zuletzt ‚Europawahl'. Da wurde das europäische Parlament gewählt. Die Wahlbeteiligung war sehr gering. Meine Mutter meint, dass viele gar nicht wissen, wie wichtig die EU für uns ist und dass wir alle davon etwas haben."

Herr Simon, 45 Jahre, Tischlermeister:

„Viele Leute sprechen schlecht über die EU. Über die vielen Gesetze und Verordnungen wird gemeckert und dass das alles auch viel zu teuer sei. Klar, man kann immer etwas ver-bessern. Aber: Ohne die EU würden wir ver-mutlich nicht seit vielen Jahrzehnten friedlich miteinander leben in Europa." ■

Natürlich gibt es in der EU auch viele Pro-bleme. Einige werden in der folgenden Grafik angesprochen:

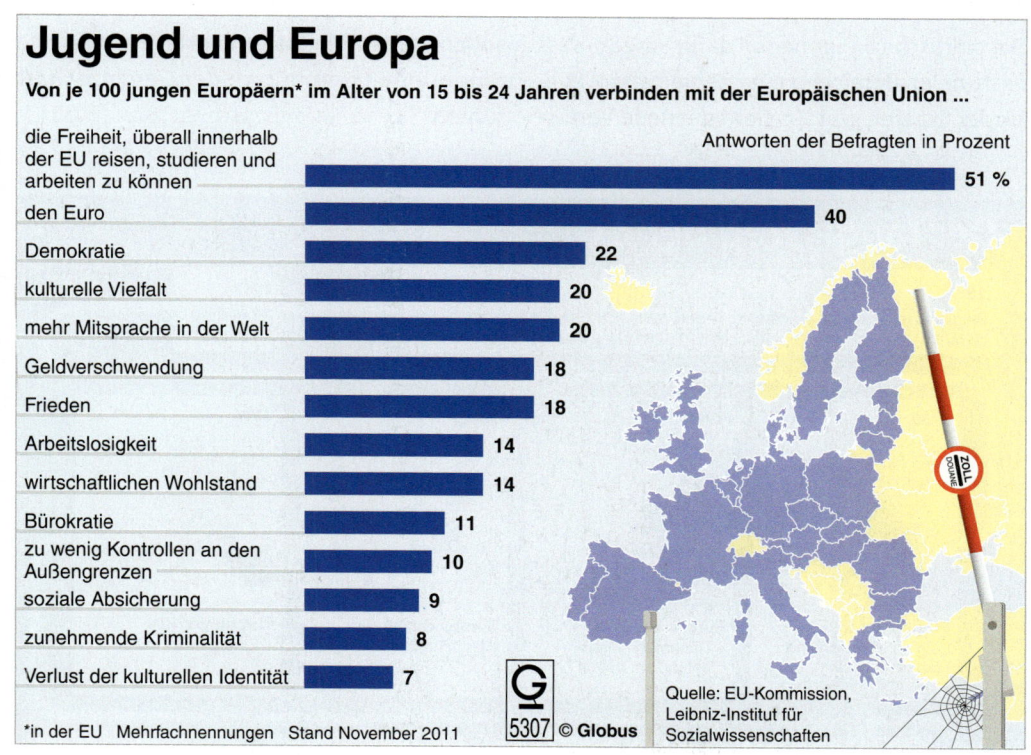

Jugend und Europa

Von je 100 jungen Europäern* im Alter von 15 bis 24 Jahren verbinden mit der Europäischen Union ...

Antworten der Befragten in Prozent

die Freiheit, überall innerhalb der EU reisen, studieren und arbeiten zu können	51 %
den Euro	40
Demokratie	22
kulturelle Vielfalt	20
mehr Mitsprache in der Welt	20
Geldverschwendung	18
Frieden	18
Arbeitslosigkeit	14
wirtschaftlichen Wohlstand	14
Bürokratie	11
zu wenig Kontrollen an den Außengrenzen	10
soziale Absicherung	9
zunehmende Kriminalität	8
Verlust der kulturellen Identität	7

*in der EU Mehrfachnennungen Stand November 2011

5307 © Globus

Quelle: EU-Kommission, Leibniz-Institut für Sozialwissenschaften

2. ○ Nenne ein eigenes Beispiel aus deiner Familie oder deinem Freundeskreis zur Europäischen Union.

3. ◑ Analysiere die Grafik „Jugend und Europa". Untersuche dabei auch, welche Aspekte im Text zu den Antworten der Jugendlichen passen.

4. ● Führt eine ähnliche Umfrage an der Schule durch. Präsentiert die Ergebnisse und vergleicht sie mit jenen in der Grafik oben.

 **Starthilfe zu 4:**

Du kannst auch die Seiten 222 f. dieses Buches zu Hilfe neh-men.

Welche Ziele hat die Europäische Union?

Die Vereinigung Europas hat natürlich viele unterschiedliche Ziele. Die wichtigsten sind die folgenden vier:

1. Sicherung des Friedens
Die Einigung Europas soll dafür sorgen, Kriege in Europa zu vermeiden.

▶ Die EU-Fahne vor dem Reichstag in Berlin

2. Wirtschaftliche Einigung
Die wirtschaftliche Einigung soll den Lebensstandard steigern und die Lebensverhältnisse in allen europäischen Staaten verbessern.

3. Politische Einigung

Die politische Einigung soll dafür sorgen, dass es in vielen Bereichen eine gemeinsame Politik der Staaten gibt. So sieht die neue Verfassung der EU z. B. einen gemeinsamen „Außenminister" vor.

4. Sozialer Zusammenhalt
Die wirtschaftliche und die politische Einigung sollen zu mehr sozialem Fortschritt für alle Bürgerinnen und Bürger der Gemeinschaft führen.

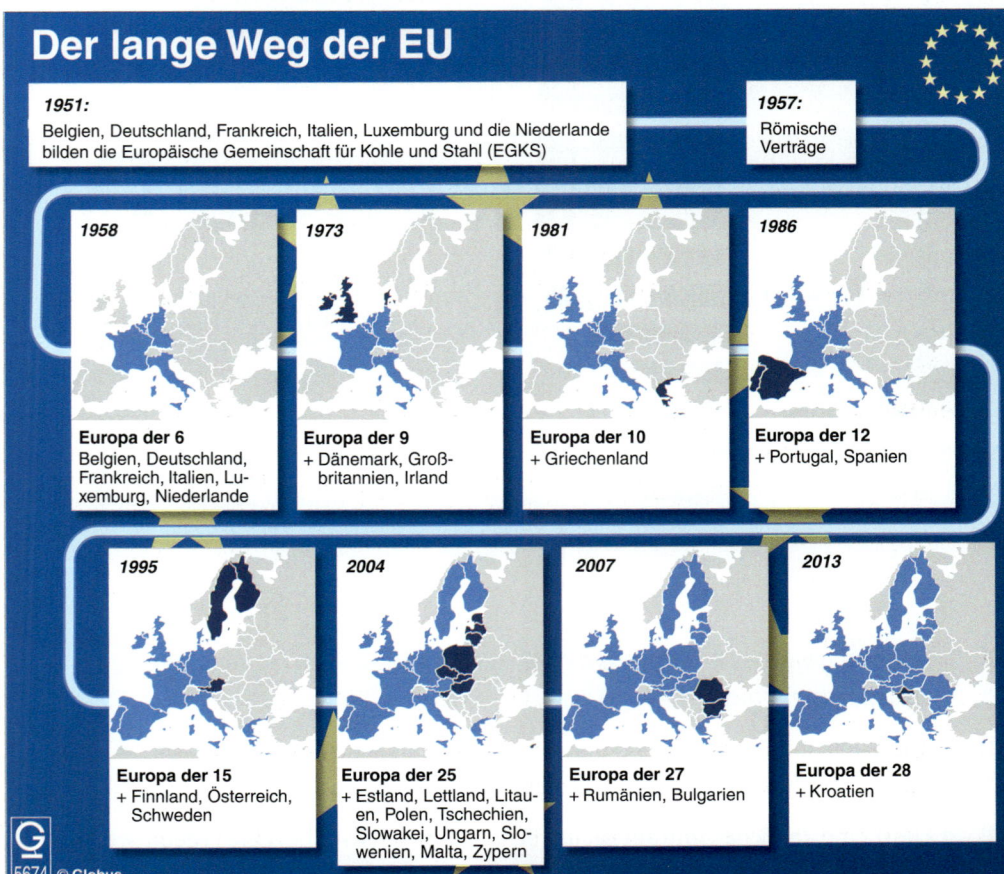

Auf dem Weg zur politischen Union

Das wirtschaftliche und politische Zusammenwachsen von Staaten verläuft über viele Stufen und braucht auch viel Zeit. Es wird vor allem befördert, wenn es einen freien Handel zwischen Staaten gibt. Dafür müssen Hemmnisse abgebaut werden, die den Handel erschweren. Schaut euch die Schritte auf dem Weg zur vollständigen Vereinigung an.

1. Freihandelszone

Es gibt freien Handel zwischen den Mitgliedern. Aber jedes Land legt einen eigenen Zoll gegenüber Ländern außerhalb der Zone fest.

2. Zollunion

Zwischen den Mitgliedstaaten gibt es ebenfalls keine Handelsbeschränkungen. Aber gegenüber Ländern außerhalb der Union gibt es einen gemeinsamen Zoll, und es wird eine gemeinsame Handelspolitik betrieben.

3. Gemeinsamer Markt (Binnenmarkt)

Auf einem gemeinsamen Markt gibt es binnenmarktähnliche Verhältnisse mit einheitlichen Wettbewerbsregeln. Es gilt Freizügigkeit für alle Produktionsfaktoren, die „vier Freiheiten" (vgl. S. 204).

4. Wirtschafts- und Währungsunion

In einer Wirtschafts- und Währungsunion streben die Mitgliedstaaten eine gemeinsame Wirtschafts- und Währungspolitik an. Es muss dabei aber nicht unbedingt eine gemeinsame Währung wie den Euro geben.

5. Politische Union

Die politische Union ist eine vollständige Verschmelzung der Mitgliedstaaten auf allen Gebieten.

▸ Fünf Schritte auf dem Weg zur politischen Union

---

1. ● Warum trägt Wohlstand in Europa zum Frieden bei? Begründe.

2. ○ Nenne die Länder in Europa, die nicht Mitglied der EU sind. Nimm hierzu deinen Atlas zu Hilfe.

3. ● Diskutiert mögliche Vor- und Nachteile einer politischen Union in Europa (Stufe 5) in unterschiedlichen Lebensbereichen.

 Starthilfe zu 3:

Überlegt, welche Folgen eine politische Union für das wirtschaftliche, politische aber auch kulturelle Zusammenleben und Zusammenarbeiten haben kann.

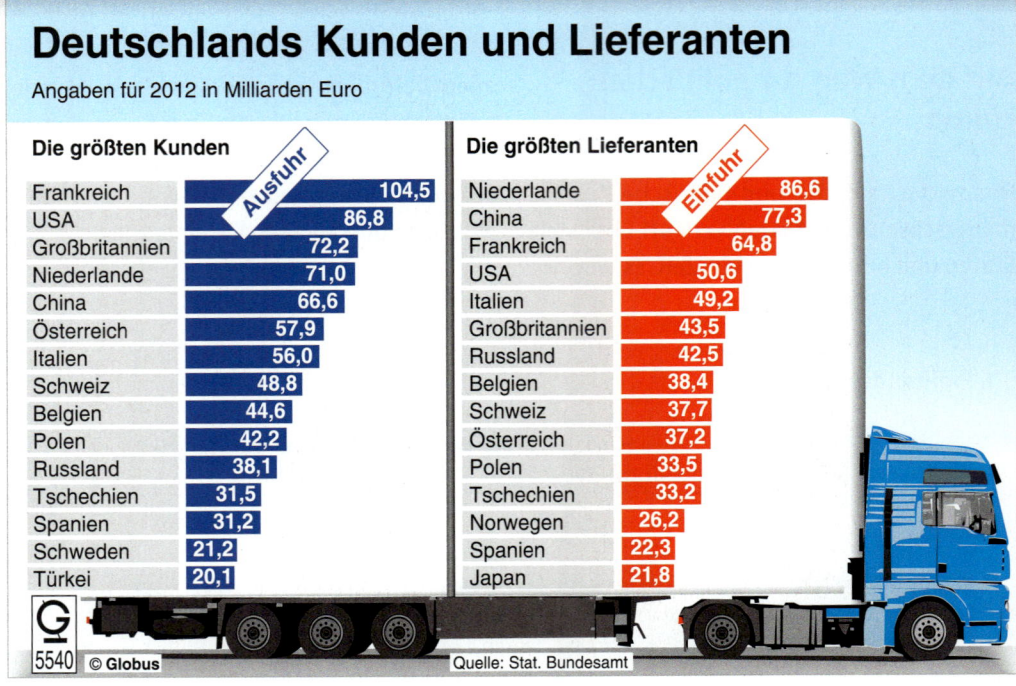

Deutschlands Kunden und Lieferanten
Angaben für 2012 in Milliarden Euro

Die größten Kunden (Ausfuhr)

Frankreich	104,5
USA	86,8
Großbritannien	72,2
Niederlande	71,0
China	66,6
Österreich	57,9
Italien	56,0
Schweiz	48,8
Belgien	44,6
Polen	42,2
Russland	38,1
Tschechien	31,5
Spanien	31,2
Schweden	21,2
Türkei	20,1

Die größten Lieferanten (Einfuhr)

Niederlande	86,6
China	77,3
Frankreich	64,8
USA	50,6
Italien	49,2
Großbritannien	43,5
Russland	42,5
Belgien	38,4
Schweiz	37,7
Österreich	37,2
Polen	33,5
Tschechien	33,2
Norwegen	26,2
Spanien	22,3
Japan	21,8

5540 © Globus   Quelle: Stat. Bundesamt

Die „Vier Freiheiten" – der europäische Binnenmarkt

In einem Binnenmarkt (auch „Gemeinsamer Markt") gibt es für das wirtschaftliche Geschehen einheitliche Regeln. Es gibt gleiche Rechte, aber auch gleiche Pflichten für alle. Die Voraussetzungen sind die sogenannten „Vier Freiheiten". Diese sollen in der EU Schritt für Schritt umgesetzt werden:

1. Freier Personenverkehr meint den Wegfall der Grenzkontrollen bei Reisen und ein freies Niederlassungs- und Wohnrecht für Bürger und Unternehmen. Die Bürger können sich also in allen EU-Ländern eine Arbeit suchen und haben dabei die gleichen Rechte wie inländische Arbeitskräfte; Unternehmen können sich EU-weit gründen oder erweitern.

2. Für den freien Warenverkehr gilt auch ein Wegfall der Grenzkontrollen. Nichts soll – theoretisch – den Handel behindern.

3. Der freie Dienstleistungsverkehr bietet Unternehmen die Möglichkeit sich in jedem EU-Land niederzulassen und ihr Gewerbe auszuüben. Das setzt voraus, dass bestimmte Märkte, wie z. B. für Transport, Post oder Energie geöffnet werden.

4. Freier Kapitalverkehr heißt, dass es keine Handelsbeschränkungen für den Zahlungsverkehr gibt, sondern einen gemeinsamen Markt für Finanzdienstleistungen.

Was behindert die „Vier Freiheiten"?

Die „Vier Freiheiten" gibt es nur dann, wenn der Austausch von Sachgütern, Dienstleistungen und Kapital nicht behindert wird. Beschränkungen des Handels müssen überwunden werden, damit die EU wirtschaftlich zusammenwächst. Was sind denn eigentlich Handelshemmnisse? Man unterscheidet grob sog. tarifäre und nicht tarifäre Handelshemmnisse.

Tarifäre Handelshemmnisse sind vor allem Zölle, die bei der Ausfuhr oder Einfuhr von Waren bezahlt werden müssen. Durch Zölle werden Produkte teurer. Ein Grund dafür ist

der Wunsch von Staaten, mehr Einnahmen zu erzielen. Ein anderer, dass man sich vor der Konkurrenz aus anderen Ländern schützen will.

Mit **nicht tarifären Handelshemmnissen** sind alle Hemmnisse außer den Zöllen gemeint, mit denen Länder ihre Märkte schützen wollen. Dazu gehören z. B. Steuerregelungen, technische Bestimmungen oder Lebensmittelvorschriften. So kann es z. B. sein, dass bestimmte Zusatzstoffe in einem Lebensmittelprodukt in bestimmten Ländern nicht erlaubt sind. Häufig sind diese Behinderungen des Handels auch versteckt.

1. ⬤ Analysiere die Grafik „Deutschlands Kunden und Lieferanten". Arbeite dabei insbesondere die Rolle der EU für deutsche Im- und Exporte heraus. Nimm die Arbeitstechnik „Statistiken auswerten" zu Hilfe (siehe S. 225 f.).

2. ⬤ Der Binnenmarkt ist für die Mitgliedsländer der EU das wichtigste Ziel für ihre Exporte. Erläutere, warum es besonders wichtig ist, dass der Handel erleichtert wird. Stelle Vermutungen an, wohin die übrigen Exporte der BRD gehen.

3. ⬤ Erkläre die Karikatur.

Wirtschaftskrise: Stimmung in Eurozone sinkt auf Rekordtief

Reform der Kfz-Steuer: EU-Kommission verlangt Korrektur

EU-Gipfel: Jugendarbeitslosigkeit bekämpfen

EU erleichtert Wechsel des Energieanbieters

Streit um EU-Rettungsschirm

Europäische Kommission ergreift Maßnahmen zum Schutz vor Cyber-Angriffen

Arbeitslose Jugendliche
in der EU

Arbeitslosenquote der 15- bis 24-Jährigen im Mai 2013 in %

Land	%
Griechenland*	59,2 %
Spanien	56,5
Kroatien*	52,1
Portugal	42,1
Italien	38,5
Zypern*	34,8
Slowakei	34,6
Ungarn**	27,6
Polen	27,5
Irland	26,3
Bulgarien	26,2
Frankreich	25,3
Schweden	23,4
EU-28	*23,3*
Rumänien*	23,1
Belgien	22,7
Lettland*	22,0
Slowenien*	21,7
Litauen	21,1
Finnland	20,9
Großbritannien	20,2
Luxemburg	19,4
Tschechien	18,7
Estland**	17,4
Malta	12,1
Dänemark	11,6
Niederlande	10,6
Österreich	8,7
Deutschland	7,6

* März 2013
** April 2013

Quelle: Eurostat © **Globus** 5801

Problemfelder der Europäischen Union

Trotz der großen Vorteile der EU für Verbraucher, Unternehmen und den Staat gibt es auch Probleme. Ein paar Beispiele:

1. Es gibt **große soziale Unterschiede** zwischen den Staaten (vgl. Abb. „Wirtschaftsgefälle in der EU", S. 199). Diese haben mit ungleichen wirtschaftlichen Strukturen zu tun: Der Süden und der Osten der EU sind insgesamt strukturell schwächer als der Norden und der Westen. Besonders in den strukturell schwächeren Ländern gibt es eine hohe Arbeitslosigkeit, mit allen schlimmen Folgen für die Menschen. Für den Frieden in Europa es ist es daher sehr wichtig, dass sich die Lebensverhältnisse auf lange Sicht angleichen.

2. Zu den Problemen zählen auch die angesprochenen **nicht tarifären Handelshemmnisse** (vgl. S. 205), die viele Länder einsetzen, um die einheimischen Märkte zu schützen.

3. Es gibt viele **weitere Handlungsfelder**, in denen die Mitgliedstaaten eng zusammenarbeiten und häufig eine gemeinsame Politik beschließen. Hierzu zählen z. B. der Energiemarkt, der Klimaschutz, der Verbraucherschutz und die Landwirtschaft. Gesetze, die in Brüssel in einem langen Prozess ausgehandelt werden, müssen dann in den einzelnen Staaten umgesetzt werden. Und das ist nicht immer einfach. Schließlich geht es um 28 Staaten mit ihren jeweils eigenen Interessen.

4. Durch die große Flut europäischer **Regelungen**, Richtlinien, Verordnungen und Gesetze steigt man als Normalbürger nicht mehr durch.

→ **Starthilfe zu 1:**

Wirtschaftsräume hast du bereits in Praxis Wirtschaft Band 1 kennengelernt.

1. ⊖ „Der Süden und der Osten der EU sind strukturell schwächer." – Erläutere, was hiermit gemeint ist. Hierzu brauchst du deine Kenntnisse darüber, wie man Wirtschaftsräume beschreiben und vergleichen kann.

2. ⊖ Werte die Grafik „Arbeitslose Jugendliche" aus.

Jugendliche in Europa ohne Arbeit

▶ Demonstration gegen Einsparungen in Spanien

In der EU gibt es seit einigen Jahren ein massives Problem: Die Zahl der Jugendlichen und jungen Erwachsenen ohne Arbeit oder Ausbildungsplatz steigt rasant an. Obwohl sie häufig einen Schulabschluss und eine Berufsausbildung vorweisen können oder sogar zur Universität gegangen sind.

Für die hohe Jugendarbeitslosigkeit gibt es viele Gründe: Vor allem in südlichen Staaten wie Spanien und Griechenland ist die allgemeine Wirtschaftslage schlecht. Es gibt seit Jahren kaum Wachstum, der Schuldenstand ist sehr hoch. Die Wirtschafts- und Finanzkrise ab dem Jahr 2007 hat die bestehenden Probleme in den Ländern verstärkt.

Viele Unternehmen in diesen Ländern kämpfen ums Überleben und haben häufig keinen Spielraum, um neue Mitarbeiter einzustellen und müssen sogar Mitarbeiter entlassen. Davon sind wiederum zumeist junge Leute, die noch nicht lange im Betrieb sind und noch keine Familie haben, zuerst betroffen.

Um zu überlegen, was gegen Jugendarbeitslosigkeit getan werden kann, fand im Juli 2013 ein EU-Gipfel in Berlin statt. Alle Experten waren sich weitgehend einig, dass es keine Instrumente gibt, die die Probleme schnell lösen können. Deshalb wurde auch vor zu großen Erwartungen an die beschlossenen politischen Maßnahmen gewarnt. In zwei Ausschnitten aus Zeitungsartikeln geht es um Lösungsansätze:

„[...] Neue Stellen können nur Unternehmen zur Verfügung stellen, die investieren, weil sie an ihre Zukunft glauben. Die aber leiden unter der Rezession und der rigorosen Sparpolitik in Europa. Ohne Wachstum und Reformen in den Krisenländern, die bislang im Kampf gegen die hohe Jugendarbeitslosigkeit versagt haben, wird die Geldspritze deshalb nicht viel nutzen. [...]"

Quelle: Thomas Öchsner auf: www.sueddeutsche.de, „Europas Tragödie" (04.07.2013)

„[...] Die eigentliche Reformarbeit bleibt aber in den betroffenen Staaten zu leisten. Solange weder die Wirtschaft wieder auf Kurs gebracht ist, noch irgendeine konkrete Vorstellung von der vielbeschworenen engeren wirtschaftspolitischen Koordinierung [in der EU] existiert, darf es erst recht keinen Einstieg in eine gemeinschaftliche Sozialpolitik geben. Das wäre ein sicheres Rezept, um Europa im weltweiten Standortwettbewerb ins Abseits zu schieben. Europas Jugend hat einen Anspruch darauf, dass man sie vor einer solchen Zukunft bewahrt."

Quelle: Dietrich Creutzburg auf: www.faz.net, „Zukunft für die Jugend" (03.07.2013)

1. ◔ Erkläre den Zusammenhang zwischen allgemeiner wirtschaftlicher Lage und der Jugendarbeitslosigkeit.

2. ● Diskutiert die Lösungsansätze, die in den Artikeln angerissen werden.

3. ◔ Recherchiere Gründe dafür, dass die Jugendarbeitslosigkeit in Deutschland im Vergleich sehr gering ist.

Globalisierung

Was ist „Globalisierung"?

Den Begriff Globalisierung hören wir häufig, doch was bedeutet er?

Das Wort „global" meint „auf die Erde bezogen", „weltumspannend". Das betrifft die meisten Bereiche des Lebens, das heißt Wirtschaft, Politik, Kultur und viele andere. Daher gibt es auch keine allgemeine Definition von Globalisierung.

Deutschland exportiert Waren in alle Welt und importiert viele Güter ins Land. Die Globalisierung ist daher für unser Land von großer Bedeutung. Das bedeutet aber auch, dass man sich dem internationalen Wettbewerb stellen muss.

Wirtschaftlich betrachtet bedeutet Globalisierung die immer engere Verzahnung der Weltwirtschaft.

Es werden Rohstoffe aus einem Land und Vorprodukte aus einem anderen Land eingeführt. Das Endprodukt wird dann in einem weiteren Land weiterverarbeitet oder montiert und ausgeliefert. Die große Zunahme des Handels ist ein wichtiger Teil der wirtschaftlichen Globalisierung. Das kommt vor allem daher, dass die Kosten für den Transport stark gesunken sind. Im Dienstleistungsbereich können Produkte (z. B. Software oder Datenbanken) per Internet in Sekunden von einem Ende der Welt zum anderen geschickt werden. Arbeitsteilung gibt es nicht nur in einem privaten Haushalt, in einem Unternehmen oder in einem Land, sondern weltweit.

Der Weg einer Jeans

An einem ganz alltäglichen Produkt, der Jeans, wird die weltweite Arbeitsteilung gezeigt:

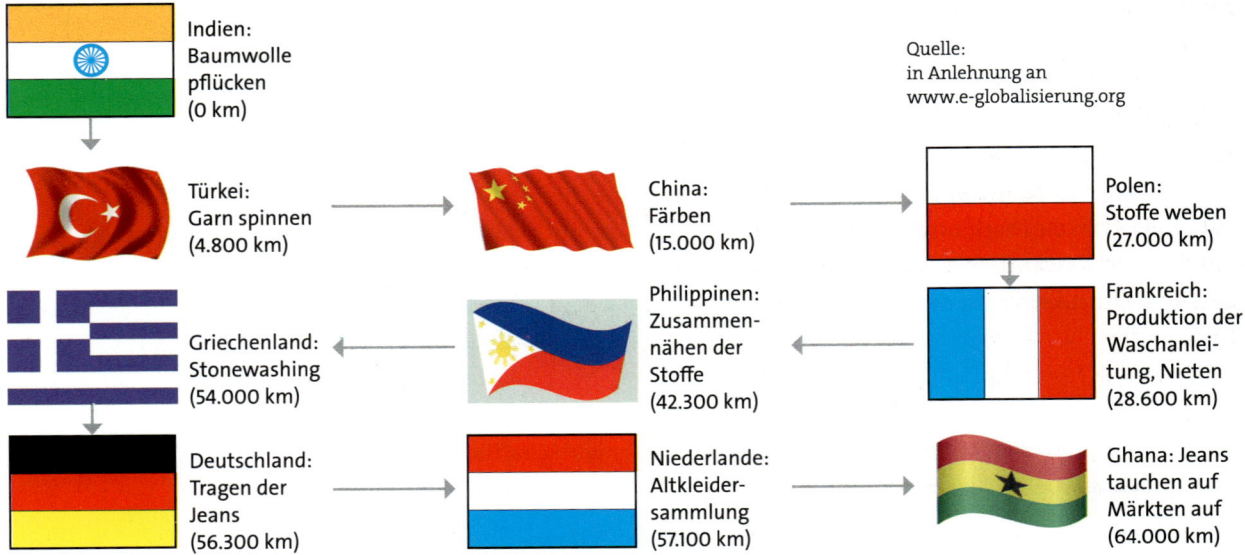

Quelle:
in Anlehnung an
www.e-globalisierung.org

Indien:
Baumwolle
pflücken
(0 km)

Türkei:
Garn spinnen
(4.800 km)

China:
Färben
(15.000 km)

Polen:
Stoffe weben
(27.000 km)

Griechenland:
Stonewashing
(54.000 km)

Philippinen:
Zusammen-
nähen der
Stoffe
(42.300 km)

Frankreich:
Produktion der
Waschanlei-
tung, Nieten
(28.600 km)

Deutschland:
Tragen der
Jeans
(56.300 km)

Niederlande:
Altkleider-
sammlung
(57.100 km)

Ghana: Jeans
tauchen auf
Märkten auf
(64.000 km)

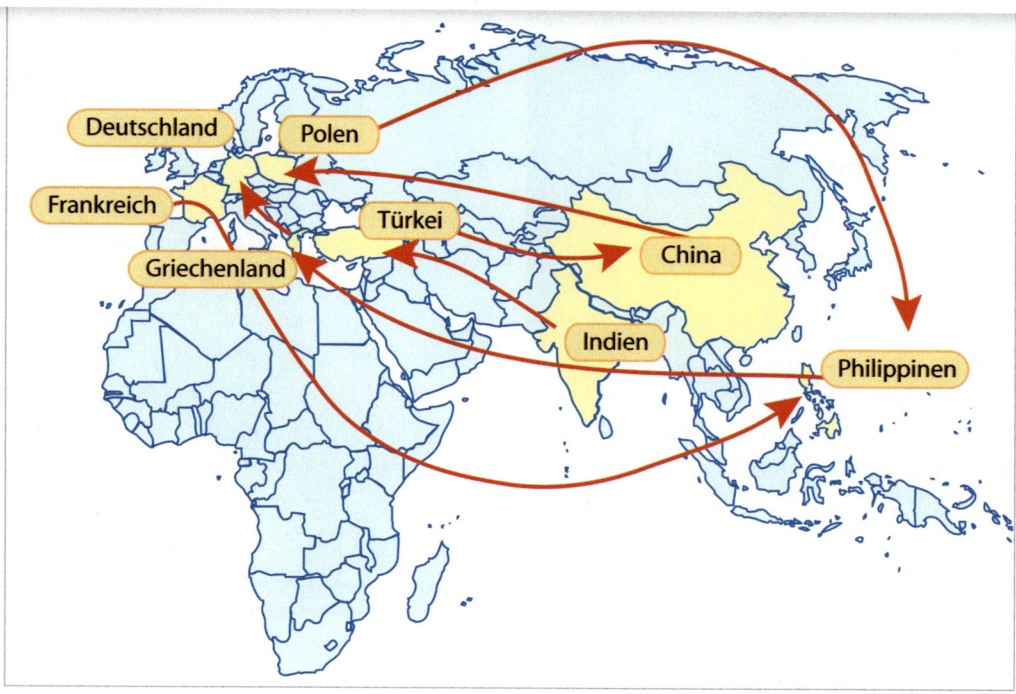

▸ Der Weg einer Jeans

Die Jeans legt eine Strecke zurück, die insgesamt anderthalb Mal so lang ist wie der Äquator (ca. 40.000 km).

Ein Unternehmen produziert dort, wo es am günstigsten ist. Es nutzt also weltweite Preisunterschiede. Und weil die Transportkosten heutzutage so niedrig sind, rechnet sich der weite Weg der Teilprodukte.

Über die Gründe der internationalen Arbeitsteilung (Kostenunterschiede und Verfügbarkeit von Rohstoffen) habt ihr in einem vorangegangenen Kapitel etwas gelernt. Die internationale Arbeitsteilung ist auch verbunden mit dem Abbau von Handelsbeschränkungen und dem Öffnen der Waren- und Dienstleistungsmärkte, der Arbeits- und Finanzmärkte (vgl. die „Vier Freiheiten", S. 204 f. in der EU).

Die internationale Arbeitsteilung ermöglicht es einem Land, seine Stärken auszuspielen und dadurch höhere Einkommen zu erhalten. Der Prozess der Globalisierung erhöht damit entscheidend den Wettbewerb zwischen den einzelnen Unternehmen und hat darüber hinaus erhebliche Auswirkungen auf die Sicherheit der Arbeitsplätze.

▸ Preis im Laden in Deutschland = ca. 70 Euro, Transportkosten = ca. 40 Cent

1. ○ Zähle auf, was du mit dem Begriff „Globalisierung" verbindest.

2. ◑ Erkläre „wirtschaftliche Globalisierung" in eigenen Worten.

3. ○ Die „Lebensstile passen sich weltweit an". Zähle Beispiele aus den Bereichen Mode, Musik und Unterhaltung oder anderen auf.

▸ Deutsche Produkte werden auch im Ausland verkauft.

▸ Früchte aus Entwicklungsländern

Woher kommt Globalisierung, was bewirkt sie?

Die Globalisierung hat mehrere Ursachen:

Wirtschaftliche Ursachen: Die Globalisierung wird durch den „globalen" Verbraucher beschleunigt. Dieser kauft immer häufiger Waren aus dem Ausland. Große Unternehmen haben heute häufig Standorte und Kunden in aller Welt. Unternehmen nutzen Kostenvorteile, z. B. billigere Arbeitskraft im Ausland, indem die Produktion dorthin verlagert wird.

Politische Ursachen: Ende des letzten Jahrhunderts gab es mitten in Europa noch viele sozialistische Diktaturen, z. B. in der ehemaligen DDR, in Polen oder Russland. Die Grenzen waren nicht offen für Handel oder etwa Reisen ins westliche Ausland. Seit den 1990er-Jahren sind die Grenzen für Menschen und Produkte jedoch offen und die Länder haben marktwirtschaftliche Ordnungen. Die betroffenen Länder können auch am internationalen Handel teilnehmen. Auch die Märkte in Asien, z. B. China, sind offener geworden. Entwicklungs- und sogenannte **Schwellenländer** nehmen stärker an der Globalisierung teil.

INFO

Ein **Schwellenland** ist kein „echtes" Entwicklungsland mehr, sondern auf der Schwelle zu einem entwickelten Land. Beispiele sind Brasilien, Indien, China, Russland oder Südafrika.

Technologische Ursachen: Computer, Satellitentechnik, Internet und Mobiltelefon usw. schaffen ein weltweites Kommunikationsnetz. Blitzschnell können Informationen und Wissen überall auf der Welt verteilt und abgerufen werden. So wird auch sehr schnell bekannt, wo es günstige Sachgüter und Dienstleistungen zu kaufen und welche Neuerungen es gibt.

Soziokulturelle Ursachen: In großen Teilen der Welt nutzen die Menschen die gleichen Medien. Dazu gehören vor allem Internet und Fernsehen. Diese haben häufig ähnliche Angebote, Programme und Werbung. Auf diese Weise passen sich die Lebensstile weltweit an, insbesondere bei Mode und Musik.

Rollenspiel: Das neue Handy

Verlauf des Rollenspiels

Schritt ❶ **Informationsphase**
Schritt ❷ **Vorbereitungsphase des Rollenspiels**
Schritt ❸ **Durchführung**
Schritt ❹ **Diskussion**
Schritt ❺ **Ergebnis**
Schritt ❻ **Verallgemeinerung**
Schritt ❼ **Übertragung auf andere Situationen**

Silke: „Ach ja, und am Ende hat hier keiner mehr Arbeit, nur weil alle billig einkaufen wollen? Man sollte darauf achten, möglichst viele deutsche Produkte zu kaufen."

Peter: „Nun aber mal halblang, Deutschland hat doch nun weltweit wirklich mit am meisten Vorteile vom internationalen Handel. Unser Wohlstand und viele unserer Arbeitsplätze existieren nur, weil es internationalen Handel gibt." ■

B Thomas freut sich. Zum Geburtstag hat er das gewünschte Handy der neuesten Generation bekommen. Stolz zeigt er es im Freundeskreis herum, doch das Echo ist geteilt.

Peter: „Super, Glückwunsch. Das lässt ja nichts zu wünschen übrig."

Silke: „Na toll, wieder so ein ausländisches Teil. In Deutschland machen sie die Werke zu und entlassen die Mitarbeiter, wie meinen Vater, aber ihr kauft weiter die Dinger und tragt dazu bei, dass immer mehr Arbeitsplätze in Billiglohnländer abwandern."

Thomas: „Oh, Mann! Handys in dieser Form und zu dem Preis würde es doch gar nicht geben, würden sie nicht in anderen Ländern produziert werden."

Thomas, 16 Jahre:
Achtet beim Einkauf nicht auf die Herkunft der Ware, sondern auf Preis und Qualität. Er hat sich über Zusammenhänge der internationalen Wirtschaft bislang wenig Gedanken gemacht, glaubt aber, der internationale Handel bringe Vor- und Nachteile für Deutschland.

Silke, 16 Jahre:
Ihr Vater hat den Job verloren, weil das Unternehmen die Produktion ins Ausland verlagert hat. Sie ist der Meinung, man sollte deutsche Produkte kaufen, um die Wirtschaft vor Ort zu unterstützen.

Peter, 15 Jahre:
Seine Eltern haben ein Unternehmen, das auch im Ausland produziert. Der Vater sagt, ohne diesen Schritt wäre der Betrieb heute pleite. Er ist der Meinung, dass Deutschland den weltweiten Handel braucht und Nutzen aus ihm zieht.

1. ○ Teilt euch in Gruppen auf und bereitet jeweils eine der drei Rollen vor. Wählt einen oder zwei Schüler, die diese Person im ersten und zweiten Rollenspieldurchgang verkörpern sollen.

2. ○ Die ausgewählten Spieler führen das Rollenspiel in zwei Durchgängen durch und setzen den Dialog fort.

3. ○ Die restlichen Personen beobachten das Rollenspiel und halten wesentliche Aspekte mithilfe des Analysebogens fest.

4. ● Wertet das Rollenspiel aus.

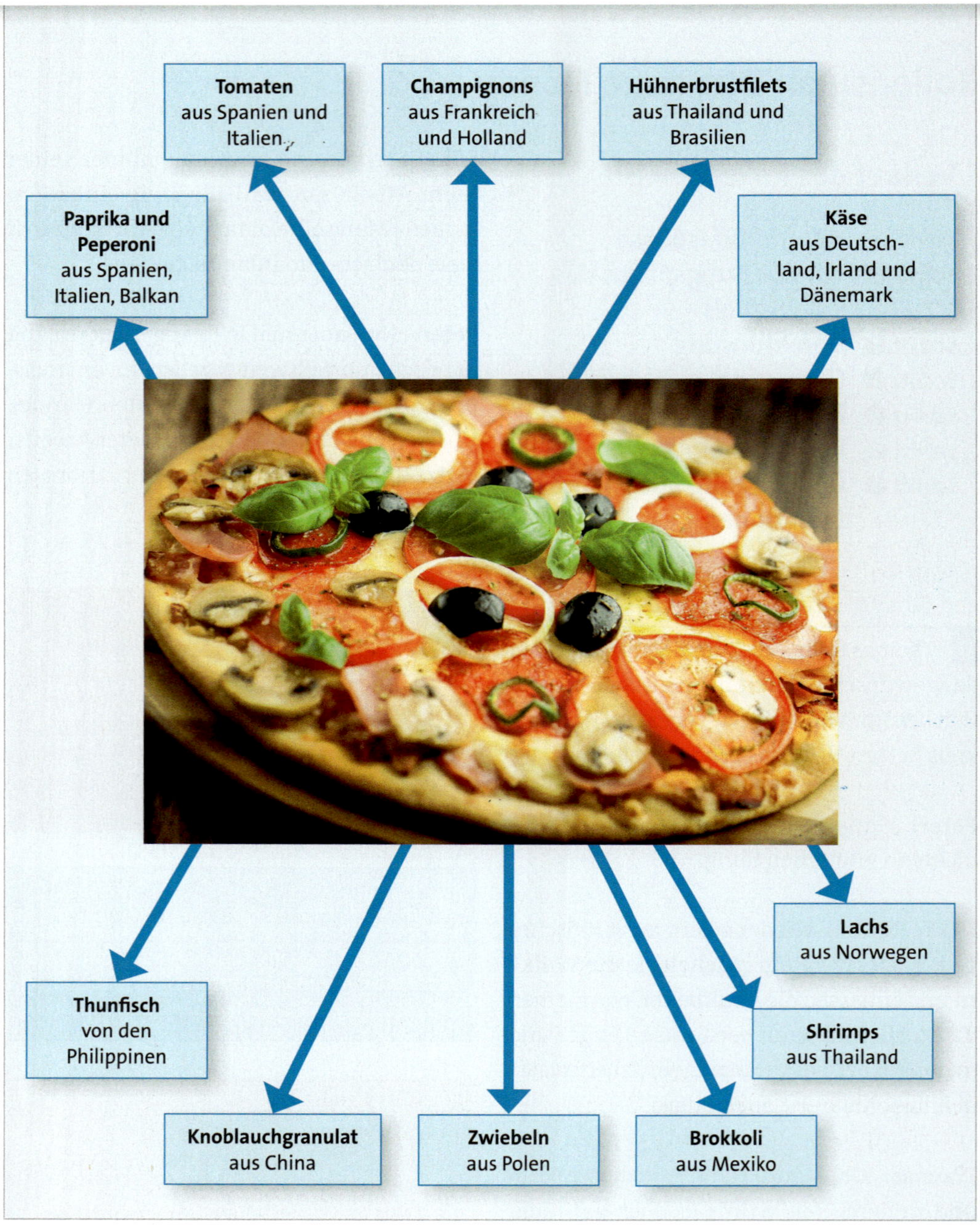

Tomaten
aus Spanien und
Italien

Champignons
aus Frankreich
und Holland

Hühnerbrustfilets
aus Thailand und
Brasilien

**Paprika und
Peperoni**
aus Spanien,
Italien, Balkan

Käse
aus Deutsch-
land, Irland und
Dänemark

Lachs
aus Norwegen

Thunfisch
von den
Philippinen

Shrimps
aus Thailand

Knoblauchgranulat
aus China

Zwiebeln
aus Polen

Brokkoli
aus Mexiko

Quelle: Der SPIEGEL, Nr.
31, 29.07.2013

▸ Pizza global

Pizza global

Die Herkunftsorte der Rohstoffe und viele Be-
arbeitungsschritte der Produkte, die wir im Supermarkt finden, sind über den ganzen Globus
verteilt. Die Globalisierung sorgt dafür, dass
man billige Lebensmittel in den Supermärkten findet. Wer will, kann das ganze Jahr über
frische Blaubeeren, Mangos und Erdbeeren
essen.
Woher beispielsweise die Zutaten einer Pizza
kommen, zeigt das Schaubild oben.

→] **Starthilfe zu 1:**

Im vorangegange-
nen Kapitel hast du
gelernt, welche zwei
Hauptgründe es für
internationalen Han-
del gibt.

1. ○ Nenne Gründe, warum deutsche Hersteller von Fertigpizza Zutaten in aller Welt
einkaufen.

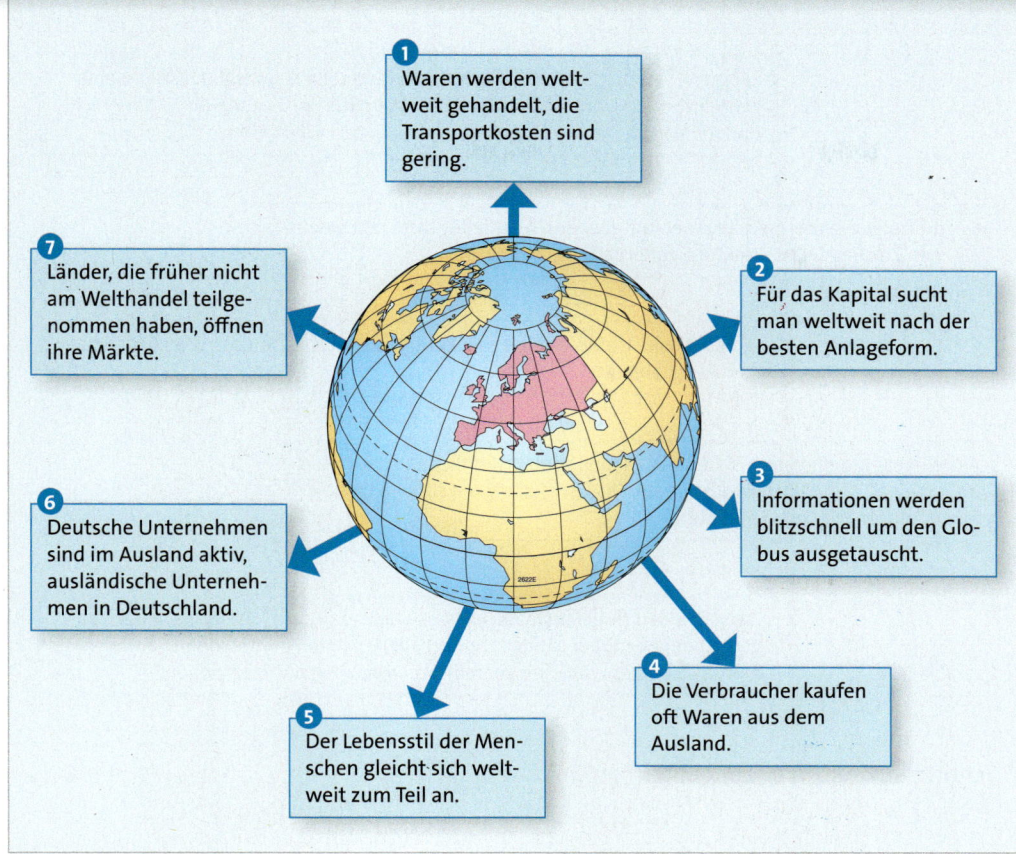

▸ Globalisierung

Globalisierung im Überblick

Die Sache mit der Globalisierung ist gar nicht so einfach. Sie erscheint in unterschiedlichen Formen. Sie hat verschiedene Gründe. Und die Globalisierung hat Folgen für Verbraucher und Unternehmer – mal gute und mal weniger gute. Das kommt immer auf den Blickwinkel an.
Betrachte deshalb den Überblick oben.

1. ⬤ Ordne die folgenden Aussagen den Sätzen 1–7 in der Grafik zu:

   a) „Ich möchte Weihnachten frische Erdbeeren essen."
   b) „Wir legen unsere kleine Erbschaft in einem kanadischen Investmentfonds an."
   c) „Die Börse in New York hat gerade geöffnet, hier die aktuellen Kurse."
   d) „Wusstest du, dass unser Supermarkt-Discounter jetzt Märkte in England eröffnet?"
   e) „Der Trend kommt aus den USA."
   f) „Über 90 % unserer Importe kommen mit dem Schiffe nach Deutschland."
   g) „Es gibt immer noch Länder, die geschlossene Volkswirtschaften haben, z. B. Nordkorea."

2. ○ Zähle weitere Beispiele für die Aussagen 1–7 in der Abbildung auf.

3. ⬤ Diskutiert Vorteile und mögliche Nachteile der Globalisierung.

In einer Wirtschafts- und Währungsunion streben die Mitgliedstaaten eine gemeinsame Wirtschafts- und Währungspolitik an. Es muss dabei aber nicht unbedingt eine gemeinsame Währung wie den Euro geben.

Es gibt freien Handel zwischen den Mitgliedern. Aber jedes Land legt einen eigenen Zoll gegenüber Ländern außerhalb der Zone fest.

Die politische Union ist eine vollständige Verschmelzung der Mitgliedstaaten auf allen Gebieten.

Auf einem gemeinsamen Markt gibt es binnenmarktähnliche Verhältnisse mit einheitlichen Wettbewerbsregeln. Es gilt Freizügigkeit für alle Produktionsfaktoren, die „vier Freiheiten".

Zwischen den Mitgliedstaaten gibt es ebenfalls keine Handelsbeschränkungen. Aber gegenüber Ländern außerhalb der Union gibt es einen gemeinsamen Zoll, und es wird eine gemeinsame Handelspolitik betrieben.

➤ Schritte auf dem Weg zur politischen Union

B Meyers haben ihren Sommerurlaub auf Mallorca verbracht. Zurück in der Heimat treffen sie sich mit ihren Nachbarn und erzählen von ihren Erlebnissen:

Herr Meyer: „Also, die Reise war ja wirklich problemlos. Kaum ausgestiegen aus dem Flieger, konnten wir schon ohne Kontrolle raus und ins Taxi zum Hotel."

Frau Meyer: „Das Hotel war auch klasse. Allerdings: Die haben komische Steckdosen die Spanier, ich konnte meinen Föhn nicht ans Netz kriegen. Wir mussten am nächsten Morgen erst einmal Adapter kaufen."

Nils: „Gleich am ersten Tag fing der Surfkurs an, war cool. Ich hab ja gestaunt, als sich unser Surflehrer vorgestellt hat: Dirk aus Bielefeld. Lebt schon seit fünf Jahren auf Malle!"

Anne: „Findest du gut, ja? Auch im Urlaub am besten nur Deutsche um sich rum haben. Ich interessier' mich wenigstens für Land und Leute. Hab am Strand richtig nette Spanier kennengelernt. Aber keiner von denen hat einen Ausbildungsplatz in Aussicht, das tat mir echt leid."

Frau Meyer: „Sollen die sich mal ordentlich anstrengen, statt am Ballermann rumzuhängen, dann finden sie auch eine Arbeit!"

Anne: „Mama! Du hast echt keine Ahnung. Viele Spanier kommen sogar schon nach Deutschland, weil sie zu Hause keine Arbeit finden. Das tun sie bestimmt nicht wegen des Klimas im Emsland ..."

Herr Meyer: „Nun brecht mal keinen Streit vom Zaun. Wie wär's – kommt doch rüber auf einen netten Abend mit Sangria und Paella – frisch importiert aus Palma!" ■

1. ⊝ Die Schritte auf dem Weg zur politischen Union sind durcheinandergeraten. Ordne sie korrekt.

2. ○ Benenne Freiheiten und Probleme in der Europäischen Union, die im Gespräch erwähnt werden.

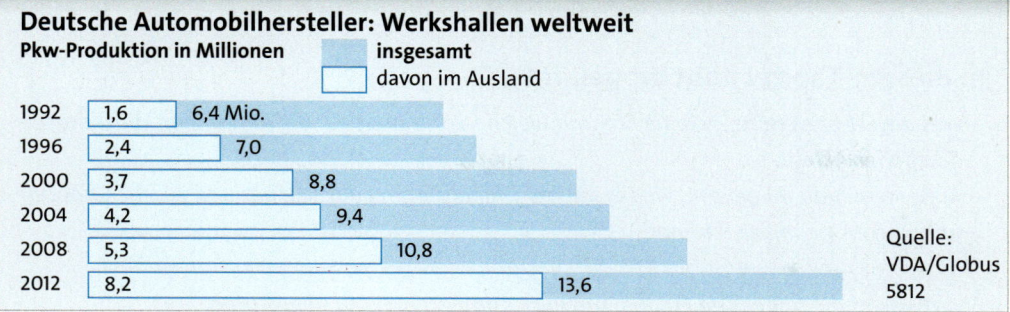

Deutsche Automobilhersteller: Werkshallen weltweit
Pkw-Produktion in Millionen   insgesamt
                                        davon im Ausland

Jahr	davon im Ausland	insgesamt
1992	1,6	6,4 Mio.
1996	2,4	7,0
2000	3,7	8,8
2004	4,2	9,4
2008	5,3	10,8
2012	8,2	13,6

Quelle:
VDA/Globus
5812

Digitale Tagelöhner

[...] Schon einige Millionen Nutzer sind auf Plattformen wie Freelancer.com, Amazon Mechanical Turk oder Guru gemeldet. Alleine bei der US-Plattform TopCoder haben etwa 480.000 Softwareentwickler, Mediengestalter und sonstige Spezialisten ihr Profil hinterlegt, mehr als jeder Zweite aus Asien. Fett hervorgehoben ist auf der Internetseite der Hinweis an die Kunden, niemand müsse angestellt werden. Auf solchen Plattformen können Unternehmen mit einem offenen Aufruf Aufträge vergeben. Wer sich meldet, der hilft dabei, die Aufgabe zu lösen – unabhängig von den anderen. Der Auftraggeber sucht sich zum Schluss eine Lösung aus. Es drohe die massenhafte Vernichtung guter, sicherer und hochqualifizierter Arbeitsplätze und eine verheerende Konkurrenz von Arbeitskräften, warnt Bert Stach, bei der Gewerkschaft Verdi für IT-Unternehmen zuständig. [...]

Die Globalisierung verändert die Arbeitswelt, wieder einmal: Textilfabriken wanderten schon in den Sechzigerjahren von Europa und den USA in den Süden, später folgten andere Industrien. Heute stehen dort die Werkbänke für viele Produkte. Seit den Neunzigern verlagerten Unternehmen dann auch Dienstleistungen wie die Entwicklung von Software, die Betreuung von IT-Netzen oder Callcenter-Tätigkeiten in den Süden. Sie ersetzten festangestellte Belegschaften im Norden durch solche im Süden oder vergaben Aufträge an Subunternehmer mit festen Belegschaften. Bei der Auslagerung über spezielle Internetplattformen werden dagegen Teile der Kernbelegschaften ersetzt durch einzelne Selbstständige, die im Wettbewerb stehen – das ist neu. Jeder Einzelne kämpft um Aufträge, ob aus Johannesburg, Frankfurt oder São Paulo. [...]

Quelle: Dohmen, C., Süddeutsche Zeitung, 10.07.2013

3. ◔ Werte die Statistik „Werkshallen weltweit" aus.

4. ○ Nenne Gründe für deutsche Autohersteller, Autos im Ausland zu produzieren.

5. ○ Autos zählen schon lange zu den deutschen „Exportschlagern". Nenne Gründe.

6. ◔ Analysiere den Zeitungsartikel. Nimm dazu die Arbeitstechnik „Textanalyse" zu Hilfe.

7. ◔ Erkläre die Überschrift „Digitale Tagelöhner".
   a) Benenne den Zusammenhang zwischen der Globalisierung und der beschriebenen Entwicklung.
   b) Nenne Vor- und Nachteile der Entwicklung in der IT-Branche.

↱ **Starthilfe zu 3:**

Überlege, welche Produktionsfaktoren (Arbeit, Boden, Kapital) besonders zum Einsatz kommen.

In diesem Kapitel habt ihr gelernt, ...

– was die EU ist, welche Ziele sie hat und welche Vorteile sie für die Akteure im Wirtschafts-
geschehen bringt.
– Außerdem habt ihr gelernt, was es mit der Globalisierung auf sich hat und welche Chancen
und Risiken sie mit sich bringt.

Beantwortet die folgenden Fragen, um eure Kompetenzen zu überprüfen.

1. ○ Nenne die vier wesentlichen Ziele der EU.

2. ○ Ergänze den folgenden Satz: „Die Europäische Union hat für Verbraucher und Unternehmer viele Vorteile, und zwar ...“

3. ○ „In der Europäischen Union gibt es auch Probleme, und zwar ...“ – Ergänze.

4. ◒ Schau dir die Zeichnungen genau an: Wobei handelt es sich um eine Freihandels-
zone, wobei um eine Zollunion? Erkläre den Unterschied.

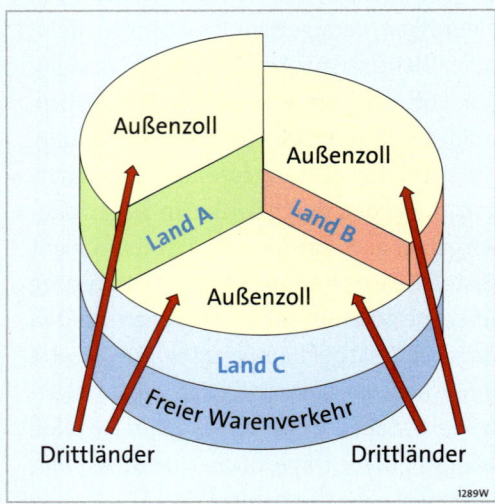 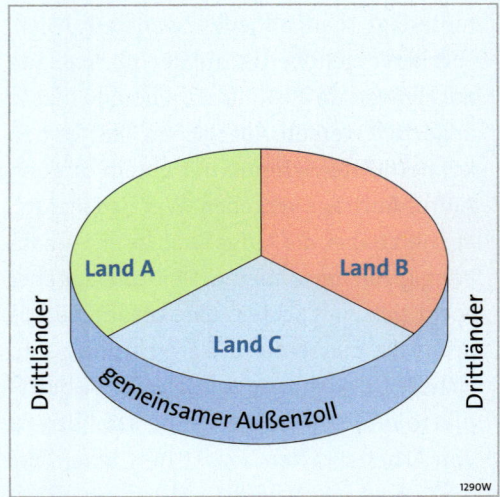

5. ● Ermittle die richtigen Aussagen und begründe.
   a) Deutschland ist der EU erst 2004 beigetreten.
   b) Die EU besteht aktuell aus 25 Staaten.
   c) Die Zusammenarbeit in der EU findet nur im Wirtschaftlichen statt.
   d) Die EU ist mitverantwortlich dafür, dass wir in Westeuropa seit über 60 Jahren in
      Frieden leben.
   e) Der freie Warenverkehr ist eine der „vier Freiheiten“.
   f) Alle Länder in der EU haben auch den EURO als Währung.
   g) Den Menschen in der EU geht es überall gleich gut.

6. ◒ Die Verwirklichung der „vier Freiheiten“ ist nicht leicht. Nenne Beispiele für Hemmnisse und Einschränkungen. Erläutere auch das Interesse von manchen Staaten, den
Handel zu behindern.

7. ● Ermittle die richtigen Aussagen und begründe.
   a) Die Globalisierung findet nur im wirtschaftlichen Bereich statt.

b) Die Kosten für den Transport von Waren steigen ständig.

c) Technische Neuerungen beschleunigen die Globalisierung.

d) In der ehemaligen DDR konnten die Bürgerinnen und Bürger keine Waren aus dem Ausland kaufen.

e) Wenn auf einem Produkt „Made in Germany" steht, dann ist das ganze Produkt auf jeden Fall in Deutschland hergestellt worden.

f) Unternehmen, die ihre Produktion ins Ausland verlegen, sind keine guten Unternehmen.

8. ⬤ Entscheide, ob es sich jeweils um wirtschaftliche, politische, technologische oder soziale Gründe der Globalisierung handelt:

a) In einem afrikanischen Land entwickelt sich eine Demokratie, die Regierung beschließt am internationalen Handel teilzunehmen.

b) Ein Popkonzert wird in die ganze Welt übertragen.

c) Der Energiemarkt wird für die Konkurrenz aus dem Ausland geöffnet.

d) Ein deutsches Unternehmen gründet eine Tochtergesellschaft in China.

e) Eine bessere Satellitentechnik sorgt für schnellere und sichere Telefonverbindungen.

9. ⬤ Erläutere das folgende Zitat: „Die Teilnahme am wirtschaftlichen Wettbewerb ist wie ein Fahrradrennen: Erst fällt man zurück, und dann fällt man um. Also sollten wir alle weiter in die Pedale steigen." (Horst Köhler, ehemaliger Bundespräsident der Bundesrepublik Deutschland.)

10. ⬤ „Die Globalisierung hat mal gute, mal weniger gute Folgen. Das kommt auf den Blickwinkel an." Erläutere diese Aussage. Denke dabei z. B. an den Konflikt im Rollenspiel.

11. ⬤ Erläutere die drei Karikaturen.

Was Sie für 300 Euro Rente sparen müssen
Wer früh anfängt, kommt mit wenig Einsatz zu einer guten Zusatzrente.

33 Euro   54 Euro   96 Euro   210 Euro

20-Jährige/r	30-Jährige/r	40-Jährige/r	50-Jährige/r
zahlt **45 Jahre** lang	zahlt **35 Jahre** lang	zahlt **25 Jahre** lang	zahlt **15 Jahre** lang
33 Euro im Monat	54 Euro im Monat	96 Euro im Monat	210 Euro im Monat

Quelle: Altersvorsorge macht Schule   1294WX

Probleme bei der Geldanlage

B   Jasmin arbeitet nun seit einigen Monaten als Gesundheits- und Krankenpflegerin. Seitdem hat sie jeden Monat etwas Geld zurückgelegt. Sie überlegt jetzt, wo sie jeden Monat etwas übrig hat, ob es nicht sinnvoll wäre, privat für das Alter vorzusorgen. Zudem ist sie unzufrieden, weil sie für ihr gespartes Geld auf ihrem Girokonto keine Zinsen bekommt. Sie überlegt, welche Möglichkeiten, es gibt Geld anzulegen, denn sie möchte für ein eigenes Auto sparen, aber auch für das Alter vorsorgen. ■

Geldanlagemöglichkeiten
– Riester-Rente: Der Staat fördert Geldanlagen, die dauerhaft Vermögen aufbauen. Die <u>BaFin</u> kontrolliert die Angebote. Diese Art der Vorsorge richtet sich nur an Arbeitnehmer, nicht an Selbstständige, die nicht rentenversicherungspflichtig sind.

– Aktienanlage: z. B. breit gestreute langfristige Investition in Aktien.

– Lebensversicherung: Mischform zwischen Sparplan und Absicherung im Todesfall.

– Investmentfonds: Einen Fonds kannst du dir als einen Topf vorstellen, in den viele Anleger gemeinsam Geld einzahlen. Das Geld wird dann von Fondsmanagern angelegt.

– Termineinlagen: Das sind Einlagen, die meist in größeren Beträgen für einen bestimmten Zeitraum auf gesonderten Termingeldkonten zur Verfügung stehen.

– Bausparen: Der Sparer zahlt eine festen Sparbeitrag an die Bausparkasse, bis er eine zuvor festgelegte Summe erreicht hat. Zudem kann der Sparer ein günstiges Darlehen erhalten.

Wer früh mit der zusätzlichen Altersvorsorge beginnt, kommt mit deutlich weniger Einsatz zum gewünschten Extrapolster. So braucht ein 20-Jähriger für eine monatliche Zusatzrente von etwa 300 Euro nur 33 Euro im Monat zurückzulegen (angenommene Verzinsung: 4 %). Wer dagegen erst mit 40 startet, muss fürs gleiche Ergebnis monatlich fast das Dreifache stemmen. Plus Zinsen in der Anspar- und Auszahlungsphase kommen beide auf rund 72.000 Euro. Das reicht 20 Jahre lang für 300 Euro monatlich. Für all das hat der heute 20-Jährige aber weniger als 18.000 Euro selbst aufgebracht; der Rest kam dank Zinsen beim Sparen ganz allein dazu. Von diesem Effekt kann der 40-Jährige schon viel weniger profitieren.

BaFin
Bundesanstalt für Finazdienstleistungsaufsicht

1. ○ Recherchiere im Internet und beschreibe die oben dargestellten Anlageformen.

Geldanlagen haben unterschiedliche Eigenschaften – das Renditedreieck

Welche der zuvor genannten Anlageformen und Produkte für den Einzelnen infrage kommen, hängt zum einen von den Sparmotiven ab. Zum anderen sind bei der Wahl der Geldanlage aber noch drei weitere wichtige Punkte zu berücksichtigen: Rendite (Ertrag), Sicherheit und Liquidität (Verfügbarkeit). Diese haben folgende Bedeutung:

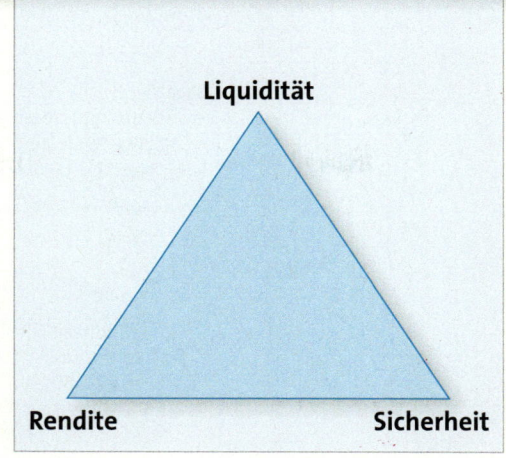

– **Liquidität:** Wie schnell kann ich wieder über mein Geld verfügen?
– **Sicherheit:** Wie sicher ist die Anlage? Wie hoch ist das Risiko, dass ich Geld verlieren kann?
– **Rendite:** Wie hoch ist mein Ertrag? Wie viel Ertrag bringt mir die Anlage des Geldes?

Rendite bezeichnet den finanziellen Erfolg einer Geld- und Vermögensanlage, z. B. Zinsen aus Wertpapieren, Dividendenerträgen, Kurs- und Veräußerungsgewinnen. Die Sicherheit einer Anlage richtet sich nach den Risiken, denen die Anlage unterworfen ist, die zu einem teilweisen oder gar totalen Verlust des Geldes führen können. Liquidität richtet sich nach der Möglichkeit, wie schnell die Anlage wieder in Bargeld umgewandelt werden kann.

Die drei Faktoren sind gegenseitig voneinander abhängig. Sie bilden ein Spannungsfeld (Fläche des Dreiecks), in dem sich jede Geldanlage bewegt.

Höhere Rendite bedeutet: ⬆
geringere Liquidität
und geringere Sicherheit ⬇

Höhere Liquidität bedeutet: ⬆
geringere Rendite
und geringere Sicherheit ⬇

Höhere Sicherheit bedeutet: ⬆
geringere Rendite
und geringere Liquidität ⬇

Anlageform	Rendite	Sicherheit	Liquidität

2. ◒ Erläutere anhand eines Beispiels den Zusammenhang zwischen Rendite, Liquidität und Sicherheit.

3. ● Bewerte die dargestellten Anlageformen anhand der Kriterien Rendite, Liquidität und Sicherheit. Erstelle dazu eine Tabelle wie oben gezeigt.

4. ● Jasmin liest in einer Werbeanzeige „Maximale Rendite und trotzdem sicher". Nimm Stellung zu dieser Aussage.

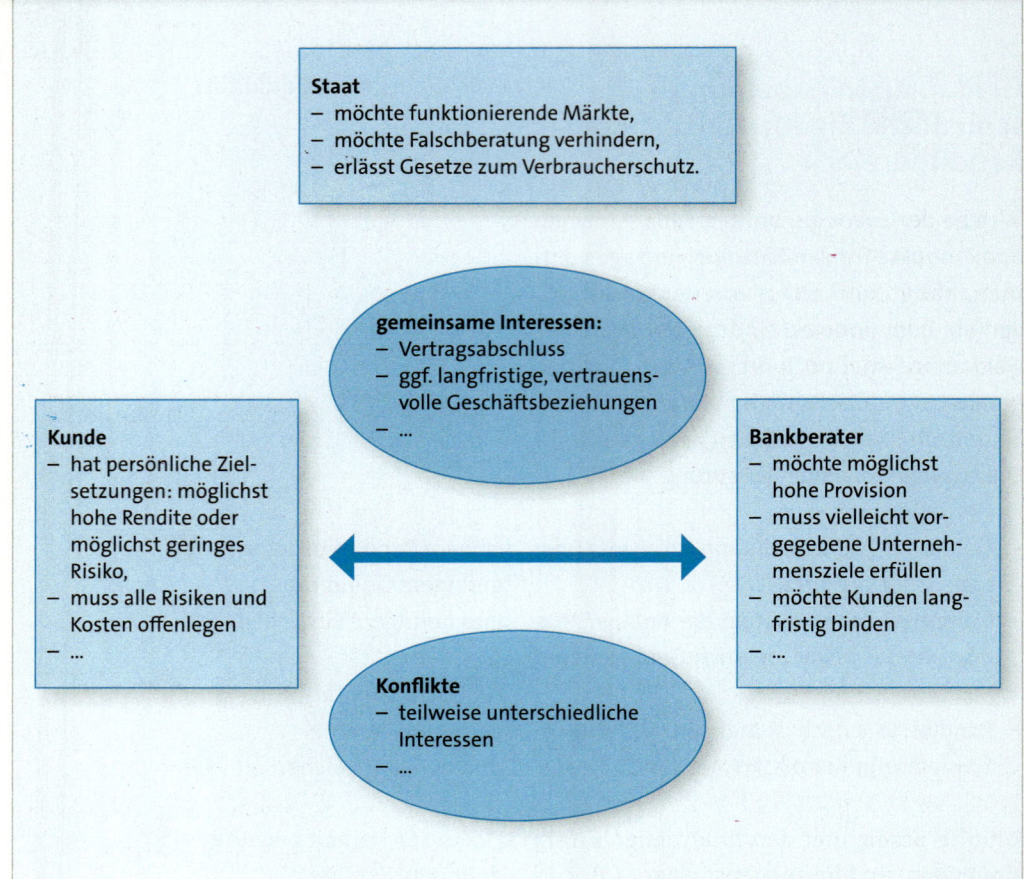

Staat
– möchte funktionierende Märkte,
– möchte Falschberatung verhindern,
– erlässt Gesetze zum Verbraucherschutz.

gemeinsame Interessen:
– Vertragsabschluss
– ggf. langfristige, vertrauensvolle Geschäftsbeziehungen
– ...

Kunde
– hat persönliche Zielsetzungen: möglichst hohe Rendite oder möglichst geringes Risiko,
– muss alle Risiken und Kosten offenlegen
– ...

Bankberater
– möchte möglichst hohe Provision
– muss vielleicht vorgegebene Unternehmensziele erfüllen
– möchte Kunden langfristig binden
– ...

Konflikte
– teilweise unterschiedliche Interessen
– ...

Immer gut beraten?

Geldanleger haben unterschiedliche Interessen. Einigen ist eine möglichst sichere Geldanlage wichtiger als die Aussicht auf eine höhere Rendite. Andere hingegen sind bereit, für einen höheren Gewinn mehr Risiko einzugehen. So ist nicht jede Anlageform gleich gut für jeden Sparer geeignet. Bankberater sollen den Anlegern helfen, die für sie beste Geldanlage zu finden.

Bankberater sind bei Banken angestellt. Banken sind Unternehmen und verfolgen daher ebenso wie andere Unternehmen Gewinninteressen. Bei Banken kommt oftmals noch hinzu, dass der Berater, der das Anlageprodukt verkauft, eine Provision zusätzlich zu seinem Gehalt erhält. Diese ist von Produkt zu Produkt verschieden. Also haben nicht nur der Kunde, sondern auch der Bankberater bei einem Beratungsgespräch in der Bank Interessen:

Der Bankmitarbeiter verfügt über mehr Informationen zu den Finanzprodukten als der Kunde. Der Kunde kann also bevor er den Vertrag mit der Bank abschließt nicht genau wissen, ob die Geldanlage seinen Vorstellungen entspricht oder nicht.

Provision ist eine Vergütung für den Abschluss von Geschäften. Beispielsweise erhalten Immobilienmakler eine Provision, wenn sie ein Haus verkaufen. Aber Mitarbeiter von Banken und Versicherungen können eine Provision zusätzlich zu ihrem Grundgehalt bekommen, wenn sie bestimmte Produkte verkaufen.

Der Staat greift ein

Bei der Geldanlage verfolgen Banken und Kunden teilweise unterschiedliche Interessen. Da der Bankberater über mehr Informationen verfügt als der Kunde, kann das besonders für den Kunden problematisch sein. Dieser hat zum einen die Möglichkeit sich bei unabhängigen Einrichtungen wie zum Beispiel den Verbraucherzentralen zu informieren. Zum anderen wird der Kunde aber auch durch verschiedene Gesetze geschützt, die der Staat erlässt. Es gibt also auch bei Finanzprodukten Verbraucherschutzmaßnahmen.

Das Beratungsprotokoll

Erwirbt ein Kunde Wertpapiere, wie zum Beispiel Anteile an einem Fonds, dann muss der Bankberater ein Beratungsprotokoll anfertigen. In diesem müssen Anlass und Dauer der Beratung, persönliche Situation und wesentliche Anliegen des Kunden, die erteilten Empfehlungen und die dafür maßgeblichen Gründe aufgeführt werden. Auch die individuellen Wünsche des Kunden müssen berücksichtigt werden. Das Protokoll muss dem Kunden ausgehändigt werden. Dieser sollte in Ruhe zu Hause schauen, ob alle Punkte des Beratungsgesprächs sich auch im Protokoll wiederfinden.

Das Produktinformationsblatt

Das Produktinformationsblatt ist eine Art „Beipackzettel" für Finanzprodukte. Dieses muss jedem Kunden ausgehändigt werden.

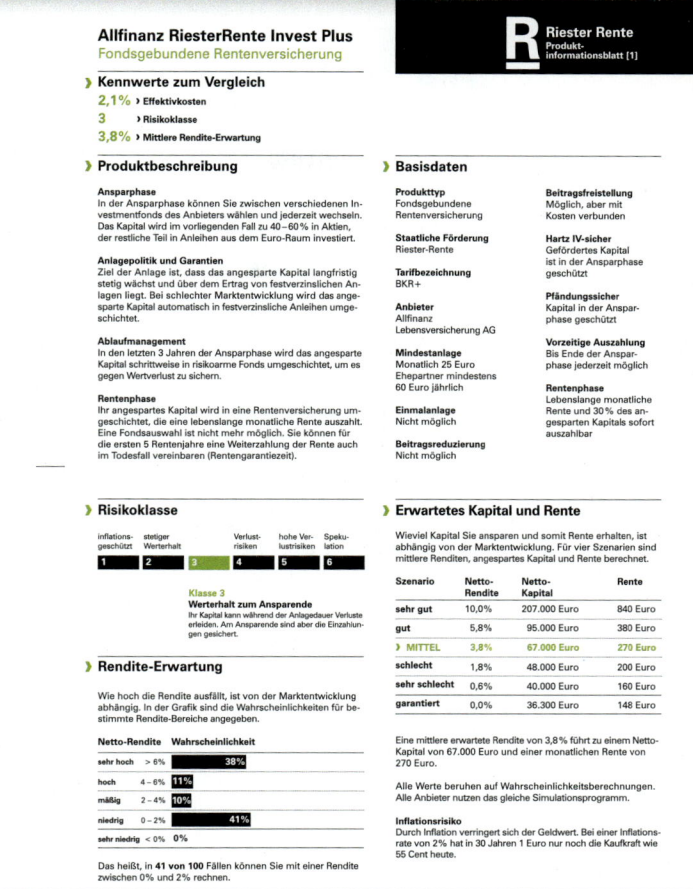

▶ Produktinformationsblatt

Es muss über entscheidende Faktoren wie Rendite, Risiken und Kosten einer Geldanlage wahrheitsgemäß, übersichtlich und leicht verständlich informiert werden. Durch einheitliche Vorgaben ist die Vergleichbarkeit sichergestellt. Der Verbraucher soll die Möglichkeit haben, sich auf einen Blick über die Chancen und Risiken einer Geldanlage zu informieren.

1. ○ Stelle die wesentlichen Merkmale des Beratungsprotokolls und des Produktinformationsblattes dar.

2. ◑ Recherchiere im Internet und stelle die wesentlichen Kritikpunkte von Verbraucherverbänden und der Finanzbranche an dem
   a) Beratungsprotokoll,
   b) dem Produktinformationsblatt
   zusammen.

3. ● Bewerte, inwieweit die Instrumente geeignet scheinen, die Probleme bei der Geldanlageberatung zu beheben. Begründe deine Einschätzungen.

Die Umfrage

Mithilfe einer Umfrage kannst du Informationen zu einem bestimmten Thema sammeln, sie dann auswerten und daraus neue Erkenntnisse ableiten. Schauen wir uns noch einmal an, wie eine Umfrage zum Thema „Taschengeld" durchgeführt werden kann.

Eine Umfrage wird meist anonym durchgeführt und muss sorgfältig geplant werden. Sie lässt sich in drei Phasen einteilen:

▶ **Beispiel für einen Fragebogen**

Schritt ❶
Vorbereitung

In dieser ersten Phase legt ihr fest, welchen Zweck die Umfrage haben soll und was ihr herausfinden möchtet. Dazu formuliert ihr eine Leitfrage, die das Thema der Umfrage darstellt: „Wie setzt sich die Höhe des Taschengelds zusammen und wie viel Taschengeld steht Jugendlichen zur Verfügung?"

Im gezeigten Beispiel sollen dazu die folgenden Punkte herausgefunden werden:
– Höhe des Taschengelds nach Altersstufen und Geschlecht,
– Höhe des zusätzlichen Einkommens durch sog. „Nebenjobs",
– Höhe der einmaligen Zuwendung, wie z. B. Geldgeschenke zum Geburtstag.

In der Vorbereitungsphase bestimmt ihr ebenfalls, wer befragt werden soll, also die Zielgruppe der Umfrage.

In diesem Fall könnte man unterschiedliche Altersgruppen von Jungen und Mädchen befragen (6–9 Jahre, 10–13 Jahre und 14–17 Jahre).

Als Nächstes formuliert ihr Fragen und auch die Antwortmöglichkeiten, die sich danach richten, was ihr herausfinden wollt.

	6–9 Jahre	10–13 Jahre	14–17 Jahre
Junge	0–4 €	5–8 €	13–16 €
Mädchen	...	...	...

– Wie viel Taschengeld bekommst du im Monat?

– Verdienst du zusätzlich Geld mit einem Nebenjob?

  ☐ ja   ☐ nein

– Wenn ja, wie viel Geld verdienst du?

– Wie hoch sind die zusätzlichen Geldgeschenke, die du im Durchschnitt erhältst?

Zuletzt müsst ihr noch festlegen, ob ihr die Umfrage schriftlich, in Form eines Fragebogens, oder mündlich, in Form eines Interviews, durchführen wollt.

Schritt ❷
Durchführung

Für die Durchführung solltet ihr euch überlegen, wo ihr die Umfrage am besten durchführt (wo befindet sich die Zielgruppe?). Und ihr solltet vorab eventuell auch die Verständlichkeit eurer Fragen testen.
Wichtig ist auch, dass ihr die Personen, die ihr befragt, vorab über euer Ziel und den Zweck der Umfrage informiert.

Schritt ❸
Auswertung und Präsentation

Die Auswertung erfolgt meist durch einfaches Auszählen der Antworten durch eine Einzel-

person oder in einer Arbeitsgruppe. Dazu legt ihr euch vorab am besten eine Tabelle an, in der ihr die Ergebnisse in Form einer Strichliste eintragen könnt. Diese Ergebnisse solltet ihr anschließend in Form einer Statistik oder eines Diagramms präsentieren (siehe Infokasten S. 222).

Als letzten Schritt müsst ihr nun die Ergebnisse eurer Umfrage im Hinblick auf eure Fragestellung näher betrachten und überlegen, was die Ergebnisse für die eingangs gestellte Leitfrage bedeuten und wie man mit diesen Ergebnissen weiterarbeiten kann.

Ein Interview führen

Ein Interview kann dazu dienen, Informationen zu einem bestimmten Thema oder auch über eine Person zu bekommen. Häufig interviewt man Experten, die spezielles Sachwissen haben und so tiefer gehende Informationen zu einem Thema liefern können.
Ein Interview muss gut vorbereitet sein, damit die Durchführung reibungslos ablaufen kann und du an das gewünschte Ziel kommst.

Schritt ❶
Vorbereitung

Ziel überlegen
Zunächst musst du dir überlegen, was du mit deinem Interview erreichen möchtest, welches Ziel du damit verfolgst.

Information
Zur Vorbereitung gehört auch, dass du dich selber erst einmal über das Thema informierst. Dies ist wichtig, damit du sinnvolle Fragen formulieren kannst. Wenn du dich in das Thema eingearbeitet hast, kannst du dir überlegen, wer für dich als Interviewpartner infrage kommen könnte, z. B. Eltern, Mitschüler, Experten für bestimmte Themen, Vertreter bestimmter Berufe usw.

Gesprächstermin vereinbaren
Wenn du einen passenden Interviewpartner gefunden hast, solltest du dich zunächst telefonisch oder persönlich vorstellen und dein Anliegen erklären. Wenn die Person bereit ist, dir ein Interviewtermin zu geben, solltest du auch gleich abklären, ob du das Interview aufnehmen darfst.

Fragen vorbereiten
Für die Durchführung des Interviews musst du einen Fragenkatalog erarbeiten. Inhaltlich sollten die Fragen so gestaltet sein, dass du die Informationen bekommst, die du brauchst und die dein Gesprächspartner auch beantworten kann. Überlege dir auch eine sinnvolle Reihenfolge der Fragen, sodass du nicht im Thema hin und her springst, und auch mögliche Zusatzfragen.

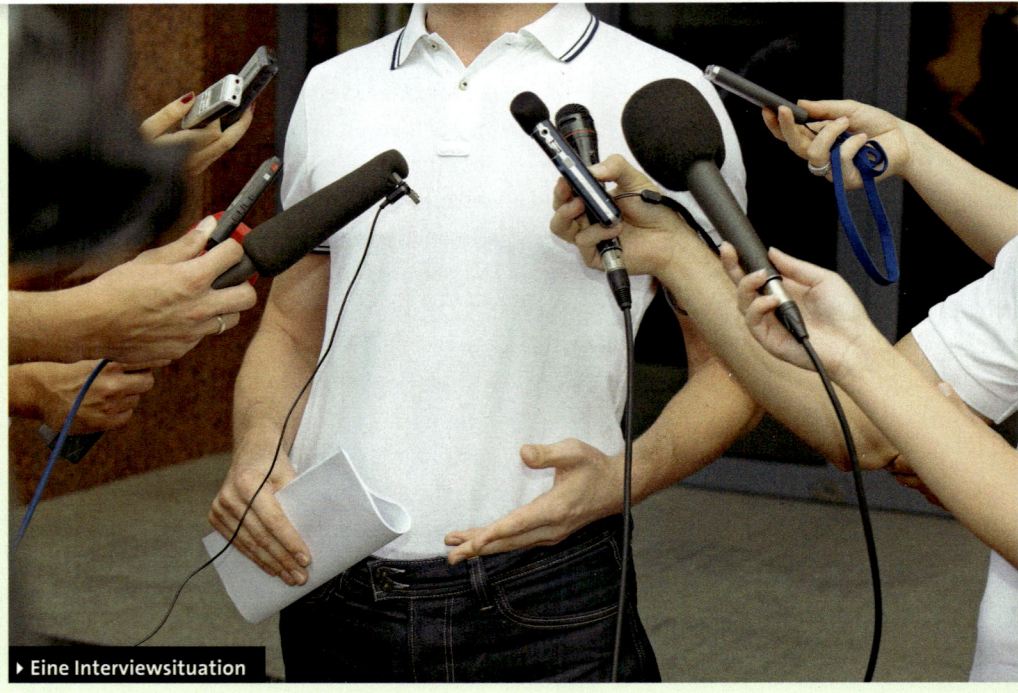

▸ Eine Interviewsituation

Schritt ❷
Durchführung

Sei pünktlich zum vereinbarten Termin, besser 5–10 Minuten vorher. Begrüße und bedanke dich zuerst bei deinem Interviewpartner und stelle dann erst deine Fragen. Wenn du das Gespräch nicht aufzeichnen darfst, musst du währenddessen die Antwort in Stichworten mitschreiben. Am Schluss solltest du dich noch einmal für das Interview bedanken.

Schritt ❸
Auswertung

Beginne möglichst gleich mit der Auswertung des Interviews, damit die Eindrücke noch frisch sind. Du fasst die Ergebnisse nun in schriftlicher Form zusammen. Achte dabei darauf, das Wichtige hervorzuheben und die Wiederholungen oder das Überflüssige zu streichen. Auch solltest du hier noch einmal überprüfen, ob die Inhalte des Interviews in der Reihenfolge bleiben können oder ob eine andere Reihenfolge sinnvoller wäre.

Ganz zum Schluss solltest du das Interview in seiner schriftlichen Form noch deinem Gesprächspartner zeigen und die Möglichkeit geben, Verbesserungen vorzunehmen.

Erst dann kann das Interview präsentiert werden.

B Auf den Seiten 32 ff. wird das Thema „Ablauforganisation in einem Unternehmen" dargestellt. Zu diesem Thema könntet ihr z. B. ein Interview in einer Abteilung führen, um zu sehen, wie in diesem Bereich in der Realität gearbeitet wird.

Mögliche Fragen wären z. B.:
– Welche Berufsbilder gibt es in dieser Abteilung? Wer hat welche Aufgaben?
– Was geschieht von der ersten Produktüberlegung bis zum fertigen Ergebnis? Welche Arbeitsschritte werden gemacht?
– Wer ist für welche Aufgaben und welche Mitarbeiter verantwortlich?
– Wer ist wessen Vorgesetzter oder Untergebener?
– Wer kann Weisungen geben? ■

Die Darstellung von Zahlen in Schaubildern, Diagrammen und Grafiken

In diesem Schulbuch werden viele Daten und Entwicklungen durch Zahlen vermittelt. Zahlen sind meist unanschaulich und unübersichtlich. Werden die Zahlen jedoch in Bilder, zum Beispiel in Diagramme, umgesetzt, sind Unterschiede und Entwicklungen sofort zu erkennen. Solche Schaubilder, Diagramme und Grafiken könnt ihr auch in den Tageszeitungen finden. Wichtig ist jedoch, sie richtig lesen zu können.

Beispiel 1:

Der durchschnittliche Jahresurlaub der Arbeitnehmer hat sich in den letzten fast 100 Jahren wie folgt verändert:

Jahr	1903	1930	1945	1981	1988	2010
Urlaubstage	3	9	12	26	29	30

1903 gab es nur in der Metallbranche und in Brauereien Urlaub. 1930 dauerte der Urlaub je nach Branche und Betriebszugehörigkeit zwischen 3 und 15 Tagen.
1945 wurde der gesetzliche Mindesturlaub von 12 Tagen eingeführt. Die weitere Verlängerung des Jahresurlaubs wurde durch Tarifverhandlungen der Gewerkschaften mit den Arbeitgebern erreicht.
Diese Zahlen werden nun in ein Säulendiagramm umgesetzt. Auf der x-Achse sind die Jahreszahlen, auf der y-Achse die Urlaubstage eingetragen.

Welche Informationen können wir dem Säulendiagramm entnehmen?

1. Was zeigt das Diagramm?
   In 6 bestimmten Jahren betrug der Urlaub x Arbeitstage.

2. Was kann man für die nicht genannten Jahre vermuten?
   Zwischen zwei Jahresangaben ist die Zahl der Urlaubstage gleich geblieben.

3. Was zeigt das Diagramm nicht?
   Es können auch Daten fehlen, zum Beispiel wie viele Urlaubstage es in den einzelnen Branchen gab, denn es handelt sich um Durchschnittszahlen.

4. 1903 und 1945 werden wichtige Informationen nicht gezeigt. Welche sind es?
   1903 gab es nur in zwei Bereichen Urlaub. 1945 wurde der Mindesturlaub gesetzlich eingeführt.

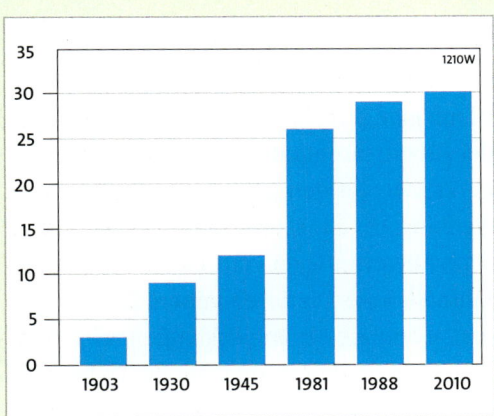

▸ Durchschnittlicher Jahresurlaub

Beispiel 2:

Die durchschnittliche Arbeitslosenquote in Deutschland hat sich von 1956 bis 2011 wie folgt verändert (bis 1990 Werte für Bundesrepublik Deutschland, danach für Gesamtdeutschland; prozentualer Anteil der registrierten Arbeitslosen an der Gesamtzahl der Erwerbspersonen):

Jahr	1956	1962	1968	1974	1980	1986	1991	2005	2011
Quote	4,4	0,7	1,5	2,6	3,8	9,0	6,7	11,1	7,1

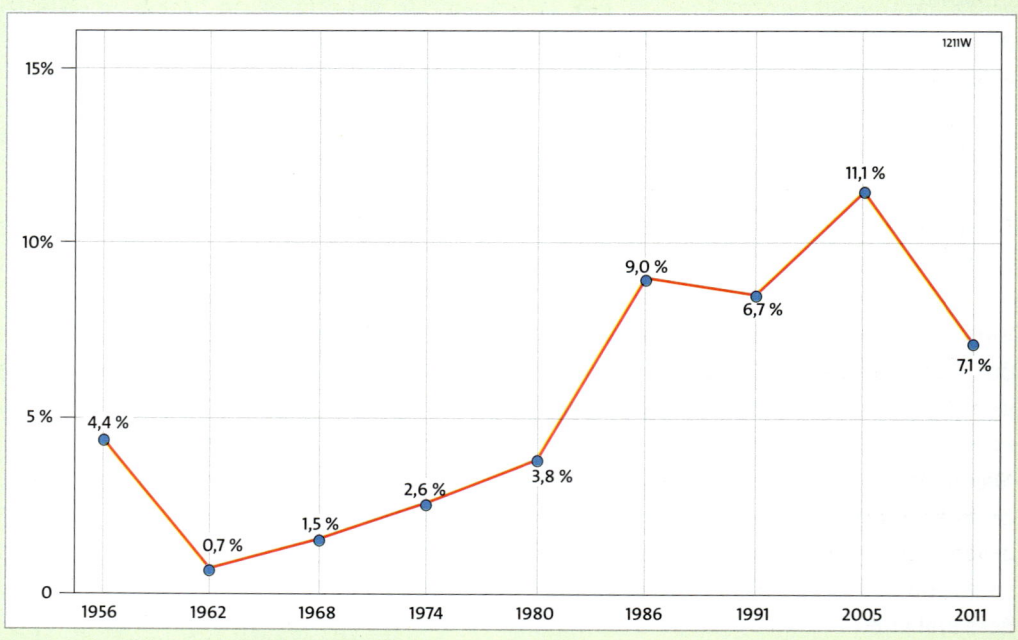

▸ Arbeitslosigkeit in Deutschland 1956 bis 2011

1. Was zeigt das Liniendiagramm?

Es zeigt die Entwicklung der durchschnittlichen Arbeitslosenquote in Deutschland von 1956 bis 2011. Anders ausgedrückt: Es wird grafisch veranschaulicht, wie viel Prozent der erwerbsfähigen Bevölkerung zum jeweiligen Zeitpunkt arbeitslos waren. Die Jahre, für die keine Zahlen angegeben sind, werden durch die Linien überbrückt. Das Diagramm verschafft damit einen Eindruck über die generelle Entwicklungsrichtung der Arbeitslosigkeit in Deutschland im genannten Zeitraum. Deutlich wird, dass offensichtlich seit Anfang der Sechzigerjahre, mit nur geringen Abweichungen, ein beständiger Anstieg der Arbeits- losenzahlen in Deutschland zu verzeichnen war.

2. Was wird nicht gezeigt?

Durch die Wahl der abgebildeten Zeiträume ist nur eine grobe Darstellung der Entwicklung der Arbeitslosenquote möglich. Schwankungen zwischen den genannten Zeitpunkten werden nicht abgebildet und eventuelle deutliche Abweichungen vom Trend in einzelnen Jahren können verloren gehen. Zu einer genauen Analyse der Entwicklungen wären deshalb kleinere Zeiträume oder die Daten aller Jahre zu wählen; zur Darstellung grober Entwicklungslinien dürfte die Grafik ausreichen.

Das Sammeln von Informationen

In diesem Buch findet ihr eine Fülle von statistischem Material, meistens in Form von Schaubildern. Diese Daten sind, wenn ihr das Buch in den Händen haltet, meistens schon einige Jahre alt. Das liegt nicht daran, dass Autoren und Verlag Schlafmützen sind, sondern daran, dass

– es häufig lange dauert, bis statistisches Material aufbereitet und veröffentlicht wird. Das gilt besonders für Zahlen, die mit hohem Aufwand berechnet werden müssen.
– viele Schaubilder aus einem aktuellen Anlass heraus angefertigt und später nicht mehr überarbeitet werden.

Darum kann es leicht geschehen, dass selbst die aktuellsten Daten, die zur Verfügung stehen, zwei Jahre alt sind, vielleicht noch älter. Wenn ein Buch 2014 gedruckt wird, ist es möglich, dass selbst die „neuesten" Zahlen aus dem Jahre 2011 stammen. Haltet ihr das Buch 2014 in den Händen, dann sind die Zahlen schon drei Jahre alt.

Wenn ihr mit aktuelleren Statistiken, Schaubildern und anderen Informationen arbeiten wollt, dann gibt es nur einen Weg: Ihr müsst sie selbst suchen. Hier gibt es einige Hinweise auf Internetseiten, auf denen ihr aktuelles Material findet:

Berufsorientierung:
Bundesarbeitsagentur:
www.arbeitsagentur.de
http://berufenet.arbeitsagentur.de
http://jobboerse.arbeitsagentur.de
www.planet-beruf.de
http://portal.berufe-universum.de
http://regionalinfo.ba-medianet.de/region.jsp

Umwelt:
Bundesministerium für Umwelt, Naturschutz und Reaktorsicherheit: www.bmu.de
Niedersächsisches Ministerium für Umwelt und Klimaschutz: www.mu.niedersachsen.de
Greenpeace: www.greenpeace.de
Infos der Bundesregierung zum Kyoto-Protokoll:
www.kyoto-protokoll.de

Verbraucherschutz:
Verbraucherzentralen Deutschland:
www.verbraucherzentrale.de
Stiftung Warentest: www.test.de

Wirtschaft/Europa/Globalisierung:
Bundesministerium für Wirtschaft und Technologie:
www.bmwi.de
Bundesministerium für Gesundheit: www.bmg.bund.de
Europäische Union: http://europa.eu
Globalisierung: http://e-globalisierung.org

Industrie- und Handelskammern Niedersachsen:
Niedersächsischer Industrie- und Handelskammertag:
www.n-ihk.de
IHK Lüneburg-Wolfsburg: www.ihk24-lueneburg.de
IHK Oldenburg: www.ihk-oldenburg.de
IHK Osnabrück-Emsland: www.osnabrueck.ihk24.de
IHK Stade für den Elbe-Weser-Raum:
www.stade.ihk24.de
IHK für Ostfriesland und Papenburg: www.ihk-emden.de

Begriffserklärungen:
Duden Schülerlexikon: www.schuelerlexikon.de
Freies Lexikon: www.wikipedia.org
www.wissen.de

Zeitungen/Zeitschriften:
Spiegel: www.spiegel.de
Focus: www.focus.de
Stern: www.stern.de
Süddeutsche Zeitung: www.sueddeutsche.de
Handelsblatt: www.handelsblatt.de

Statistiken und Schaubilder:
Bundesamt für Statistik: www.destatis.de
Landesbetrieb für Statistik und Kommunikationstechnologie Niedersachsen: www.nls.niedersachsen.de
Hans-Böckler-Stiftung: www.boeckler.de
Institut der deutschen Wirtschaft: www.iwkoeln.de
www.globus-infografik.de

Suchmaschinen:
Google: www.google.de
Yahoo: http://de.yahoo.com
Metager: www.metager.de

Absatz: Menge der in einem bestimmten Zeitraum verkauften → Güter und → Dienstleistungen

Akteur: Akteure im Wirtschaftskreislauf sind Unternehmen, private Haushalte, Banken und der Staat.

Angebot: Die auf einem Markt bereitgestellte Menge von Gütern und Dienstleistungen.

Arbeitsförderung: Die Arbeitsförderung umfasst verschiedene Maßnahmen des Staates, um Arbeitslosen den Wiedereinstieg ins Berufsleben zu erleichtern.

Binnenmarkt: Markt innerhalb eines Landes oder innerhalb eines Wirtschaftsgebietes wie der EU.

Brainstorming: Methode, mit der eine Gruppe zunächst ungeordnet Gedanken zu einem Thema sammelt und diese dann in eine Ordnung bringt.

Bundesanstalt für Finanzdienstleistungsaufsicht (BaFin): Sie beaufsichtigt und kontrolliert alle Bereiche des Finanzwesens

Dienstleistung: → Güter

Duales System: Die Berufsausbildung wird meistens im dualen System absolviert. Das bedeutet, dass die Auszubildenden im Betrieb und in der Berufsschule lernen.

Energieverbrauch: Energie wird nicht „verbraucht", sie geht nur von

einem Zustand in den nächsten über.

Existenzbedürfnis: Bedürfnis, das zum Leben befriedigt werden muss, z. B. das Bedürfnis nach Nahrung, Kleidung usw.

Export: Die Ausfuhr von Gütern in das Ausland wird Export genannt.

Formale Organisation: Die formale Organisation eines Unternehmens umfasst die Ablauf- und Aufbauorganisation.

Fortbildung: Qualifikationen, die bereits in einem Ausbildungsberuf erworben wurden, sollen erhalten, erweitert, der technischen Entwicklung angepasst oder so ausgebaut werden, dass ein beruflicher Aufstieg möglich wird.

Fossile Energieträger: Braunkohle, Steinkohle, Torf, Erdgas und Erdöl

Generationenvertrag: Der Generationenvertrag ist die Grundlage der gesetzlichen Rentenversicherung. Von den heute eingezahlten Beiträgen werden die heutigen Einkommen der Rentner finanziert. Die von einem Arbeitnehmer eingezahlten Beiträge werden also nicht für seine eigene Rente gespart.

Geschäftsidee: Bei der Gründung eines Unternehmens braucht man eine Geschäftsidee. Damit beschreibt man das Ziel des Unternehmens und wie man es erreichen möchte.

Gewinn: Sind die Aufwendungen geringer als die Einnahmen durch den Verkauf von Waren oder Dienstleistungen, hat man einen Gewinn gemacht. Die Höhe des Gewinns zeigt den wirtschaftlichen Erfolg des Unternehmens.

Globalisierung: Zunehmende internationale Arbeitsteilung, deren Folge eine weltweite Vernetzung der Märkte ist. Begünstigt wird diese Entwicklung durch verbesserte Informations- und Transportsysteme.

Güter: Alle Mittel, die der Bedürfnisbefriedigung dienen. Wirtschaftliche Güter sind knapp, haben einen Preis und erfordern einen Aufwand bei der Herstellung. Güter werden eingeteilt in Sachgüter (Getreide, Fahrräder usw.), Dienstleistungen (Transport oder Verkauf von Sachgütern) und Rechte (z. B. Patente und Lizenzen). Sachgüter lassen sich einteilen in Gebrauchs- und Verbrauchsgüter. Verbrauchsgüter sind nach dem Konsum nicht mehr vorhanden, z. B. Lebensmittel. Gebrauchsgüter nutzt man über einen längeren Zeitraum (Haushaltsgeräte, Musikgeräte usw.).

Handelshemmnis: Ein Handelshemmnis wirkt sich hemmend auf den Austausch von Gütern und Dienstleistungen aus. Es können tarifäre Hemmnisse sein, z. B. Zölle und Steuern oder nicht-tarifäre, wie die Festlegung bestimmter Anforderungen an Produkte.

Import: Die Einfuhr von Gütern aus dem Ausland in das Inland.

Industrialisierung: Der Übergang von der Agrargesellschaft, in der rund 80 % der Bevölkerung von landwirtschaftlichen Tätigkeiten lebten, zur Industriegesellschaft. In Deutschland fand dieser Prozess etwa zwischen 1830 und 1900 statt. Kennzeichen sind, dass ein Großteil der Handarbeit in der gewerblichen Produktion durch Maschinenarbeit ersetzt wird. Es gibt neue Transportmittel, z. B. die Eisenbahn. Die Arbeit in der Fabrik wird zur vorherrschenden Arbeitsform.

Informale Organisation: Als informale Organisation bezeichnet man die Gesamtheit der informellen Beziehungen in einem Unternehmen, also Betriebsklima, Zusammenarbeit der Mitarbeiter usw.

Kapital: Neben Arbeit und Boden ein Produktionsmittel. Kapital sind nicht nur Geld, sondern z. B. auch Produktionsanlagen.

Klimawandel: Durch den Treibhauseffekt verändert sich unser Klima, es wandelt sich. Beschlüsse wie das Kyoto-Protokoll sollen Abhilfe schaffen.

Konsum: Beim Konsum verbrauchen Menschen Waren und Dienstleistungen, um die eigenen Bedürfnisse zu befriedigen. Die Menschen müssen dabei stets entscheiden, ob sie ihr Einkommen für Konsum verwenden oder sparen wollen.

Kosten: In jedem Betrieb fallen bei der Produktion von Sachgütern oder Dienstleistungen Kosten an, z. B. Löhne und Gehälter.

Kulturbedürfnis: Dieses Bedürfnis ist aufschiebbar und austauschbar, z. B. das Bedürfnis Literatur, Musik, Theater.

Luxusbedürfnis: Bedürfnis, das aufschiebbar und austauschbar ist, z. B. nach teurem Schmuck, teuren Autos.

Marketing: Konzept von Unternehmen, das betriebliche Handeln auf den Markt auszurichten. Der Grundgedanke ist, dass die Produkte eines Unternehmens auf dem Markt verkauft werden müssen und dass es deshalb z. B. wichtig ist, nicht nur die Produkte zu verkaufen, sondern auch als Unternehmen von den Kunden positiv bewertet zu werden. Kauft man ein Produkt dieser Firma, dann kauft man auch das positive Ansehen der Firma.

Maximalprinzip: ökonomisches Prinzip, bei dem mit begrenzten Mitteln ein größtmöglicher Nutzen erzielt werden soll.

Minimalprinzip: ökonomisches Prinzip, bei dem ein festgelegtes Ziel mit den geringsten Kosten erreicht werden soll.

Nachfrage: Das Verlangen von Gütern und Dienstleistungen zur Befriedigung von Bedürfnissen.

Pflegeversicherung: Sie ist eine Pflichtversicherung mit der Aufgabe, Pflegebedürftige zu unterstützen.

Produktionsfaktoren: Die betrieblichen Produktionsfaktoren sind Arbeit, Boden, Betriebsmittel und Werkstoffe. Betriebsmittel sind Maschinen und Werkzeuge, die bei der Produktion genutzt werden. Werkstoffe gehen in die Produkte ein, z. B. Mehl als Bestandteil von Brot, oder werden als Hilfsmittel gebraucht, z. B. Energie.

Ressourcen: Mittel, die für die Herstellung von Gütern gebraucht werden; Arbeit, Kapital, Boden, Wissen.

Rohstoffe: Werkstoffe, die bei der Produktion von Gütern eingesetzt werden. Sie sind Hauptbestandteile dieses Produkts.

Soziale Marktwirtschaft: Wirtschaftsordnung der BRD seit 1949. Sie verbindet wirtschaftliche Freiheit und sozialen Ausgleich.

Standortfaktoren: Diese beeinflussen die Entscheidung eines Unternehmens, sich an einem bestimmten Ort niederzulassen. Dazu zählen z. B. Steuern, Abgaben, Subventionen, Absatzmarkt, Infrastruktur, Arbeitskräftepotenzial, Ressourcenverfügbarkeit.

Strukturpolitik: Sie umfasst alle wirtschaftspolitischen Maßnahmen, bei denen die Gestaltung der Struktur einer Volkswirtschaft im Zentrum steht. Sie wird z. B. beeinflusst durch die Zusammensetzung der Erwerbsbevölkerung, die vorhandenen natürlichen Ressourcen eines Landes oder die Verteilung von Einkommen und Vermögen.

Tauschprozess: Unternehmen, Haushalte, Banken und der Staat tauschen im Wirtschaftsprozess Waren und Geld.

Volkswirtschaft: Bezeichnung für alle Prozesse, die sich in einem Land zwischen und in den Unternehmen, den privaten Haushalten und den staatlichen Einrichtungen sowie zwischen diesem und dem Ausland vollziehen.

Weiterbildung: Berufliche Weiterbildung ist notwendig, um die erworbenen Kenntnisse zu aktualisieren und auszuweiten.

Wirtschaftskreislauf: Der Wirtschaftskreislauf ist ein vereinfachtes Modell einer Volkswirtschaft, in dem die wesentlichen Tauschvorgänge zwischen den Wirtschaftsakteuren dargestellt werden.

Wirtschaftsordnung: Die Wirtschaftsordnung umfasst alle (Rechts-)Normen und Institutionen, die das wirtschaftliche Geschehen in einer Volkswirtschaft regeln. Die Wirtschaftsordnung legt die Spielregeln fest, nach denen die Akteure eines Landes im Wirtschaftsgeschehen handeln können und sollen. Sie beeinflusst im Wesentlichen die Form, den Umfang und die Entwicklung einer Volkswirtschaft.

Wirtschaftsprozess: Unternehmen produzieren Waren, die von den Haushalten konsumiert werden. Dieser immer wiederkehrende Ablauf wird Wirtschaftsprozess genannt. Unternehmen und Haushalte tauschen Waren und Geld.

|A1PIX - Your Photo Today, Ottobrunn: Bach, Eric 14 o.m. |akg-images GmbH, Berlin: 198 u. |alimdi.net, Deisenhofen: Luhr, Anton 147 r.; Schoefmann, Karl F. 18 o.m. |Baaske Cartoons, Müllheim: Erik Liebermann 103 m.; Groß 156 o.; Plaßmann, Thomas 39; Puth, Klaus 117 u.; Schwalme, Rainer 152 o.; T. Plaßmann 54 l. |Berger, Markus, Braunschweig: 96 l. |Bergmoser + Höller Verlag AG, Aachen: Zahlenbilder 715 320 204; Zahlenbilder 147 114 73 o.; Zahlenbilder 201 310 164 o.; Zahlenbilder 243 513 45 o. |Bildarchiv Werner Bachmeier, Ebersberg: FREELENS Pool 48 r. |Blickwinkel, Witten: blickwinkel/McPHOTO 187 zw.v.m. |bpk-Bildagentur, Berlin: Hubmann, Hanns 90 o.l. |Burmann, Andreas, Oldenburg: 94 o. |Caro Fotoagentur, Berlin: Hoffmann 157 r.; Seeberg, Robert 48 l.; Waechter 14 o.r. |Clipdealer GmbH, München: Monkey 22 o.m. |Dägling, Andreas, Wardenburg: 62 o., 63 o.l., 63 o.r., 63 u., 186 o.l., 186 o.r., 186 u.l., 186 u.r., 187, 187. |Deutscher Sparkassen Verlag GmbH, Stuttgart: 127.1. |Domke, Franz-Josef, Hannover: 98. |dreamstime.com, Brentwood: 208 10, 208 7. |EURO Kartensysteme GmbH, Frankfurt am Main: 127 u.l. |Fabian, Michael, Hannover: 174 o.l. |Fotofinder GmbH, Berlin: Titel Mädchen, Titel Supermarkt, Titel Zug. |fotolia.com, New York: abcmedia 168 l.; adamgolabek 208; Africa Studio 95 o.r.; Amat, Aaron 120 o.l.; Annas, Karin & Uwe 52 l., 52 r., 53 m.; ArTo 21 o.r.; Atkins, P. 79 u.; Atkins, Peter 10 o.l.; Aumann, Thomas 135 o.; auremar 162 r.; benjaminnolte 134 m.; BildPix.de 56 o.l.; branex 40 l.; CandyBox Images 34 l., 151 r.; chirquedesprit 143 o.; cirquedesprit 222 r.; Coloures-pic 5, 120 u.; contrastwerkstatt 15 o.r., 95 o.m., 117 o., 148 l., 149 o. r.; DDRockstar 84 m.; Delphimages 209 u.; Dietl, Jeanette 34 r.; Digitalpress 147 m.; dmitimaruta 75 o.l.; Dogs 27 l.; Dudzinska, Barbara 212 m.; eccolo 123 o.; Edelweiss 5, 144 u.; Eisenhans 59 o.; ernstboese 21 o.l.; eSchmidt 86 u.l.; exclusive-design 210 r.; flashpics 17 o.r.; goodluz 108 o.l., 108 o.r.; Goss Vitalij 158 l.; jorisvo 196 o.l.; Joss 97 o.; juniart 128 o.r.; Kadmy 132 m.; Kahlmann, Eva 43 o.; KamikazeKatze 12 o.l.; Kneschke, Robert 19 m., 116 o.; Koehler, Kai 85 o.; Krautberger, Gernot 35 r.; Kzenon 148 r., 149 l.; maho 147 l.; Marco2811 13 o.r.; Marius Graf 86 o.m.; mhp 120 o.r.; michaeljayberlin 178 r.; Mojzes, Igor 119 o., 132 l.; moonrun 208; papa 29 l.; Patryssia 13 u.l.; PDU 190 o.; pepmiba 13 o.l.; picsfive 224 o.; Picture-Factory 17 u.l., 108 u., 178 l.; playstuff 18 o.l.; Popov, A. 88 u.r.; pressmaster 179 m.; Pumba 61; Raths, Alexander 56 o.r.; Rido 187 m.; Schütze, Michael 134 l.; shootingankauf 6, 196 u.; Syda Productions 46 r.; VRD 49 o.; Vrola, Guido 13 u.r.; wellphoto 132 r.; wildworx 114 m.; Woodapple 40 r., 159 r.; xy 10 o.r., 196 o.r.; Yang, Stefan 125 u.; zoe24 107 o. |Getty Images, München: Bettmann 95 o.l.; Rakusen, Monty 158 r. |Greve, Katharina, Berlin: 193 u.r. |Haus der Geschichte, Bonn: Wolter, Jupp 195 o. |Image & Design - Agentur für Kommunikation, Braunschweig: 12 u. |imagetrust GmbH & Co. KG, Koblenz: Matzel, Markus 17 o.l. |ING DiBa AG, Frankfurt: 127 o.r. |Institut für finanzdienstleistungen e.V. (IFF), Hamburg: 221 o. |Institut für Ökonomische Bildung, Oldenburg: 112 o. |iStockphoto.com, Calgary: Carlos E. Bracho B. 134 r.; Corrigan, Steve 208; kali9 159 1; LICreate 86; Oktay Ortakcioglu 111. |Keystone Pressedienst, Hamburg: Schulz, Volkmar 47 o. |MairDumont GmbH & Co. KG, Ostfildern: 18 o.r. |mauritius images GmbH, Mittenwald: age 25 o.l.; imagebroker/Fellow 19 o.l. |Panther Media GmbH (panthermedia.net), München: Krautberger, Gernot 144 o.l. |PayPal Deutschland GmbH, Kleinmachnow: 127. |Pfohlmann, Christiane, Landsberg am Lech: 217 m., 217 u.l., 217 u.r. |Picture-Alliance GmbH, Frankfurt/M.: 163 r., 176 o.l.; akg-images/Almasy, Paul 88 o.l.; AP/Kudacki, Andres 207 o.; Arco Images/Rudolf 70 o.; Becker&Bredel 88 o.r.; Bildagentur-online 30 o.l.; Büttner, Jens 90 o.r.; CHROMORANGE/Beier, Christian 17 u.r.; CHROMORANGE/P.Widmann 128 o.l.; chromorange/Schmid, A. 38 u.; CHROMORANGE/Tscherwitschke, R. 174 o.r.; Citypress 24 86 u.r.; Cultura RM 44 o.; Cultura/Boorman, Phil 3, 30 u., 46 l.; Denkou Images 51 o.r.; dpa-infografik 24 l., 64 o., 72 o., 74, 75 2, 76 o., 76 u., 77 m., 90 u., 98 o., 102 m., 106 m., 124 o., 125 o., 126 o.r., 130 o.r., 130 u.l., 131 1, 139 o., 140 o., 180 m., 181 u., 184 o., 198 1, 199 o., 201 u., 202 u., 204 o., 206 o., 236; dpa/Bockwoldt, Daniel 27 r.; dpa/Domenico, Gino 14 o.l.; dpa/Förster, Martin 89 o.r.; dpa/Galuschka, Horst 201 o.; dpa/Gerten, Martin, Mit freundlicher Genehmigung von Vodafone 19 u.m.; dpa/Haid, Rolf 200 r.; dpa/Hollemann, H. 153 o.; dpa/Ingo Wagner 82 o.l.; dpa/Jensen, Rainer 202 o.; dpa/Kalker, Daniel, Mit Genehmigung der Henkel AG & Co. KGaA, Düsseldorf 210 l.; dpa/Kästle, Felix 6, 174 u.; dpa/Mittenzwei, Karl 22 o.r.; dpa/Nietfeld, Kay 172 l.; dpa/Rampfel, Stefan 4, 56 u.; dpa/Rehder, Carsten 187 o.; dpa/Remmers, Kai 3, 10 u.; dpa/Rumpenhorst, Frank 29 r., 185 o.; dpa/Sarbach, Joerg 93 o.; dpa/Scholz, Markus 200 l.; dpa/Schutt, Martin 73 u.; dpa/Seidel, Caroline 155 o.; dpa/Wagner, Ingo 167 r.; dpa/Weigel, Armin 194 r.; dpa/Woitas, Jan 68 o.; dpa/Wüstneck, Bernd 24 2; dpa/Zinken, Paul 177 l.; fStop 144 o.r.; Geisler-Fotopress 95 m.; IMAGNO/Pflaum, Barbara 88 u.l.; JOKER/Häfele, Erich 168 r.; JOKER/Steuer, Petra 51 o.l., 51 o.m.; Keystone/Bally, Gaëtan 172 r.; landov/Specker, Francis 146 r.; PhotoAlto/Audras, Eric 30 o.r; Photoshot 191 o.; Prisma Archivo 86 o.r.; SVEN SIMON 160 l.; SVEN SIMON/Hoermann, Frank 146 l.; SZ Photo/Bardehle, Angelika 22 o.l.; SZ Photo/Schunk, Claus 160 r.; Volkswagen/Gentsch, Friso 146 m.; ZB 136 l.; ZB/Euroluftbild.de 82 o.r.; ZB/Förster, Peter 19 o.m.; ZB/Grimm, Peer 69 o.r.; ZB/Grubitzsch, Waltraud 187 zw.v.o.; ZB/Hässler, Ulrich 69 o.l.; ZB/Kalaene, Jens 19 o.r.; ZB/Kluge, Wolfgang 177 r.; ZB/Pleul, Patrick 69 o.m.; ZB/Schmidt, Hendrik 173 m.; ZB/Schutt, Martin 165 o.; ZB/Wiedl, Hans 96 r.; ZB/Wüstneck, Bernd 173 r. |Rademacher-Ponten, Christina, Münster: 89 m. |Rixe, Dieter, Braunschweig: 89 u. |Sakurai, Heiko, Köln: 205 o. |Sauerländer Verlag: 15 o.l. |Schöpper, Rudolf, Münster: 81 u. |Shutterstock.com, New York: Andrey_Popov 26. |sinopictures, Berlin: 96 m. |Speth, Frank /www.kunstsam.de, Quickborn: 193 o., 193 u.l. |Splashdown.com, Berlin: Nolan, Michael 194 l. |Stiftung Warentest, Berlin: 136 re.o. |stock.adobe.com, Dublin: Rauhut, Torsten 170 o. |Techniker Krankenkasse, Hamburg: 115 o. |Tonn, Dieter, Bovenden-Lenglern: 12 o.m., 12 o.r. |ullstein bild, Berlin: 157 l. |Werbefotografie Weiss GmbH, Gersthofen: 65 o. |Werner Otto Bildarchiv, Oberhausen: 182 o. |Zoonar.com, Hamburg: Erich Teister 86 u.m.

Die Euroländer

EU-Mitglieder, die den Euro als offizielle Währung eingeführt haben, und das Jahr der Euro-Einführung

	Belgien	1999
	Deutschland	1999
	Finnland	1999
	Frankreich	1999
	Irland	1999
	Italien	1999
	Luxemburg	1999
	Niederlande	1999
	Österreich	1999
	Portugal	1999
	Spanien	1999
	Griechenland	2001
	Slowenien	2007
	Malta	2008
	Zypern	2008
	Slowakei	2009
	Estland	2011
	Lettland	2014

Euro-Länder

EU-Mitglieder, die den Euro (noch) nicht eingeführt haben, und ihre derzeit gültige Währung

	Bulgarien	Lew
	Dänemark	Dänische Krone
	Großbritannien	Pfund Sterling
	Kroatien	Kuna
	Litauen	Litas
	Polen	Złoty
	Rumänien	Leu
	Schweden	Schwed. Krone
	Tschechien	Tschech. Krone
	Ungarn	Forint

SCHWEDEN
FINNLAND
ESTLAND
LETTLAND
LITAUEN
DÄNEMARK
GROSSBRITANNIEN
IRLAND
NIEDERLANDE
DEUTSCHLAND
POLEN
BELGIEN
LUXEMBURG
TSCHECHIEN
ÖSTERREICH
SLOWAKEI
FRANKREICH
UNGARN
SLOWENIEN
RUMÄNIEN
KROATIEN
ITALIEN
BULGARIEN
PORTUGAL
SPANIEN
GRIECHENLAND
MALTA
ZYPERN

G
6308
© Globus   Stand 2014

Quelle: Europäische Union

Als Bargeld gibt es den Euro seit dem 01.01.2002. Einige der Euroländer hatten ihn bereits seit dem 01.01.1999 als Buchgeld eingeführt, d.h. ihren bargeldlosen Zahlungsverkehr in Euro abgewickelt.